가족
복지론

김경우 저

 미디어

Introduce | 머리말

가족이란 가족의 유대, 관계 등 정서적 결합을 중요한 요소로 강조하고 가족은 결혼에 의해 형성되고, 부부와 그들의 결혼에 의해 출생한 자녀로 구성되지만 다른 가까운 친척이 포함될 수 있으며, 가족구성원은 법적유대, 경제적·종교적 그리고 그 외 다른 권리와 의무, 성적권리와 금기, 애정, 존경 등 다양한 심리적 감정으로 결합된 것이라고 할 수 있다. 가족복지는 가족생활을 보호 및 강화하며, 가족 내 상호관계 그리고 사회적응상의 문제를 가진 개인과 가족을 원조하며, 가족의 사회적 기능을 향상시키기 위하여 정부와 민간기관이 제공하는 사회적 서비스를 말한다. 가족복지서비스는 국가차원의 제도적 정책적인 것과 민간기관의 전문적인 원조방법들이 있다. 가족복지사업은 일시적 혹은 장기적으로 당면하고 있는 생활상의 곤란함, 즉 빈곤, 질병, 실업, 가족관계의 붕괴, 행동상의 문제, 신체적 혹은 정신적 장애 등으로 가족의 기능이 상실되어 중대한 위기에 처한 가족을 대상으로 한다. 가족복지사업과 다른 사회복지분야의 차이점으로써 아동복지, 청소년복지, 장애인복지, 부녀복지, 노인복지 등은 문제를 가지고 있는 개인을 서비스 대상으로 하고 있는데 비하여 가족복지는 가족전체를 서비스 대상으로 하고 있다.

인류의 삶이 시작된 이후, 가장 오래도록 지속되어 온 사회제도 중의 하나가 가족이다. 그럼에도 불구하고 가족에 대하여 이해할려고 하는 것은 그리 쉽지 않다고 학자들은 말한다. 그것은 바로 다른 제도에 비해 비록 적은 구성원으로 이루어졌지만, 가족생활은 인간 본연의 욕구와 사회의 여러 측면과 상호작용하여 매우 역동적인 양상을 장기간, 지속적으로 나타내기 때문이다. 가족은 개인과 사회에 있어서 매우 의미 있는 집단이다. 즉 가족구성원들의 개개인을 보호하고, 사회화시키며, 전인적 발달을 조장해 준다. 이것이 바탕이 되어 사회체제가 유지발전해 가며, 이러한 순환적 체계 속에서 개인과 가족 및 사회의 발전을 가져오기도 한다. 가족은 시대와 장소, 사회를 초월한 본질적 기능을 가지고 있으며, 개인과 사회의 존속을 위해 더할 나위 없이 의미 있는 집단이라 할 수 있다.

우리들은 가족생활에 친숙해져 있기 때문에 통념적으로 가족의 의미를 알고 있다고 생각하고 가족에 대한 정의에는 등한시하는 경향이 있다. 그러나 한국사회에서는 가족의 의미와 이데올로기 그리고 그 실체에 대해 아는 것이 중요하다. 따라서 여기서의 가족복지론은 한국적 관점에서 최근의 변화에 따른 가족관련 쟁점의 실태파악과 다양한 관점에서 파생되는 가족의 유형성을 현실의 관점에서 미래방향을 실었다. 특히 맞벌이가족, 외둥이가족, 노인가족, 이혼가족, 재혼가족, 한부모가족, 다문화가족, 미혼모가족, 빈곤가족, 폭력가족, 입양가족, 그리고 소년소녀가족 등 우리 사회에 등장한 시대적 다양한 가족을 살펴보고 있다. 또한 가족관련 종자사로서 전문적 실천을 수행하기 위해 필요한 지식과 기술에 관하여 반영하고 있다. 그리고 현대의 우리나라는 저출산 고령화와 함께 급속한 가족구조를 경험하고 있다. 전통적 의미의 가족구조가 변화를 거듭하면서 핵가족을 넘어 한부모가족을 위시한 과거 비윤리적으로 생각했던 형태의 가족과 새로운 개념의 나타나고 있다. 이러한 가족구조의 변화 속에서 무너져가는 가족윤리를 일깨우고 다양한 형태의 가족구조 변화에서 드러나는 문제들을 해소하기 위한 방법과 대안도 수록하였다.

사회복지 실무현장에서 변화하는 가족을 이해하기 위하여 과거와 현재 그리고 미래를 넘나드는 시간적 공간적 차원에서 상호작용에 의한 생태적 관점에서 내용을 전개하였다.

구성내용으로 제1장 가족일반으로 가족의 개관과 가족생활주기와 가족문제 그리고 일반가족을 다루고자 하였다. 제2장 가족복지의 일반으로 가족복지의 확대, 가족복지의 실천방법론, 가족복지서비스의 실천과정을 다루고 있다. 제3장 가족정책적 접근에서는 가족정책의 개관을, 가족복지와 가족복지정책의 관점 그리고 우리나라 가족정책의 현황과 문제를 실증적으로 다루고 있다. 제4장에서는 가족대상사회복지실천의 이해에서 가족기능과 구조적 개관, 가족생활주기, 그리고 가족사정 도구를 기술하고 있다. 제5장 미혼모가족과 가족복지의 이해에서는 미혼모가족의 일반개관, 미혼모가족의 문제, 미혼모가족을 위한 복지대책을 논의하고 있다.

제6장 다문화가족과 가족복지의 이해에서 다문화가족의 개관, 소수집단과 다문화

가족, 사회통합정책의 방향을 제시하고 있다. 제7장 빈곤과 가족복지편에서는 빈곤의 개관, 빈곤아동의 원인과 영향, 그리고 빈곤가족에 대하여 논의하고 있다. 제8장 가정폭력과 가족복지의 이해에서는 가정폭력의 개관, 가정폭력 및 실태, 그리고 학대원인과 실태를 구체적으로 적시하고 있다. 제9장 가족치료의 이해에서 가족치료의 개관, 가족치료의 적용방법에 관하여 연구하고 있다. 제10장 입양가족의 이해편으로 입양가족의 개관을 논하고 입양기관과 입양절차 그리고 입양가족의 문제와 대안을 제시하고 있다. 제11장 부모와 자녀의 관계이론에서는 치료의 관점에서, 가족치료모형을 제시하였고, 정신분석적 대상관계에 의한 가족치료 처방을 제시하고 있다. 제12장 한부모가족의 이해편에서는 한부가족의 개관, 한부모가족 지원사업 그리고 한부모가족에 대한 이해를 근간으로 구성하고 있다.

여기서는 다양한 이론적 지식과 기술을 사용할 수 있는 가족치료이론 및 사회사업가의 개입방법 등을 기술하였다. 그리고 가족을 돕기 위한 전문지식과 가족의 문제를 중심으로 가족복지 실천기술을 함양시키고자 시도하였던 것이 본 교재의 추구방향이다.

그러나 집필 후에는 항상 부족함으로 보완적인 욕구영역과 기획의도의 오류에 대해서 후회스러움을 자아성찰하게 해 준다. 이 부분에 대해서는 창의적인 사고와 열린 마음으로 계속적인 노력을 다 할 것 입니다. 전문가 및 관계자 여러분의 현장주도적 지식과 기술의 충고와 다양한 학문으로서의 접근방법의 대안과 지도가 보다 심오한 발전을 가져올 수 있다고 판단됩니다. 독자 제현과 전문가 여러분의 계속적인 질타와 채찍을 부탁드립니다.

또한 학자 및 전문가 제위께서 바라는 폭넓은 지식과 기술 그리고 다양한 학문으로서의 접근이 보다 심오한 발전을 가져올 수 있도록 전문가 여러분의 질타와 채찍으로 거듭되는 수정과 퇴고로 고민을 하겠습니다. 마지막으로 편집의 어려움과 촉박한 일정에도 지속적인 관심과 애정으로 출판에 대한 열정과 의지를 보여주신 MJ미디어 사장님과 나전무님 그리고 편집장님의 노고에 감사의 마음을 전합니다.

2017. 9
남한산성에서 저자 배상

Contents | 차 례

CHAPTER 01

가족 일반의 이해

제1절 가족의 개관 ·······································015
1. 가족의 개요 / 015
2. 현대적 가족의 의의 / 021
3. 가족의 기능 / 023

제2절 가족생활주기와 가족문제 ·······················025
1. 유아기의 가족문제 / 025
2. 아동기 가족문제 / 028

제3절 일반가족 ···031
1. 일반가족의 개념 / 031
2. 가족변화에 대한 쟁점 / 041
3. 가족관점과 가족체계 / 042

CHAPTER 02

가족 복지의 일반

제1절 가족복지의 개관 ···································051
1. 가족복지의 개요 / 051
2. 가족복지의 대상 / 054

제2절 가족복지의 실천방법론 ···························056
1. 가족사회사업의 의의 / 056
2. 가족복지의 접근방법 / 058

제3절 가족복지서비스 실천과정 ························060
1. 가족상담 기술 / 060
2. 가족상담 영향이론 / 062
3. 가족대상 교육 프로그램의 기획 및 수행 / 066

CHAPTER 03

가족 정책적 접근

제1절　**가족정책의 개관** ······························· **071**
1. 가족정책의 개요 / 071
2. 가족정책 접근방법 / 080

제2절　**가족복지와 가족복지정책의 관점** ············· **084**
1. 가족복지의 관점 / 084
2. 가족복지정책의 관점 / 084

제3절　**우리나라 가족정책의 현황과 문제** ············· **091**
1. 가족정책의 현황 / 091
2. 가족복지정책의 전달체계 / 097
3. 가족정책의 발전방안과 문제점 / 100

CHAPTER 04

가족대상 사회복지 실천의 이해

제1절　**가족기능과 구조적 개관** ······················ **107**
1. 가족기능의 변화 및 개요 / 107
2. 가족기능의 유형 / 112
3. 가족기능의 변화 / 116

제2절　**가족생활주기** ································· **121**
1. 가족생활주기의 의의 / 121
2. 가족생활주기의 발달과업 / 121
3. 가족기능의 변화 / 122

제3절　**가족사정도구** ································· **126**
1. 가족사정 / 126
2. 가족사정의 틀 / 127
3. 가족사정의 방법 / 129
4. 가계도·생태도 작성 / 131
5. 가족치료 / 132
6. 가족치료모델 / 133
7. 가족치료의 형태 / 141

CHAPTER 05

미혼모 가족과 가족복지의 이해

제1절 미혼모가족의 일반개관 ·············· 145
　1. 미혼모가족의 개요 / 145
　2. 미혼모가족의 발생원인과 문제 / 150

제2절 미혼모가족의 문제 ·················· 154
　1. 미혼모의 문제 / 154
　2. 영유아기 관점 / 155
　3. 입양가족 / 161

제3절 미혼모가족을 위한 복지대책 ··········· 166
　1. 외국의 미혼모가족 복지서비스 / 166
　2. 우리나라 미혼모가족 복지서비스 / 167
　3. 미혼모가족을 위한 복지과제 / 168

CHAPTER 06

다문화 가족과 가족복지의 이해

제1절 다문화가족의 개관 ·················· 173
　1. 다문화가족의 개요 / 173

제2절 소수집단과 다문화가족 ··············· 178
　1. 소수집단의 다문화가족 / 178
　2. 이주노동자가족 / 178
　3. 새터민가족 / 180
　4. 국제결혼가족 / 182
　5. 다문화가족의 이슈 / 190

제3절 사회통합정책의 방향 ················ 193
　1. 이민자의 사회·경제 통합 / 193
　2. 다문화가족 정책의 전망과 대책 / 197

CHAPTER 07

빈곤과
가족복지의
이해

제1절 **빈곤의 개관** ·· 205

1. 빈곤의 개요 / 205
2. 빈곤의 유형 / 206

제2절 **빈곤아동의 원인과 영향** ·· 209

1. 빈곤아동과 원인 / 209
2. 빈곤이 아동발달에 미치는 영향 / 215
3. 빈곤의 영향 / 216
4. 빈곤아동 지원서비스 현황 / 217

제3절 **빈곤가족** ·· 222

1. 빈곤가족의 개념 / 222
2. 빈곤의 문화적 의의 / 225
3. 빈곤가족의 발생요인 및 특성 / 226
4. 우리나라의 빈곤가족 현황 / 228

CHAPTER 08

가정폭력과
가족복지의
이해

제1절 **가정폭력의 개관** ·· 239

1. 가정폭력의 개요 / 239
2. 가정폭력의 특성 / 241
3. 가정폭력이론 / 242

제2절 **가정폭력 및 실태** ·· 244

1. 가정폭력의 실태 / 244
2. 이론적 관점과 가정폭력의 원인 / 246
3. 한국사회의 가정폭력 원인 / 247

제3절 **학대원인과 실태** ·· 251

1. 여성 학대의 정의 / 251
2. 여성 학대의 원인과 현황 / 251
3. 학대 및 폭력의 피해아동 / 257
4. 노인학대 / 258

CHAPTER
09

**가족
치료의
이해**

제1절 **가족치료의 개관** ·· 267
  1. 가족치료의 개요 / 267
  2. 가족치료 역사와 가족치료모델 / 268
  3. 사회사업실천에서 가족치료 통합 / 273
  4. 가족체계이론 / 274
  5. 포스트모더니즘과 구성주의 / 276
  6. Bowen의 다세대적 모델 / 277

제2절 **가족치료의 적용(Ⅰ)** ······························· 284
  1. 구조적 가족치료 / 284
  2. 보웬 가족치료 / 291

제3절 **가족치료의 적용(Ⅱ)** ······························· 296
  1. 경험적 가족치료 / 296
  2. 인지행동주의적 가족치료 / 301

CHAPTER
10

**입양
가족의
이해**

제1절 **입양가족의 개관** ·· 307
  1. 입양제도의 개요 / 307
  2. 주요내용 / 309

제2절 **입양기관과 입양절차** ································· 314
  1. 입양의 종류 / 314
  2. 입양기관 / 316
  3. 입양절차 / 317

제3절 **입양가족의 문제와 대안** ························· 321
  1. 입양의 문제 / 321
  2. 영아유기와 출생기록 / 324
  3. 입양허가제 도입 / 325
  4. 가족관계의 등록 등에 관한 법률 / 327

CHAPTER 11

부모와 자녀의 관계이론

제1절 치료 관점 ·· 333

1. 전통적 개인치료 관점 / 333
2. 가족치료의 관점 / 335

제2절 가족치료모형 ·· 344

1. Human validation process model / 344
2. 심리 역동 가족치료 / 346

제3절 정신분석적 대상관계 가족치료 ················ 348

1. 정신분석적 대상관계 가족치료이론의 기원 및 인물 / 348
2. 주요개념 및 원리 / 354
3. 치료의 목표 및 방법 / 373

CHAPTER 12

한부모 가족의 이해

제1절 한부모가족의 개관 ······································ 381

1. 한부모가족의 개요 / 381
2. 한부모가족의 분류 / 385
3. 한부모가족의 발생원인 / 385

제2절 한부모가족 지원사업 ·································· 388

1. 기본 개요 / 388
2. 한부모가족 지원사업 / 391
3. 한부모가족복지시설 / 393

제3절 한부모가족에 대한 이해 ···························· 397

■ 찾아보기 ·· 404
■ 참고문헌 ·· 414

가족 일반의 이해

제1절 가족의 개관

제2절 가족생활주기와 가족문제

제3절 일반가족

제1절 가족의 개관

1. 가족의 개요

1) 가족의 개념

가족이란 가장 작은 일차적 집단내지 체계로서 성원들은 혈연과 결혼에 의해 결합되어 있으며 주요기능은 성원들을 사회적, 신체적, 정신적으로 발달시키는 것이다. 가족체계는 각 개인의 체계와 사회체계를 연결짓는 매체가 되는 것이다. 사회의 기본단위내지 체계로서의 가족이 붕괴된다면 개인은 물론 사회의 발전과 성장에 장애를 받게 된다. 가족은 대부분의 사회에서 보편적으로 발견되는 가장 기본적인 단위인 사회집단이다. 가족은 개인에 대해서는 개인의 발달과 성장에 필수부분인 환경이며 체계이다.

가족(family)은 사회의 기본 구성단위이다. 인간이 사회를 구성하게 되면서 만든 가장 기본적인 조직이라는 뜻이다. 어느 사회를 막론하고 가족이라는 기본단위를 바탕으로 해서 보다 복잡한 조직이 만들어지게 된다. 이 말은 인류사회에 있어서 가족 집단이 보편적으로 존재한다는 뜻이기도 하다. 그러나 중요한 것은 가족의 구성과 형태가 사회마다 다르다는 점이다. 어떤 사회에서는 가족이라고 보기 힘든 조직을 다른 사회에서는 가족이라고 규정하기도 한다. 예를 들면, 혈연관계를 중시하지 않는 집단을 가족으로 인정하는 사회도 적지 않다. 즉 가족을 구성하는데 혈연이 절대적인 것이 아니라는 뜻이다. 그래서 각 문화마다 가족과 가족제도를 어떻게 규정하는가를 알아보는 일이 중요하다.

영어권에서 사용되는 용어인 'family'는 부모와 친자로 구성되는 혈연 집단을 의미한다. 초기의 인류학자들도 가족의 이러한 개념이 보편적이라고 보았다. 그러나 차츰 서구의 family는 근대의 산물이며 비 서구사회에서는 다소 생소한 개념임이 밝혀졌다. 가족이라는 단어는 원래 라틴어의 'famulus

(하인)'에서 비롯되었으며 한 지붕 아래 거주하는 노예와 하인, 그리고 온 가족과 주인을 지칭했다고 한다. 우리나라의 경우에도 전통사회에서는 집, 식구, 또는 가(家) 등이 모두 가족을 지칭하는 용어였다.

친족이란 혈연과 혼인에 의한 인척관계로 결합된 집단을 말한다. 우리나라에서는 친척이라는 명칭으로 부르기도 한다. 인류는 친족이란 조직을 만들어서 공동체적 생활을 모색해왔고 여러 가지의 관습법이 문화마다 정해져 있다. 가장 중요한 것 가운데 하나가 출계율(出系律)이다. 이는 태어난 아기들의 소속을 정하는 규칙을 말한다. 예를 들면, 우리나라에서는 남자아기가 태어나면 아버지의 혈통을 잇는 규칙이 있다. 아들에서 아들로 잇는 출계의 규칙을 부계 출계율(patrilineal descent rule)이라고 한다. 그런가하면, 태어난 여자아기가 어머니의 혈통을 잇는 사회도 있다. 딸에서 딸로 이어지는 출계의 규칙을 모계 출계율(matrilineal descent rule)이라고 한다.

여성이 중심이 되는 모계 출계율은 부계와는 여러 가지 면에서 다르다. 이렇듯 사회마다 개인은 특정한 친족 집단의 구성원이 되고, 그것을 정해주는 출계율이 존재한다. 만일 소속을 정하는 법이 만들어지지 않는다면 구성원들 사이에서 많은 혼란과 분쟁이 일어날 수 있다. 다른 집단과의 구별이 모호해지고 소속감이 없기 때문에 사회의 질서가 서지 않을 것이다.

2) 가족의 이해

가족의 개념에 대한 논의는 문화와 시대에 따라 다르다.

전통가족은 확대가족 부모와 자녀, 조부모의 3세대로 이루어진 가족으로 가장 윗세대 남자가 가부장이 되어 가족을 통솔하고 책임지며 직계가족과 방계가족으로 구분한다.

직계가족은 우리나라 전통가족 형태로 부모와 장남 부부, 그들의 미혼 자녀로 구성가족이 쉽게 해체되지 않고, 심리적 안정, 노인 문제 발생이 적다. 그러나 전통적인 사고 방식에 젖어 생활 개선이나 발전이 지연될 수 있고, 복잡한 가족 관계에 의한 갈등을 유발할 수 있다.

방계가족은 부모와 장남 부부, 차남 부부, 삼남 부부와 그들의 자녀로 구성되는 가족 형태이다.

현대가족의 유형은 핵가족 부부와 그들의 미혼 자녀의 2세대로 구성된 가족이며 부부가 중심, 가족원간의 관계가 자유롭고 평등, 단순하고 이동이 자유롭다. 그러나 이혼이나 사망 등에 의한 가족 해체가 쉽고 맞벌이 부부의 자녀 양육 문제, 노인 문제 등의 문제가 있다.

수정 핵가족은 외형상으로 한집에 거주하지만 어느 정도의 사생활을 유지하며 동거하는 형태이다.

수정 확대가족은 부모와 자녀의 가족이 각기 별개의 가구를 마련하나, 근거리에 살면서 한집에 사는 것과 같이 왕래와 협조를 하며 사는 형태이다.

편부모 가족(한부모가족)은 부모 중 어느 한쪽의 사망, 이혼, 유기, 별거로 인해 편부편모로 이루어진 가족 결합형태에 따라 부자가족과 모자가족으로 나누고 그 발생원인에 따라 사망, 이혼, 별거, 유가가족, 미혼가족 등으로 구분하기도 한다.

자발적 무자녀 가족은 자녀없이 부부만으로 이루어진 가족으로 결혼 생활을 시작할 때 설정한 목표를 성취하기 위해 아기 갖는 것을 연기하다가 기간이 무한정 늘어지는 상황이 계속 유지되면서 무자녀 가족의 형태를 결심하는 단계로 발전하게 된다. 그 외 독신 가족, 주말부부가족, 노인 가족 등 다양한 형태의 가족 유형이 존재한다.

전통적 개념으로는 부부중심의 혈연 혹은 법적 관계를 통한 자녀가 함께 하는 의미로 정의되고, 근대적 개념으로는 혈연과 법적관계에 기초한 생산 및 재생산 기능을 초월하여 정서적으로 연대 성향이 강한 특성으로 정의할 수 있다.

후기 근대가족 개념은 전형적인 가족이데올로기를 뛰어 넘어 남성가장이 생계를 유지하는 가정에 대해 문제를 제기함으로써 양성평등적인 가족 내 역할과 기능을 수행하는 사회적 구성체로 설명하고 있다. 전통적인 가족의 정의는 다음과 같다.

① 머독(Murdock, 1949)

가족을 자녀출산, 사회화, 경제적 협조를 주 기능으로 하는 일차적 공동체로 설명하며, 가족은 부부와 그들의 미혼자녀로 구성되며 주거와 경제적인 협력을 같이하고 또한 자녀의 출산을 특징으로 하는 사회집단이다."이라고 정의하였다. 외형적인 구성과 기능을 강조하고 부부와 자녀를 중요시하는 제약점이 있다.

② 레비-스트라우스(Levy-Strauss, 1969)

가족의 유대, 관계 등 정서적 결합을 중요한 요소로 강조하고 가족은 결혼에 의해 형성되고, 부부와 그들의 결혼에 의해 출생한 자녀로 구성되지만 다른 가까운 친척이 포함될 수 있으며, 가족구성원은 법적유대, 경제적·종교적 그리고 그 외 다른 권리와 의무, 성적권리와 금기, 애정, 존경 등 다양한 심리적 감정으로 결합된 것이라고 정의하고 있다. Murdock보다 가족의 범위가 확대되었고, 가족을 결혼과 혈연으로 조성된 넓은 친족집단구조로 정의하고 있다.

③ 기든스(Giddens, 1992)

혈연성, 동거성, 합법적 혼인성, 공동경제 등과 같은 전통적 가족성립 기준은 약화되고 가족원 간의 정서적 유대와 관계성에 기반한 비정형적인 가족들을 인정하고 있다.

④ 월쉬(Walsh, 1998)

변화하는 가족에 대한 개념을 이해하기 위한 기준을 제시하여 누가 가족구성원에 포함되었는가? 개별적으로 가족을 정의할 때 누가 의미있는 사람인가? 이 가족을 통해 수행되는 역할과 관계의 의미는 무엇인가에 대한 가족의 개념을 제시하였다.

⑤ Parsons(1949)

가족은 결혼제도에 의해 결합된 한쌍의 부부와 그 자녀로 이루어지며, 가족원 각자는 주어진 성역할에 따라 구분된 역할을 수행한다고 정의하고 있다.

가족이 사회의 기본단위로서 부부간의 정서적 관계를 바탕으로 하여 남편은 생계책임자, 아내는 일차적 양육자로서 서로 보완적인 역할을 수행하는 관계라는 점을 강조하고 있다.

3) 가족 속성

① 가족은 역사가 가장 오래된 기본적인 사회집단이다.

② 가족은 부부와 그들의 미혼자녀로 구성되며 공동의 거주, 경제적 협력과 자녀의 출산을 특징으로 하는 사회집단으로, 사회적으로 인정된 성관계를 갖는 최소한 2명의 성인남녀와 그들의 친자녀나 입양에 의한 자녀를 포함한다(Murdock, 1949).

③ 가족은 결혼으로 시작되며 부부와 그들 사이에 출생한 자녀로 구성되지만 이들 외에 가까운 친척이 포함될 수 있다. 가족 구성원은 법적 유대 및 경제적, 종교적인 것 등의 권리와 의무, 성적 권리와 금기, 애정, 존경 등의 다양한 심리적 정감으로 결합되어 있다(Levi-Strauss, 1956).

④ 가계를 공동으로 하는 친족집단(최재석, 1966)

⑤ 일반적으로 영속적인 결합에 의한 부부와 거기에서 생긴 자녀로 구성된 생활공동체(김두헌, 1969)

⑥ 2008년 호주제가 폐지되고 가족관계등록법이 시행된 후, 가족의 범위에 배우자와 직계혈족, 형제자매는 기본이고 생계를 같이 하는 경우(한집에 살거나 경제적 도움을 주고받는 경우)에는 사위, 장인, 장모, 시아버지, 시어머니, 처남, 처제, 시동생, 시누이까지를 포함시켰다.

⑦ 상호 간에 헌신하고 친밀감, 자원, 의사결정 책임감과 가치를 공유하는 두 명 이상의 사람들(Olsom, DeFrain과 Skogrand, 2008)의 집단이다.

가족은 혈연과 혼인관계를 통해 구성되는 집단으로, 경제적인 공동체로서의 의미가 강한 집단이며, 동거동재집단이라는 특성을 갖는 다양한 심리적 정감으로 결합된 집단이다.

개념상 차이를 보면 가족은 학술적으로 많이 사용하며, 정서적 집단으로서 관계적 의미를 강조하고, 집이나 가정가구는 일상적으로 많이 사용하며 공간적 의미를 보다 강조한다고 볼 수 있다. 그리고 가구는 세대관계나 혼인관계, 혈연관계의 유무와 관계없이 주거하는 공간과 경제적 협력만을 기준으로 취사, 취침 및 생계를 같이 하는 단위를 의미한다.

전통적인 가족 개념은 결혼과 혈연을 토대로 한 협의의 접근으로, 가족은 혼인, 혈연 및 입양으로 이루어진 관계자들의 집단이며, 이들은 의식주를 공동으로 해결하고 정서적, 정신적 유대와 공동체적 생활방식을 갖는 집단이라고 말할 수 있다.

4) 가족의 기본구조

가족의 구성은 가족을 어떻게 규정하는가와 밀접한 관련이 있다. 지금까지 알려진 가족의 일반적인 구조는 다음과 같다.

첫째는 핵가족이다. 부부와 그들의 자녀로 이루어진 가족을 말한다. 핵가족의 특징은 이동성이 높은 사회에서 나타난다고 볼 수 있다. 수렵채집사회나 현대산업사회의 지배적인 가족형태가 핵가족이다. 가족이 단출하기 때문에 이동을 많이 해야 하는 사회에서는 핵가족의 형태가 편리하다. 그러나 핵가족은 자녀들이 성장하는 과정에서 결혼을 하여 함께 살 경우, 다른 가족의 형태로 변화될 수도 있다. 가족의 구성이나 형태는 반드시 가족의 주기라는 시간적인 변화를 염두에 두고 살펴볼 필요가 있다. 자녀들이 성장하여 집을 떠나면, 노부부는 부부가족으로 남아야 한다. 그런가 하면, 어느 한편의 배우자가 먼저 사망하면, 독거가족 또는 일인가족이 된다.

두 번째는 확대가족이다. 둘 이상의 결혼한 부부가 모여사는 가족을 말한다. 대체로는 부부와 결혼한 자녀가 함께 사는 형태를 말한다. 확대가족은 일반적으로 정착 농경사회에서 많이 나타나는 가족형태이다. 확대가족에서는 가계의 계승과 연속성을 중시한다. 특히 한국의 확대가족에서는 연속성의 문제가 가장 중요하게 여겨진다. 확대가족의 한 유형으로 직계가족이 있다. 이 유형은 한국이나 일본의 가족 구성 가운데 특징적인 면모이다. 한 아들(대체로는 장자)이 가계를 이어가는 것을 말한다. 한국의 경우는 큰아들이 부모를 모시면서 사는 형태를 가장 이상적인 가족의 모델로 생각한다. 일본의 경우는 전통적으로 가계를 잇는 아들이 반드시 큰아들일 필요는 없다. 딸인 경우도 있고, 때로는 비혈연일 경우도 있다

2. 현대적 가족의 의의

급변하는 사회 변화와 더불어 다양한 가족들이 등장하고 있는데 가족에 대한 전통적 개념은 이러한 새로이 등장한 다양한 형태의 가족을 포괄하기 어렵다는 점에서 흔들리고 있다. 비 혈연적인 관계라도 연대의식을 갖고 지속적인 관계를 유지하는 집단은 가족으로 볼 수 있다는 광의의 가족 개념이 제시되었다.

가족은 한 명 혹은 그 이상의 자녀를 포함하거나 포함하지 않을 수 있으며, 이 자녀가 혼인관계에서 태어날 수도 있고 그렇지 않을 수도 있는 사회집단이다. 이들 성인관계는 결혼에 근원을 둘 수도 있고 그렇지 않을 수도 있다. 이들은 거주지가 같을 수도 있고 그렇지 않을 수도 있다. 이들 성인은 성적으로 동거할 수도 있고 그렇지 않을 수도 있으며, 이 관계는 애정, 매력, 경건성, 경외감 같은 사회적으로 패턴화 된 감정을 포함했을 수도 있고 그렇지 않을 수도 있다(Eichler, 1988).

1) 미국인구조사국(1992)

미국인구조사국에 의하면 한 집에 거주하는 서로 관련된 두 명 이상의 사람들을 말한다.

2) Seibert & Willetts(2000)

가족은 동거를 통해 정서적 지지를 유지하거나 법적 혹은 생물학적 결합에 의해 빈번한 접촉을 유지하는 적어도 두 명 이상의 개인들이라고 정의한다. 현대에 와서는 부모자녀 관계뿐만 아니라 매우 다양한 형태의 가족으로 즉 입양가족, 한부모가족, 무자녀가족, 재혼가족, 기러기가족, 외동이가족 등이 출현하고 있으므로 가족의 정의를 내리기가 쉽지 않다.

3) 민법에서 가족의 정의

가족의 범위는 다음과 같다.

배우자, 직계혈족 및 형제자매 그리고 직계혈족의 배우자, 배우자의 직계혈족 및 배우자의 형제자매로서 모두 생계를 같이하는 경우에 한한다.

4) 가족과 가정의 정의

가족은 혼인, 혈연, 입양으로 이루어진 사회의 기본단위이고, 가정은 가족구성원이 생계 또는 주거를 함께하는 생활공동체로서 구성원의 일상적인 부양, 양육, 보호, 교육 등이 이루어지는 생활단위이다.

가정의 의미는 가족의 의미와 더불어 공간적 공동체의 의미가 더 많이 부여된다.

5) 기타

가구는 1인 또는 2인 이상이 모여서 취사, 취침 및 생계를 같이하는 단위로서 세대, 결혼 또는 혈연관계의 유무와 관계없는 동거집단으로 경제적 협력과 주거공간을 함께하는 단위를 의미한다.

3. 가족의 기능

1) 애정적 기능

구성원들에게 사랑과 이해, 안전을 보장, 수용적, 친밀적, 동료적, 부부간의 성적 기능을 합법화하여 성적 욕구 충족과 자녀출산의 기능을 한다. 가족은 상호간의 성적 욕구를 충족시키는 합법적인 제도로 인정받는 반면, 사회질서의 유지와 가족의 보호를 위해서 부부간의 성관계를 제외한 모든 성행위는 규제를 받는다.

2) 경제적 기능

경제의 기본 단위가 되고 재산을 공동으로 소유하며 가사노동은 소비단위로써의 역할을 한다. 현대사회에서는 생산의 기능이 약화되었지만, 기본적이고 문화적인 욕구를 충족시키기 위한 소비기능은 점차 강화되는 경향을 보인다.

3) 자녀양육과 사회화 기능

부모는 자녀들의 도덕적, 사회적, 인지적 발달에 대한 책임을 지며, 가족은 자녀들이 최초로 가치관, 사고방식 등을 학습하는 기관, 사회에서 성숙한 성인으로 살아갈 수 있는 기반을 형성하고 있다. 자녀에게 사회생활에 적응해 나가는 데 필요한 지식과 기술을 가르치며, 가족문화를 전달하고 올바른 가치관을 심어주며, 건강한 사회인이 되도록 전인교육을 담당하는 것이다. 현대사회에서는 자녀교육과 사회화의 기능 중 상당부분이 가족으로부터 사회로 옮겨가고 있어 점차 그 기능이 축소되고 있으나, 부모를 통한 기본적인 인성교육은 개인의 발달에 지대한 영향을 미친다.

4) 지위와 사회적 역할 부여의 기능

사회 · 경제적 수준, 종교 및 인종을 결정하여 우리가 사회 내에서 특정한 지위와 위치를 획득하도록 도움을 준다.

5) 과거의 가족 기능

성적 기능, 경제적 기능, 출산 및 양육의 기능, 교육 및 사회화 기능으로서 일터, 시장, 공식적인 교육기관, 지역사회 보호 등 사회로 이양되고 있다.

6) 미래의 가족 기능

출산, 양육, 교육, 사회화 기능보다는 정서적 기능이 부각되고 있다.

제2절 가족생활주기와 가족문제

가족발달주기 관점은 가족체계이론을 토대로 가족생활에서 발생하는 예측 가능한 위기를 이해하는 이론적 틀이다. 가족생활주기 관점은 특정 단계에서 일어나는 문제를 규명하는 데 도움이 된다. 가족발달단계는 기본적으로 자녀가 있으며, 부부가 생애 동안 부부관계를 유지하는 것을 전제로 하고 있다. 가족은 확장되어 가다가 그 후 점차 축소되어 간다는 점에서 절대다수의 가족은 유사성을 지닌다. 또한 가족은 각 전환기에 구성원의 변화에 반응하면서 스트레스와 긴장을 경험하게 된다는 공통점을 지닌다. 이와 같이 가족발달주기 관점은 가족이 단계에 따라 예측 가능한 방식으로 발달해 나간다는 점에서 가족을 이해하는 유용한 틀을 제공해 준다. 가족 생활주기와 관련된 가족문제는 다음과 같다.

1. 유아기의 가족문제

1) 영유아의 모성적 양육박탈

볼비(J. Bowlby)에 의하면 모성적 양육박탈은 정상적인 가족이 존재해 영유아기의 건전한 발달을 보장하는 기본적인 양육환경과 대비되는 입장을 설명한다.

정상적인 가정환경의 경험을 박탈당한 영유아기의 심리적, 신체적 반응을 말한다.

프로이트와 벌링햄(A. Freud & D. Burlingham)은 영유아들이 가족과 헤어진 충격에 대한 반응으로 시설입소로 인한 정서적 접촉 결여나 가족상실에 대한 영유아의 피해에 관해 연구하였다.

모성적 양육박탈 개념으로는 첫째, 고전적 모성적 양육박탈 개념과 현대적 의미의 모성적 양육박탈 개념으로 구분할 수 있다. 고전적·모성적 양육박탈 개념으로는 다음과 같다.

Bowlby는 "영유아에게 있어서 어머니의 애정은 마치 신체의 건강을 위하여 비타민이나 단백질을 공급해 주어야 하는 것과 같이 마음의 건강을 유지시키기 위해 공급되어야 할 중요한 요인이다." 영유아기 박탈 경험 아동은 정신발달지체, 신체적 성장장애, 정서가 결핍된 성격장애, 비행 등의 가능성이 있으며, 경험통합 능력 장애, 언어발달지체, 퇴행, 사회적 접촉의 감소와 수동성, 대인접촉의 장애, 부적응, 반사회적 경향이 있다.
에인스월스(M. Ainsworth)의 모성적 양육박탈 개념은 다음과 같다.

① 영유아가 시설, 병원에서 모성적 양육자와 상호교류를 충분히 하지 못하기 때문에 일어나는 박탈 개념이다.
② 어머니 또는 그 대리자와 함께 생활하지만, 그들과 충분한 상호교류를 갖지 못하는 데서 생기는 박탈 개념이다.
③ 어머니 또는 그 대리자와 상호교류를 할 수 있는 충분한 기회가 있어도 영유아 자신이 그것을 활용할 수 있는 노력, 능력의 결여에서 오는 박탈이다.

모성적 양육박탈의 특징은 다음과 같다.

① 정서적 결핍에 대해 민감한 체질적 요인이 있거나 욕구좌절을 견디는 힘이 약한 영유아에게 잘 일어난다.
② 정서적 박탈이 초기에 발생할수록 영향은 심각하다. 정점 - 생후 6개월, 격리되기 이전에 어머니와의 관계가 좋을수록 충격은 보다 심하다.
③ 어머니에게서 격리된 기간이 길수록 그에 따른 영향은 심각하다.
④ 어머니, 어머니의 대리자에 의해 또 다시 적절한 모성적 양육이 제공되면 회복할 가능성 높으며 일정 기간 이상이 요구되며, 격리가 계속되면 영구적 발달장애의 위험을 가져온다.

2) 현대적 의미의 모성적 양육박탈

1972년 루터(H. Rutter)가 모성적 양육박탈의 재검토라는 저서에서 발표하였는데, 볼비가 제창한 논점에 대한 새로운 고찰로서 종래의 연구결과는 초기 영유아기의 열악한 조건이 아동의 정신발달에 해를 끼친다고 본다. 볼비는 어머니에게서 분리되는 경험이 가장 심각한 위험성을 초래한다고 주장한다.

현대의 연구에서는 어머니와 유아의 분리에 있어서 분리의 원인, 분리 기간에 받은 보살핌의 유형이나 질을 말한다. 영유아의 연령과 성숙 정도, 기질, 과거에 어떤 경험을 했는가에 따라 영유아가 분리에 대해 가지는 의미와 반응이 다를 수 있다고 본다.

볼비는 전쟁 등의 외적 조건에 의해 가족에게서 분리되어 가족을 상실한 영유아만을 대상으로 연구한다. 그러나 현대에는 사회적 변동에 의한 핵가족 자체의 붕괴에서 야기된 가족상실의 영유아도 고려하여야 한다.

3) 유아학대

자녀 양육에서는 단순히 신체적인 폭력을 넘어서 언어적, 정신적으로 자녀를 방치하거나 괴롭힐 때 사용하는 말로 방임(neglect)과 학대(abuse)가 있다.

1961년 미국 콜로라도 대학의 소아과 의사인 켐퍼즘(Kempesm)은 아이와 같이 우연과 실수가 아닌 고의에 의해 신체적으로 심각한 손상을 입은 아이를 피학대아증후군이라는 용어를 사용하여 공개했다. 피(被)학대아증후군 중 한 가지 이상이 있다면 설명할 수 없는 무엇인가 즉 아동이 학대로 인한 것이라는 의심이 있다는 것이다.

아동이 갑자기 죽었다. 아동이 심각한 머리부상이나 경막하혈종이라 불리는 부기를 갖고 있다. 치료하기 어려운 상태로 사고의 원인을 설명할 수 없는 복합적 골절을 갖고 있다.

아동이 심각한 상처에 대한 정확한 설명을 하지 못한다.

가장 놀라운 사실은 1962년 연구자들에 의해 밝혀진 것인데 피학대아동증후군이 가난하거나 정신적으로 온전하지 못한 이들에 의해 한정되는 것이 아니라는 것이다. 다시 말해 증후군은 사회 모든 계층에서 발견될 수 있다. 이런 종류의 학대의 증거는 교육받고, 상당히 신뢰할 만하고, 재정적으로 안정적이고 사회적 지위도 높게 여겨지는 부모들의 가정에도 있다.

우리나라의 경우 1998년 7월부터 아동복지법이 시행, 현재 여러 곳에서 아동학대 방지센터가 운영되나 사회적 관심은 있으나 실제 관리가 미미하다. 유아학대의 특징은 다음과 같다.

학대하는 부모의 대부분은 육아능력이 부족하거나 학대할 당시 스트레스에 처한 경우가 많으며, 학대하는 부모는 대부분 젊은 부모로 그들 자신이 영유아기에 학대 받은 경험이 있다. 학대하는 부모의 대부분은 충동적 좌절을 통제하는 힘이 부족하고, 부적절한 방어기제를 사용하는 등 충분한 자아기능을 발달시키지 못한다. 학대하는 부모는 영유아가 자신에게 적의를 가지고 지배하려 한다고 생각한다.

2. 아동기 가족문제

1) 장애아동을 가진 가족문제

1970년대의 장애아동 가족연구는 가족에 초점을 두고, 대부분 가족역동을 설명하고 있다. 그 후 치료적 요소로서 활용, 적극적 가족개입의 필요성을 주장하고 있다.

즉 장애아동 가족연구는 병리모델에서 정상모델로 이행되고 의학모델에서 생활모델로 전환하여 장애아동가족도 평범한 가족이라고 생각하고 있다.

장애아동은 부모 의존도가 다른 아동에 비해 훨씬 심하며 특히 어머니와 의존관계가 강하며 의존 기간도 길어진다.

부모가 장애아동에게 필요 이상으로 돌볼 때 예상되는 가족문제는 장애아동에게 지나치게 많은 에너지를 쏟게 되어 아동의 자립을 늦추게 된다.

2) 장애아동 가족이 직면한 곤란

① 가족이 장애아동을 처음에 받아들일 때 겪는 심리적 충격
② 부모자녀 상호관계에서 장애아동의 의사소통능력 결핍으로 인한 곤란
③ 일상생활에서 장애아동을 위한 많은 시간, 노력, 정신력이 필요하며 이러한 심리적·신체적 부담은 일생동안 이어져야 한다. 장애아동을 돌보는 데 많은 시간을 소비, 심리적 피로와 신체적 과로가 수반된다. 부모는 사회의 편견, 오해에 민감해져 스스로 다른 사람과의 접촉을 피하고 수입 감소, 특별한 지출로 주택 개보수, 특수기구, 치료비 등을 들 수 있다.

3) 장애아동의 수용과정

클라우스(K. Klaus)와 케넬(J. Kennell)의 장애아동 수용과정은 다음과 같다.

① 제1단계는 충격이다.
② 제2단계는 부인으로 충격을 완화하기 위한 노력으로 인정하지 않으려는 방어기제를 사용하고, 거부반응을 보인다.
③ 제3단계는 슬픔과 분노이다.
제3단계부터 슬픔, 분노, 불안이 계속 일어나고 신이나 배우자, 친인척, 의료진 등을 향한 분노가 일어나고 부모의 죄책감, 절망감으로 장애아동과 동반자살이 일어난다.
장애아동부모에 대하여 올샨스키(S. Olshansky)는 '만성적 슬픔'은 발달장애 등의 심한 장애를 가진 어머니의 비애감정이 만성적으로 존재하며 밤낮으로 돌봐야 하는 것, 자녀의 신체적 발육과 함께 개입 부담이 늘어가는 것, 연령과 함께 새로운 문제행동이 출현하는 것, 장래에 대한 불안 등 시간이 지나면서 곤란한 문제가 가중되기 때문이라고 본다.
만성적 슬픔을 가진 부모의 원조방법은 반복적인 감정 표현, 슬픔 명료화 등을 들 수 있다.

④ 제4단계는 적응이다.

　감정이 정리되어 온화해지며 장애자녀는 피할 수 없는 사실이라는 현실 수용의 마음가짐을 가지기 시작한다.

⑤ 제5단계는 재조직이다.

　장애아동을 적극적으로 가정 속에 끌어안고 부모로서의 책임을 다하기 시작한다.

　부모들은 장애아동을 돌볼 때 부수적으로 발생하는 곤란한 문제를 처리하는 힘도 서서히 길러나간다.

제3절 일반가족

1. 일반가족의 개념

우리나라 가족복지서비스는 가족전체를 대상으로 하기보다는 저소득층, 장애인, 요보호노인, 요보호아동, 요보호여성 등 사회취약계층에 속하는 개인을 대상으로 하여왔고, 개입시기 및 내용도 사전예방적인 아닌 사후치료적인 것이 대부분이었다.

근래에 들어 가족의 기능을 강화하는 정책이 필요하다는 사회적 공감대가 형성되면서 일반가족을 대상으로 하는 예방적이고 보편적인 가족기능 강화정책의 필요성이 대두되었다.

이러한 가족에 대한 관심이 2005년 여성부에서 여성가족부로 중앙정부의 조직을 재편하는 결과를 가지고 왔으며, 2008년은 보건복지가족부로 가족관련 업무 부처가 변경되었다.

일반가족을 대상으로 하는 예방적이고 보편적인 가족기능 강화정책은 '건강가정기본법'의 제정으로 실현되고 있으며, 여기서 건강가정 또는 건강가족이라는 용어가 출현하였다.

우리나라 여성정책 국가기구의 본격적인 출발은 정부조직법 제18조와 정무장관실 직제 제2조에 의해 1988.2.25. 설치된 정무장관(제2)실부터라고 할 수 있다.

2001.01.29. 여성부로(여성정책의 기획·종합, 남녀차별의 금지·규제 등 여성의 지위향상)

2005.06.23. 여성가족부로(여성정책의 기획·종합, 여성의 권익증진 등 지위향상, 가족정책의 수립·조정·지원 및 영유아 보육)

2008.02.29. 다시 여성부로 명칭이 변경되었으나 다시(여성정책의 기획·종합, 여성의 권익증진 등 지위향상)

2010.03.19. 여성가족부로(여성정책의 기획·종합, 여성의 권익증진 등 지위향상, 청소년 및 가족(다문화가족과 건강가정사업을 위한 아동업무 포함)로 시대에 따라 명칭과 역할이 변화되어 왔다.

무엇보다 저출산, 고령화 사회로 접어들면서 전통적 가족구조와 역할이 변화하고 가족해체 문제가 심각해지면서, 이를 예방하고 새롭게 형성되는 다양한 형태의 가족이 가족공동체의 역할을 할 수 있도록 지원하는 일이 시급해짐에 따라, 정부조직법을 개정하여 여성부가 수행하는 기능 이외에 통합적 가족정책을 수립하고 각 부처의 가족정책을 조정·지원하는 기능을 수행할 수 있도록 2005.6.23. 여성가족부로 개편하였다.

유연하고 창의적으로 일하는 정부를 구축하기 위하여 정부기능을 효율적으로 재배치하는 내용으로 정부조직법을 개정(2008.2.29)하여, 여성가족부가 수행했던 가족 및 보육정책 기능은 보건복지부로 이관되었고, 여성정책의 종합·조정, 여성의 권익증진 등 지위향상 기능을 담당하는 여성부로 개편되었다.

이후, 가족 해체 및 다문화 가족 등 현안 사항에 적극 대응하기 위하여 보건복지가족부의 청소년 및 다문화 가족을 포함한 가족 기능을 여성가족부로 이관하는 내용으로 정부조직법이 개정(2010.1.18.)되고, 이에 따라 여성부는 다시 여성가족부로 개편(2010.3.19.)되었으며, 여성정책의 종합 및 여성의 권익증진 등 지위향상 뿐만 아니라 가족정책, 건강가정사업을 위한 아동 업무 및 청소년의 육성·복지 및 보호 기능까지 함께 수행하게 되었다. 여성가족부의 주요사업은 가족사업, 청소년사업, 인권보호사업으로 구분된다.

여성가족부의 가족사업은 다음과 같다.

① 양육비이행지원제도 ② 부모교육 ③ 워킹맘·워킹대디 지원사업 ④ 공동육아나눔터 운영 ⑤ 건강가정·다문화가족지원센터 운영 ⑥ 위기가족 지원 ⑦ 아이돌봄 지원사업 ⑧ 한부모가족 자녀 양육비 지원 ⑨ 청소년한부

모 자립지원 ⑩ 한부모가족복지시설 지원 ⑪ 국제결혼 피해상담 및 구조

여성가족부의 청소년사업은 다음과 같다.

① 청소년 체험활동 ② 청소년 국제교류 ③ 청소년 참여활동 ④ 청소년 방과 후 아카데미 ⑤ 청소년증 발급 ⑥ 위기청소년 상담 및 복지지원(CYS-Net) 운영 ⑦ 정서 · 행동장애 청소년 지원 ⑧ 청소년 인터넷 · 스마트폰 과의존 치유 지원 ⑨ 위기청소년 특별지원 ⑩ 학교 밖 청소년 건강검진 ⑪ 이주배경청소년 지원 ⑫ 청소년 근로권익 보호 ⑬ 청소년 유해환경 개선 ⑭ 가출청소년쉼터 운영 ⑮ 청소년수련시설 설치 · 운영

여성가족부의 인권보호사업은 다음과 같다.

① 폭력예방교육 점검 및 지원 ② 여성긴급전화(1366) 운영 지원 ③ 성폭력 방지 및 피해자 지원 ④ 가정폭력 방지 및 피해자 지원 ⑤ 성매매 방지 및 피해자 지원 ⑥ 성매매처벌법에 따른 신고보상금 제도 ⑦ 성범죄자의 신상정보 공개 및 고지 제도 ⑧ 성범죄자의 아동 · 청소년 관련기관 취업 제한제도 ⑨ 아동 · 청소년대상 성범죄 신고포상금 제도 ⑩ 일본군'위안부'피해자 생활안정지원 강화

1) 건강가족의 개념

건강가정 혹은 건강가족적 관점에 대한 연구는 미국에서 처음 시작하였으며, 이혼율이 높아지고 가족해체 현상이 심각했던 1970년대 '가족이 왜 실패하는가?'에 대한 답을 찾는 과정을 중시하는 건강가족적 관점으로 초점을 바꿔었다.

Olsen & DeFrain(2003)의 가정의 건강성 정의에 의하면 모든 가족은 잠재적인 성장영역을 가지고 있다. 가정의 건강성은 가족의 구조나 형태를 말하는 것이 아니라 그것의 기능을 말하는 것이다. 따라서 건강한 한부모가족, 건강한 계부모가족, 건강한 핵가족, 건강한 양부모가족 등 무수히 많은 건

강한 가족이 있고, 마찬가지로 세상의 모든 유형의 가족구조에는 건강하지 않은 많은 가족들이 있다. 사람이 살고 있는 가족의 유형만을 아는 것으로는 그 가족의 건강성에 대해 아무것도 말하지 못한다.

건강가족의 요건은 다음과 같다.

① 기본토대로서의 가정의 경제적인 안정과 안정적인 의식주생활
② 가족관계로서의 민주적이고 양성평등한 가족관계, 열린 대화, 휴식과 여가 공유
③ 가족역할로서 자녀의 성장발달 지원, 합리적인 자원관리, 가족역할 공유
④ 사회와의 관계로서 일과 가정의 조화, 건강한 시민의식과 자원봉사활동, 지역사회 활동
⑤ 참여 문화로서 건강한 가정생활문화의 유지 및 창조를 들 수 있다.

2) 현대가족의 변화

저출산 문제가 심각한 사회문제로 대두하고 있는 가운데 이에 대한 해결방안으로 양육·교육비 지원과 함께 여성이 일과 가정을 양립할 수 있는 사회적 분위기 조성이 필요하다.

저출산의 가장 큰 원인으로 자녀 양육 부담이 꼽혔으며, 저출산 문제 극복을 위해서는 보육비와 교육비 지원이 가장 필요하다는 조사 결과도 있다. 경기도가 지난해 실시한 '경기도 사회조사' 결과를 보면 도민이 꼽은 저출산 원인 1위는 자녀 양육 부담(49.6%)이었고, 다음이 직장 불안과 일자리 부족(21.7%), 여성의 경제활동증가(14.2%), 주거비 부담(9.9%), 초혼연령 증가(3.9%) 순이었다.

저출산 문제를 극복하기 위한 지원책으로는 38.7%가 보육비와 교육비 지원을 들었고, 다음으로 출산장려금 지원(18.1%), 육아 휴직제 확대 등 제도 개선(13.7%), 보육시설 확충과 환경 개선(10.7%), 출산·육아 후 여성의 경제활동 복귀 지원(10.2%)을 꼽았다.

통계청이 2016년 12월에 발표한 「장래인구추계」에 따르면 우리나라 인구는

2031년까지 계속 증가하다가(5,300만 명) 그 이후부터 감소하기 시작한다. 2065년에는 4,300만 명으로 줄 것인데 그래도 1990년 인구와 유사하다. 우리사회가 걱정하는 것은 생산가능인구 감소이다. 생산가능인구는 2016년을 정점(3,763만 명)으로 감소하기 시작하여 베이붐세대가 고령인구로 빠져나가는 2020년대부터는 연평균 34만 명씩 감소하고, 2030년대에는 연평균 44만 명씩 감소한다. 고령인구는 2015년 654만 명에서 2025년에 1,000만 명을 넘고, 2065년에는 1,827만 명까지 증가할 전망이다. 생산가능인구 1백 명당 부양할 인구는 2015년 36.2명(노인 17.5명)에서 2065년 108.7명(노인 88.6명)까지 증가할 전망이다. 이러한 인구 추계에 근거하여 국가와 사회는 출산율을 높이는 데 총력을 기울이고 있다. 하지만 출산율은 오르지 않고, 고령화는 빠른 속도로 진행되고 있다. 문제가 잘 해결되지 않을 때에는 문제 인식 자체부터 바꾸어볼 필요가 있다.

제4차 산업시대에는 일자리가 크게 줄 것으로 예상된다. 미래 사회에 높은 출산율이 유지된다면 아프리카나 남아시아 국가들의 경우처럼 이는 오히려 국가와 사회에 큰 부담이 될 가능성이 높다. 일자리를 줄 수도 없는 상황에서 아이들을 계속 낳는 것은 모순이 될 수 있다. 저출산 문제는 현 세대의 복지가 아니라 미래에 대한 예측, 쾌적한 삶에 적합한 한반도의 인구수용 여력, 국가경제와 사회 발전의 차원 등에서 다시 들여다보아야 한다. 이러한 예측에 비추어 적정한 인구 규모와 구성비를 산출하고 여기에 맞추어 인구 계획을 새롭게 수립해야 한다.

저출산 문제 핵심의 하나는 급격한 출산율 저하로 인한 인구절벽이다. 어느 사회든 갑작스런 변화에 적응하기 위해서는 많은 비용을 지불해야 한다. 만일 인구절벽 문제 해결에 드는 비용보다 지금 태어난 이 아이들이 사회에 진출할 30년 뒤의 일자리 문제 해결에 드는 비용과 노력이 더 크다면 오늘의 고통은 현 세대가 감내하는 것이 바람직하다. 산업발전에 필요한 고급인력이 부족할 것으로 예상된다면 태어나는 모든 아이들이 최고의 교육을 받도록 준비하고, 그래도 인력이 부족할 것으로 예상된다면 독일이나 일본처럼 적극적으로 고급인력 이민을 받을 준비를 하는 것이 바람직하다.

학령인구(6~21세)는 2015년 892만 명에서 2025년 708만 명으로 향후 10년 간 184만 명이 감소할 전망이다. 학생인구 감소 절벽 앞에서 교육계가 어려움을 겪고 있다. 그런데 이 문제를 교육의 질 관점에서 보면 오히려 희망적일 수 있다. 지금까지는 학생 숫자가 많고 국가의 지원은 적어서 일제식 교육을 실시할 수밖에 없었다. 하지만 향후 학생 숫자가 크게 줄기 때문에 제4차 산업혁명기에 필요한 개인 맞춤형의 질 높은 교육을 제공하는 것이 용이해질 것이다. 교육을 통해 모든 아이들이 기계가 할 수 없는 일을 담당할 역량을 길러주는 것이 현실적으로 가능해지고 있다. 학교는 고급인력 부족을 대비하여 모든 아이에 적합한 개별화 교육을 시키는 것에서 한 발 더 나아가 고독한 개인을 공동체의 일원으로 성장시키고 100세 시대에 대비할 수 있도록 경제교육과 건강 교육을 시켜야 한다.

고령인구 증가가 심각한 사회문제가 된 이유는 세 가지로 나누어 볼 수 있다. 하나는 의료기술이 어중간하게 발달하여 건강수명과 생존수명 사이의 간극이 과거보다 훨씬 커진 것이다. 다른 하나는 강제퇴직과 신기술 발달에 따라 정신적 신체적으로는 생산활동이 가능하지만 생산에 참여하지 못하는 인구가 증가하고 있는 것이다. 그리고 마지막 하나는 연금제도등으로 인해 생산활동을 하지 않으며 무위도식하는 고령인구가 급증하고 있는 것이다. 이 문제가 해결되지 않으면 생산가능인구 1백 명당 부양할 인구는 2015년 36.2명(노인 17.5명)에서 계속 높아져 2065년 108.7명(노인 88.6명)까지 증가하여(통계청, 2016.12 : 1) 세대간의 갈등과 노인에 대한 증오는 증가할 가능성이 높다. 자기가 낳은 아이가 과거보다 세 배나 많은 사람들을 부양해야 하는 큰 부담 속에서 살게 될 것을 알면서도 아이를 더 낳겠다는 사람은 많지 않을 것이다.

첫 번째 문제는 의료기술 발달에 따라 점차 완화될 것으로 보인다. 우리 삶에 더 영향을 미치는 것은 건강수명이다. 한 국가 국민의 평균 수명을 계산할 때에도 스스로를 돌볼 수 있는 때까지의 기간을 기준으로 한 건강수명을 점차 더 중시하고 있다. 과거에는 생산력을 잃는 시기와 생을 마치는 시기의 간격이 그리 크지 않았다. 평균 수명이 짧았을 뿐만 아니라 나이든 사람들도 거동을 할 수 있는 한 농사일을 돕거나 가사와 육아를 지원하는 등 대부분 생의 마지막 순간까지 생산활동에 참여했다. 평균 수명이 크게 늘어난 현 시점에서 국가가 해야 할 것은 국민의 건강수명을 늘리기 위해 필요한 지원시스템을 마련하는 것이다. 개인들이 사는 날까지는 스스로 자신을 돌볼 수 있도록 지금부터 건강 교육을 강화하여 생존수명과 건강수명 사이의 간극을 최소화시킬 때 개인의 삶의 질과 행복도도 크게 증가할 것이다.

다음으로 필요한 것은 노인 기준과 노인에 대한 인식을 바꾸는 것, 그리고 이러한 인식 전환을 바탕으로 필요한 지원체제를 갖추는 것이다. 평균수명이 크게 늘어나고, 의술이 발달하면서 정부가 기준으로 삼고 있는 비생산 고령인구인 65세가 되어도 신체적·정신적으로 건강한 사람이 아주 많다. 생물학적 나이가 많다고 해서 모두 우리 사회에 부담이 되는 노인이 되는 것은 아니다. 농촌에는 여든 중반이 되신 분들까지도 농사일이나 텃밭 가꾸기를 통해 다양한 야채와 곡식을 생산하고 있다. 신체적 정신적 건강을 유지하고 있는 분들은 자식과 사회에 부담이 되는 노인이 아니라 당당한 생산활동 인구로서의 역할을 할 수 있다. 대한노인회는 2015년 5월에 노인의 기준을 70세로 높이는 방안을 공론화하기 시작했다. 연금이나 복지혜택 등의 행정적 처리를 위해서는 호적상 나이를 기준으로 노인의 기준을 정하는 것이 편리하겠지만, 사회적 부양의무 등의 문제에 대처하기 위해서는 다른 기준과 대책이 필요하다.

고령인구 구조를 자세히 들여다보면 생산인구 감소가 생각만큼 심각하지 않을 수도 있음을 알 수 있다. 지금은 75세가 되어도 생산력을 가지고 있는 사람의 비율이 상당히 높다. 다만 일자리가 없어서 혹은 강제 퇴직으로 인해 일을 하지 못하고 있을 뿐이다. 생산은 가능하지만 강제로 비생산 인구가 되는 65~74세 사이의 생산참여 인구가 고령인구 중에서 차지하는 비율이 2035년까지는 절반 이상(53.4%)을 유지하고, 2065년까지도 그 비율이

40% 가까이(38.1%) 된다. 만일 생산인구가 부족하여 사람을 구하기 어렵
다면 앞으로는 나이에 상관없이 정신적 신체적으로 노동이 가능한 사람들
은 자연스럽게 생산인구로 편입되게 될 것이다.

미 심리학자 웨인 데니스(Wayne Dennis)에 따르면 세계 역사상 최대 업적
의 35%는 60대에 의해, 23%는 70대에 의해, 그리고 6%는 80대에 의해 이
루어졌다(SERICEO, 당신의 전성기). 평균수명이 짧던 과거에도 그러했는데
평균수명이 크게 늘어나고 있는 미래에는 그 비율이 더욱 높아질 것으로 예
상된다. 고령이라 하더라도 생존 독립성과 생산력을 가지고 생산활동을 계
속한다면 이는 개인과 사회 모두에게 축복이 될 것이다. 우리 사회가 해야
할 것은 고령인구의 건강관리 지원, 그리고 제4차 산업혁명기에 적응하며
지속적으로 일을 할 수 있는 역량을 길러주는 것이다.

마지막으로 생산이 가능하면서도 생산활동을 기피하는 고령인구 문제 해결
이 필요하다. 정부는 노인기준연령을 70~75세로 높이고 정년제도도 노후
에 일할 수 있는 능력에 따라 자율적으로 조정하는 것을 내용으로 하는 '대
한민국 중장기 정책과제'를 발표하기도 했다. 연금 수령 연령을 늦추는 것
을 포함한 연금제도 개혁은 사회의 강한 저항에 부딪히고, 세대간의 갈등
요인이 되고 있다. 교육의 관점에서 보면 정부가 노력해야 할 것은 생산가
능 인구가 노동의 기쁨을 유지해가도록 교육을 시키고 시스템을 만들어가
는 것이다.

연금을 받거나 기본 자산이 있어서 굳이 생산활동을 하지 않아도 되는 사람
도 가능하면 생산활동은 지속하는 것이 개인 행복의 차원에서도 바람직하
다. 김형석 교수도 「백년을 살아보니」라는 책에서 자신이 건강하고 행복하
게 노년을 살아가는 것은 지속적으로 생산활동을 하기 때문이라고 밝히고
있다. 생산력을 가지고 있더라도 생산활동을 중단하면 그 순간부터 그 개인
은 이 사회에 부담이 되는 존재가 된다. 설령 자신이 과거에 축적한 부를
활용하는 경우에도 사회적 관점에서 보면 사회적 부를 소비만 하는 존재로
전락하기 때문이다. 생산활동이란 돈을 버는 직업만을 의미하는 것이 아니

라 손주를 돌보거나 사회 구성원들에게 도움이 되는 제반 활동을 의미한다. 글을 출판하는 것, 시민단체나 종교단체에서 봉사활동을 하는 것을 포함하여 다양한 조직에 참가하여 사회에 보탬이 되는 활동을 할 때 우리는 소속감과 보람도 동시에 느낄 수 있다.

사람이 나이 드는 것을 막을 수는 없다. 따라서 고령화 시대를 대비하는 바람직한 대책은 노인의 개념을 바꾸고, 고령인구가 지속적인 자기 관리를 통해 생존독립성과 생산성 및 생산의욕을 최대한 오랫동안 유지하도록 도우며, 생산활동 기회를 제공하는 것이다. 이러한 노력이 국가와 사회 차원에서 그리고 개인 차원에서 지속된다면 고령인구 문제에 대한 사회의 우려는 크게 줄어들게 될 것이다.

인구보건협회와 유엔인구기금(UNFPA)이 공동 발간한 '2010 세계인구현황 보고서'에 따르면 합계출산율이 2005년 1.08명으로 최저수준을 기록한 이후 2006년 1.12명, 2007년 1.25명, 2008년에 1.19명, 2009년 1.15명, 2010년 1.24명을 기록했다.

이에 대해 UN은 우리나라 인구가 이대로 가게 되면 2050년엔 700만 명이 감소하게 된다고 경고한 바 있다.

따라서 저출산 극복을 위한 '일·가정양립 기업문화 조성 포럼'에서 저출산의 원인 가운데 '워킹맘의 직장 내 양육 환경, 배려 부족과 양육·교육비 부담'의 비중이 가장 크다. 또 워킹맘의 갈등 대상으로는 출산·양육관련 회사제도·분위기(53.7%), 직장 상사의 워킹맘에 대한 태도(29.2%) 등이 가장 비율이 높았다.

일과 가정을 양립하는 경우 직장에서 가장 힘든 점으로는 인사상 불이익(42.4%), 만성적 야근 등 과다업무(32.3%), 예측하지 못한 야근 및 회식(29.9%), 남성 위주의 네트워크(26.5%), 관리자의 배려 부족(25.4%), 워킹맘에 대한 선입견(24.6%) 등이 꼽혔다.

저출산 극복 방안으로 육아 휴직제 개선, 직장 보육시설 활성화, 보육·교육료 전액지원 대상 확대, 영아 종일 돌봄 지원 확대, 보육시설 미·이용 시지급하는 양육수당 확대, 근로시간 저축 휴가제 도입, 가족 친화기업 인증 기업 참여 등을 들 수 있다.

이와 같이 결혼율의 감소와 저출산으로 평균출산율이 1960년대 5.0명에서 2005년 1.08명으로 점점 감소하고 있다.

또한 초혼 연령의 상승이다. 1955년에 20.4세, 1970년에 23.3세, 1990년에 24.8세, 2000년에 26.5세, 2005년 27.7세, 2006년 27.8세 로 남성 33세로 높아가고 있다.

2010년에는 남녀평균초혼연령이 남자는 31.8세, 여자는 28.9세이다. 남녀평균이혼연령은 남자 45세, 여자 41.1세이다. 재혼연령은 남자는 46.1세, 여자는 41.6세이다.

또한 고령화로 평균수명이 1960년 52.4세, 1970년 63.2세, 1980년 65.8세, 1990년 71.6세, 2000년 75.9세, 2005년 77.9세로 증가되어 연장되고 있다. 2011년 세계보건통계 보고서에 의하면 한국 남성의 평균수명은 76세 여성은 83세이다. 그리고 이혼율과 재혼율의 증가, 여성의 교육 및 취업률 증가, 개인주의적인 가족 가치관의 팽배로 인한 변화를 가져왔다.

이에 따라 가족구조의 변화로 다양한 가족유형을 가져왔다.

① 1인가족의 증가현상으로 1995년 164만 가구, 2007년 330만 가구, 2030년 471만 가구로 전망되고 있다.

② 한부모가족 즉 부모 중 한 쪽의 사망이나 이혼, 별거 등의 이유로 부자(父子) 또는 모자(母子)로 이루어진 가족이 124만 가구(2005년 통계청)

③ 조손가족 즉 손자나 손녀가 부모 없이 (외)할아버지, (외)할머니와 함께 사는 가정이 2009년 4만 5,000가구에서 5만 8,101가구에 19만 6,076명으로 증가

④ 결혼이민자가족으로 한국 남성과 외국인 여성 또는 한국 여성과 외국인 남성이 결혼해 한국에 정착한 가정이 1990년 4,710건에서 2005년 4만 3,121건으로 전체 결혼의 13.6%를 차지하고 있다.

⑤ 동성애가족으로 이성(異性)이 아닌 동성(同姓)이 서로 사랑해 한집에 사는 것.

⑥ 재혼가족인데 재혼으로 이루어진 가족이 7만 9,600건(2005, 통계청)

⑦ 딩크가족으로 남녀가 맞벌이 하면서 아이를 갖지 않는 커플.

⑧ 위탁가족으로 일정 기간 동안 다른 사람의 자녀를 위탁 양육하는 가정.

⑨ 공동체가족으로 가족처럼 집단적으로 모여서 사는 것.

⑩ 입양가족으로 성인에게 출생에 의하지 아니하고 다른 아동을 법적 절차를 밟아서 자기자녀로 삼아 구성된 가족의 증가를 들 수 있다.

요약하면 현대사회의 가족의 특성변화는 첫째, 가족과 외부환경 간의 관계가 매우 약하다. 둘째, 부부간의 성격 및 특질의 변화 셋째, 부모자녀간의 상호관계 및 가족체계의 또 다른 요소가 되고 있다.

2. 가족변화에 대한 쟁점

1) 가족위기론

단순한 표면적 변화를 말하는 것이 아니라 근본적인 구조 및 기능상의 쇠퇴와 그에 따른 삶의 방식에 있어서의 혼란과 갈등을 의미하며 가족변화의 원인은 극단적인 개인주의와 이기주의 및 인간의 쾌락주의에서 찾고 있다. 그리고 아동의 빈곤을 가장 심각한 문제 중의 하나로 제기하고 전형적인 가족을 강조하는 경향이 있으며 정상가족에 대한 신화를 바탕으로 하고 있는 점과 그리고 남성은 생계부양의 역할을, 여성은 가족보호의 역할로 한정하고 있다는 점이다. 그리고 한부모가족, 동거부부, 동성애부부, 조손가족, 다문화가족, 이혼가족, 재혼가족 등 새로운 가족형태는 극단적인 일탈이나 병리적 현상으로 간주하고 있다.

이러한 가족변화위기에 대한 대책으로 여성의 권한을 제한하고, 고등교육을 없애고 저임금 유지, 피임금지법 등 종래의 성별 역할을 지속시킨다는 점과

정상적인 부계중심 가족가치로의 전환으로의 주장에 가족위기론에 직면하고 있다.

2) 가족진보론

가족변화를 당연하고 자연스러운 변화로 수용하여 다양한 가족유형을 인정하고자 하는 것이 가족진보론자들의 주장이다. 이들은 가부장제적 가족구조의 변화와 부부간 평등과 아동 및 개별 구성원들의 개인적 권리가 존중되는 가족으로 변화를 시도하며 자녀양육 및 출산의 책임이 여성에게만 과중하게 부여됨을 지적하였다. 그리고 경제구조의 다원화와 불안정성 을 지적하면서 남성 생계 부양자 모델은 중산층 이상의 가족에게만 적용되는 한계를 비판하여 남성가장의 수입만으로 가족을 부양할 수 없는 경제구조와 고용형태의 변화 강조하였다. 아동의 빈곤화 문제는 바로 성차별적 사회구조적 환경이 주요 요인으로 이는 노동시장의 여성불평등과 저임금체계, 사회복지정책 및 사회안전망 체계의 부재에 있다는 이론이다.

여기에 정상가족에 대한 이데올로기의 신화를 반박하고, 중심적인 가족가치를 개인의 만족과 자기발전, 자율과 독립성에 두고 있다. 이혼은 새로운 삶의 기회를 모색하는 대안으로 적극적인 삶의 방식을 추구하는 일반적인 것으로 보며, 이상적인 부부관계는 남녀평등한 동업자 관계 강조하고 독신, 동거, 동성애 가족 등을 대안적 가족형태로 보고 있다는 점이다.

3. 가족관점과 가족체계

1) 가족의 일반 관점

(1) 구조기능론자

사회화의 메커니즘으로 사회구성원 재생산 및 공유된 가치의 재생산 단위로서의 가족을 보는 입장이다. 가족에 대한 이러한 인식을 이어받아, 파슨스(Parsons)로 대표되는 구조 기능론자들은 가족이 사회와 개인을 위해 수행하는 순기능적 측면만을 강조하였다. 그리고 그 기능수행이 원활히 되기 위해서는 가족 내의 부부간의 역할분담이 성에 의해 잘 이루어져야 한다는 논리를 폈다. 구조 기능론 자들의 낙관적 관점의 대표적인 학자는 Parsons 인데, 파슨스는 가족을 사회체제 유지를 위한 중요한 기능 중 유형 유지의 기능을 담당하는 제도로 본다. 이는 개인들로 하여금 기존 체제에 적응하는 동기를 조성해 주는 사회화의 메커니즘을 가족이 담당한다는 데에 의의를 둔다.

(2) 갈등론자

자본주의를 위한 노동력과 자본주의적 가치와 관계의 재생산단위로서의 가족을 말한다.

즉 갈등과 착취에 초점을 두고 있다. 갈등론자들의 비판적 관점은 주로 마르크스주의자들에 의해 주장되고 있다. 특히 Marx와 Engels의 가족에 대한 비판은 가족이 부르주아적 제도의 표상이라는 데 기반한다. 즉 이들은 자본주의 경제체제와 함께 등장한 가족제도는 그 체제의 붕괴와 함께 소멸될 것으로 본다.

(3) 여권론자

가부장적 사회질서를 재생산하는 단위로서의 가족으로 성의 갈등과 착취에 초점을 둔다.

여권론 역시 가족은 갈등이 일어날 수밖에 없는 집단이라고 보는데, 그것은 가족이 구조기능론자들이 보는 것처럼 이해관계가 단일화된 집단이 아니기 때문이라는 것이다. 다시 말하면 여권론자에게 가족은 생산과 재분배가 이루어지는 곳으로서 상이한 이해관계의 자들에 의해 상이한 활동이 이루어지는 곳이기 때문에 권력의 불균형과 갈등은 일어날 수밖에 없는 곳이다. 그럼에도 구조기능론자들의 역할개념은 이러한 권력이나 갈등을 은폐시킴으로써 여성억압의 한 형태로 작용한다는 것이다.

(4) 체계이론적 관점

전체로서의 가족에 초점을 두며, 상호 관련된 부분이나 하위체계들의 조직으로서 가족을 보고 있다. 여기에는 4가지의 전제조건이 제시된다.

① 가족체계의 맥락 내에서 상호작용이 중시된다.
② 가족은 독특한 상호작용 패턴을 갖는다.
③ 대부분의 가족들은 가족체계가 손상되는 일이 없이 지속될수록 안정성을 추구한다.
④ 가족체계는 시간경과에 따라 변화한다.

2) 가족체계관점

(1) 가족 항상성

모든 체계는 일정한 상태나 바람직한 균형을 유지하려고 노력하는 경향이 있다. 피드백 망이 큰 역할을 하게 되며 바람직한 목표를 가진 가족은 가족성원이 서로 건전한 성장을 도모하는 상호교류를 통하여 관계의 균형을 유지하게 된다. 어떤 가족의 경우는 유연한 피드백 과정을 가지지 못하고 가족의 기존관계 유형을 유지하기 위해 가족 내에 증상을 가진 누군가를 필요로 하게 되고 치료자는 이런 측면 주목하며 항상성이 어떻게 유지되는가?를 살피는 것이 중요하다. 가족항상성에서는 부모가 싸울 때마다 자녀가 부모를 잃게 될까봐 부모의 관심을 끌기 위한 증상행동을 보인다면 그 증상은 부모가 한 마음으로 자녀에게 관심을 갖게 하여 싸움을 중단시키는 수단이 될 수 있다. 여기에서 자녀의 증상행동은 부모의 싸움으로부터 가족 항상성을 지켜주는 기능을 하는 것이 되고 불행하게도 자녀는 "지적된 환자" 역할을 담당하는 것이다.

의료진의 노력에도 불구하고 가족이 환자의 치료를 방해하거나 환자가 회복되면 다른 구성원이 병이 나는 것 같은 현상을 말한다.

(2) 가족 삼각관계

가족성원이 맺게 되는 정서적 관계에서 두 사람 사이에 수용하기 어려운 문제가 생기면 이런 체계는 증상을 줄이려는 희망으로 제삼자나 제삼자의 문제를 끌어 들여 삼각관계를 형성하고 부부관계 갈등이 생길 때 자녀를 끌어 들이는 방법 등이 있다.

(3) 가족규칙

잭슨은 가족은 규칙에 지배되는 체계로 보고, 가족성원은 서로 조직화되고 반복적인 상호작용 유형으로 행동하며 가족이라는 체계 내에서 규칙은 상호작용하는 역동적인 역할을 하게 된다. 어떤 가족규칙은 논의하고 협의와 변화의 가능성을 개방적으로 수용하여 성립된 것이지만 때로는 경직된 가족규칙이 가족 내에 존재하여 가족을 구속하는 경우가 있다.

(4) 가족신화

가족신화는 가족구성원 개개인 그리고 그들 사이의 관계에 대한 기대와 공유된 믿음으로 구성되고 그 특징은 모든 가족성원이 아무런 의심없이 공유하는 믿음과 기대라는 점이다. 가족신화가 때로는 가족항상성을 유지하는데 기여되기도 하나 가족관계를 파괴할 정도로 위협적이고 강도가 높은 긴장을 유발시키기도 하며 부부는 일심동체, 화목한 가정은 갈등없다는 점이다.

(5) 가족의식

가족의식의 질적인 측면을 측정하는 것은 가족치료의 또 다른 중요한 측면으로 의식이란 가족문화의 핵심적 요소로서 대부분 세대를 통하여 전수되고 역기능적 구조의 가정에서 보이는 일상적인 상호작용 양상과 생일날, 명절 등에 전형적으로 보여주는 활동을 포함한다.

(6) 격리와 밀착

이는 가족이 얼마나 관여 되어 있는지의 여부를 파악하는 개념으로 가족성원의 개인적 정체감의 강도와 가족의 친밀함의 수준을 알려주는 중요한 지표가 된다.

즉 밀착된 가족은 구성원의 모든 문제에 관해서 서로 지나치게 얽혀 필요이상으로 관여되고, 격리된 가족은 구성원이 지나치게 흩어져 있고 부모와 연합하는 정도가 낮아서 부모에 대한 존중감이 낮게 된다. 이처럼 부모와 밀착정도가 낮으면 다른 강력한 연합을 추구할 수 있다. 비행 가출이 그 사례이다.

(7) 부모화

이는 가족을 사정할 때 자주 사용하는 개념으로 어떤 자녀가 가족 내에서 부모와 배우자의 역할을 대신 수행하는 것을 의미 아이는 체계가 잘 기능하지 못하는 가족에서 자신의 나이에 걸맞지 않게 지나친 책임감 능력 자율성 등을 발전시킬 수 있다. 대부분 자신들에게 기대되는 역할이 그 자녀가 아이로서 가지고 있는 욕구와 서로 상충될 수 있으며 이러한 요구는 그가 가진 능력으로는 달성할 수 없을 때도 있을 것이며 따라서 결과적으로 심리적 압박감을 느끼게 되고 아이가 달성해야 할 다른 측면의 발달과업은 제대로 수행하지 못하게 되는 위험성을 가진다. 이것은 어른이 되어 부모가 되었을 때 문제가 발생할 수 있다.

가족상담 및 치료에 있어 첫 번째는 삼각 측량이다.

스트레스 해소를 위해 다른 가족 구성원을 두 사람 상호 작용 시스템으로 유도하여 충돌을 피하는 것이다. 다세대 가족 상담 모델에서 가족 문제의 주요 원인으로 간주되는 개념이다. 즉, 갈등과 스트레스를 일으키는 두 사람은 주로 남편과 아내 사이의 문제에 직면하지 않으며, 희생양을 만들고 스트레스를 만든다. 결혼 관계가 좋지 않다면, 아이가 두 스트레스로부터 해방되었다고 말할 수 있다.

이렇게 하면 일시적으로 문제를 피할 수 있지만 결국에는 문제가 심화된다. 예를 들어 결혼 관계가 좋지 않다면 어머니는 남편과의 관계를 되찾으려 하지 않고 남편을 무시하고 자녀에 대한 헌신을 바친다. 그러한 경우에, 아이는 부모의 관심을 심각하게 보아 부모의 기대에 부합하려고 하는 아동이 될 수 있다.

또한 결혼 관계가 점점 더 강해지고 자녀가 언젠가 부모에게 견딜 수 없거나 독립적으로 되면 가족 자체가 심각하게 흔들리게 된다. 즉, 집을 붕괴시키는 것은 일시적인 구제책이지만 근본적인 해결책은 아니다. 그러나 파국적인 실패를 피하기 위해 부적절한 경우라 할지라도 올바른 방법을 찾기 위해 본능적으로 찾을 수 있다.

이 삼각관계에서 벗어나기 위해 가족 상담 이론은 상담원이 가족 상담을 통해 다른 치료 삼각관계를 갖고 있으며, 둘 사이의 관계를 복원하는 방법을 제시한다.

또한 다른 사람들과 연결되어 탈 국적이 될 수 있고 연결 상태를 유지할 수 있는 방법을 제시한다. 이것은 혼자서 바꾸는 것이 쉽지 않기 때문에 실제로 가족 상담 분야의 발전이다. 그러나 당신이 알고 있다면, 나는 당신이 변화하기가 어려울 것이라고 생각한다.

가족복지의
일반

제1절 가족복지의 개관

제2절 가족복지의 실천방법론

제3절 가족복지서비스 실천과정

제1절 가족복지의 개관

1. 가족복지의 개요

1) 가족복지의 개념

가족복지란 가족을 위한 사회복지라는 관점에서 볼 때 가족생활을 보호하고 가족 구성원들의 사회적 기능 수행을 향상시키기 위해 가족 구성원 개인이나 가족에 대한 서비스뿐만 아니라 가족정책의 수립 및 수정에 대한 노력까지 포함하는 것이다.

조흥식(2006)은 가족복지란 목적 면에서는 국민 생활권의 기본 이념에 입각하여 가족의 행복을 유지시키고자 하는 것이며, 주체 면에서는 가족을 포함한 사회 구성원 전체가 되며, 대상 면에서는 가족 구성원 개개인을 포함한 한 단위로서의 가족 전체가 되며, 수단 면에서는 제도적, 정책적, 기술적 서비스 등 조직적인 제반 활동이 되며, 범위 면에서는 사회복지의 한 분야가 된다.

우리나라의 가족복지는 주로 가족의 관계적 기능에 초점을 두고 가족의 적응을 돕고 치료하는 데 관심을 두었다. 이러한 가족의 적응과 치료는 사회 내에서 기술 중심 전문직으로서의 위상을 유지하고 향상시키는 데 일조하지만, 현 사회의 급격한 변화와 더불어 가족의 변화에 제도적으로 대응하는 데는 한계가 있다는 지적을 받고 있다.

최경석(2003)은 가족복지를 한 단위로서의 가족의 전체성에 주목하면서 가족과 가족 성원이 경험하는 문제를 해결하여 가족이 건강하고 행복한 상태를 유지할 수 있도록 하는 거시적이고 미시적인 사회적 대책이다.

김영화(2002)는 가족복지를 가족의 욕구와 문제를 스스로 충족시킬 수 있도록 그 잠재력을 개발하고, 가족의 역할과 기능을 활성화시키며, 생활의 질적 향상을 위해 여러 가지 형태로 사회가 개입하는 것이다.

펠드먼, 슈어츠는 전체로서의 가족은 물론 그 구성원들의 사회적 기능 수행을 효과적으로 증진시킴으로써 가족 구성원들 모두에게 행복을 도모하도록 하기 위한 사회복지의 한 분야라고 한다.

2) 가족복지의 목표

우리나라의 가족복지는 주로 가족의 관계적 기능에 초점을 두고 가족의 적응을 돕고 치료하는 데 관심을 두었다. 이러한 가족의 적응과 치료는 사회 내에서 기술 중심 전문직으로서의 위상을 유지하고 향상시키는 데 일조하지만, 현 사회의 급격한 변화와 더불어 가족의 변화에 제도적으로 대응하는 데는 한계가 있다는 지적을 받고 있다.

콜린스, 조던, 콜먼(1999)은 가족복지의 일차적 목표는 모든 가족 구성원들이 각자의 발달적, 정서적 욕구를 충족하면서 가족들이 모두 유능하게 기능할 수 있는 것으로 보고 세 가지를 목표를 제시하고 있다.

① 가족복지는 가족이 변화를 위해 준비하도록 가족의 강점을 강화하는 것이다.
② 가족치료 후 추가 지원을 제공함으로 효과적인 가족 기능을 수행하고 유지하는 것이다.
③ 가족기능 수행에서 구체적인 변화를 창출하는 것이다.

사회복지 정책과 실천의 전 영역에서 가족은 주된 대상이며 문제 해결의 주체로 부각되고 있다. 특히, 사회복지 실천에서 가족 중심 실천은 통합성과 효과성으로 인하여 그 중요성이 특히 강조된다.

가족복지의 필요성은 다음과 같다.

① 가족과 사회관계에 대한 시각의 변화이다. 그 변화는 취업모 증가, 평균 수명의 연장, 탈시설화 정책, 소가족화 등을 들 수 있다.
② 가족에 대한 개입관점 변화이다. 그 변화는 기혼여성의 취업증가로 국가

가 가족에 적극 개입하는 계기가 되었다.

③ 다양한 가족형태의 등장과 욕구의 다양화이다. 이는 다양한 형태의 가족을 인정하고 그들에 맞는 가족복지 서비스를 제공해야 한다.

④ 사회문제를 해결하는데 가족의 유용성으로 한 인간의 문제를 해결하고자 하는 접근방법으로 개인을 대상으로 한 개별적인 접근보다 가족을 단위로 한 가족치료가 문제 해결에 효과적이다.

3) 가족복지의 기능

가족이 사회로부터 기대되고 있는 고유의 기능을 그 가족이 실현할 수 있도록 원조하는 기능이다(모토무라, 1981).

원조기능에는 송치기능, 조정기능, 개별적 기능, 회복적 기능이 있다.

(1) 송치적 기능

이송적 기능이라고도 하는데 가족기능의 회복을 위해 필요한 지역사회자원의 이용을 위하여 사례를 다른 기관, 시설에 송치하는 서비스이다.

(2) 조정적 기능

조정적 기능이란 생활 자원을 연결하고 조정하는 기능으로 동일가족에 대하여 각종 기관에서 줄 수 있는 많은 서비스가 상호 모순되지 않고 통합적, 일관적으로 실시되어 조화를 이루고, 좋은 효과를 발휘할 수 있게 하는 기능으로 서비스의 조정(coordination)이라 한다.

(3) 개발적 기능

모든 가족원이 각 가족 나름의 지위에 따른 역할을 수행하는 기회, 능력, 태도를 발전, 촉진시키는 기능을 의미한다. 개발적 기능으로는 지역사회활동, 소집단활동, 개별적 활동 등이 있다.

① 지역사회활동으로는 가족원이 분담하는 역할이 잘 수행되기 위해서는

가족을 뒷받침하고 원조하는 많은 지역사회자원이 있어야 한다. 지역사회자원에는 사회보장제도, 노동법규나 노동조합활동, 의료, 보건, 위생제도, 학교교육이나 사회교육기관의 신설 등을 말한다. 그리고 가족원의 가족적 역할 수행에 직접적으로 관련이 있는 사회자원은 주택제공이나 관리제도, 가족계획 지도와 상담시설, 일반재택 아동의 상담기관, 가족복지사업의 시설, 기관, 단체 등이 있다.

② 소집단 활동은 집단이 가지는 성원의 상호작용과 집단사고의 효과를 이용하여 보다 개선되고 충실한 가족생활의 기회나 태도, 능력을 발휘하도록 하는 사회활동이다. 대표적인 것으로 group work와 같이 기술에 의하여 운영되어지는 것이 효과적이다. 예를 들면, 어머니그룹, 아버지그룹, 부부그룹 등이 있다.

③ 개별적 활동이다. 이는 가족생활을 개선하여 보다 충실한 것으로 하고자 하는 개인의 욕구에 따라서 가족복지워커와 대상자 사이의 케이스워커(case work) 관계를 통하여 가족적 역할의 수행능력이나 태도를 향상시키려고 하는 활동이다.

(4) 회복적 기능

가족이 정상적인 기능을 발휘하기 위해 각 가족원에 대해 요구되는 역할이나 책임 수행이 곤란한 가족원과 가족을 대상으로 하여 가족의 기능회복을 원조하기 위한 기능이다. 가족의 문제해결 능력을 향상시키는 기능이다. 즉 지역사회 활동, 소집단 활동, 개별적 활동(가족상담 서비스 등)이 있다.

2. 가족복지의 대상

1) 가족구조상의 특성에 따른 대상

해당되는 대상으로는 맞벌이가족, 미혼모가족, 이혼 및 재혼가족, 아동가장가족, 노인가족, 핵가족 등이 있다.

2) 가족기능상의 문제에 따른 대상

대상으로는 빈곤가족, 학대가족, 알코올 중독이나 약물중독 가족, 청소년 비행 가족 등 실직으로 인한 경제적인 측면에서 기능상의 결손을 경험한 가족, 병리 혹은 장애로 인한 심리적 및 의료적 문제를 가진 가족이다.

3) 가족주기에 따라 발생하기 되는 다양한 욕구에 따른 대상

한 사회에서 인간의 욕구가 기본 욕구로 채택되기 위해서는 그 사회에서 인간다운 생활을 할 수 있는 수준이면서 동시에 그 최소한에 그친다는 점이다.

제2절 가족복지의 실천방법론

1. 가족사회사업의 의의

가족복지의 주체는 가족의 복지를 담당하는 개인 및 가족, 국가, 기업 및 민간단체이고, 자본주의 사회에서 민간복지의 대표적 주체는 기업이다.

1) 가족사회사업

(1) 가족사회사업의 목적

가족사회사업의 목적은 다음과 같다.

① 가족이 변화에 대한 준비를 갖추도록 가족의 강점을 강화시킨다.
② 가족이 효과적인 가족기능을 유지할 수 있도록 가족치료 이후 추가 지원을 제공한다.
③ 효과적이고 만족스러운 일상생활을 유지하기 위해서 가족기능에 구체적 변화를 창출하는 것 등의 구체적 목표를 가진다.

(2) 가족사회사업의 특성

가족사회사업의 특성은 다음과 같다.

① 가족의 일상생활과 일상 환경에 관심을 가지고 있다는 점에서 가정과 지역사회에 기반을 두고 있다.
② 가정은 문제가 발생하는 곳이기도 하지만 해결책이 모색될 수 있는 세팅이기도 하다.
③ 가족사회사업의 궁극적 목적은 지지, 교육 그리고 새로운 기술의 발달을 통해서 가족원들에게 보다 건강하고 만족스러운 환경을 발달시키는 것이다.

(3) 가족치료

가족치료는 환경 속의 가족을 대상으로 하는 치료 방법으로 대표적 개념은 전체성이다.

대상은 아이들의 정서적 행동적 문제, 학교부적응 문제, 우울증, 불안증, 가족 성원 간의 의사소통문제, 폭력 및 강한 적개심 등의 분노 조절 문제, 결혼 및 가정생활에 대한 지속적인 불만족의 문제, 가족생활주기상의 변화에 따른 적응상의 문제, 결혼이나 가정생활의 향상을 원하는 것이다.

2) 가족사회복지사의 역할

① 감정이입적 지지자

가족사회복지사의 주도적 철학은 가족의 강점을 규명해서 강화하는 것이다.

② 교사 및 훈련자

가족이 결핍되어 있거나 기술 또한 지식에서 부족한 영역을 가족사회복지사가 배양하도록 돕는 것으로 의사소통, 부모역할 기술, 문제해결, 분노조절, 갈등해결, 가치명료화, 금전관리, 일생생활 기술 등이다.

③ 자문을 해주는 자

현재 진행되는 특정 문제에 대해 가족에게 조언하는 것이다.

④ 가능하게 하는 자

이용할 수 있는 서비스를 가족에게 알려주고 이들 서비스를 활용할 수 있도록 도와 그 가족의 능력과 힘을 강화시킨다.

⑤ 동원자, 중재자, 옹호자

가족을 도울 수 있는 다양한 지역집단과 자원들에 관여하면서 이를 활성화하고 관리할 수 있으며 가족과 함께 일하도록 지역복지관을 동원할 수 있다.

2. 가족복지의 접근방법

1) 가족복지서비스적 접근방법

(1) 가족복지서비스의 정의

Richmond(1971)는 개별사회사업을 실천하기 위하여 개인의 생활 배경으로서 가족환경의 중요성을 강조하고 가정과 지역사회에 기반을 두고 가족을 강화함으로써 가족원의 성공적인 사회적 적응을 목표로 한다.

미국 가족복지서비스는 1980년대 이래 가족자원 지지 및 교육서비스, 가족중심서비스, 집중적 가족중심서비스, 다양한 가족의 강화를 위한 서비스라고 한다.

우리나라 가족복지서비스는 특수한 욕구를 가진 가족 구성원들의 구호사업이나 시설보호사업을 실시하는 성격으로서 대상 범위는 사회 취약 계층 개인에 한정된다. 국가개입 시기 및 내용이 사전 예방적이 아닌 사후 치료적 성격을 지닌다.

(2) 가족복지서비스 실천 유형

가족복지서비스 실천 유형은 가족보호와 가족생활교육이다.

첫째, 가족보호(family caregiving)는 가정 내에서 발생하는 각종 장애문제에 보호를 제공하고, 가족의 역할 수행과 능력 고취를 향상시키는 기능을 수행한다.

예를 들면, 발달장애 아동을 가진 가족, 치매 노인가족, 만성질환자를 가진 가족 등에 대한 각종 서비스를 말한다.

둘째는 가족생활교육(family life education)으로 아동에서 노인까지 개인과 가족의 삶의 질을 높이고 다양한 문제해결을 돕기 위해 개인과 가족의 잠재력을 계발하고 강화시키는 평생교육이다. 서비스의 목적은 가족 구성원들로 하여금 집단 및 지역사회생활의 요소를 이해하도록 하여 대인관계를 향상시키고 상황적 위기를 예방 혹은 완화시켜 주는 데 있다. 부모역할훈련 프로그램 같은 것을 들 수 있다.

교육방법은 집단 참여자의 지적, 정서적 경험을 활용하여 자신의 현실을 이해하고 가족이 당면한 문제의 해결 및 치료에 참여하게 하는 것이다.

(3) 가족복지서비스 종류

① 가족관계증진사업

교육 및 훈련 프로그램가족교육으로는 부모교육, 가족역할 훈련, 대인관계 훈련, 의사소통 향상 교육 등이 있고, 상담, 검사로는 부부상담, 부모상담, 가족상담 등이 있다.

② 가족기능보완사업

아동 대상 프로그램으로 방과 후 아동보호 및 보육 등이 있고, 청소년 대상 프로그램으로는 공부방 및 도서관 운영, 사회성 향상, 감성교육, 심성 발달 프로그램, 진로 탐색 및 지도, 학교사회사업 등이 있다.

③ 가정문제해결 치료사업

신체적 장애 관련 프로그램으로 장애아동 조기교육, 특수치료 장애인 사회적응 프로그램이 있으며, 신체적 장애 관련 프로그램으로 정신보건서비스, 알코올 및 약물중독 치료, 정신장애인, 정신지체인, 발달장애인 서비스프로그램이 있고, 청소년 프로그램으로는 범죄예방사업, 학교부적응 또는 징계학생을 위한 지도 프로그램이 있다. 위기가족문제 해결 프로그램으로는 이혼가족, 해체위기 가족폭력 프로그램이 있고, 학대 프로그램으로는 아동학대 및 방임, 노인학대, 성폭력, 가정폭력 등의 프로그램이 있다.

④ 부양가족지원사업

이에는 치매노인가족 지원, 장애인가족 지원, 만성질환자 부양가족모임, 장애아동 부모상담, 기타 부양가족지원 사업이 있다.

제3절 가족복지서비스 실천과정

1. 가족상담 기술

상담은 도움을 필요로 하는 사람이 전문적 훈련을 받은 사람과의 관계에서 생활과제의 해결, 사고, 감정, 행동 측면의 인간적 성장을 위해 노력하는 학습과정(이장호, 1988)이다. 가족상담 과정은 시작단계의 접수면접과 관여에서 초기단계인 자료수집과 사정, 중기단계에서 상담목표설정 및 대안모색 그리고 종결단계에서 종결 및 추수평가로 구성된다.

1) 시작단계 : 접수면접 및 관여

첫 상담 시의 일정과 상담시간 등 세심한 주의, 첫인상에 영향을 주어 라포 형성, 상담진행에 상담자에 대한 신뢰 기초, 상담초기의 가장 중요한 과업이다. 상담자는 내담자 가족의 문제와 가족원들 확인, 상담동안 상호역할, 책임성, 한계 등 동의를 얻을 필요가 있다.

2) 초기단계 : 자료수집과 가족사정

가족을 하나의 단위로 보고, 가족 내 및 가족 외부 요인 상호작용 등을 파악하기 위하여 자료를 수집, 분석하고 종합하여 그 가족에 대한 개입을 계획하는 과정이다(조흥식 외, 2002). 가족복지실천에 개입의 목적을 설정, 핵심적 과정, 개입의 효과성은 정확한 사정에 달려 있다.

사정내용은 첫째, 구성원 간의 관계를 사정하는 것 둘째, 외부 환경과의 관계를 사정하는 것 그리고 가족의 규칙과 신념, 의사소통양식, 가족구조 등이 있다.

사정도구로는 가계도, 생태도, 가족조각, 가족생활력표 등이 있다.

가계도는 가족을 사정할 때 가장 먼저 활용되는 도구로서 가족관계를 상징적으로 가시화하고 이해하도록 돕기 위해 개발이고 생물학적 특정 기간 동안 클라이언트 가족의 역사화 그 과정에서 있었던 주된 사건을 한 눈에 알 수 있다.

생태도는 가족 및 가족 구성원과 환경 간의 상호작용을 그림으로 나타낸 것으로 클라이언트가 상호작용하는 외부환경들을 명료하게 해줄 뿐 아니라 그 환경 간의 상호작용의 성격과 질, 지지와 자원의 흐름까지 파악할 수 있다.

가족조각은 가족의 정서적 패턴을 극적으로 그려내는 도구로 사정과 개입 모두에서 활용할 수 있다. 가족체계 안에서 고통스럽지만 암묵적이고 인식되지 않았던 관계나 규칙들을 드러내는 데 매우 효과적이다.

가족생활력표는 클라이언트 삶의 중요한 사건이나 삶의 시기별로 중요한 문제의 발전과정에 대한 전개에 대해 표나 그래프로 나타내는 것이다.

3) 중기단계 : 상담의 목표설정 및 대안 모색하는 단계의 개입

가족 구성원과 세대 간 관계에 대한 개입으로 탈삼각화기법, 가족조각기법, 재구조화, 역할연습, 빈의자기법, 로프기법, 전략적 기법, 순환적 기법, 이야기 치료, 해결 중심 치료기법, 가족 중재, 의사소통기법이다.

외부환경에 대한 개입으로 비스 전달체계 개선, 지역사회 자원 활용, 가족 관계망 개입, 의뢰 등이 있다.

4) 평가와 종결

종결의 유형으로는 종결 시점을 계획한 경우, 가족문제에서 진전이 나타나지 않는 경우, 가족성원이 비협조적이거나 저항이 심한 경우 등이다.

종결의 과제로는 종결에 대한 준비, 목표 및 변화의 평가, 종결과 관련된 정서적 문제 그리고 변화의 유지 및 사후 관리이다.

2. 가족상담 영향이론

1) 사이버네틱스

가족의 상호작용을 설명하는 가장 최초의 이론적 모델(물리학 이론을 그레고리 베이슨이 1946년 가족치료에 적용)로서 모든 체계는 피드백망·환류작용이라 부르는 제어체계를 가진다고 보며, 스스로 교정할 수 있도록 정보를 제공하는 기능으로 이에는 피드백 고리는 긍정적일 수도 있고 부정적일 수도 있다.

부정적 피드백은 체계가 기준이 되는 곳에서 얼마나 멀리 이탈했고 다시 돌아오기 위해 어떤 기준이 필요한지 알려주는 역할(항상성의 상태를 회복하라는 신호, 자기수정·절제의 명령)을 한다.

그리고 긍정적 피드백은 일탈이 일어나 더욱 가동하도록 하는 신호이다.

2) 일반체계이론

체계란 내부의 부분들이 갖고 있는 개별적 특성의 총합이 아니라 전체로서의 유기체가 새롭게 획득한 고유의 특성으로 체계가 각각의 요소로 변형되면 사라지게 된다. 구성원 개인이 아닌 전체로서의 가족을 치료하는 것으로 내분비계 연구에서 출발하여 복잡한 사회체계에 까지 이론을 적용함으로써 일반 체계이론을 활용하고 있다. 체계란 영향력을 주고받는 상호작용의 중요성을 강조한다고 볼 때 생물학적, 심리학적 접근을 통합하고 있다.

예 세포·기관·기능·신체, 나·가족·사회·국가·인류·우주

일반체계이론으로 본 가족의 이해는 다음과 같다.

① 가족구성원의 특성을 합한 것 이상의 특성
② 가족체계의 움직임은 어떤 일반적 규칙에 의해 지배
③ 경계를 가지고 있으며 경계의 특성은 가족체계가 어떻게 기능하는 가를 이해하는데 중요함.

④ 한 부분의 변화는 가족 체계 전체의 변화를 초래

⑤ 완전하지 않으므로 비교적 안정된 상태를 유지하려는 경향. 성장/진화/변화와 촉진 가능함.

⑥ 체계 간의 의사소통이나 피드백의 기능이 특히 중요함.

⑦ 순환적 인간관계로 보는 것이 바람직함.

⑧ 다른 열린 체계와 마찬가지로 목적을 가지고 있다고 보임.

⑨ 하위체계에 의해서 구성되지만 큰 상위체계의 일부분이다.

체계이론에 대한 비판은 다음과 같다.

① 입력과 출력의 관계, 즉 의사소통에만 관심을 제한할 수 있다(블랙박스 은유, 기계론적 입장).

② 인간의 다양한 유기체적 측면의 가족 기능의 설명에 한계가 있다.

3) 의사소통이론

① 의사소통을 하지 않는 대상은 있을 수 없다.

② 자세, 음성, 비언어적 표현, 맥락과 함께 의사 고려됨.

③ 의사소통은 내용과 관계의 측면

④ 의사호통은 상위 의사소통

⑤ 모든 메시지는 보고와 명령의 기능을 가짐.

⑥ 구두점의 원리

⑦ 의사소통은 연속선상에 존재, 자신의 입장과 관점에 따라 임의로 끊음으로써 자신에게 유리한 방향에서 토막을 이용함.

의사소통에서 디지털과 아날로그로 구분은 다음과 같다.

① 디지털 : 말, 메시지

② 아날로그 : 몸짓, 자세, 표정, 고저, 배열, 억양 등

③ 대칭적 관계(맞벌이)와 보완적 관계(힘의 우위 존재)

④ 이중구속에 따른 의사소통의 역기능 존재

4) 후기구조주의 이론 · 사회구성주의 이론

1차 사이버네틱스는 사회적 맥락 내에서 수용되는 표준적 기준과 준거를 토대로 행동을 평가하고 변화시키려고 하며, 2차 사이버네틱스는 행동이란 발견되는 것이 아닌 만들어 가는 것이다.

현실이란 신념에 의해 구성되는 것에서 현실이란 준거 틀에 따른 상대적인 것으로 치료자란 가족문제를 평가하고 변화시키는 전문가의 입장에서 치료 장면에 공유된 현실의 공동 창조가, 협력자로서 입장 변화를 가져온다.

후기 구조주의의 영향은 구조주의관점에서 객관적인 지식에 의존하도록 강조에서 구조적 인간의 문제 이면에는 심층적인 역기능적인 구조가 숨어 있다고 보고 문제 이면의 심층적 체계의 역기능을 알고자(핵심 문제) 치료하는 사조이다.

포스트모더니즘 현상은 객관적 지식과 절대적 진실의 가능성에 회의적이며 현실은 주관적이고 지식은 사회적으로 만들어지는 것(데리다와 푸코)으로 이야기 속에 감춰진 핵심문제가 있는 것이 아니라 상호작용에 의해 새로 만들어진다.

구성주의는 개인의 경험을 통해 실체를 구성, 경험에 부여하는 의미가 중요하며, 상호작용 패턴에 초점을 두는 것에서 문제를 보고 관점을 탐색하는 것으로 방향 전환하면서 치료사를 전문가에서 협력적 관계로 인식의 변화를 가져온다.

사회 구성주의(이야기 치료로 확대)는 데리다가 해체주의를 표방하여 인간의 행동이나 정서, 대화의 이면에 있는 담론이나 진리를 분해하며, 푸코는 특정 집단에 의해 만들어진 사회적 담론이 사람들의 관계를 통제(개인 비난, 한계 불인식)한다. 그리고 언어가 실재를 조작하고 유지한다(언어가 실재를 구성).

치료란 '치료적 대화'라고 불리는 행위 속에서 일어나는 언어적인 사건이다.

알지 못함의 자세 중시 : 치료사가 순수한 호기심과 더욱 깊이 알고 싶다는 욕구를 가지고 내담자와의 대화에 임하는 것이다(내담자의 고유한 이야기를 경청하고 내담자를 통해 계속 배우는 입장을 취함).

이러한 사고를 통하여 가족에 대한 사정이 끝나면 상담자는 앞으로 이끌어 갈 상담과정을 어떻게 진행할 것인가에 대한 나름대로의 계획을 수립하여야 한다. 가족상담의 과정은 상담자가 지향하는 관점과 이론에 따라 개입방법의 차이가 있을 수 있지만 그 가운데 공통적인 가족상담 진행과정이 있다. 가족상담을 시작할 때 가족 중 누구를 참여시켜야 하는지에 대한 내용부터 언제, 어떻게, 어떤 방법으로 회기를 종료해야 하는지에 대하여, 혹은 어떤 방법으로 상담계약을 할 것인가, 가족 전체의 혹은 구성원 개개인의 요구에 대하여 어떻게 반응해야 할 것인가, 어떤 이론적 모델로 접근해야 할 것인가 등 가족상담의 전체 과정을 구조화 하는 것이 필요하다.

가족상담 과정을 전체적으로 구조화시키고 나면 상담에 대해 느끼는 상담자의 불안이 감소되어 바람직한 상담자 · 내담자 가족 간 관계를 형성할 수 있을 뿐만 아니라, 상담자는 이러한 일련의 상담과정을 내담자 가족에게 인지시킴으로써 가족상담에 대한 내담자 가족의 불안을 해소하고 상담계약을 맺게 된다. 상담계약이 이루어지고 난 후에는 가족상담자에 의한 보다 적극적인 치료적 개입이 이루어지게 되고, 가족 안에서 그 성원들이 원하는 변화가 충분히 일어났다고 생각되면 상담자는 가족과 의논하여 가족상담을 종결하게 된다.

가족상담의 과정은 일정한 단계별로 진행되고, 다양한 가족치료학파들의 다양한 기법들의 차이가 있지만 휘태커(Whitaker)는 가족상담의 단계를 다음과 같이 구분하였다.

3. 가족대상 교육 프로그램의 기획 및 수행

1) 프로그램의 계획과 설계

사회복지 프로그램 기획이란 사회복지 프로그램은 서비스 전달을 위한 도구이며 정책이 의도하는 변화를 실천에 옮기는 기능을 수행한다. 프로그램 기획에는 다루어야 할 문제에 관한 명확한 이해의 도출, 클라이언트 문제의 유형 및 심각성에 관한 초기 측정, 적절한 개입, 클라이언트 문제의 유형 및 심각성에 관한 사후 측정, 그리고 장기적 결과를 규명하도록 사후관리 연구의 선택된 기획이 계획이다.

2) 프로그램의 개발

프로그램구성의 철학, 대상 및 접근방식 선정, 목적과 목표선택, 내용구성, 예산계획 등이다.

프로그램 개발은 프로그램의 기획과 설계는 물론 실행, 평가, 환류과정을 망라하는 매우 복잡한 절차와 방법을 포괄하는 과정이다.

프로그램 개발(설계)의 중요성은 사명(mission)과 명확한 프로그램 목표의 설정, 프로그램의 효율성 향상과 효과성 증진, 외부의 지지도 향상, 업무의 효과성 및 직무만족도 향상, 대상자의 역량강화가 고려되어야 한다.

3) 프로그램의 실행과 평가 : 도입단계, 전개단계, 종결단계

프로그램 실행이란 앞서 고려한 사항들을 염두에 두고 정해진 시간 내에 계획한 서비스를 실시하는 것을 말한다. 프로그램을 실행하면서 특히 유의할 것은 프로그램 계획에 지나치게 얽매여서 목표전치가 발생하지 않도록 한다. 프로그램은 효율적이고 효과적인 서비스를 제공하기 위한 도구이지 그 자체가 목적은 아니다. 따라서 프로그램 실행에는 탄력적으로 운영을 할 수 있는 융통성이 필요한 것이며, 때로는 목적 달성을 위하여 프로그램의 실행계획이 수정될 수도 있는 것이다.

측정과 평가는 수혜대상자와 지역사회에서 일어난 변화, 즉 생산성(products)을 측정하는 것이며, 효과성(effectiveness)을 평가하는 것이다. 특히 프로그램개발에서 평가는 설정된 목표가 달성되었는가를 알아보기 위한 과정 혹은 시행한 프로그램의 가치와 의의를 판단하는 사회적 과정이라고 할 수 있다.

평가는 프로그램의 특성 및 활동과 결과에 관한 체계적인 정보수집을 통해서 불확실성을 제거하거나 효과성을 증진시키거나, 혹은 프로그램의 진행상황과 영향에 관한 의사결정을 위한 것을 의미하기도 한다.

가족정책적 접근

제1절 가족정책의 개관

제2절 가족복지와 가족복지정책의 관점

제3절 우리나라 가족정책의 현황과 문제

제1절 가족정책의 개관

1. 가족정책의 개요

1) 가족정책의 개념

가족은 복지국가의 복지정책에 따른 사회복지서비스 수혜의 가장 중요한 대상이다.

복지국가가 지향하는 사회복지정책의 근간은 가족을 그 대상으로 하고 있기 때문에 복지국가에서 수립되는 복지정책이 가족정책과 직간접적인 상관관계를 가진다.

복지국가란 국가가 국민의 복지적 욕구를 충족시키기 위하여 다양한 국가정책을 세우고 정책 실현을 위한 서비스를 마련하며 실제로 그 서비스를 전달하는 것을 의미하는 것이다.

복지국가에서 가장 중요한 원리는 욕구와 평등이다.

복지국가의 사회복지정책에서 가족정책의 영역으로는 노인돌봄관련정책으로서의 기초노령연금, 노인장기요양보험 등이 있고, 민법상의 가족관련 정책으로는 아동복지법, 청소년기본법, 청소년복지지원법, 장애인복지법, 장애인 고용촉진 등에 관한 법률, 노인복지법 등이 있다.

노동권보장정책으로는 보육정책, 방과 후 보육정책 등이 있으며, 부모권 보장정책으로는 산전후휴가, 육아휴직, 부성육아휴직 즉 남성유아휴직제가 있다. 소득보장정책으로는 아동(가족)수당, 아동양육수당이 있다.

가족정책은 가족의 심리·사회·경제적 복지 실현을 위해 국가가 정책을 제도화하고, 그러한 정책을 기반으로 하는 서비스를 통한 정책 전달을 의미한다고 할 수 있다.

가족정책(family policy)은 국가가 가족의 기능이나 역할에 의도적으로 영향을 미침으로써 원하는 방향의 변화를 가져오려는 체계적인 개입계획이다.

가족복지정책(family welfare policy)은 통제와 원조의 기제를 통해 국가가 순수하게 가족을 위해 행하는 정책만을 의미한다. 실천적 차원에서 두 개념은 그 영역과 내용의 명확한 구분이 어려움이 있으나 현대국가는 정책을 통해 가족에게 삶의 영역 전반에 걸쳐 영향을 미치고 있으므로 정책 영역의 경계에 따라 개념을 구분하는 것은 의미가 없다고 할 수 있다.

캐머만과 칸(Kamerman & Kahn)의 가족정책으로는 정부가 가족에 대해, 가족을 위해서 행하는 모든 것으로 첫째, 사회정책의 한 분야로서의 가족정책인 가족계획, 소득보장, 실업수당, 탁아정책, 가족법 등을 들 수 있다. 둘째, 사회가 추구하는 목표를 성취하기 위한 가족정책인 인구정책(출산장려, 아동수당), 연금정책(노년 취업자 제거), 노동시장정책(탁아정책), 보건의료정책(가정방문 서비스)을 의미하며 셋째, 사회정책의 선정 기준 및 평가기준으로 시행되는 관점으로서의 가족정책을 들 수 있다.

따라서 가족정책의 개념은 가족복지에 관심을 두고 정부가 의도적으로 취하는 조치나 행동을 말하고 다른 가족구성원에 영향을 미치는 경우 개인(아동, 노인, 장애인, 여성)을 다루는 정책도 포함한다. 그리고 가족성원을 대상으로 그들의 복리를 증진하기 위한 수단으로서의 제반 정책을 말하며 여기에는 사회보험, 공적부조, 사회복지서비스 외에도 고용정책, 조세정책, 보건의료정책, 주택정책 등을 나열할 수 있다.

가족정책이 궁극적으로 추구하는 목표는 가족성원의 안정과 복리 강화, 삶의 질 향상에 있다.

가족정책의 내용은 첫째, 정책의 목표에 관한 사항인 가족의 기능, 구조, 역할, 가족의 복지, 평등, 형평 등이 있고, 둘째, 목표에 대한 수단으로서 소득이전, 고용, 세제, 가족법, 사회적 서비스, 건강보호, 주택, 교육, 인구조절 등이 있다. 셋째, 가족 전체와 관련한 대상인구로 아동, 노인, 장애인, 여성 등이 있다.

우리나라의 가족은 산업화, 정보화의 영향으로 인해 부모를 모시고 3, 4대가 함께 살던 대가족에서 핵가족으로 변화되었다. 특히 여성의 경제활동 참가, 결혼과 출산의 감소, 교육수준의 향상, 이혼의 증가 등으로 최근에는 부부중심, 모자중심의 핵가족을 비롯하여 소수인 가족으로 변화하고 다양한 가족유형이 나타나고 있다. 하지만, 한국 가족은 서구적인 의미의 가족의 모습으로 변화하는 획일적인 변화만을 보여주지는 않는다. 즉, 한국 가족주의의 현재적인 모습은 전통적인 가족주의의 이념을 유지하고 있다. 서구적 의미의 핵가족은 부부와 그 미혼자녀로 구성되어 부부가 가족생활의 중심이 되고 그 외의 친족으로부터의 관여가 배제된 상태에서 사회·경제적으로 독립된 생활을 유지하는 것에 반해, 한국 가족의 가족의식이나 가족관계의 측면에서는 아직도 가족친화적인 모습이 강화다고 볼 수 있다.

2) 가족정책의 배경

가족정책 발달의 배경에는 첫째, 가족의 구조적 기능적 형태는 다양, 사회의 변화에 따라 변화하고, 둘째, 개인과 관련된 사회정책이 발달되면서 가족기능의 중요성이 인식되어 왔고 셋째, 출산율 감소, 여성의 취업률 증가 등의 인구학적 요인이 되었으며 이로 인해 정당들이 가족단위에 관심을 두기 시작하였다.

따라서 정부개입이 효과적인가, 아닌가하는 문제와 어떤 경우에 개입해야 하는가 하는 문제이다. 첫째 여권론적 시각에서는 가족과 사회 모두에서 성평등을 실현하는 것을 추구하는 것으로 정부의 개입은 당연히 필요하다고 본다.

둘째, 보수적, 자유주의적 시각이다. 이 관점은 제반 정책 프로그램들이 국민을 빈곤하게 하는 원인으로 가족정책은 최소한 현상유지를 위한 전략이어야 하며 사실상의 원조가 필요한 사람에게만 민간자선단체, 지방정부가 구제해야 한다고 본다.

셋째, 진보적 시각은 변화하는 가족의 요구에 대응해서 현존의 가족정책을 바꿀 필요 있으며 여성의 경제적 자립 인정, 남성의 가사노동, 육아책임 공평분담 등에 대한 국가적, 사회적 지원이 필요함을 주장한다.

3) 가족정책의 필요성

(1) 가족정책의 필요성

산업화 이후 세계의 각 국은 가족을 지지, 보완 및 대리하기 위한 정책들을 수립하고 있다. 그 이유는 개인과 사회의 교화적인 존속을 위해 없어서는 안 될 중요한 기능적 과업을 수행하고 있는 가족이 급변하고 약화되고, 가족과 사회의 관계 및 가족을 보는 시각이 변화되었기 때문이다.

첫째, 현대 가족은 과거 가족이 지녔던 주요 기능들이 약화되어 스스로의 힘으로는 해결할 수 없는 많은 문제들을 안고 있을 뿐만 아니라 전반적인 기능의 약화에도 불구하고 오히려 과거보다 더 많거나 적지 않은 책임을 지니고 있다고 분석되고 있다. 여성취업의 증가, 수명의 연장, 계속적인 가족의 보호를 필요로 하는 심신장애인의 증가, 소가족화, 탈시설화 정책, 모든 종류의 복지서비스를 제한하는 비용 절약정책 등의 현상이 오히려 가족에 의한 복지기능을 더욱 중요시하는 요인이 된다는 것이다. 가족성원의 일차적인 보호책임을 가족이 맡아 주기를 기대하고 이 역할을 가족이 수행하지 못 할 때 국가가 개입해야 한다는 자유주의적 복지이념을 갖고 있는 한국은 사회문제 해결의 가족 책임을 강조하고 있다. 따라서 한국의 가족은 현대 사회에서 필연적으로 국가가 분담하고 보완해 주어야 할 복지서비스를 제공받지 못한 채, 가족원의 부양, 경제, 보호 등의 기능을 대부분 맨손으로 떠맡아 가족성원과 사회의 안정을 지키는 최후 보루로서의 역할을 힘들게 수행하고 있다고 볼 수 있다.

둘째, 가족과 사회를 보는 시각의 변화이다. 자유주의의 입장에서 과거에 가족은 사적 영역으로 취급되어 국가의 개입이 오히려 문제를 일으킨다는 입장을 지녔지만, 이러한 관점은 현대의 가족과 사회의 관계를 왜곡하는 이데올로기로 간주된다. 특히 기혼여성의 취업 증가는 국가가 가족에게 적극 개입하는 계기가 되었다. 1980년대 신보수주의적 복지개혁은 기존의 가족제도를 강화하는 프로그램들을 집중 지원하는 경향을 보여주었다. 그러나 이러한 경향은 여성의 경제활동 참가, 이혼, 별거 등으로 인한 결혼의 불안정성, 인구노령화로 인하여 가족 내 보호문제가 심각한 사회문제로 대두되는 상황에서 오히려 여성가구주 가족의 빈곤심화와 같은 의도하지 않은 결과를 양산하고 있다. 이처럼 여성의 노동시장 참여 증가는 부부관계의 변화, 부모관계의 변화, 여성의 가족 내 역할의 변화를 초래하는 주요 요인이다. 또한 여성경제활동 증가는 가족 내에서 가족성원간의 관계 변화 외에 노동시장 지형의 변화를 가져온다. 이와 같은 여성 노동력을 중심으로 하는 주변 노동시장의 형성은 노동시장 내 불평뿐만 아니라 사회복지정책 내의 불평등으로 수렴되는 현상을 보이게 된다.

우리나라 가족형태의 변화와 다양화의 추세는 현재의 가족 관련 정책으로 다양한 욕구를 만족시키기에 역부족임을 시사하고 있다. 이처럼 개인이 속해 있는 가족자체에서 발생하는 여러 변화가 사회복지정책의 전제를 약화시킬 만큼 중요하게 부상하였고, 만약 이에 대한 정책적 대응이 부재하다면 그 파급효과는 개별 사회문제에 국한되지 않고 사회 구조적 변화에 장기적으로 상당한 영향을 줄 수 있다. 복지국가 순위 120위권에 머무르고 있는 우리나라의 가족복지정책은 그 실체에 대한 합의가 이루어지지 않고 있어서, 가족복지정책의 목적과 대상 및 서비스의 범주 등의 기초적인 요소들이 매우 혼란스럽게 규정되고, 적용되는 등의 문제점을 노출하고 있다.

그동안 우리나라의 가족관련 복지정책의 기본적 전제는 국가책임의 최소화와 가족부양책임의 최대화였다고 할 수 있다. 동시에 가족을 사회 안정과 사회문제 해결을 위한 기본 단위로 중시하고 있으면서도 이를 지원하는 뚜렷한 가족 복지적 접근이 발견되지 않는 것도 사실이다. 또한 잔여적 복지모델에 입각하여 "선 가정보호, 후 사회복지"라는 시책을 펴고 있는 우리나라 가족복지서비스의 수준은 그 범위와 질이라는 측면에서 매우 열악하다는 비판을 받고 있고 이것이 심각한 가족해체와 가정 불안으로 연결되고 있음은 잘 알려진 사실이다.

셋째, 가족의 변화와 가족 부양기능의 변화에 있다.

21세기에도 가족의 보호 및 부양기능은 가장 중요한 기능으로 남아있을 것이고, 가족의 주된 기능은 아동양육, 노인부양 등이 있고 직접적 서비스제 공자는 여성이다. 따라서 여성의 인내, 양보, 자기희생을 요구하는 전통적 방식은 많은 긴장과 갈등을 야기하게 될 것이고 변화를 요구하고 있다.

넷째, 여성의 경제활동과 가족부양기능의 변화이다.

여성의 경제활동 참여의 증가로 자신과 가족, 전체사회에 심대한 영향을 미치고 있으며, 여성의 역할은 피 부양 가족원 돌봄의 주체이자, 노동시장의 생산주체이다. 따라서 돌봄 노동으로 대표되는 가사노동의 사회화가 시급한 실정이며, 가사노동의 사회화 지체는 급속한 인구고령화를 초래하여 결혼해체, 출산율 저하를 가져올 수 있다.

다섯째, 노인부양의 실태와 돌봄 노동의 사회화 필요성이다.

가장 심각한 가족문제와 당면한 가족정책과제는 노령층 증가와 노인부양의 문제이다.

노인 돌봄의 주요담당자는 며느리, 아들과 딸 그리고 사위라고 할 수 있으며 돌봄 노동은 여성화된 노동으로 여성의 부양부담을 완화할 수 있는 정책적 개입 방안이 필요하다.

노인장기요양보험제도 도입(2007)은 그 예에 해당한다.

우리나라의 65세 이상 고령 인구 비중은 2015년 13.1%로 1960년(2.9%)에 비해 4.5배로 증가했다. 이후에도 가파른 증가 추세를 보이며 2030년에는 24.3%, 2060년에는 40.1%로 높아질 전망이다.

1960년 세계 152위에서 2015년 51위, 2030년 15위, 2060년에는 2위 수준까지 예상된다. 2060년 고령 인구 구성비 1위는 카타르(41.6%)로 우리나라는 그 뒤를 바짝 쫓게 될 모양새다.

이처럼 고령 인구 구성비가 높아진 데에는 출산율이 낮아진 탓도 있지만 기대수명이 올라간 것도 한 원인이다. 우리나라의 기대수명은 1970~1974년 62.7세로 세계에서 98번째 수준이었다가, 2010~2013년에는 81.3세로 14번째 수준으로 올라갔다.

(2) 노인정책의 실태와 필요성

통계청의 조사에 따르면 2016년 3월의 실제 은퇴 연령은 61.9세였다. 평균 수명만큼만 살아도 은퇴 후에도 20년을 더 살아야 한다는 뜻이다. 하지만 2015년 은퇴연령층(66세 이상)의 빈곤율은 48.1%로 노인 2명 중 1명은 은퇴 후에 빈곤한 상태로 살아가고 있는 게 현실이다. 너도나도 늙어가지만, 노후생활을 대비할 틈이 없다.

경제적 어려움은 우울과 자살로 이어질 수 있다. 몇 년 전 조사에서 우리나라 65세 이상 노년층의 10명 중 1명은 자살을 생각한 적이 있으며, 그 원인으로 경제적 어려움(40.4%)을 꼽았다. 노년층의 자살 충동을 일으키는 기타 원인으로는 건강(24.4%), 외로움(13.3%) 부부·자녀·친구 갈등 및 단절(11.5%) 등이 있었다.

이런 상황에서도 노년층에 대한 복지는 여전히 빈약하다. 우리나라 노년층의 국민연금 월평균 수령액은 35만 원 선이다. 최소 노후생활비(1인 기준, 99만 원)의 3분의 1수준이다. 생계비 마련을 위해 노년층은 구직 활동에 나서지만, 비정규직이거나 저임금을 받는 경우가 많다. 일은 하고 있지만 빈곤을 벗어나기 어렵다.

국제 노인인권단체 헬프에이지 인터네셔널(HelpAge International)이 배포한 '세계노인복지지표 2015'에 따르면 노인 복지가 가장 좋은 나라는 스위스다. 북유럽 국가인 노르웨이, 스웨덴이 뒤를 이었고 아시아 국가로는 유일하게 일본(8위)이 10위권 안에 들었다. 우리나라는 총 96개 국가 중 60위다. 태국이 34위, 베트남이 41위, 필리핀이 50위로 우리나라보다 순위가 높다. 상위 순위에 오른 국가들의 노인 복지 대책은 우리와 무엇이 다를까.

스위스(1위) 국민에게 노년은 인생의 황금기다. 그 근간에는 연금제가 있다. 공적연금, 기업연금, 개인연금의 3가지 연금제도가 서로 부족한 부분을 보완하면서 은퇴 후에도 안정적인 생활을 누릴 수 있게 한다. 우리도 이와 비슷한 연금제도가 있지만 그 내용 면에서는 차이가 있다. 우리나라는 일하는 기간이 평균 26세부터 55세 정도인데 비해, 스위스는 평균 18세부터 60

세까지 일한다. 연금을 쌓을 수 있는 기간이 길다.

또, 최저임금 수준이 월 평균 430만 원으로 높게 책정돼 있다. 물가 수준은 높지만 수입이 많기 때문에 연금을 낼 수 있는 여건이 잘 형성돼 있다. 스위스 노년층은 연금으로 젊었을 때 받던 월급의 80% 수준을 받는 것으로 알려져 있다.

캐나다(5위) 국민은 65세가 되면 누구나 연금을 받을 수 있다. 연금 수급액도 노부부가 생활하기에 불편함이 없을 정도의 금액이라고 한다. 노후소득은 연방정부가 세금을 재원으로 하는 기초연금, 사회보험방식의 소득비례에 의한 국민연금, 세제우대조치가 수반되는 기업연금과 개인연금이 있다. 이 3가지 연금이 서로 보완하며 안정적인 소득을 만들어준다. 여기에 각 주단위에서 조례를 제정해 저소득자를 대상으로 지원사업까지 하고 있다.

65세 이상 저소득 노인이 임대용 노인 전용 아파트에 거주할 경우에는 나라에서 임대료의 3분의 2를 내준다. 의료비는 65세 이상의 경우 대부분 무료다. 연방의료보장법에 따라 연방정부가 주정부에 필요한 재정을 지원해주고 있다.

이웃 나라 일본(8위)은 1985년 연금제도를 새롭게 마련했다. 피보호자의 연령, 세대 인원, 거주지역 등 세분된 기준에 따라 최저생활보장 금액을 지원한다. 여기에 후생연금보험, 보수비례 연금제도 등으로 일정한 소득을 보장해주고 있다. 일본은 연금제도가 안정적으로 자리 잡아 65세 이상 노인의 월평균 공적연금 수령액이 160만 원 수준으로 알려져 있다.

일본은 자택에서 자립생활이 가능하도록 보건의료와 복지서비스를 제공하고 있다. 후생노동성에 따르면 주택·지역밀착형 요양서비스를 이용하고 있는 노인이 76%, 시설요양서비스를 이용하고 있는 노인이 24%로 나타났다. 자택에서 요양 서비스를 받는 노인이 시설의 3배다. 이외에도 가사보조, 말벗, 외출 지원, 식재배달 등의 다양한 생활지원서비스가 있다.

마지막으로 프랑스(16위)는 어떨까. 프랑스는 이미 2차 세계 대전 이후 인구 고령화 문제가 사회적 이슈로 등장했다. 고령화 사회에서 고령사회로 넘어가는 데 115년이 걸렸기 때문에 노인 복지에 대한 사회적 대책 마련에도 충분한 시간이 있었다.

프랑스는 OECD 국가 중에서도 노인에 대한 지역사회보호서비스가 가장 활성화된 나라다. 일본과 마찬가지로 노년층이 가급적 자택에 머물면서 생활할 수 있도록 돕고 있다. 장보기, 산책하기 등 일상적 생활원조를 돕거나 집에서 생활하며 의료서비스를 받을 수 있도록 지원한다. 이를 위해 저소득층 노인을 대상으로 주거 수당을 지급하고, 가정간호사제도를 이용할 수 있도록 개인자립수당을 마련해 지원하고 있다.

또, 노인들의 여가활동도 지원한다. 노인복지센터 외에도 제3세대 대학, 노인여가대학 등을 운영하며 학구적인 면을 돕는 한편 '고령자 클럽' '은퇴자 협회' 등을 통해 놀이뿐 아니라 기술까지 습득할 수 있게 돕는다. 프랑스 노인들의 80% 정도가 보통 한 가지 이상의 클럽 활동에 참여하고 있다.

나라마다 노년층이 증가하고 있다. 세계 인구 중 65세 이상의 비중은 2015년 8.2%에서 2060년엔 17.6%로 증가할 전망이라고 한다. 계속해서 늘어가는 노년층을 감당하기 위해 '무덤에서 요람까지'를 외쳤던 북유럽 국가들의 복지도 이에 맞춰 변화 중이다.

복지의 천국 핀란드도 2000년대 이후 연금제도를 개편해 더 오래 일하면 더 많이 주는 식으로 전환했다. 중장년층 실업자나 정년퇴직자의 재교육에도 심혈을 기울이며 노년층이 더 오래 일할 수 있도록 돕고 있다.

이처럼 이미 제공하던 복지를 재정비해야 하는 국가도 있고, 아직 복지를 늘려나가야 하는 국가도 있다. 어느 나라건 노년층을 위한 완벽한 복지 정책은 없기에 더 나은 삶을 위해 각자의 형편에 맞게 계속 수정 중이다. 우리도 여러 나라의 다양한 정책을 선별해 받아들여 국민이 노후를 즐겁고 건강하게 보내야 할 것이다.

2. 가족정책 접근방법

가족정책의 개념은 국가가 가족에 대하여 그리고 가족을 위하여 수행하는 모든 것으로 가족 전체성의 시각을 지니고 있다. 여기서 가족 전체성이란 가족을 아동, 노인 등 가족 구성원 각각으로 나누어 보는 것이 아니라 한 가족원의 변화가 다른 가족원에게도 연쇄적으로 영향을 미친다는 상호 관련된 단위로 보는 개념이다.

1) 우리나라 가족정책

가족 관련법으로는 헌법, 가족법, 소득세법, 남녀고용평등법, 사회보장법, 사회복지사업법, 건강가정기본법 등이 있으며, 가족법으로는 민법의 친족법과 상속법을 총칭하고 친족법으로 부부, 가족, 부모와 자녀, 친척 등의 관계를 규정하는 것을 들 수 있다.

건강가족기본법은 2005년 1월부터 시행하고 있으며 소득지원정책으로 사회보험과 공공부조를 통해 소득을 보존하고 있다. 사회보험으로 국민연금, 고용보험, 산업재해보상 보상보험을 공공부조의 국민기초생활보장제도와 그 밖에 세제지원 방식이 있다.

건강지원정책으로 국민건강보험제도의 경우 가입자의 직계가족뿐 아니라 친족까지 확대 적용하며 의료급여는 빈곤가족에 대한 의료보장제도이다.

국정에 드러난 새 정부의 복지정책은 아동수당ㆍ청년구직촉진수당을 주고, 기초연금을 인상하는 등 현금을 직접 지급하는 '현금 복지'를 늘린 것이 특징이다.

2018년부터 월 10만 원의 아동수당을 만 0~5세 아동에게 주고, 기초연금은 2018년 월 25만 원, 2021년에는 월 30만 원으로 올리고, 2017년부터 미취업 청년에게 청년구직촉진수당 30만 원을 3개월간 지급하는 식이다. 재정소요가 큰 정책들이라 새 정부 5년간 복지 공약 소요 재정만 약 120조 원에 이른다.

기초생활보장 수급자를 선정하는 잣대 중 하나인 '부양의무자 기준'은 단계적으로 폐지하겠다고 밝혔다.

2018년부터 주거급여를 줄 땐 부양의무자 기준을 적용치 않고, 2019년부터는 생계·의료급여를 줄 때에도 부양의무자 가구에 소득재산 하위 70%의 노인 또는 중증 장애인이 있을 경우 적용하지 않는 등 부양의무자 기준을 단계적으로 폐지하겠다는 것이다.

2) 외국의 가족 정책

(1) 미국

미국가족복지정책의 특성은 GNP대비 사회복지 지출 비중이 주요 선진국 가운데 가장 낮은 국가에 해당하며 탈상품지수가 선진 산업국가 가운데 가장 낮고 평등보다는 능력주의의 입장을 보여주는 나라다.

가족복지정책 프로그램으로는 다음과 같다.

① 빈곤가족에 대한 한시적 부조 프로그램은 처음 복지급여를 수급한 후 2개월 내에 취업하지 않을 경우 'workfare'라 불리는 지역사회서비스 활동에 참여하여 최대 수급기간은 60개월이다.

② 의료부조는 공적부조 수급자들에게 제공하는 것으로 생계유지는 가능하나 의료비를 충당하기에는 소득과 재산이 충분하지 않은 저소득층에게도 제공한다.

③ 보충적 소득지원 프로그램(SSI : Supplementary Security Income)은 노인인 경우 64세 이상, 장애인인 경우 장애에 관한 규정에 해당, SSI수혜자는 매월 지급되는 현금급여와 의료부조와 식품권의 수혜자격이다.

④ 보육제도인데 빈곤가족의 아동을 대상으로 헤드스타트 프로그램을 제공하고 3~5세 아동에 대해 포괄적인 교육, 건강 및 발달관련 검사 등의 서비스를 제공한다.

⑤ 식품권 제도로 공공부조 및 사회복지서비스의 일종으로 정부가 만든 쿠폰으로서 사용이나 용도가 법에 의해 제한된 정부지불보증의 식품교환

권이다.

⑥ 소득세액 공제제도로서 소득과 부양아동 수에 기초해서 일정금액을 환급해 주는 제도가 있다.

(2) 프랑스

프랑스 가족복지정책의 특성은 인구학적인 목표와 관련된 관심이 두드러지고 출산장려 주의적 가족복지정책을 통해 인구성장을 가져오고 있다. 여성의 노동시장 참여를 용이하게 하는 공보육, 출산휴가, 육아휴직과 보육지원에 초점을 두고 유럽공동체 국가들 사이에서 가장 훌륭한 아동보육체계를 유지하고 있다.

가족복지정책 프로그램으로는 다음과 같다.

① 영유아 수당으로 3세 이하의 자녀를 두었거나 임신 5개월 이상인 임산부에 지급하며 가족 당 한 건의 수급원칙으로 소득수준에 따라 수급자격을 제한한다.

② 자녀교육수당으로 6~18세의 학교에 재학하는 부양자녀가 한 명 이상이고 일정 소득수준 이하인 경우 각 자녀 당 일률적인 금액을 지급한다.

③ 한 부모수당으로 저소득 이하의 빈곤가구로서 미혼모, 별거, 이혼, 사별 등으로 홀로 자녀를 양육하는 한부모에게 제공한다.

④ 가족수당으로 소득수준에 따른 제한 없이 자녀가 두 명 이상인 가족에 지급한다.

⑤ 육아휴직·육아휴직수당인데 자녀수가 두 명 이상인 조건에서 막내 자녀의 연령이 3세 이하인 경우 직업 활동을 전부 혹은 부분적으로 중단한 부 또는 모에게 지급한다.

⑥ 자녀간병수당으로 수급자격의 제한 없이 자녀가 중증의 질병에 걸리거나 장애, 사고를 당해 자녀의 건강회복을 위하여 배우자 중 한 명이 직업활동을 그만두거나 근무시간을 단축해야 하는 경우 지급한다.

⑦ 보육제도는 개별교육을 지원하는 가족수당제도 외에 시설을 통한 집단

보육서비스이며, 노인부양 지원제도는 2001년 도입된 노인자립수당 등을 들 수 있다.

(3) 스웨덴

가족복지정책의 특성으로는 1971년 부부 별산 세금제도의 도입, 1976년 정부의 모든 부처에서 성 평등의 선언, 1980년대 들어 양성평등정책이 활기를 띄고, 1988년 '성 평등을 위한 5개년 계획'이 수립되었다.
가족복지정책 프로그램은 다음과 같다.

① 출산수당 · 출산휴가 · 출산급여프로그램
　새로 태어난 이기를 가진 모든 가족을 대상으로 필요한 비용을 일시불로 지불한다. 여성이 소득활동을 하는 경우는 유급 산전후휴가가 12주간 주어지며, 이 기간 동안 아버지에게는 2주간의 유급휴가가 부여된다.
② 부모휴가 및 부모급부급
　1974년 세계 최초로 신생아를 가진 취업부모에게 유급의 부모휴가를 제공한다.
③ 아동수당제도
　16세 이하의 아동이 있는 모든 가족의 어머니에게 자동 지급하는 제도이다.
④ 보육제도
　부모의 부담이 15%를 넘지 않도록 하고 있고 부모의 부담은 소득에 따라 차등적으로 이루어진다.

노인주거프로그램은 노인들이 일생을 자기 집에서 독립적인 생활을 유지하며 타인과의 의미 있는 상호작용을 통한 공동체적 삶을 유지하도록 하는 것이다.

제2절 가족복지와 가족복지정책의 관점

1. 가족복지의 관점

가족복지의 관점은 강점관점과 성인지적 관점으로 나누어 볼 수 있다.

강점관점은 전통적 사회복지 실천의 문제 중심적, 병리적 접근에서 벗어나 클라이언트의 강점과 능력을 원조과정의 핵심으로 채택하고 인간을 둘러싼 관계망과 제도에 대한 총체적 이해와 함께, 상황과 문제에 대한 재해석직 관, 암묵적 이해, 동반자적 관계가 중요하다.

그리고 성인지적 관점은 임상 모델이나 기술이 아니라 성역활에 따른 불평 등과 그 영향에 대한 시각으로 공·사적 영역의 통합은 여성의 시장화와 남 성의 가족화를 가져오며, 일·가족 양립은 노동권과 부모권 양립의 조건을 구축하고 가족지원의 전략은 지역사회 중심의 가족지원 전문화를 자져왔다.

가족복지의 향후 과제는 가족문제 해결을 위한 예방적 차원의 프로그램 개 발과 전문적인 지식과 능력을 갖춘 인재 양성이 필요하고 또한 다양하게 변 화된 가족형태에 따른 제도 및 서비스 개발이 필요하며 그리고 인간의 존엄 성과 가치를 인정하고 개인으로서의 권리와 가족의 권익을 옹호할 수 있는 사회적 기반 조성이 요구된다.

2. 가족복지정책의 관점

가족복지정책은 사회보장 관련법이나 정책을 통해 이루어진다.

① 가족 관련법 ② 소득지원 ③ 출산과 노인부양지원 ④ 고용과 양육지원

이혼 및 아동빈곤 문제, 보편적 서비스의 필요 대두로 연구와 논의가 증가 하고 있다.

가족정책은 명시적 가족정책과 암시적 가족정책으로 구분될 수 있다.

명시적 가족정책은 국가가 가족을 대상으로 가족영역에 개입함으로써 가족에 변화를 가져오고자 하는 의도적 목적이 명백히 드러난 정책으로 이에는 소득보장, 보육, 노인부양정책 등이 있다.

암시적 가족정책으로는 정책과정에서 정책의 결과가 가족에게 간접적으로 영향을 미치는 정책으로 이에는 주택정책, 교통정책, 노동정책 등이 있다.

가족정책의 하위범주는 아동수당(가족수당), 세금혜택, 모성급여와 부모급여, 자녀 출산(입양)시 고용유지를 위한 휴가, 보육 (교육)급여와 서비스 등이 있다.

직접적 정책과 간접적 정책으로 구분할 때 직접적 정책은 현금이전, 대출, 유자녀가족에 대한 세액공제, 주택보조금 등을 말하고 간접적 정책은 양육휴가, 보육서비스, 가족친화적 노동환경 등을 들 수 있다. 가족에 대한 현금급여는 가족관련 수당과 세제혜택이 있고 취업부모에 대한 지원으로는 모성휴가, 아동양육휴가, 보육시설 등이 있다.

가족정책에 대한 개념적 접근방식(Kamerman & Kahn, 1978)으로는 첫째, 분야로서의 접근은 사회문제를 해결하기 위한 사회정책의 한 분야로서 소득보장, 고용 혹은 노동시장, 주택, 아동양육, 보건의료, 개별서비스 등이 있고 둘째, 수단으로서의 접근은 좀 더 거시적인 차원의 사회적 목표를 달성하기 위한 수단이 되는 데 이는 저출산, 인구고령화 등의 사회문제를 대비하기 위함에 있다.

관점으로의 접근은 다른 사회정책을 선택하거나 평가할 때의 기준, 관점을 말한다.

가족정책의 제반이론은 다음과 같다.

1) 여성주의적 관점

여성은 무급 가사노동과 양육수행 때문에 오랫동안 유급노동시장에서 배제와 차별을 경험하고 있다고 보고 가족 내 평등과 사회통합의 실현을 위해 개인의 전일제 노동의 보장과 노동자의 양육보장, 보육의 사회화를 강조한다.

가족정책에서 여성주의적 관점은 가족 내 여성의 지위와 성 역할분업, 노동시장에 참여하는 부모의 일·가족 양립에 대한 근본적 문제를 제기하여, 가족정책 영역이 여성정책과 결합되는 동시에 노동정책 영역으로 확장되며 가족문제를 해결하는 데 광범위하게 접근할 수 있는 단초를 제공하게 된다.

2) 가족친화적 관점

일과 가족생활의 조화 및 일과 돌봄에 대한 부모의 선택을 용이하게 하고, 고용 기회에서 성평등을 증진시키는 데 관심을 두는 시각이다. 가족친화적 정책은 양질의 보육, 아동에 대한 재정적 지원, 양육휴가 등이 소득, 서비스, 부모역할에 소요되는 시간 등의 가족자원과 부모의 노동시장에 대한 접근을 더욱 강화하도록 하는 모든 정책이다. 가족친화적 정책이 발달된 대표적 국가는 핀란드, 스웨덴 등을 들 수 있다.

3) 노동친화적 관점

노동친화적 관점은 노동자의 가족상태 뿐만 아니라 개별적인 욕구까지 포함하는 개념으로 아동을 중심으로 구성된 가족친화적 정책은 무자녀나 독신노동자 집단을 배제하고 있다는 주장이다. 미래 노동자모델은 독신, 무자녀 또는 동거 커플이 주류가 될 것이므로 노동자 친화적 정책이 미래 가족정책에 더욱 적합성을 가진다. 현대 사회는 가족친화적 관점이 가족정책의 보편적 관점이긴 하지만 향후에는 노동자 친화적 정책이 더욱 설득력을 얻을 수 있다고 주장한다.

4) 구조기능주의적 관점

정책적 관심집단은 핵가족으로 남성은 가족부양, 여성은 돌봄 제공을 한다. 핵가족 이외의 가족형태는 병리적, 비정상적, 일탈가족으로 규정하며 가족정책은 핵가족 유지를 위한 지원에 초점을 맞춰야 한다.

구조기능론 또는 기능주의 이론은 사회학의 기원에 그 뿌리를 두고 오늘날까지 사회학의 주류 이론으로 간주되고 있다(Henslin, 1996 : 36). 콩트(A. Comte)는 사회학의 창시자로 프랑스혁명 이후 사회적 혼란상을 설명하면서 사회를 생물학적 유기체에 비유하고 사회를 구성하는 각 요소가 제 기능(function)을 발휘하지 못할 때 사회문제가 야기될 수 있다고 생각했다. 스펜스는 이런 논리를 더욱 발전시켜 사회의 각 요소들은 하나의 구조(structure)를 형성하면서 제각기 사회의 발전을 위한 독특한 기능(function)을 수행하고 있다고 보았다

이와 같이 구조기능주의는 사회를 각각의 기능을 수행하는 부분들로 구성된 하나의 체계(system)로 이해할 수 있다고 본다. 하위체계(subsystem)는 상호연관되어 있어서 하나의 하위체계는 다른 하위체계에 영향을 주며 또 영향을 받는다. 이들 하위체계는 체계를 위한 사회적 항상성(social equilibrium)과 균형(balance)을 유지하기 위해 상호 의존되어 있으며 체계유지에 기여할 때 기능적이라고 한다. 이와 같이 체계의 구성요소가 상위체계의 유지와 안정에 기여하면 순기능적(functional)이고 그 반대이면 역기능적(dysfunctional)인 것이다.

예를 들어, 조선시대의 제사는 가부장주의 사회에 순기능적인 의례이지만 양성평등이 강조되는 오늘날엔 역기능적으로 받아들여지는 것이다. 대표적인 구조기능주의자인 파슨스(T. Parsons)는 사회가 유지되기 위해 적응(Adaptation), 목표달성(Goal attainment), 통합(Integration), 유형유지(Latent pattern maintenance)의 4가지 기능이 필수적이라고 하였다. 그리고 경제적 체계, 정치적 체계, 사회적 체계, 종교적 체계가 이 기능을 수행한다고 보는데, 행위자들은 사회제도를 통해서 이러한 기능을 경험한다. 경제제도는 재화와 서비스를 생산하고 분배하는 기능을 담당하고 교육제도는 사회 구성원에게 규범을 학습시키고 문화를 전달하는 기능을 담당한다. 또한 정치제도는 사회 구성원을 통제하여 질서를 유지하고 종교제도는 사회 구성원의

행위에 대한 도덕적 기준을 제공한다(Turner, 1991).

5) 생태체계이론

생태계 이론 가족 제도 이론은 Bertalanffy가 그의 가족에게 일반 시스템 이론을 적용했다는 이론이다. 인간 시스템은 자기 반사 특성을 가지고 있다고 가정한다. 이 이론은 가족을 역동적이고 사회적인 유기체로 보고 있다. 가족 치료 및 교육 분야는 체계적인 관점에서 가족 문제를 예방하고 해결하는 응용 분야이다. 그러나 체계 주의적 이론가들은 가정에서 남성과 여성의 권력 차이를 간과하는 경향이 있으며, 여성, 어린이, 소수 민족 및 장애인 문제에 대해 덜 민감하다고 비판한다.

전체론적 시스템으로서의 가족을 강조하며, 가족 구성원은 상호 관련이 있고 서로 영향을 주는 아주 일반적인 이론으로 전형적인 예로는 과도한 보호로 인해 비정상적인 행동을 보이는 청소년을 들 수 있다. 대표 학자로는 Hill, Kantor & Lehr, Straus를 들 수 있다.

6) 갈등주의 관점

구조기능주의 관점에 의하면 사회는 조화롭고 균형적인 체계이다. 갈등주의는 사회현상을 이해하는 핵심개념을 갈등(conflict)으로 내세운다. 사회관계는 기능과 역할의 상호의존에 의한 조화로운 것이 아니라 이해관계의 대립으로 이루어져 있다고 보는 이론적 관점이다. 그래서 구조기능주의는 갈등을 사회악 또는 병리적인 것으로 보게 하는데 반해 갈등주의는 오히려 그것이 존재함으로써 사회가 발전한다고 설명한다. 갈등이론가들은 자본주의 사회에서 일반인들과 노동자들이 부와 권력의 불평등한 분배구조가 당연시하고 있는 것은 맑스가 지적한 것과 같이 압제를 받고 있는 사람이 그 압제를 인식하지 못하는 잘못된 의식 때문이라고 지적한다. 갈등이론가들은 사회의 희소한 가치인 부와 권력에 대한 대립과 갈등에서 승리한 자가 전리품을 영구히 간직하려고 자손에게 유산으로 그것을 전수하거나 남기려 하기 때문에 부와 권력의 불평등은 막연하다는 것이다. 이러한 과정에서 빈곤계층은 자식들에게 가난과 무력감만 남겨줄 수 있다(최선화 외 : 56).

7) 상징적 상호작용주의 관점

사회학의 발전에 있어서 하버드 학파가 구조기능주의를 발전시켰다면 시카고 대학을 중심으로 한 사회학 교수들로 구성된 시카고학파는 상징적 상호작용이론을 정교화했다.

상징적 상호작용주의 이론(symbolic interaction theory)은 거시적인 사회구조보다 개인과 개인 사이의 상호작용과정을 중시하며 개인의 행위를 그 개인의 사회적 관계의 산물로 간주한다(원석주, 2002 : 51). 상징적 상호작용주의 이론은 상호작용주의(interactionism) 관점의 대표적인 이론으로 받아들여지고 있다. 상호작용주의는 구조기능주의 관점과 갈등주의 관점이 사회현상을 거시적 차원에서 접근하고 분석하려고 하는데 반해 관심의 초점을 개인 사이의 상호작용과정과 그 상호작용이 개인과 사회에 미치는 결과에 두고 있는 이론적 시각이다. 상징적이라는 꾸밈말이 덧붙여진 것은 인간이 상호작용의 도구로 언어나 몸짓 등의 상징(symbol)을 사용하고 상징의 주관적 의미를 중요시하는 점을 강조하기 위한 이론적 경향에서 비롯된 것이다. 이 관점의 기틀을 세운 미드(H. Mead)에 의하면, 사회현상은 개인들 사이의 상호작용과정에서 부여되는 주관적인 의미에 의해 창조되고 또 재창조되는 것이다. 상징적 상호작용론(symbolic interaction theory)은 거시적인 사회구조보다는 개인과 개인 간의 상호작용의 과정을 중시하며, 개인의 행위를 개인의 사회적 관계의 산물로 간주한다. 여기서는 인간을 그가 참여하는 문화와 사회관계의 산물로 보는 이유는 인간은 인간관계를 통해 해석되거나 규정되는 존재이기 때문이다. 그래서 우리가 경험하는 사회현상의 창조자는 개인이며 항상 유동적이고 변동적이라고 한다. 여기에서 사회현상이 개인의 주관적인 의미부여에 의하여 창조된다는 의미는 개인마다 달리 주관적인 의미를 부여하는 것이 아니라 자신이 속한 집단의 사회 구성원들의 관념이 자신의 행위를 일정한 방향으로 유지시키고 또 타인의 행위를 해석하는 공통적인 규칙으로써 의미를 부여하는 것이라는 의미에서 간주관적인 (inter-subjective) 것이다(최일섭·최성재, 1995 : 64). 상징적 상호작용주의는 상호작용의 기초가 되는 사회화 과정을 중시한다. 아동은 성장하면서 부모의 행위를 모방하고, 그런 과정을 통해 타인의 역할을 배운다. 이런 과정이 확대되면 다른 여러 가지 역할들에 대해서도 알게 되고 또 상상할 수 있는 능력을 갖추게 된다. 이렇게 하여 일반화된 타인(generalized others)의 역할을 이해하기 시작하고 상호작용의 대상으로서 타인을 추상화시켜서 인식하게 된다. 다시 말해, 각 역할에 부여된 사회적인 기대를 반영하는 사회적 가치와 기준을 내면화 한다는 것이다(원석조, 2002 : 52). 예를 들어, 상징적 상호작용론자들은 사람들이 불평등에 대해서 부여하는 의미에 주목한다. 즉, 사람들이 부자와 빈자에 대해서 어떤 의미를 부여하고 자신을 다른 사람과 비교하여 상대적으로 많은 것을 가졌다고 느끼는가 아니면 박탈감을 느끼는가에 초점을 둔다. 따라서 이 이론에 입각하면 불평등과 빈곤은 역사적 또는 시대 상황에 따라 달리 인식되고 한 사회에서도 개인 또는 집단 간에도 다른 의미로 해석된다는 것이다.

제3절 우리나라 가족정책의 현황과 문제

1. 가족정책의 현황

한국의 공공 가족복지제도가 무엇인지는 확실히 규정되어 있지 않다. 다만 정부에서 가족복지서비스를 제공한다고 표방하는 부서는 있으며 전달체계 또한 형식적으로는 잘 정비되어 있다고 볼 수 있다. 정부의 차원에서 가족 복지를 주관하는 행정부서는 보건복지부에서는 사회복지정책실 내의 가정 복지심의관실과 가정복지과이고, 시·도·구에서는 가정복지국, 가정복지 과, 가정복지계이며, 읍·면·동에서는 가정복지 담당이다. 이러한 공식적 인 전달체계의 명칭만으로 보면 어느 나라에 뒤지지 않을 정도로 사회복지 전달체계에서 가족이 강조되고 있는 것 같다. 그러나 이들 부서에서 시행하 는 서비스의 내용은 개인을 대상으로 하고 있기 때문에 가족을 대상으로 하 는 가족복지제도라고 보기 힘들다. 그 이유는 가정복지국 산하의 각 과와 계 그리고 가정복지 담당이 다루는 문제와 대상이 한 단위로서의 가족문제 를 다루는 것이 아니라 각 부서별로 특정 개인만을 대상으로 하고 있기 때 문이다. 즉 노인복지과에서는 노인문제만을 다루고 있고, 여성의 문제는 부 녀복지과, 아동과 청소년의 문제는 아동복지과에서 다루고 있을 뿐이다.

우리나라 보육정책은 1921년 시작되어 현재까지 발전하고 있다. 급속한 산 업화의 진전과 함께 여성의 가족구조의 핵가족화에 따라 보육수요가 급격 히 증가하고 있으나 기존 유아원의 보육기능은 미흡하고 질적으로도 부적 한 부분이 지적되고 있다.

가족의 변화가 두드러짐에도 한국 가족정책의 현황에서는 예방보다는 사후 대책에 치중하고 있다는 점, 그 정책도 단편적이어서 개별 가족정책의 일관 성이 결여되고 법과 제도에 지체 현상을 보인다는 점, 가족의 다양성이 인 정되지 못하는 점, 그리고 가족정책에 대한 관점의 부재로 통합적 시행방안을 시행할 수 있는 행정전담부서가 마련되지 못했다는 점 등의 문제점을 찾을 수 있다.

우리나라에서 가족정책은 이제까지 사회보장 관련 법이나 정책을 통해 이루어져 왔다. 가족에 대한 구체적인 정책으로는 우선 소득지원정책으로 연금, 건강보험, 산업재해보상보험, 고용보험과 같은 사회보험과 공제, 조세감면과 같은 조세정책을 들 수 있다. 그리고 가족의 자녀 양육과 보호 기능을 지원하는 가족 정책도 있고, 빈곤가족을 위한 정책으로 기초생활보장제도를 통한 생계와 의료급여도 있다.

최근 심각하게 제기되고 있는 저출산 문제와 이혼, 실직 등과 같은 위기가 사회적 문제로 쟁점화되기 이전에는 사실 가족복지정책의 부재에 대해 확인만 하였을 뿐 구체적으로 어떤 정책이 마련되어야 하는가에 대한 논의는 부족하였던 것이 사실이다. 그러나 이혼 및 그에 따른 아동의 빈곤 문제 등이 심각해지면서 이혼과정에서의 법적 제도적 절차와 한부모가족을 위한 가족정책에 대한 논의가 증가하고 있는 실정이다.

예방보다는 사후 대책에 치중, 단편적 정책, 개별 가족정책의 일관성 결여, 법과 제도에 지체 현상, 가족의 다양성이 인정되지 못함, 가족정책에 대한 관점의 부재, 행정전담부서가 마련되지 못함, 기초생활보장제도를 통한 생계와 의료급여, 저출산 문제와 이혼, 실직 등과 같은 위기, 이혼 및 그에 따른 아동의 빈곤 문제, 이혼과정에서의 법적 제도적 절차와 한부모가족을 위한 가족정책에 대한 논의가 필요한 시점이다.

1) 여성가족부

우리나라 여성정책 국가기구의 본격적인 출발은 정부조직법 제18조와 정무장관실 직제 제2조에 의해 1988.2.25. 설치된 정무장관(제2)실부터라고 할 수 있다. 정무장관(제2)실은 대통령 및 그 명을 받아 국무총리가 지정하는 사무를 수행하면서 사회·문화에 관한 업무를 대상으로 하되 특히 여성분야에 중점을 두어 전반적인 여성정책에 대하여 총괄·조정하였고, 각 부처

청의 협조요청 외에 여성의 권익과 지위에 큰 영향을 미치는 법률안 및 정
책입안 시 사전 협조를 통하여 부처 간 상충하는 시책에 대해서는 이를 조
정하고 사전 대책을 강구할 수 있도록 하였으며, 몇 차례의 직제 개정을 거
친 후 1998.2.28. 폐지되었다.

그 후 국민의 정부가 출범하면서 정부조직법 제18조 제3항에 의하여 대통
령소속 하에 여성특별위원회가 1998.2.28. 설치되어 여성정책에 대한 종합
적인 기획·조정에 관한 사무를 관장했다.

특히, 1999.2.8. 「남녀차별금지및구제에관한법률」을 제정함으로써 사회의 모
든 영역에서 남녀차별을 금지하고, 이로 말미암은 피해자의 권익을 구제하
는 제도를 마련하였다.

그러나 여성특별위원회는 조직과 기능, 인력과 예산 등 여러 가지 한계를
가지고 있어 급격히 변화하는 21세기 지식정보화 시대, 여성의 시대를 대비
하기에는 미흡하여 정부 각 부처에 분산된 여성관련업무를 일괄해서 관
리·집행할 여성가족부를 신설하였다.

신설 여성가족부는 기존의 여성특별위원회 업무와 함께 보건복지부로부터
가정폭력, 성폭력 피해자의 보호, 윤락행위 등의 방지업무 및 일제하 일본
군 위안부에 대한 생활안정지원 사무를 이관받고, 노동부에서는 일하는 여
성의 집사무를 이관받아 수행했다.

2004.6.12. 보건복지부로부터 이관받은 영유아 보육업무까지 수행하게 된
여성가족부는 여성정책의 기획·종합, 남녀차별의 금지 및 구제 등 여성의
지위와 권익뿐만 아니라 여성인적 자원의 성장 동력화를 통하여 국가경쟁
력 제고 및 양성평등사회의 구현이라는 중요한 역할을 담당하는 국가기구
로 발전하였다.

저출산, 고령화 사회로 접어들면서 전통적 가족구조와 역할이 변화하고 가
족해체 문제가 심각해짐에 따라 이를 예방하고 새롭게 형성되는 다양한 형
태의 가족이 가족공동체로서의 역할을 할 수 있도록 지원하는 일이 시급해
짐에 따라 정부조직법을 개정(2005.3.24)하여 여성가족부가 수행하는 기능

이외에 통합적 가족정책을 수립하고 각 부처의 가족정책을 수립·조정·지원하는 기능을 수행할 수 있도록 여성가족부로 개편하였다.

유연하고 창의적으로 일하는 정부를 구축하기 위하여 정부기능을 효율적으로 재배치하는 내용으로 정부조직법을 개정(2008.2.29)하여 여성가족부가 수행했던 가족 및 보육정책 기능은 보건복지가족부로 이관되었고 여성가족부는 여성정책의 조정·종합, 여성의 권익증진 등 지위향상 기능을 수행할 수 있도록 개편하였다. 한편, 가족 해체 및 다문화 가족 등 현안 사항에 적극 대응하기 위하여 보건복지가족부의 청소년 및 다문화 가족을 포함한 가족 기능을 여성가족부로 이관하는 내용의 정부조직법 개정(2010.1.18)으로, "여성부"가 "여성가족부"로 개편되어, 여성정책의 조정·종합, 여성의 권익증진 등 지위향상 뿐만 아니라 가족정책 및 청소년의 육성·보호 기능을 수행하게 된다.

2) 가족서비스정책

(1) 가족

가족 분야는 기존의 정책을 토대로, 보다 많은 사람들에게 혜택을 줄 수 있는 방향으로 사업이 확장될 계획이다. 올해에도 실시되는 저소득 한부모가족 양육지원, 아이돌봄서비스 등의 정책의 기본적인 내용은 기존과 크게 달라진 점이 없지만, 지원 연령과 금액 등이 달라졌다.

원래 저소득 한부모가족 양육지원의 경우 기존 만 12세 미만의 자녀 1인당 월 10만 원씩 지원되었지만, 올해부터는 대상 연령이 만 13세 미만으로 늘어나고 지원금액도 월 12만 원으로 늘어난다.

아이돌보미가 찾아가 아이를 돌봐주는 아이돌봄서비스의 경우 작년까지는 대상 연령이 24개월까지였지만, 이제는 36개월까지 지원을 받을 수 있게 되어 맞벌이 가정에게 큰 도움이 된다.

2016년에는 여러 건의 참혹한 아동학대 사건이 벌어지면서 아동의 안전에 대해 경종을 울린 바 있다. 이에 여성가족부는 아동학대를 예방하고 가족관계를 증진시키기 위한 맞춤형 부모교육을 실시한다.

올 상반기 중에는 청소년 한부모를 위한 전용 시설이 처음으로 문을 열게 된다. 청소년 한부모가 아이와 함께 기관에 입소하여 학교와 유사한 환경에서 학업과 양육을 병행할 수 있도록 지원한다.

(2) 여성

여성가족부는 가족친화제도를 모범적으로 운영하는 기업, 기관에 가족친화인증을 부여하는 가족친화인증 제도를 실시해 오고 있다.

2017년부터는 공공부문의 가족친화인증이 의무화된다. 따라서 공공기관, 중앙행정기관, 지방자치단체, 지방공사, 공단은 의무적으로 가족친화인증을 받아 가족친화 환경 조성에 앞장서게 된다.

또한, 여성 새로일하기센터가 5개 더 늘어나는 등 여성들이 양질의 일자리를 획득할 수 있도록 소프트웨어 융합, 바이오, 빅데이터 등 고부가가치 직종의 훈련과정이 확대된다는 점이다.

(3) 청소년

청소년증이 2017년부터 스마트해진다. 청소년증에 선불형 교통카드 기능이 추가되었다. 기존에 발급받았던 청소년증에 교통카드 기능을 추가하고자 하는 청소년은 가까운 주민센터에서 3개의 교통카드(레일플러스, 원패스, 캐시비) 중 하나를 선택하여 신청하면 된다.

청소년의 안전을 강화하기 위해 성적인 문제에 무분별하게 노출되기 쉬운 청소년을 보호하기 위해, 숙박업을 운영하는 업주는 청소년이 숙박하고자 할 경우 출입자 나이를 확인해야 한다.

물론 기존에도 청소년의 이성혼숙을 허용하는 영업행위는 금지되어 왔지만, 이를 확인할 종사자가 없는 무인텔의 경우 관련 규정이 없다는 이유로 법망을 피해 가는 사례가 있었다. 이에 무인텔 업주도 종사자를 두거나 적절한 설비를 갖추어야 한다.

또한 위기청소년을 돕는 청소년 쉼터, 지역사회 청소년 통합지원체계가 늘어난다. 위기청소년을 직접 찾아가 그들을 돕는 청소년동반자도 올해에는 대폭 늘어나 이를 통해 보다 많은 위기청소년들이 적절한 도움과 지원을 얻게 될 것으로 기대된다.

이처럼 여성가족부는 올 한해 변화되는 정책들을 통해 여성과 청소년의 안전에 보다 많은 관심을 쏟을 것이며 일·가정의 양립이 이루어지는 사회환경 조성에 더욱 박차를 가할 계획이다.

최근 결혼한 여성의 사회적 위치의 향상으로 우리나라의 경제발전이 높아지면서 여성인력의 경제 활동은 점차 증가하고 있다.

전통적인 가족의식은 집단주의로 가족의 일원으로 행동하기를 강요받았다. 그러나 사회에서 여성의 경제 참여가 증가하고 페미니즘의 사회운동의 시작으로 여성들의 사회적 지취가 높아지고 삶의 질과 교육수준이 높아졌다. 가족의 전통적인 성 역할과 성 평등을 주장하면서 21세기의 삶과 기준체계가 가족보다는 개인화 되면서 결혼, 이혼, 출산과 자녀양육 그리고 가족 평등 등의 가족과 관련된 항목들의 가치가 변화되었다. 기혼여성들의 경제활동으로 여성들은 과거보다 많은 부를 축적할 수 있으며 이로 인해 가족의 구조나 기능변화에 영향을 미쳤다고 할 수 있다.

이러한 모습에 기인하여 가족의 응집력이나 유대감이 약화되거나 각하되기도 하였다. 가족구성원들은 개인의 실용주의, 개인주의 및 나아가서는 이기주의로 보여지고 가족구조와 기능에 변화를 가져왔다.

3) 가족복지정책의 행정체계

가족정책의 전달체계란 사회복지에서 '전달체계'로 사회복지 정책 혹은 서비스를 수급자 혹은 이용자에게 원활하게 전달하기 위하여 마련된 '조직체계'라고 할 수 있다. 여기서 공공정책과 공공서비스의 주체는 정부(지자체)와 민간사회복지기관(시설)이 모두 해당되고, 민간 사회복지 서비스의 주체는 민간사회복지기관(시설)이 주체가 된다.

2. 가족복지정책의 전달체계

1) 공공전달체계

공공전달체계는 국가 또는 지방자치단체가 수립하고, 직접 그 운영의 주체가 되는 것으로, 정부 차원의 사회복지 정책을 통한 사회보험과 사회복지서비스 등을 의미한다.

(1) 중앙정부

① 중앙정부의 사회복지 의미

중앙정부는 20세기에 들어 복지정책의 공급주체로 크게 성장하였으며, 대부분의 서구 복지국가 들은 중앙정부가 중심이 되어 사회복지정책을 수행하고 있다.

중앙정부는 의료나 교육과 같이 공공재적 성격이 강한 재화나 서비스의 공급에 유리하며, 사회보험과 같이 규모의 경제가 발생하는 부분에서의 역할이 크고, 평등과 사회적 적절성 실현에 필요한 강력한 권한을 가지고 있다. 또한 프로그램을 통합하고 조정하기에 유리하고 안정적인 사회복지제도 유지에 유리하며 정책전달에 가장 중요한 역할을 수행한다.

우리나라의 중앙정부 가족복지담당 행정기구는 부처 간 이동을 하며 발전해 왔다. 2000년까지는 보건복지부가 주관해 오다 2001년 여성부가 신설되며 가족정책이 분리되어 이관되었다.

여성가족부는 가족정책의 주무 부서로서의 기능을 수행하며, 공공전달체계로서의 주도적 역할을 담당하고 있다. 여성정책의 기획·종합 및 여성의 권익증진, 청소년의 육성·복지 및 보호, 가족과 다문화 가족정책의 수립·조성 지원, 여성·아동·청소년에 대한 폭력피해 예방 및 보호를 지향하고 있다.

② 중앙정부의 사회복지공급자로서의 특성

가족복지의 공급체계가 다양화되고 있지만 거의 대부분이 나라에서 중앙정부의 역할은 국민에게 포괄적이고 기초적인 서비스를 제공하는 데 중요한 기능을 수행하고 있다.

③ 중앙정부의 한계

복지정책을 수립하고 실행하는 과정에서 성공적으로 국민복지의 증진과 삶의 질을 높여 오기도 하였지만, 한계로서는 탄력적 국민복지 욕구 해결 미흡, 사회문제와 욕구 불충족의 항존, 점증하는 복지욕구의 억제 실패, 소수인종의 복지혜택 부족, 관료제적 구조에 따라 접근성과 편익성의 한계 등을 들 수 있다.

(2) 지방정부

① 지방정부 사회복지의 의미

사회복지재화나 서비스가 완전하게 지방정부 단독으로 제공되는 경우는 많지 않다. 그렇지만 지방정부가 사회복지정책에 관여하는 역할은 결코 작지 않다.

지방정부는 지역주민의 욕구에 보다 신속하고 효율적으로 대응할 수 있으며, 지방정부 간의 경쟁으로 서비스의 질을 향상시킬 수 있다. 또한 서비스의 대상자가 정책결정 과정에 참여하기가 보다 쉬우며, 대상자의 변화와는 욕구에 적극적으로 대처할 수 있다.

건강가정지원센터는 가족복지사업을 전담하는 조직으로 시·군·구의 가족여성정책과, 사회복지과, 아동청소년과 등과 긴밀한 협력관계를 통하여 서비스를 전달하며, 그 밖의 가족복지사업의 내용에 따라 주민자치센터와 업무상 관계를 맺을 수 있다.

② 지방정부의 사회복지공급자로서의 특성

지역주민에게 맞는 복지서비스를 중앙정부에서 제공하는 일이 쉽지 않기 때문에, 지방이 가진 특수한 욕구에 신속하고 전문적으로 대응할 수 있는 강점이 중앙에서는 거리감이 있다.

- 포괄적 서비스 제공자 : 국민 전체의 인간다운 생활의 보장이라는 이념
  이 현대 복지국가 존립의 근거가 된다. 소위 생존권보장이 중앙정부에
  서 일괄적이고 통일적으로 이루어져야 한다.
- 경제적 지원자 : 민간단체나 자원단체 및 비공식부문에 이르기까지 국
  가보조금을 지원하여 이들 기관이 활동할 수 있도록 하게 한다.
- 규제자 : 중앙정부는 복지 관련 법규를 통해서 민간복지기관을 규제
  한다.
- 고용자 : 중앙정부는 복지조직의 운영자로서 수많은 인력을 채용하고
  기구를 구매, 활용하고 있다.

③ 지방정부의 한계

지역 간 불평등으로 인해 사회통합을 저해시킬 수 있으며, 규모의 경제
를 실현하기가 어려워 사회보험제도의 시행이 곤란하다. 더불어 프로그
램의 안정성과 지속성 보장이 어렵고 지방정부 단위의 프로그램 발전은
단편화될 가능성이 크다.

2) 민간전달체계

(1) 자원조직

자원조직에 대한 개념 규정은 매우 애매하고 하나의 조직적 형태로 활동하
는 점에서 비공식적 전달체계나 지원체계와는 구별된다. 따라서 자원조직은
집단적 사회복지활동의 한 형태라고 할 수 있다.

(2) 비공식부문

비공식 부문은 가족, 친구, 이웃 등과 같이 일정한 형식을 갖추지 않으면서
사회복지서비스를 공금, 전달하는 체계를 말한다. 사회복지분야의 비공식부
문은 모든 공식적 복지체계의 기반을 이루고 있으며, 그 규모가 거대하다.
장점으로는 복지서비스를 필요로 하는 대상들의 다양한 욕구와 그 변화에

쉽게 대응할 수 있으며, 비용의 효율성을 극대화 할 수 있다. 또한 대상자의 내적 욕구에 적절하게 대응할 수 있다.

(3) 영리조직

영리조직은 자본주의 국가에서 여러 가지 모습으로 공공복지 체계와 연관되어 존재한다. 사회민주주의가 발달한 국가에서는 국가부문이 보다 엄격하게 영리조직을 규제하고 공공부문이 광범위하게 복지부문에서 활동한다. 반면에 자유주의 국가인 미국을 살펴보면, 의료보험과 같은 사회복지가 민간차원에서 제공되며 국가는 보충적인 기능을 담당한다.

비교적 최근에 발달하기 시작했는데 그 배경은 사회·경제적 변동이 복지서비스를 구매하게 하여 사회적 여건이 변화한 것이다. 이 방식은 사회적자원의 효율성을 극대화 하는 측면을 가지고 있다.

3. 가족정책의 발전방안과 문제점

1) 가족정책의 발전방안

고령사회에서의 가족생활은 부부 중심 노년기 생활이 길어지므로 이에 대한 가족상을 정립하고 정책 지원이 필요하다. 생애주기에 맞춰 부부관계 중심의 가족생활 교육을 개발하고, 전세대에 걸쳐 일·생활을 조화할 수 있도록 직업·재무·여가·가족관계 설계 등 맞춤형 생활설계와 일·여가 매칭 서비스가 필요하다. 또한, 노년기가 길어짐에 따라 노인 스스로 자기돌봄 역량을 강화할 수 있도록 지원해야 한다고 강조했다.

일상생활에서 자기돌봄을 위한 생활역량지표를 개발하여 부족한 부분을 보완할 수 있도록 지원하고, 남성들이 가정과 지역사회에 보다 잘 통합될 수 있도록 남성 대상 프로그램을 확대하여 지원해야 한다.

노년기 가족들이 서로 도울 수 있도록 노인돌봄품앗이 등 네트워크 확충도 요구된다. 지역사회를 중심으로 노인의 자립적 생활을 지원하는 100세 사회형 지역사회 조성도 요구된다.

돌봄서비스 접근성을 높이고 커뮤니티와 융화할 수 있도록 고령친화적 지역사회 돌봄체계를 구축하고, 지역 사회 내에서 최대한 공동체적 생활 방식을 지향하는 유사 가족공동체 등 생활양식의 지원이 필요하다.

고령사회에서의 노년기 가족생활 준비는 결혼 초기부터 전 생애에 걸쳐 준비하여야 할 과제"라며 생애주기별 노년기 가족생활 지원서비스를 제공하고, 개인·가족·지역사회의 파트너십을 강화하여 노년기 가족생활 지원정책을 개발·시행해 나가는 것이 필요하다.

(1) 가족정책의 패러다임 전환

우리나라에서 가족은 사회정책의 대상이 아니었으며, 탈가족화, 가족부양부담의 사회화 방향으로 가족정책의 수립이 필요하게 되었다. 또한 가족정책에 대한 새로운 패러다임 및 대안적 가족상의 제시가 필요하고 또한 성 평등 관점이 포함되어야 한다.

(2) 성 평등 지향

가족의 기능이 약화된다고 하여 여성이 가정으로 돌아갈 것을 정책적으로 강조하는 것은 바람직하지 않으며, 노동시장에서의 성차별 시정 및 비정규직 여성을 보호하기 위한 정책 마련, 여성의 일자리 창출이 시급하다. 그리고 가족정책은 여성 고용정책과 긴밀하게 연결하고, 가정과 직장을 양립할 수 있도록 지원이 필요하다.

2) 가족복지정책의 문제점

(1) 한국 가족정책의 문제

① 예방보다는 사후대책에 치중함 : 소극적 국가개입의 원칙
② 가족정책 방향의 일관성 결여, 지체현상
③ 가족의 다양성이 인정되지 못함

④ 가족과 개인 간의 갈등의 초래 가능성

(2) 가족복지서비스에 대한 고민과 한계점에 대한 비판
① 가족복지서비스 전달체계의 파편화
② 공·사적 서비스 간 연계성 미약으로 서비스 수준의 부적절함
③ 요보호대상자 개별가족 차원의 서비스 제공
④ 예산의 절대적 부족, 가족상담 및 가족치료 전문 인력의 부족, 행정적 지원체계 부족
⑤ 저소득층, 해체 가정에 대한 현물지원에 치중함

지금까지 공통적으로 지적된 것은 현재 가족복지의 개념정의나 접근에 있어서 대부분은 개별가족의 기능의 회복, 또는 강화를 통해 가족의 행복을 유지하는 것으로 결국에는 개별 가족적인 차원의 개입이 제시되고 있는 실정이라는 것과 가족복지서비스의 전달체계가 파편화되고 공·사적 서비스 간 연계성이 미약하며 서비스 수준이 부적절하다는 점이다.

가족의 안정은 사회의 안정에 기반이 된다. 이에 따라 현대 사회의 가족은 개인과 사회가 유기적으로 상호협력하고 유지·발전할 수 있는 토대를 제공함과 동시에 가족원을 위한 경제적인 지원과 양육 및 보호 그리고 사회화의 기능을 수행하는 가장 중심적인 제도로서 그 중요성이 더욱 부각되고 있다.

그러므로 가족의 유지와 복지는 사회를 대표하는 국가가 정책적으로 개입하여 보장해 주어야 한다는 것이 복지국가의 기본적인 원칙이다.

특히 현대산업사회에서는 가족으로서는 불가항력적인 사회변화로 인하여 가족의 생존과 복지가 위협을 당하는 경우가 발생하기 때문에 국가가 가족에 대하여 개입을 하지 않을 수가 없다.

특히 전통적으로 가족 또는 가족주의가 개인의 삶의 중심축인 동시에 사회의 구성논리이자 사회·문화의 중심원리였던 우리 사회에서는 아직까지 이러한 가족의 기능을 대신할 다른 어떤 사회적 체제가 존재하지 않는다. 따

라서 가족을 유지시키고 가족의 기능과 역할을 지지하고 보완할 가족복지의 필요성이 대두되고 있다.

가족복지란 가족의 행복과 안녕(well-being)을 위한 총체적인 노력을 의미하며, 가족이 사회의 기본단위로서 존속하고 발전할 수 있도록 가족의 생존과 복지를 보장해 주는 기능을 수행하는 과정으로 이해할 수 있다.

즉, 건강한 가족에게는 더욱 안정적이고 질 높은 생활을 영위할 수 있도록 지지해 주며 당면한 문제를 스스로 극복하거나 해결하기가 어려운 위기에 처한 가족에게는 여러 가지 방법과 기관을 통해 도와주는 노력이라고 할 수 있다.

그러나 한국 사회의 가족복지정책은 그동안 사회취약계층인 저소득층, 노인, 아동, 장애인, 여성 등을 중심으로 이루어져 요보호가족의 지원에 급급하였다.

또한 가족에 의한 복지를 전제로 하고 있어 가족문제에 대해서 사전 예방적이기보다는 사후 치료적인 성격이 강하다고 할 수 있다.

또한 가족의 복지욕구는 점차 증가하고 있으나 아직까지 이러한 가족의 욕구를 충족시켜줄 수 있는 가족복지정책이 미비한 실정이다. 이는 변화하는 한국사회와 가족에 대해 적절히 부응하지 못하는데 그 원인이 있으며, 결혼, 출산에 대한 20, 30대의 부정적인 시각 및 가족수당, 아동수당 그리고 저출산·고령화에 대한 적극적인 지원책이 우선되어야 할 것이다.

가족대상 사회복지실천의 이해

제1절 가족기능과 구조적 개관

제2절 가족생활주기

제3절 가족사정도구

제1절 가족기능과 구조적 개관

1. 가족기능의 변화 및 개요

가족은 친족 또는 친족과 같은 연계성을 가지고 모여서 서로 같은 생리적, 심리학적, 사회·문화적 그리고 물리적 환경을 나누어가지는 사람들로 조직된 기능적 단위로서 질병발생, 증상에의 반응, 의료자원의 활용에 고유한 양상을 보이는 건강행위의 기본단위이다. 가족기능은 가족 관계 속에서 체계의 완전함을 유지하고 가족의 목표를 성취하기 위하여 체계를 예측할 수 있는 방향으로 이끌어 가는 가족의 행위 또는 역동성을 말한다. 하지만 가족기능은 사회 변화에 따라 영향을 받으므로 일률적으로 정의내리기는 어렵다.

최근 서울시 통계에 의하면 지난해 시 평균 초혼연령은 남자 33.2세, 여자 31.0세로 각각 드러났다. 청년층의 혼인 건수가 감소하고 있는 추세이다. 결혼을 염두하지 않는 '비혼족' 증가와 전 연령층에 걸쳐 결혼과 관계 유지의 필요성을 느끼지 못하는 이들이 더욱 늘고 있다. 평균 수명 100세 시대에 이제 이혼과 재혼, 결혼 횟수 등은 드라마나 영화에서나 볼 수 있는 이야기가 아니다. 지금은 삶의 가치관 변화에 따른 결혼 수난 시대를 뛰어넘어 만혼, 비혼 증가 현상은 우리 사회의 자연스런 현상이 되어가고 있음을 부인할 수 없다.

행복한 삶을 위한 결혼이 더 이상 외면받지 않으며 청년층의 만혼, 비혼 증가율을 막기 위해서 정부의 일자리 창출과 주거정책, 경제적 안정 등에 대한 근본적 대책 마련이 절실하다

통계청에 따르면 '2016년 혼인·이혼 통계'에서 지난해 혼인은 28만 1,600건으로 전년보다 2만 1,200건(7.0%) 감소했다. 이는 지난 1974년 25만 9,100건을 기록한 이후 가장 적은 수치이다. 혼인 건수는 10년 전인 2006년

에는 33만 600건에 달했지만, 2011년부터 5년 연속 감소세를 이어온 끝에 지난해에는 30만 건 밑으로 떨어졌다.

반면에 평균 혼인연령은 높아지고 있다. 평균 초혼연령은 남자 32.8세, 여자 30.1로 전년도 대비 각각 0.2세, 0.1세 높아졌다. 10년 전과 비교하면 남자는 1.8세, 여자는 2.3세 높아진 수치이다. 남녀 간 평균 초혼연령 차이는 2.7세로, 2006년 3.2세를 정점으로 점차 축소되는 추세를 보이고 있다.

외국인과의 혼인은 어떻게 변화하고 있을까? 전체 결혼 건수의 7.3%인 2만 600건으로 2006년에는 3만 8,800건에 달했지만, 이후 꾸준히 줄어들며 2만건 대를 유지하고 있다. 지난 2011년 국제결혼 건전화 조치에 따른 영향으로 보인다.

지난해 결혼한 외국인 아내의 국적은 베트남(36.3%), 중국(28.3%), 필리핀(5.8%) 순으로 많았다. 10년 전에는 중국, 베트남, 필리핀 순이던 것과는 약간의 차이를 보인다. 외국인 남편의 국적은 중국(25.4%), 미국(23.9%), 베트남(9.3%)으로 집계됐으며, 이는 2006년 일본, 중국, 미국 순이었던 것과 비교하면 상당한 변화로 나타났다.

이혼은 지난해 10만 7,300건으로 조사됐다. 이혼 건수는 2006년(12만 4,500건) 이후 2012~2014년을 제외하곤 계속해서 감소 추세를 나타내고 있다. 평균 이혼연령은 남자 47.2세, 여자 43.6세로 10년 전에 비해 남녀 모두 4.6세씩 높아졌다. 이혼 부부의 평균 혼인지속기간은 14.7년으로 2006년 대비 2.7년 길어졌는데 이는 황혼이혼이 많아졌다는 의미로 볼 수 있다.

실제 10년 전에 비해 50~54세 이혼 건수는 1만 1,700건에서 1만 6,600건으로 늘었고, 55~59세 이혼은 6,300건에서 1만 1,900건으로 2배 가까이 증가했다. 60세 이상 이혼도 6,500건에서 1만 2,300건으로 급증했는데 50세 이상이 전체 이혼에서 차지하는 비중은 19.7%에서 38.0%로 크게 뛰었다.

1) 인구 구성의 변화

(1) 초혼연령 증가 및 혼인 감소

우리나라의 최근 20년 사이 남녀 초혼연령은 4세 가량 증가했다. '2010 인구주택 총 조사 전수결과 심층 분석을 위한 연구'를 보면, 남성의 초혼연령은 1990년 27.9세에서 2010년 31.8세로 3.9세나 늦춰졌다고 보고했다. 2015년에는 평균 초혼연령은 남자 32.8세, 여자 30.1로 점점 늦어지고 있는 추세이며, 2017년에는 남성 36세, 여성 33세로 보고 있다.

한국보건사회연구원 연구보고서의 '혼인동향 분석과 정책과제'를 보면, 2010년 인구센서스의 나이대별 미혼율이 앞으로도 계속되면, 당시 20살 남성 가운데 23.8%, 여성은 18.9%가 44살까지 미혼으로 남을 것으로 추정했으며, 혼인과 관련한 현재 추세가 지속되면, 20년 뒤에는 44살 남녀 열에 둘은 미혼상태에 이를 것이라는 연구결과를 제시했다.

이렇게 나타난 결과는 평균 초혼연령이 높아짐에 따라 취업, 자아실현에 대한 욕구도 높아진 것으로 분석되고 있으며, 그 결과 결혼에 대한 가치관 또한 변하고 있는 것으로 나타났다.

만 13세 이상의 서울 시민의 41%는 결혼은 선택사항으로 인식하고 있으며, 이는 2년 전인 2013년보다 6.9% 포인트 증가한 수치이다. 반면에 결혼은 필수사항이라고 답변한 경우 남녀 수치는 얼마나 될까?

남성은 15.7%, 여성은 11.2%로 남성이 여성보다 약간 더 높게 나타났다. 인륜지대사인 결혼, 남녀별로 그리고 연령대별로 각자 생각하는 가치관이 다른 만큼 서로의 생각을 존중해주고 또 잘 조율하고 배려하는 자세기 필요하다.

(2) 출산율의 감소

현재 우리나라 출산율은 계속해서 감소하는 추세를 보이고 있다. 1960년대의 평균 출산은 6.0명에서 1970년에는 4.5명, 1980년에는 2.83명, 1990년에는 1.59명, 2000년에는 1.47명으로 초저출산 사회에 진입하였다. 특히 2005

년에는 1.07명으로 세계 최저수준을 기록하면서 저출산이 사회적 이슈로 크게 부각되기 시작하였다. 2017년에는 출산율이 1.5명도 안 되는 1.45명으로 나타나고 있다.

이는 우리나라의 여성들이 출산과 육아에 대한 부담감이 커서 출산을 기피하고 있는 현실을 그대로 보여주는 수치이다.

게다가 맞벌이 부부가 증가하고 있는 가운데 일을 하는 여성들에게는 출산과 육아가 큰 부담으로 다가올 수밖에 없는 현실이다.

2016년 통계청에서 발표한 장래인구예상의 내용에서 출생아수가 2015년 43만 명에서 2035년 36만 명으로 줄어들 것으로 전망하고 있다.

(3) 고령화인구 증가

인구학에서 65세 이상 인구를 노령인구라고 부른다. 구성비에 따라 고령화사회(7% 이상), 고령사회(14% 이상), 초고령사회(20%)의 3단계로 나눈다. 2010년 현재 노령인구는 545만 명으로 11.0%에 도달했다. 65세 이상 고령자가 가구주인 고령가구의 비율도 2000년 11.9%에 비해 17.4%로서 5.5%포인트 증가했다.

지금까지의 추세대로 간다면 2017년에 14.0%를 넘어 고령사회가 되고 2026년에 20.8%를 넘어 5명 중 1명이 노인인 초고령사회가 될 것으로 예상되며, 고령사회가 되는 데 17년밖에 걸리지 않는 것이다.

주요 선진국에서 저출산과 기대수명 연장으로 인구 고령화가 빠르게 진행되어 왔으며 이에 따라 노인부양 부담이 늘어나고 생산가능인구 비중은 축소되고 있다. 이에 각국은 저출산·고령화로 인한 잠재성장률 하락, 사회보장비용 증가, 고령 세대와 젊은 세대 간 갈등 등을 최소화하기 위해 여러 가지 인구대책을 시행해왔다. 고령화에 대응한 인구대책은 일·가정 양립, 연금개혁, 고용정책, 이민정책 등의 내용이 종합적으로 수행될 때에만 효과가 실현될 것으로 보인다. 특히 남녀 간 임금 격차의 완화, 육아 및 출산휴가사용에 대한 사회의 인식 변화, 각종 육아·가족관련 수당 및 휴가 확대 등 사회·문화적 의식 개선 수반이 필수적이다. 연금의 경우 수급연령 조정, 민간연금과의 연계 등을 통해 연금의 지속 가능성을 제고하는 한편 저소득층, 비정규직 근로자 등 사각지대를 해소하여 고령층의 빈곤 전락을 방지하는 등 연금의 노후 소득보장 기능을 강화해야 할 것이다. 고용정책과 관련해서는 고령층과 청년층의 세대 간 분업과 연령대별 맞춤형 대책으로 접근할 필요가 있다. 고령층 중심의 고용서비스를 강화하여 취업활동을 지원하는 한편 기존의 경력을 활용할 수 있는 직종으로의 재취업을 지원하는 방안도 고려되어야 한다.

2) 가족기능의 변화

가족의 기능은 가족이 수행하는 역할, 행위를 뜻하는 것으로 사회변화에 따라 영향을 받아 일률적으로 정의내리기는 어렵다. 현대사회에서 가족의 기능이 변화하고 있는가의 문제는 사회의 산업구조가 바뀌면서부터 제기된 문제 중의 하나다. 시대의 흐름과 문화의 발전에 따라 사회적 역할이나 중요성이 과거에 비하여 축소·분산된다. 전통적인 기능은 경제적 기능, 세대유지기능, 자녀양육 및 사회화 기능, 정서적 지지기능을 지닌다.

가족기능의 변화로 인하여 사회학과 인류학에서는 가족의 주요 기능을 성적·경제적·출산·교육기능으로 보았으며 이러한 기능에 여성학적 견해에 입각한 몇 가지 기능을 첨가하였다.

경제 공동체 성행위, 출산통제, 자녀양육과 사회화, 사회보장, 정서적 유래 및 여가 지위계승, 가사노동, 성역할의 사회화로서의 기능을 근간으로 했다. 가족의 기능은 사회변화에 따라 종족보존, 혈통유지, 가계계승 등의 제도적 기능에서 좀 더 사랑과 애정을 나누는 협동체로서의 정서적 기능으로 변화하였다.

3) 현대가족 수행기능

핵가족은 인류의 가장 보편적이 형태로 여겨진다. 정상 가족과 비정상 가족으로 나누는 기준으로 존재했었으나, 사회의 급격한 변화와 가족에 대한 가치관 변화로 이혼가족, 재혼가족, 무자녀가족, 조손가족, 다문화가족, 미혼모가족, 부자가족, 동성애가족 등 다양한 형태의 가족이 등장하고 있다. 그 결과 가족에 대한 전통적인 개념은 새롭게 등장한 가족을 포괄하기 어렵고, 그러한 가족들을 비정상 가족으로 취급하게 되므로, 가족에 대한 새로운 개념정의가 시도되었다. Hartman과 Lird는 가족을 "둘 이상의 사람이 서로 친숙한 한 가족이라 여기고, 밀접한 감정적 유대와 '가정'이라는 생활공간 그리고 생물학적·사회적·심리학적 요구의 충족에 필요한 역할과 과제를 공유하는 것"이라고 정의하고 있다. 그리고 가족을 일상적인 생활을 공동으로 영위하는 부부와 자녀들, 그들의 친척, 입양이나 기타관계로 연대의식을 지닌 공동체집단이라고 정의하였다.

첫째, 가족구성원들과의 희망공유 및 자녀양육기능으로서 완전히 노출한 상태에서 파트너와 희망을 공유하고 함께 자녀를 양육한다.
둘째, 경제적인 협조의 단위로서 기능으로 가족구성원들의 역할수행은 임금으로 지불되지 않으므로 생산단위로서의 기능이 무시되지 않는다.
셋째, 자녀출산과 자녀들의 사회화 기능으로 아동을 출산하고 양육하여 사회가 계속적으로 유지될 수 있도록 하는 기능을 수행한다.
넷째, 가족구성원에게 지위와 사회적 역할부여 기능으로 가족구성원으로서의 다양한 역할수행을 통해 개인적·사회적 정체감의 많은 부분들이 형성된다.

2. 가족기능의 유형

1) 대내외적 가족기능

(1) 성적 충족기능

결혼의 기초를 이루는 기능으로, 현대가족기능 수행에 중요한 역할을 한다. 특히 사회적인 면에서 성의 통제는 가족의 고유기능으로 간주함으로써 가능하며 부부의 성관계 결과로 인한 자녀의 출산은 곧 사회적으로는 종족보존의 기능을 수행한다. 한편 자녀양육의 기능은 고유기능이기는 하지만 오늘날은 여성의 사회진출이 활발해지면서 대체기관의 지원을 받고 있다.

[표 4-1] 대내적 기능과 대외적 기능

대내적 기능 (가족구성원 개개인의 대한)	대외적 기능 (사회 전체에 대한)
애정 · 성적 충족	성적 통제
생식, 양육(재생산)	종족보호(자손의 재생산), 사회구성원 보충
생산(고용충족, 수입획득)	노동력 제공, 분업에 참여
소비(기본적 · 문화적 욕구충족, 부양)	생활보장, 경제질서의 유지
교육(사회화)	문화발달
보호	심리적 · 신체적 · 문화적 · 정신적 안정을 통한 사회의 안정화
휴식(여가)	

(2) 경제적 기능

생산과 소비의 측면으로 구분되며, 사회적으로는 노동력 제공과 생활보장, 경제질서유지의 기능을 담당한다. 오늘날에는 소비기능의 비중이 높아졌다.

(3) 교육적 기능

현대교육이 대중화 · 전문화됨으로써 가정교육의 범위가 넓어지고 있다. 특히 한국의 과열된 교육열과 교육기관의 수행능력의 갈등 문제로 인해 가족의 위기와 파괴가 늘어나고 있다. 이에 심리적 · 신체적 · 문화적 · 정신적 안정을 통해 사회 부담을 낮출 수 있는 가족의 심리 · 정서적 보호, 휴식, 오락의 기능 등이 강조되고 있다.

2) 가족구조

첫째, 가족형태와 유사한 개념으로 가족구성원의 수, 세대, 가족규모, 범위 등과 관련된다.

둘째, 가족을 형성하는 성원들의 구성에 따라 한부모가족, 다세대가족, 핵가족 등의 다양한 구조가 있으며, 부모와 자녀들 간의 위계가 형성됨에 따라 가족 내의 구조가 이루어진다.

셋째, 가족 개별성원뿐만 아니라 세대, 성, 관심 등으로 구분되는 다양한 하위체계를 가진다. 예를 들면 부부 하위체계, 부모 하위체계, 부모-자녀 하위체계, 형제자매 하위체계 등이다.

(1) 가족구조의 변화

첫째, 가족규모의 축소이다.

우리나라의 경우 1인 가구의 증가세는 세계에서도 가장 빠른 수준이다. 이러한 1인 가구의 증가추세는 부모와 자식이 함께 사는 핵가족의 형태가 점차 해체되고, 결혼을 하지 않거나, 이혼, 사별이 꾸준히 늘어나기 때문이다.

둘째, 가족형태의 다양화이다.

개인주의 가치관이 일반화되고 여성의 경제활동이 늘어나면서 초혼연령의 상승 및 성역할의 변화로 핵가족이 가속화되고 가족세대가 분화되는 가족구조의 변화를 겪고 있으며, 사회변화에 대처하기 위한 다양한 가족유형이 나타나고 있다.

가족형태의 다양화는 다음과 같다.

① 한부모가족

이혼, 사망, 별거, 유기, 그리고 미혼모 등의 발생이 증가하여 그 수가 증가하는 추세를 보이고 있다.

② 재혼가족

혼합가족 또는 재구성 가족으로도 불린다. 최근 현대사회는 점차 이혼율이 늘어남에 따라 재혼율도 증가하고 있는 추세이다.

③ 무자녀가족

무자녀가족(voluntary childless family)은 부부의 합의하에 자발적으로 자녀를 갖지 않기로 결정하고 자녀 없이 부부 두 사람만으로 구성되는 가족을 말한다. 자녀 출산을 거부하는 삶의 형태로 딩크족(DINK : Double Income No Kids)이라고도 하며, 부부가 자신들이 처한 각 상황 속에서 자신들에게 가장 적합한 대안을 모색하는 과정에서 만들어진 '과 정적 현상'으로 이해된다.

④ 다문화가족

최근 2000년 이후 우리나라는 외국인 노동력에 대한 수요의 증가와 더 불어 외국인 여성과의 국제결혼이 지속적으로 증가하고 있다. 이러한 다 문화현상은 우리나라뿐만 아니라 전 세계의 흐름으로 자리 잡고 있다.

⑤ 동성애가족

동성애 자체의 증가보다는 성적 취향에 대한 사회적 인식의 개방과 더 불어 나타나기 시작한 것이다.

⑥ 공동체가족

혼인과 혈연을 기반으로 하는 기존 가족 틀을 벗어나 공동체적 기능을 갖는 개인 및 가족들의 복합체라 할 수 있다.

(2) 가족 유형

① 핵가족 : 부부와 미혼자녀로 구성된 2세대 한정 가족
② 확대가족 : 기본적 핵가족에 조부모와 사촌 등이 포함. 전통적인 농업사 회에서의 가족구조로 가족 구성원간의 상호 협조가 강함
③ 직계가족 : 결혼한 한 자녀가 부모와 동거하는 가족구조
④ 방계가족 : 결혼한 한 자녀 이상이 부모와 동거하는 횡적확대 가족구조
⑤ 코뮌(Communes) : 재산 또는 책임을 공유하는 의도적인 가족구조
⑥ 폐쇄형 가족 : 절대적 가부장권을 가진 가족구조
⑦ 빈 조개형 가족 : 교호작용이 없는 가족의 기능이 결여된 가족구조

⑧ 방임형 가족 : 가족 구성원 개개인의 자유를 가장 중요시 하는 가족구조
⑨ 독신가족, 한부모가족, 이혼가족, 재혼가족, 새싹가족, 조손가족 등

3. 가족기능의 변화

전통적으로 가족은 성이 다른 두 사람의 성인과 그들이 출산한 자녀들이 물리적 거주지를 공유하고 상호간에 동의한 목표를 지니는 사회적 체계이다. 따라서 가족의 기초는 두 사람의 성인들 사이의 헌신적 관계로 시작된다. 만약 두 사람이 동성이거나 자녀가 없거나 성인 중 어느 한편이 부재하는 경우에는 전통적 의미에서 가족으로 인정될 수 없다.

그러나 최근에 서구 여러 나라에서 일어나고 있는 급변하는 사회현상들은 가족에 대해 우리가 지니고 있는 이러한 전통적 개념들을 수정하도록 요구한다. 높은 이혼율은 편부모가족과 복합가족을 양산하고, 빈번해진 입양은 부부가 출산하지 않은 아동들도 가족의 일원으로 포함되게 한다. 또한 자녀 없는 부부들, 동성애가족도 하나의 가족으로 수용되는 추세에 있다. 사실, 오늘날 거의 모든 가족학자들은 더 이상 보편적이고 전형적인 가족 현상을 규정하려들지 않고 있다(Adams, 1980; 조흥식 외, 1997 재인용). 오히려 존재하는 그대로의 생활양식 중심으로 가족 현상에 관심을 갖는다. 곧 가족은 '무엇인가'보다 '무엇을' 가족으로 볼 수 있는가에 연구초점을 둔다.

실제로 우리 사회는 고전적 의미의 핵가족 비율이 감소하고 있는 반면에 편부가족 또는 편모가족, 노인가족, 일인가구, 무자녀가족, 동거가구, 비동거가족, 공동체가족, 동성가족 등의 비전통적 가족형태가 계속 증가하는 추세에 있고, 특히 이혼 및 재혼으로 인한 '의부모 가족'이 늘어가는 경향이다. 그러므로 현대사회에서의 가족을 이해하기 위해서는 가족의 구조적 측면에 초점을 맞춘 전통적 개념보다는 가족구성원들 사이의 상호작용을 중요시하는 기능적 측면에 초점을 맞추어야 한다. 다시 말하면, 가족을 상호작용하는 인격체들의 통일체로 간주하여 가족의 기능적 측면에 관심을 집중시킬

필요가 있는 것이다.

(1) 가족의 기능

가족은 어떤 정해진 목적이나 목표를 달성하기 위해 개인 또는 가족구성원들에게 맡겨진 모든 작용을 하게 되는데 이를 가족기능이라고 한다. 사실상 가족은 그들의 구성원들을 위해, 그리고 가족이 포함되어 있는 더 큰 사회를 위해 고유한 기능을 수행한다. 학자들에 따라 조금씩 다른 기능들을 제시하고 있기는 하지만, 가족이 담당하는 기능들은 다음과 같이 네 가지 문제로 요약될 수 있다(Strong & Devault, 1992; 조흥식 외, 1997 재인용).

① 친밀한 관계의 근원을 제공한다.

친밀성의 추구는 일차적인 인간의 욕구이다. 우리는 우리의 가족구성원들과 친밀성을 유지함으로써 정서적 안정과 지원을 얻는다. 선행연구들은 일관성있게 결혼생활을 하고 있는 사람들이 이혼했거나 별거상태에 있는 사람들 혹은 결혼하지 않은 사람들보다 더 건강하고 더 낮은 사망률을 나타낸다고 보고한다.

사회가 산업화되고 복잡해질수록 사람들은 가족 내에서 친밀성을 발견하려고 노력한다. 직업세계에서나 우리 주위의 더 큰 사회 내에서 개인은 대부분 역할로서 지각되기 때문에, 타인과 개인적 수준에서 친밀성을 공유하는 것은 쉬운 일이 아니다. 가족체계 내에서 우리는 서로를 완전히 노출한 상태에서 파트너와 희망을 공유하고 함께 자녀를 양육하면서 나이를 먹어간다.

② 경제적 협조의 단위로서 기능한다.

전통적으로 가족은 성별에 따라 일을 나누어 맡는 경제적 협조의 단위이다. 가족 내에서 이루어지는 성별에 따른 역할분담은 어느 문화에서나 이루어지고 있는 공통적 특성이다. 그러나 남성과 여성들이 각기 어떤 일을 수행할 것인가는 문화에 따라 차이가 있다. 아프리카의 한 부족사회(Nambikwara족)에서는 남성들이 아기양육과 가사일을 담당하고 여성들이 사냥하여 생계를 유지하기 때문에, 우리 문화와는 정반대의 역할수행이 이루어진다.

이와 같은 예는 사람들이 고정된 것으로 생각하는 가정 내에서의 역할분담이 문화에 의해 할당된 것이지 생물학적으로 고정된 것은 아니라는 것을 의미한다. 다시 말하면 생물학적으로 고정된 것은 단지 여성의 출산능력뿐이라는 것이다.

가족은 보통 하나의 소비단위로 생각되기 쉬우나 그것은 또한 중요한 생산단위이다. 가정 내에서 이루어지는 가족구성원들의 역할수행은 임금으로 지불되지 않으므로 생산단위로서의 그것의 기능이 무시되기 쉽다. 아내의 자녀양육이나 가사노동은 말할 것도 없고 때때로 이루어지는 남편의 목공일이나 아내를 돕는 일, 자녀들의 요리활동이나 동생돌보기 그리고 청소하기 등은 모두 생산적 활동이다.

③ 자녀를 출산하고 그들을 사회화시킨다.

전통적으로 자녀출산은 가족의 주된 기능이었다. 가족은 그 사회를 구성하는 노인세대들이 사망할 때 그들을 대치할 아동을 출산하고 양육하여 사회가 계속적으로 유지될 수 있도록 하는 기능을 수행한다.

더욱이 아동들은 대단히 무기력한 상태로 출생하고 한 사람의 책임있는 성인으로 성장하기 위해서는 여러 해 동안의 양육이 필요하다. 가족은 그들에게 걷고 말하고 자신을 돌보는 방법을 가르치며, 특정 문화에 맞게 인간답게 살아갈 수 있는 각종 기술을 습득시키는 사회화를 담당한다. 가족의 사회화 기능은 인간을 인간답게 만드는 중요한 역할을 한다.

④ 가족구성원에게 지위와 사회적 역할을 할당한다.

우리는 일생동안 두 개의 가족 속에서 생활한다. 하나는 우리가 자식으로서 성장한 부모의 가족이고, 또 다른 하나는 우리가 결혼을 통하여 형성한 가족이다. 우리는 부모의 가족 내에서 아들이나 딸, 형제나 자매의 역할을 수행하고 이 역할은 우리의 일생을 통하여 계속된다. 결혼에 의해 새로운 가족이 형성되면, 남편이나 아내의 새로운 가족역할이 부과되고, 그것은 사회로부터 진정한 성인의 지위를 획득하도록 돕는다. 부모나 형제자매에 대한 일차적 헌신이나 애정은 배우자에게로 이동되고 자녀출산은 아버지와 어머니로서의 새로운 역할을 개인에게 부여한다.

또한 가족은 개인의 인종과 사회·경제적 수준 및 종교를 결정하기 때문에 우리가 사회 내에서 특정한 지위와 위치를 획득하도록 한다. 우리는 가족과의 동일시를 통하여 우리가 소속한 계층의 생활방식을 학습하고, 문화적 가치와 기대를 형성한다. 가족구성원으로서의 다양한 역할수행을 통하여 우리의 개인적 및 사회적 정체감의 많은 부분들이 형성된다. 이와 같이 가족기능은 구성원들과의 관계와 활동이 포함되며 가족이 개방체계로 유지되고 구성원들과 가족간의 조화를 이루도록 하는 것이다. 대표적인 구조기능론자인 Murdock은 개인들은 가족을 통해서 합법적인 성행위를 함으로써 성욕구를 충족시킬 수 있고 또한 가족은 성원들의 의식주 해결을 위한 경제적 기능이 수행되는 곳이다. 합법적인 출산이 이루어지고 출산된 자녀에 대해 교육의 기능을 담당함으로써 개인과 사회에 대해 기능적인 역할을 담당하고 있음을 강조한다. 그리고 모든 문화에서 나타나는 보편적인 가족의 기능으로 성적 기능, 경제적 기능, 출산 기능, 그리고 교육적 기능을 담당한다고 지적하였다. Terkenson은 기능적인 가족은 관계가 사랑, 보호, 애정과 성실로 가득하고 분위기가 양육적이라고 하였다.

가족의 기능은 사회와 연계되어 수행되는 것이기 때문에 서구의 학자들이 본 가족의 기능과 우리 학자들이 본 가족의 기능에는 조금 차이가 있다. 대개 서구의 학자들은 가족의 기능으로 교육(사회화), 성, 자녀출산 및 재생산, 정서적 만족·지지, 애정·동료감, 보호·양호, 사회적 지위부여, 사회적 정체감, 종교, 오락, 사회참여를 보고 있으며, 우리나라 학자들은 교육, 양육, 자녀출산 및 생식, 보호·양호, 정서적 만족·지지, 종교, 사회적 지위

부여, 관리유지기능, 노부모봉양기능, 문제해결기능들을 택하고 있다.

사회 변화에 따라 우리나라에서 가족의 기능이 어떻게 변화하는가를 파악하기 위하여 유영주(1989)는 도시와 농촌을 포함하는 광범위한 조사를 통하여 우리나라 가족의 기능을 6가지로 제시하였다(이정우 외, 2001 재인용).

① 성·애정의 기능
② 친척 관계 유지 기능(처가·시가·친정·본가)
③ 자녀의 사회화 및 교육 기능
④ 정서적지지 및 안식처 기능
⑤ 경제적 협력 기능
⑥ 종교·도덕적 기능

서구 학자들이 현대 가족의 기능으로 애정·성·자녀의 사회화를 강조하고 있으나, 위에 제시된 우리나라 가족의 기능을 보면, 우리나라에서는 그러한 기능 이외에 친척관계 유지기능이 특징적으로 부각되고 있음을 알 수 있다. Murdock이 주장한 가족의 보편적인 기능 4가지는 모든 학자들이 공통적으로 지적하고 있으나 그 외의 기능들은 여러 가지 여건에 따라 달라짐을 보여주고 있다.

제2절 가족생활주기

1. 가족생활주기의 의의

① 결혼 등을 통하여 가족이 결성된 순간부터 자녀의 성장이나 독립, 은퇴, 배우자 사망 등에 이르기까지 가정생활의 변화과정, 즉 가족의 구조와 관계상의 발달 및 변화를 말한다.

② 인간의 생애주기와 마찬가지로 가족생활에도 탄생과 소멸까지의 단계가 있고 이들 각 단계에는 과제가 있다.

③ 가족은 가족생활주기의 모든 단계를 거치게 되며 단계의 적응과정에서 많은 스트레스를 경험할 수 있고, 스트레스가 심한 경우 가족문제의 근원이 될 수 있다.

④ 클라이언트 가족의 해당 생활주기를 사정함으로써 가족원들이 욕구와 욕구충족의 여부를 알 수 있게 된다.

2. 가족생활주기의 발달과업

[표 4-2] 가족구성원과 가족발달과업

가족주기	가족구성원(역할)	가족발달과업
부부만의 시기	아내 남편	• 가정의 토대 확립하기, 천척들과의 관계 확립하기 • 공유된 재정적 체제 확립하기 • 상호 간 만족스러운 성적 관계 확립하기 • 만족스러운 의사소통패턴 확립하기 • 미래의 부모역할을 어떻게 할 것인가 결정하기 • 서로에 대한 헌신과 본질과 의미 결정하기
자녀 출산 및 양육기	아내(어머니) 남편(아버지) 영아기의 자녀	• 요구되는 생활비용 충족시키기 • 가사 일의 책임패턴 재조정하기, 의사소통능력 발달시키기 • 영아를 포함하는 생활배치에 적응하기 • 조부모를 가족단위 내에 조화시키기

가족주기	가족구성원(역할)	가족발달과업
미취학 아동기	아내(어머니) 남편(아버지) 자매(딸)·형제(아들)	• 확대되는 가족이 요구하는 공간과 설비를 갖추는데 필요한 비용 충당하기 • 아동을 포함하는 가족생활의 예측불가능한 비용 충족시키기 • 가족구성원들 사이의 의사소통패턴에 적응하기
학동기	아내(어머니) 남편(아버지) 자매(딸)·형제(아들)	• 아동의 활동을 충족시키고 부모의 사생활 보장하기 • 아동의 변화하는 발달적 요구에 효과적으로 대응하기 • 아동의 발달을 돕기 위하여 학교와 보조맞추기
청소년기	아내(어머니) 남편(아버지) 자매(딸)·형제(아들)	• 청소년과 성인 사이의 의사소통 중재하기 • 친척들과의 관계 유지하기 • 청소년과 성인의 변화하는 욕구에 맞추어 변화하기
진수기 (독립기)	아내(어머니·할머니) 남편(아버지·할아버지) 자매(딸·숙모) 형제(아들·삼촌)	• 자녀가 가정을 떠날 때 책임 재활당하기 • 부부관계 재조정하기 • 가족구성원들 사이의 의사소통 유지하기 • 자녀의 결혼을 통하여 새로운 가족구성원을 받아들임으로써 가족범위 확대시키기
중년기	아내(어머니·할머니) 남편(아버지·할아버지)	• 텅 빈 보금자리에 적응하기 • 부부 사이의 관계를 계속해서 재조정하기 • 조부모의 생활에 적응하기 • 쇠퇴하는 신체적·정신적 기능에 대처하기
노년기	과부나 아내 (어머니·할머니) 홀아비나 남편 (아버지·할아버지)	• 배우자의 죽음에 적응하기 • 계속되는 노화과정에 적응하기 • 타인, 특히 그들의 자녀에 대한 의존에 대처하기 • 경제적 문제에서의 변화에 적응하기 • 임박한 죽음에 대처하기

3. 가족기능의 변화

1) 경제적 기능

산업화로 인하여 가족과 일터가 공간적으로 분리됨에 따라 가족의 경제적 기능에 변화가 일어났다. 농경사회에서 가족이 수행하던 생산기능은 약화 또는 상실되고 소비기능이 강화되었고, 주부양자(main breadwinner)의 직업 및 소득수준에 의하여 전체 가족원의 생활기회 또는 생활약식이 결정됨을 의미한다. 실업률이 낮아지면서 가계소득이 안정되기도 했지만, 반면 그들의 취업은 경기변동에 더 큰 영향을 받게 됨으로써 직업의 안정성은 상대적으로 낮아졌다. 실업은 일차적으로 가족의 소득중단 혹은 감소에 영향을 미치기 때문에 가족 경제적인 측면에서 심각성을 가지며, 결과적으로 가족위기가 유발된다.

그리고 남성 가구주가 차지하는 주 소득원으로서의 비중은 점차 경감되는 추세인데, 이러한 변화는 배우자의 소득 비중이 높아졌기 때문으로 우리 사회의 가부장제적 남녀 역할분업 구조의 변화를 시사한다.

[표 4-3] 전통사회와 현대사회의 기능

전통사회	현대사회
성행위와 출산통제의 기능	성과 출산통제 기능 약화 부부간의 성생활 기능 강화
경제공동체의 기능	생산기능 상실, 약화·소비기능 유지
자녀양육과 사회화 기능	자녀양육 기능 강화 자녀양육 기능 국가와 공유 사회화 기능 왜곡
정서적 유대와 여가 기능	정서적 유대와 여가 기능 강화
사회보장기능	기능 왜곡(핵가족 책임론) 사회보장 기능 국가와 공유
지위계승(계급 재생산) 기능	지위계승 기능강화
성역할 사회화 기능	성차별적 사회화
가사노동	가사노동의 사회화, 상품화, 기계화

2) 재생산 기능의 변화

현대사회에서도 가족은 정상적인 규범 하에서 성적 욕구 외 종족유지의 본능을 가능하게 하는 장소로서의 기능을 한다. 그러나 임신 및 출산의 자유, 다양한 피임법의 개발 및 보급은 성에 대한 규범 및 가치관의 변화를 가져왔다. 자녀의 양육 및 사회화 기능이란 자녀의 성장과 인격형성에 관련된 제반 문제를 지도하는 데 있어서의 가족역할을 의미하는 것이다.

산업화 초기단계에서 이 기능은 주로 가정에서 이루어졌으나, 산업화 이후 사회가 다원화 · 이질화 · 전문화되면서 부모들은 자녀의 교육 및 사회화에 있어서 제3자의 입장에 설 수밖에 없게 되었다. 자녀양육과 사회화 기능이 가족돌보기를 전문으로 하는 기관, 예를 들면 정규학교, 보육시설, 유치원, 학원 등으로 많이 이전하였다.

자녀양육 및 사회화기능은 과다한 교육열 등과 작용하여 여러 가지 부작용을 낳고 있다. 세대간의 문제 및 세대간의 갈등은 사회의 보편적 가치관이나 약속을 사회 성원에게 전달하는 메커니즘에 장애가 있음을 의미하는 것으로, 1차 집단의 와해는 2차 집단의 기능을 필연적으로 약화시키고 결국 사회해체현상으로 연결될 가능성이 크다고 볼 수 있다.

3) 가족의 정서적 유대기능의 변화

사회 · 경제적 활동시간이 증가하고 직장 및 학교생활에서의 스트레스가 많아지면서 가족의 정서적 유대기능은 점차 중요시되고 있다. 과거의 가족 내에서 독점적 경제생산자로서의 도구적 역할을 남성이 맡고, 여성은 경제 생산 영역에서 배제된 채 가족성원들을 보살피는 정서적 역할을 주로 담당하는 역할이 변화하고 있다.

특히 최근 부부의 이혼 · 별거 등에 의한 가족해체로 버려지는 자녀들이 점점 늘고 있다. 이는 부모의 책임의식이 약화되고 있으며, 사랑과 보호, 양육을 가장 우선으로 하는 가족 기능이 점점 약화되고 있음을 보여주는 현상이라고 할 수 있다.

4) 가정의 휴식 및 오락기능의 변화

가정의 휴식 및 오락기능은 일터와 가정의 연결, 인적 재원의 재충족, 노동력 질의 향상을 위해서도 필요하며 개인 및 가족 삶의 질 향상에 절대적인 역할을 하고 있으므로 점차 비중이 커져가고 있다. 그러나 오늘날 휴식 및 오락기능은 대부분 창조적 활동보다는 '상품소비'의 방식으로만 이루어지고 있고, 계급 및 계층간의 격차가 매우 크다. 또한 '구세대' 즉 조부모 세대의 노인들은 소외되기 쉽다는 문제점이 있다.

가족단위의 여가에서 나타나는 계층별 차이는 현저하여, 부유층의 과시적 소비풍조가 편승하여 여가활동의 모습들은 계층간의 괴리감을 조장하는 동시에 다른 계층에게도 영향을 미쳐 모방소비라도 해야 하는 부담을 주고 있다.

5) 전통적 역할기능의 변화

일반적으로 남성은 돈을 벌어오고 여성은 그 돈을 관리 및 지출하는 것으로 간주되나 여성의 경제활동 참여가 확대됨에 따라 이러한 전통적인 수입관리 역할구조가 변화되고 있다.

산업화 과정에서의 가족관계가 변화되어 산업화 이래 부부관계에 대한 가치관이 부부평등으로 변화하였음에도 불구하고 전통적 사고가 지배적이며 애정적 배우자로서의 부부관계 인지는 낮은 편이다. 가사일에 대해서는 '공평하게 분담해야 한다.'에 대한 동조비율이 남녀 모두 높아지고 있으나, 가사책임은 부인에게 있다는 생각이 여전히 지배적이다.

6) 결혼에 대한 변화

우리나라 기혼여성 및 남성의 결혼만족도는 1950년대 이래 꾸준히 상승하고 있으며, 남성이 느끼는 결혼만족도는 여성에 비해 높게 나타나고 있다. 소득수준이 높을수록 결혼만족도가 높았고 남편의 지지도, 취업동기, 부인 직업의 전문성 등이 결혼만족도에 영향을 주는 것으로 나타나고 있다.

7) 자녀양육 형태의 변화

우리나라 부모의 자녀양육태도는 민주적 · 허용적 · 자녀중심적으로 변화하고 있는데, 양육태도는 부모의 사회계층적 지위에 따라 달라져 상류가정일수록 온정적이며, 하류가정일수록 거부 · 권위주의적 유형이 높게 나타나는 실정이다. 또한 어머니의 학력수준이 낮을수록 성인중심의 자녀교육관을, 학력수준이 높을수록 유아중심의 교육관을 보이고 있다.

제3절 가족사정도구

1. 가족사정

사정(Assessment)이란 직면하고 있는 문제와 상황을 확인하고 이해하기 위하여 자료를 수집·분석함과 동시에 문제해결을 위한 계획을 수립하는 과정을 말한다. 즉, 수집된 자료와 정보를 분석·검토하여 문제의 성질과 내용, 원인에 관하여 종합적인 해석을 내리고 문제해결을 위한 치료계획을 세우는 일련의 과정으로 진단 및 평가라고도 한다. 사정과정은 체계론적 관점에서 환경 속의 개인, 맥락 속의 개인이 가장 잘 표현될 수 있도록 이루어져야 하며, 측정이 가능하고 실천가의 윤리의식이 반영되도록 해야 한다.

가족사정(Family Assessment)의 정의는 가족문제의 내부·외부 요인, 이들 양자 간의 상호작용 등을 파악하기 위해 자료를 수집·분석·종합하여 가족에 대한 개입을 계획하는 과정을 의미한다.

1) 가족사정의 개념

① 클라이언트의 문제의 본질
② 클라이언트 및 중요한 타인에 대한 대처능력
③ 클라이언트 문제와 관련된 체계 및 이들 체계와 클라이언트 간의 상호작용
④ 클라이언트의 문제해결을 위해 이용가능한 지원
⑤ 문제를 해결하려는 클라이언트의 동기

2) 가족사정의 의의

① 가족사정은 개입 전 단계에서 개입계획을 세우기 위해 이루어지는 것이 보통이지만 광의의 사정은 서비스의 모든 과정을 통해서 이루어진다.

② 자료 수집은 직관이나 느낌보다는 클라이언트에 대한 관찰이나 기록, 관련연구문헌 등의 경험적 자료에 의해 이루어져야 한다.

③ 가족사정은 가족을 관찰하고 사정하는 전문가의 입장에서 주로 이루어지는 개관적 상황에 대한 상황뿐만 아니라, 그 객관적 상황에 대한 클라이언트와 클라이언트 가족의 상황인지에 대한 주관적 측면에 대한 사정이 함께 이루어져야 한다.

주관적 자료는 사건이나 과정에 대한 클라이언트 개인의 반응과 의미, 사람과 사건에 대한 가족원들의 느낌을 말한다.

객관적 자료는 멤버십, 가족역할, 가족의 물리적 환경, 가족규칙 등과 같은 가족의 객관적 상황에 대한 자료를 말한다.

3) 가족사정시의 주의점

① 가족을 이해하는 가족사정이 필요하다.

② 사정은 직관이나 느낌보다는 클라이언트에 대한 관찰이나 기록, 관련 연구문헌 등의 경험적 자료에 근거하여 이루어져야 한다.

③ 사정을 하는 동안 가족치료자는 가족구조와 기능의 관점에서 가족을 이해하기 위해 노력해야 한다.

④ 가족사정은 가족이 처한 시대적 배경을 고려해야 한다.

2. 가족사정의 틀

1) 가족의 하위체계

가족의 하위체계는 성(Gender), 이해관계, 세대, 역할 등에 의해 나타난다. 가족 하위체계는 지속적으로 형성되기도 하지만 가족성원들이 특정한 성원과 관계를 맺는 '동맹'과 같이 일시적으로 형성되었다가 사라지기도 한다. 사회사업가들은 이들 하위체계의 역기능을 주의 깊게 관찰하여 사정해야 한다.

2) 가족의 경계

가족은 가족성원 상호간 또는 가족 외부와의 경계를 갖게 되고, 이 경계의 상호교환 정도에 따라 다음과 같이 나눌 수 있다.

① 명확한 경계는 가족성원 간이나 가족 하위체계 간 혹은 가족과 외부체계 간에 독립성과 자율성이 인정되면서도 동시에 상호융통성이 있는 의사소통이 이루어지는 경우이다.
② 경직된 경계는 체계들이 상호분리, 고립되어 있는 융통성 있는 의사소통이 어렵고 다른 체계에 대한 관심과 지지가 이루어지지 못하는 경우이다.
③ 혼돈된 경계이다. 가족성원 및 가족의 하위체계 간에 독립성과 자율성이 결핍되어 지나친 밀착상태를 유지하기 어렵거나 체계 간 경계를 구분하기 어려운 경우이다.

[표 4-4] 가족의 경계

가족구성원 간의 경계	밀착가족	가족원들이 서로 지나치게 관여하고 간섭하기 때문에 적절한 경계가 결여된 경우
	유리가족	서로에 대한 관심과 가족에 대한 몰두가 없음
가족외부와의 경계	개방형 가족	가족외부와의 경계가 분명하면서도 정보교환 등이 자유롭게 일어나는 가정
	폐쇄형 가족	가족 외부와의 경계가 지나치게 분명(협소)하여 외부와 상호정보교환을 하지 않는 가족
	방임형 가족	가족의 경계가 불분명하여 통제되지 않은 상태에서 가족원 각자가 무분별하게 외부와 관계를 맺는 가족

3) 가족규칙과 가족신화

① 가족규칙은 가족원들이 서로의 행동을 규정하고 제한하는 관계상의 합의를 말한다. 가족의 규칙은 대부분 명시되지 않지만 가족원 간의 반복적 관계를 통해 은연 중에 기대되고 행동하는 기본이 된다. 모든 가족은 가족 특유의 규칙이 있으나 문제가정에서는 가정에 필요하지 않은 규칙들이 있어 규칙위반으로 인한 문제가 발생한다.

② 가족신화는 가족원들 모두가 공유하고 있는 가족, 혹은 가족원에 대한 잘못된 신념과 기대를 말한다.

4) 가족의 권력구조

가족의 권력이란 다른 가족원의 행동을 변화시킬 수 있는 능력을 말한다. 일반적으로 가족 내에서는 다른 가족원들의 욕구(경제적, 사회적, 사랑, 인정 등)를 실현시킬 수 있는 자원을 많이 가진 가족원일수록 권력을 많이 가진다. 의사소통은 일반적인 전달과정이 아닌 서로가 영향을 주고받는 과정으로 가족원 개인의 병리를 치료하는 것보다 가족원들 간의 역기능적 관계를 교정하는데 초점을 두기 때문에 가족원 간의 관계는 언어적 · 비언어적인 것 즉 언어가 아닌 몸짓이나 말의 어조, 얼굴 표정 혹은 침묵 등을 통해 의사소통이 이루어지는 것으로 의사소통을 통해 파악할 수 있다.

3. 가족사정의 방법

1) 인터뷰

① 가족사정을 위한 가장 기본적이며 중요한 방법이다.
② 인터뷰를 하기 전에 가족에 관한 기간 내의 기록과 의뢰에 대한 정보 등에 대해 살펴보아야 한다.
③ 가족성원이나 중요한 타인(친구, 교사, 성당, 교회)을 대상으로 실시하며, 생태도나 가계도 등 여러 가지 도구를 활용하여 진행할 수 있다.
④ 도구의 활용은 인터뷰에 적극적으로 참여하지 않는 가족원을 상대로 할 때 그 활용가치가 높다.

2) 그림그리기

가족 내의 역동을 한 눈에 볼 수 있게 해주는 효과를 가진다.

① 생태도 : 한 가족의 주요환경이라고 간주되는 체계를 그림으로 그려서 가족체계의 요구와 자원 간의 균형을 보여주는 것이다. 가족의 문제나 스트레스 요인을 가족 외부의 환경체계 속에서 찾고자 한다.

② 가계도 : 특정 기간 동안의 클라이언트 가족의 역사와 그 과정에서의 주된 사건을 한 눈에 볼 수 있게 해주는 사정도구이다. 일반적으로 3세대 이상을 그린다.

③ 사회적 관계망 그리드 : 클라이언트의 관계망을 전체적으로 파악할 수 있기 때문에 유용하다.

3) 관찰

한 가족이 생활하는 모습 그대로를 관찰하는 것이 좋으나 현실적으로 어렵기 때문에 일반적으로 가족원에게 특정 과업이나 과제를 제시하여 이루어진다. 관찰의 방법으로는 가족조각(Family Sculpture)과 시연(Enactment)이 있다.

(1) 가족조각(Family Sculpture)

가족원이 다른 가족원에 대해 인식하고 느낀 것을 살펴볼 수 있는 사정도구로 특정 시기의 어려웠던 사건을 선정하고, 정서적인 가족관계를 언어를 사용하지 않고 신체적으로 상징화하기 위하여 사람이 대상물들을 배열하는 것이다. 언어적 표현이 부족하고 소극적인 가족들이 자연스럽게 참여하여 치료에 관여하도록 하는데 있다. 가족조각의 사용은 첫째, 다른 사람을 비난하거나 방어적인 행위를 제지할 수 있다. 둘째, 조각의 과정을 통해 문제의 원인과 치료를 즉각적으로 행할 수 있다. 셋째, 동일한 문제에 여러 가족원이 조각을 함으로써 문제를 바라보는 가족구성원 간의 차이를 파악할 수 있다.

(2) 시연(Enactment)

이전에 있었던 가족상황을 재연하거나 역할연습을 시키는 것이다.

4) 체크리스트 및 목록

가족과 접촉하기 전에 사용될 수도 있고, 가적사업과정에서 그 가족에 관한 객관적 정보와 주관적 정보를 파악하는 데에도 사용할 수 있다.

4. 가계도 · 생태도 작성

(1) 가족의 기본구조를 나타내는 기호

출생연도나 사망연도를 함께 기입한다. 현재 살고 있는 부모와 자녀를 점선으로 묶고 어느 때 부모(혹은 후견인)가 바뀌었는지를 확인할 수 있다.

(2) 가족 상호작용을 나타내는 기호

선택적으로 사용될 수 있으며 별도의 용지에 기술할 수도 있다.

(3) 가계도의 빈 여백에 다음과 같은 중요한 정보를 간결하게 기록

① 만성적 질환,   ② 종교

③ 교육,   ④ 취업 혹은 실업

⑤ 퇴직,   ⑥ 범법 행위

⑦ 알코올리즘 혹은 마약사용 외에 가족의 사망이나 이사 등 중요 정보를 기록

(4) 생태체계도(Eco-Map) 그리는 요령

① 가계도를 그린 후, 각 개인력에 따라 영향을 미친 요소를 그린다.

② 원(O) 모양의 크기에 따라 개인에게 영향을 미치는 정도가 다르다.

③ 가계도를 중심으로 한 원(O) 모양의 거리에 따라 관계의 정도가 다르다.

④ 화살표의 굵기에 따라 영향력이 크고 작음을 구분할 수 있다.

5. 가족치료

1) 가족치료의 정의

① 개인을 둘러싼 환경요소 중에서도 특히 가족을 치료매개로 사용하는 기법이다.

② 가족성원이 보이는 문제행동을 그 개인만의 문제로 보지 않고, 개인을 둘러싼 가족이라는 맥락 속에서 이해하려는 시도를 말한다. 즉 가족을 하나의 단위로 보고 가족성원들 중 어느 한 성원만이 가졌다고 확인되는 문제의 경우에도 그 문제를 개인의 영역에 한정시키지 않고 상호작용하고 있는 가족에 초점을 둔다. → 역동적 치료방법

③ 가족성원들이 가족 내의 역기능적인 거래패턴을 변화시킬 수 있도록 도움으로써 가족체계 내에 얽혀있는 정서적인 문제를 탐색하고 해결할 수 있다. → 정신치료적 기법

④ 올슨(D. Olsen)은 치료자가 가족전체를 대상으로 실시하는 모든 형태의 치료라고 설명하였다. → 가족 전체의 치료

2) 가족치료의 특징

① 가족치료자의 관심은 가족에 대한 객관적인 사실이 아니라, 현재 환경의 어떤 관계가 행동표현에 영향을 주는가에 있다.

② 모든 치료적 노력은 가족체계 안에 있는 개인을 향한 것이 아닌, 개인을 둘러싼 가족이나 사회체계이다.

③ 가족치료자는 문제행동 자체보다는 문제행동을 둘러싼 가족 상호작용에 관심을 가진다.

④ 개인에게서 문제의 원인을 찾는 개인적인 결함모형에서 관계와 관계사이의 역기능을 파악하는 대인관계적인 모형으로 개념을 변화시켜야 한다.

⑤ 문제행동은 가족의 상호작용과 맥락을 반영하고 있다는 점을 가정할 수 있으므로 가족치료자는 대인관계적 모형으로 문제를 바라보는 것이 무

엇보다 중요하며, 이러한 관점은 치료를 용이하게 하는 장점이 있다.

⑥ 가족치료자는 가족체계의 구성원 모두가 변화에 참가해야 한다고 믿는다.

3) 가족치료의 목적

① 가족성원들이 병리적 방어기제보다 적응방법을 통해 획득한 적응능력을 사용하여 가족성원과 대인관계 사이의 병리적 요소를 약화시킬 수 있어야 한다. 궁극적으로 행동상의 변화보다는 가족 전체가 좀 더 만족스럽게 각자의 역할과 기능을 수행하도록 하여 각 가족성원과 가족 전체가 성장하도록 하는 것이다.

② 가족의 평형상태를 강화시킴으로써 가족체계에 영향을 주어 가족 내의 구성원들이 각자 그들의 과제를 원만히 수행하도록 한다.

6. 가족치료모델

1) 경험적 가족치료

경험적 가족치료 접근은 사티어(Satir)가 제시한 이론으로 개인심리학에 그 뿌리를 두고 있다.

① 가족관계의 병리적 측면보다는 긍정적 측면에 초점을 둔다.

② 가족의 안정보다는 성장을 목표로 하여 가족에게 통찰이나 설명을 해주기보다는 가족의 특유한 갈등과 행동양식에 맞는 경험을 제공하려고 노력한다.

③ 기본적인 가족치료의 목표는 증상의 감소, 사회적 적응 등이지만, 내면의 경험과 표현 행동이 일치하는 통합의 증가, 선택에 대한 보다 많은 자유, 덜 의존적인 것, 경험을 확대하는 것 등에 중점을 둔다.

④ 경험적 가족치료는 개인이 그들의 내적 경험을 개방하여 가족과의 상호작용을 촉진하는 기법이다.

경험적 가족치료에서 주로 사용하는 기법은 다음과 같다.

① 가족조각(Family Sculpture)
② 연극(Drama)
③ 모의가족(Simulated Family)
④ 치료도구로서의 밧줄(Rope as Therapeutic)

2) 구조적 가족치료

구조주의의 이론적 전제를 기반으로 하여 20C 초의 사회적 상황, 즉 인간을 개인이 속해 있는 환경의 한 부분으로 보는 개념(환경 속의 인간, 상황 속의 인간)의 영향을 받은 미누친(Minuchin)이 처음으로 발전시켰다.

① 가족구조의 불균형(규칙과 위계, 하위체계, 경계에 의한 상호작용의 결과)에서 문제가 발생한다고 본다. 역기능적 위계와 경계, 발달적·환경적 변화에 대한 부적응적 반응에서 가족구조의 불균형이 비롯되고 문제가 발생하므로 치료목적은 역기능적인 가족구조를 재구조화하는 것이다.
② '전체와 부분은 부분 간의 관계에 의해 설명되어질 수 있다.'라는 점을 이론적 기반으로 하여 개인의 병리는 가족구성원 간의 관계 속에서 이해해야 하며, 개인의 문제행동은 인간관계의 규칙문제, 즉 가족구조상의 문제에 발생하는 것으로 본다.
③ 인간관계를 규정하는 규칙적 가족구성원 간의 경계, 제휴, 권력 등의 관계를 재구조화함으로써 가족의 문제를 해결하고자 한다.
④ 가족의 구조가 변하면 동시에 가족성원들의 지위도 변하게 되어 결국 각 개인들의 경험도 변할 수밖에 없다고 본다.

구조적 가족치료에서 주로 사용하는 기법은 다음과 같다.

① 합류하기, 적응하기,   ② 상호작용에 개입하기
③ 진단하기,   ④ 상호작용 강조·수정하기

⑤ 경계만들기,   ⑥ 균형 깨뜨리기

⑦ 가족 전체에 도전하기

3) 의사소통 가족치료

의사소통 가족치료는 1950년대 후반 캘리포니아의 Palo Alto에 있는 Mental Research Institute(MRI)에서 1960년을 전후로 하여 발달된 것으로 의사소통 과정에 초점을 두는 가족치료접근법이다.

베이슨(Gregory Bateson)은 정신분열증을 중심으로 의사소통을 분석하여 해결하려 했고 가족의 변화보다는 참여관찰에 의존하였는데, 메시지의 상호교환이 가족관계를 한정하며 이러한 관계는 가족의 항상성 과정을 통하여 안정을 찾는다는 파악하였으며, 의사소통 이론의 선구자이다.

잭슨(Don Jackson)은 인지 양상을 강조하여 병리적 의사소통은 반드시 정신분열증 환자 가족만의 것이 아니라고 밝혀 인간의 사고가 행위에 영향을 미친다고 주장했다.

헤일리(Jay Haley)는 의사소통과 권력의 부분에 관심을 가져 치료자가 권력을 효과적으로 발휘해야만 영향력이 있음을 주장하였다.

사티어(Virgina Satir)는 의사소통 중에서도 가족체계 내에서의 자신과 다른 사람에 대해 느끼는 감정과 정서에 관심을 가졌다.

의사소통 가족치료 이론의 기본적 전제는 다음과 같다.

① 모든 행동은 의사소통을 수반한다.

② 의사소통에는 정보를 전달하는 '내용'과 정보가 받아들여지는 방법을 전달하는 관계의 두 가지 차원이 있다고 보았다.

③ 모든 체계는 규칙에 의해 규정되며 이러한 규칙으로 인해 '항상성'이 유지되고 그 결과로 체계가 보존된다.

④ 모든 행동과 의사소통은 '상황' 안에서 검토되어야 하며 상황에 대한 고려 없이는 완전한 이해가 있을 수 없다.

⑤ 의사소통은 끊임없이 이어지는 순환적 상호교환의 연속이다.

⑥ 의사소통 유형은 의사소통이 일어나는 상황 내의 환류로 인해 반복되어 문제가 유지된다.

⑦ 가족문제는 잘못된 의사소통에서 비롯되는 것임을 인식하고 보다 바람직한 의사소통의 기술을 습득할 수 있도록 도와야 한다.

⑧ 가족의 변화를 위해서는 의사소통 과정에 많은 관심을 가지고 가족성원이 개방적이 되어 서로 대화할 수 있도록 돕는 것이 필요하다.

⑨ 언어를 가족 간의 의지나 감정을 표현하는 과정이라 보고 가족에게 의사소통의 상황을 이해시키려고 노력한다.

의사소통 가족치료에서 주로 사용하는 기법은 역설적 명령(Paradoxical Injunction), 재명명(Relabeling), 보상(Quid Pro Quo) 등이 있다.

4) 전략적 가족치료

의사소통 가족치료의 전통을 계승한 헤일리(Jay Haley)가 개발한 것으로 최근의 가족치료 이론 중 가장 주목받고 있다. 이론보다는 문제해결에 초점을 두어 치료자가 가족의 특정한 문제를 해결하기 위한 다양한 전략을 이용하는 것에 주안점을 둔다. 문제행동을 변화시키는 해결방법을 기술한다. 목표설정에는 반드시 가족이 호소하는 문제를 포함해야 한다.

전략적 가족치료에서 주로 사용하는 기법은 다음과 같다.

(1) 역설적 지시기법(Paradoxical Tasks)

전략적 가족치료에서 주로 사용하는 기법으로 가족들이 치료자의 지시에 저항하도록 하여 변화를 일으키는 방법이다.

(2) 시련기법(Ordeal Technique)

클라이언트에게 동일하거나 더 힘든 시련을 체험하도록 과제를 주어 그 증상을 포기하도록 하는 방법이다.

(3) 가장기법(The Pretend Technique)

문제의 증상이 있는 것처럼 가장하여 그 증상을 포기하도록 하는 방법이다.

5) 정신분석적 가족치료

가족치료의 대상은 개인 또는 가족 전체가 되기도 하며 정신분석학적 치료 방법에 의한 동일시, 통찰전이 등의 가족치료 접근법을 사용한다. 내적·심리적 갈등의 해결과 가족 간의 관계개선, 합리적인 역할배분 등을 기본개념으로 하며 액커만(Ackerman)이 개발한 이론이다.

정신분석 가족치료사들은 가족성원들의 대상관계를 분석함으로써 성원들의 통찰과 이해, 성장을 촉진시키는 데에 초점을 맞춘다. 가족 전체보다는 가족 내의 개인들의 성장을 도우며, 주로 과거의 경험이 현재에 미치는 영향에 초점을 맞춘다. 그리고 치료자는 가족의 대화 혹은 행동 속에 무의식적으로 억압되어 있는 과거의 잔여물에 대해 탐색하고 그 제약에서 벗어나게 하여 가족이 건강한 개인으로서 서로 상호작용할 수 있도록 도와야 한다. 정신분석 이론은 개인의 내면적 역동에 관한 내용이므로 체계론적 관점을 강조하는 가족치료 이론과는 모순된다. 가족의 저항을 극복하기 위해 치료자는 필요에 따라 자기노출, 직면, 전이기법 등의 방법을 활용한다.

6) 해결중심적 가족치료

① 해결중심적 가족치료는 1980년대에 등장한 혁신적 가족치료기법이다.

② 문제의 원인보다는 해결을 중시하는 입장이다.

③ 모든 사람은 자신의 문제를 해결할 능력이 있다고 믿고 과거의 경험을 통해 문제를 해결할 수 있는 잠재능력을 확대하거나 강화함으로써 가족 스스로가 자신의 실체를 완성해나가도록 하는 것이다.

④ 도움을 청한 가족으로 하여금 그들 자신의 생활을 보다 만족스럽게 하기 위해, 현재 하고 있는 일과 다른 일을 하거나 생각하도록 하여 가족이 가지고 있는 문제를 해결하고자 한다.

⑤ 문제의 원인을 규명하기보다는 내담자가 가진 자원을 활용한 문제해결 방법에 중점을 두고 있으며, 짧은 기간 안에 상담목적을 이루고자 한다.

7) 행동주의적 가족치료

① 가족이 직면하는 문제에 개인 학습이론의 기법인 행동치료 이론과 실체적 기법을 적용한 것이다.

② 행동치료는 학습이론에 기초하여 성원들 간의 보상교환의 비율은 높이고 혐오교환은 줄여 의사소통과 문제해결기술을 교육한다.

8) 보웬(Murray Bowen)의 가족치료이론

① 보웬은 정신분열증 환자와 관련된 가족성원들에 대한 개발치료를 통해 가족에 대한 관심을 갖기 시작했다.

② 가족을 일련의 상호관련된 체계와 하위체계로 이루어진 복합적 총체로 인식하여 한 부분의 변화는 다른 부분의 변화를 야기한다고 보았다.

③ 보웬의 심리역동적 이론은 가족의 습관적인 삼각관계의 정서적 구조를 수정하기 위해 만들어진 것이다.

인간은 부모에 대한 해결되지 않은 정서적인 반응을 가지고 있으며, 새로운 깊은 관계를 형성할 때 과거의 유형을 반복한다. 성숙하고 건강한 인격을 형성하기 위해서는 가족에 대한 해결되지 않은 정서적 애착을 적극적으로 해결해야 한다.

④ 배분화된 가족 자아집합체로부터 벗어나도록 하는 것이 목표이다.

⑤ 보웬의 이론을 구성하는 8가지의 개념은 자기분화, 삼각관계, 핵가족의 정서적 구조, 가족투사과정, 정서적 단절, 다세대 전수과정, 형제순위, 사회적 정서전달과정 등이다.

㉠ 자기분화

분화란 정신 내적인 개념인 동시에 대인관계적인 개념으로 불안에 직면하더라도 유연하게 현명하게 행동할 수 있는 능력이다. 이성과 감정의 심리적인 분리와 타인으로부터 자기독립, 융합의 반대 개념으로 다른 가족원의 정서적인 문제와 자기분화, 합리적인 원칙 수용에의 능력에 관한 정서적 기능과 지적 기능의 분화와 감정과 사고, 자신과 다른 사람과의 분리를 모두 포함한다.

ⓛ 삼각관계

두 사람의 관계체계(**예** 부부)에서 발생하는 스트레스는 관계의 균형을 유지하기 위해 시도하는 과정에서 발생하게 되고, 이러한 두 사람 간의 스트레스를 해결하기 위해 상호작용체계에 다른 가족성원을 끌어들여 갈등을 우회시키는 것이다. 보웬은 삼각관계를 가장 불안정한 관계체계로 보았으며 실제로 삼각관계가 불안이나 긴장, 스트레스를 감소시키는 데에 일시적인 도움을 줄 수 있지만 가족의 정서체계를 더욱 혼란스럽게 만들어 증상을 더욱 악화시킨다고 주장했다.

ⓒ 가족투사과정

비분화된 '아버지 · 어머니 · 자녀'의 삼각관계에서 한 자녀 이상에게서 장애가 나타나는 과정을 설명한 것이다. 부모가 자신들의 미분화를 자녀에게 전달하는 과정에서 부모의 갈등이 자녀나 배우자에게 투사되는 것인데, 배우자 간의 정서적 융합은 부부사이의 갈등, 정서적 거리감, (비)과잉 기능을 유발하고, 이러한 부모의 정서적 투사과정은 자녀에게 주요한 정서적 손상을 가져와 또 다른 결함이나 만성적 질병, 혹은 무능성을 유발하게 된다.

ⓔ 정서적 단절

정서적 단절은 세대 간의 불안을 처리하는 방법으로 세대 간 미분화의 결과로 나타나며, 정서적 융합이 클수록 오히려 정서적 단절이 클 수 있다.

ⓜ 다세대 전수과정

가족 내의 정서적 반응은 핵가족으로 그치는 것이 아니라 여러 세대에 걸쳐 일어나는 다세대 전수과정으로, 만성적 불안이 대를 이어 전달되는 것이다. 가족과 가장 심한 융합을 이룬 자녀는 만성적 불안이 심해지고 자기 분화 수준이 낮아지는 반면에, 융합이 가장 덜한 자녀는 불안이 적고 자기분화 수준이 높아진다. 자녀의 문제는 자녀 혹은 부모의 문제라기보다는 여러 세대에 걸쳐 일어나는 행동과 반응의 결과로, 정서적 융합 혹은 단절 역시 세대 간에 전수된다.

ⓑ 형제순위

가족은 하나의 동일한 환경 같아 보이지만 사실은 가지각색의 미시적 환경들의 집합체로 동일한 사건을 놓고도 형제들마다 경험하는 것이 다르다. 따라서, 아동의 특징적인 성격은 가족에서 형제순위에 의해 결정된다고 보는 것이다.

ⓢ 사회적 정서전달과정

가족과 마찬가지로 사회도 비분화하려는 것과 분화하려는 것 두 가지 상반되는 힘을 가지고 있다고 보는 것이다. 사회의 불안이 증가하면 동질화와 분화의 균형이 깨지게 되어 전체에 대한 관심은 상실되고 하위집단끼리 융합하여 정국의 불안, 비행, 폭력, 불신 등이 심화된다. 개인이나 가족의 자기분화수준이 높을수록 부정적인(성차별, 계급, 인종에 대한 편견) 사회적 영향에 보다 잘 대처할 수 있다고 믿는다.

ⓞ 핵가족의 정서적 구조

여러 해를 두고 반복적인 유형으로 작용하는 가족 내의 정서적 힘에 대한 것인데, 가족이 분화되지 않으면 부모와의 정서적 단절을 낳게 되고 부모와 정서적 단절이 이루어진 사람이 결혼하면 다시 가족끼리 정서적으로 융합하게 된다는 것이다.

9) 치료기법

가계도는 사정·평가단계에서 자료를 조직하고 치료과정을 통한 관계과정과 핵심적인 삼각관계를 추적하는 것이다. 가계도의 주요 기능은 3대에 걸쳐 내려오는 가족체계의 스트레스를 나타내는 것으로 전기적 자료뿐 아니라 갈등관계, 단절, 주요 삼각관계를 치료하는데 사용된다. 정보를 수집하는 과정 그 자체만으로도 때로는 치료효과가 나타난다.

여기서 치료적 삼각관계는 가족체계 내의 갈등적인 관계과정은 증상과 관련된 삼각관계를 가지고 있다는 가정을 기초로 하며 치료자가 의도적·일시적으로 삼각관계에 들어가기도 하고 벗어나기도 하면서 가족의 삼각관계를 깬다는 것이다. 즉, 치료사가 가족들의 정서적 반응에 말려들지 않고 중립적 입장을 유지하고 있으면 가족들은 자신들의 정서적 충동에 의한 반응을 보다 잘 자제하고 문제해결에 집중하는 단계까지 평정을 되찾게 된다. 과정질문은 가족들이 문제를 어떻게 지각하고, 끌어가고 있는지에 대한 정보를 얻기 위해 사용한다.

관계실험은 정서적 과정을 명확히 함으로써 주요 삼각관계를 구조적으로 변화시키기 위해 사용한다. 가족들로 하여금 체계의 과정을 인식하고, 그 과정 내에서 자신의 역할을 깨닫는 법을 학습하도록 돕는다.

코치하기는 치료자가 내담자에게 개방적·직접적으로 접근하는 기법으로, 가족성원들 간에 좀 더 기능적인 애정관계를 발전시키도록 하는데 목적이 있다. 내담자들이 자기 가족의 정서적 과정과 그 안에서 자신의 역할을 이해하는데 도움을 주기 위해 질문한다.

그리고 자기입장을 취하도록 함으로써 상대방의 행동을 지적하는 대신 나의 입장을 피력하는 것으로, 다른 사람이 행동하는 것에 관해 말하지 않고 자신이 느끼는 것을 말함으로써 정서적 반응의 악순환을 깰 수 있다.

7. 가족치료의 형태

1) 합동치료

① 1인의 사회사업가가 전 가족성원을 동시에 면접하여 치료하는 방식이다.
② 혈육뿐만이 아닌 긴밀한 관계자 역시 포함한다.

③ 가족 상호작용이나 기능, 역할, 표현상태 등을 빨리 이해할 수 있다.

④ 질병, 실직, 전직, 출생 등 외형적 스트레스에 효과적이다.

2) 협동치료

① 1인의 사회사업가가 할당되어 개별적인 면접 후 정기적 회합을 통해 필요한 정보를 교환하고 협동적으로 치료하는 방식이다.

② 특정 1인과 가족구성원이 지나치게 동일화되는 위험을 방지할 수 있으며, 정보교환을 통해 새로운 시각적 정보획득이 용이하다.

3) 병행치료

병행치료는 1인의 사회사업가가 가족집단을 합동으로 면접하고, 가족성원 개인에 대해서도 병행하여 면접하는 방식이다. 개인의 정신 내적 문제에 대한 깊은 내성이 필요한 경우, 클라이언트가 가진 감정이나 생각의 표현에 비밀을 보장해주어야 할 필요가 있을 때 행한다. 사회사업가는 대상자가 사회사업가와 가족의 면접을 방해하거나 허용치 않는 것을 방지하기 위해 치료의 이중성에 대한 배려를 해야 한다. 병행치료를 하는 사회사업가는 객관적이고 타당성 있는 설득력이 필요하다.

4) 혼합치료

혼합치료는 여러 가지 면접방식을 활용하며 케이스의 변화에 따라 적절한 치료 방법을 선택하면서 문제를 해결하는 치료방식이다. 원조방법에 대한 대상자의 반응을 표준화하거나 유형화된 연구가 없기 때문에 원조방법의 객관화, 표준화가 어렵다.

미혼모가족과 가족복지의 이해

제1절 미혼모가족의 일반개관

제2절 미혼모가족의 문제

제3절 미혼모가족을 위한 복지대책

제1절 미혼모가족의 일반개관

1. 미혼모가족의 개요

1) 미혼모가족의 개념

미혼모의 사전적 정의를 찾아보면 미혼모는 결혼을 하지 않은 몸으로 아이를 가진 어머니라 되어 있고 어떤 이는 아이를 갖게 한 남자와 법적으로 결혼하지 않은 여자를 칭한다.

즉 미혼으로서 아이를 가지게 되거나 기혼녀로서 별거, 이혼, 사별의 상태에서 배우자 이외의 아기를 가진 경우까지도 포함한다.

미국의 경우에는 미혼모라는 말이 가지는 부정적인 의미를 줄이기 위해 편모(single parent)라는 말로 호칭하려는 운동이 있고, 스칸디나비아는 미혼모에 대한 수용도가 높은 나라들로 미혼모라는 용어보다는 이혼녀와 미망인들까지 포함되는 포괄적인 개념인 독신모(single mother), 무의탁모(un-supported mother)로 불리고 있다.

미혼모는 사회규범으로 허용된 결혼제도를 통하지 않고 성관계를 가지고 그것을 통하여 임신을 하게 되고 결과적으로 비합법적인 아동을 출생시킨 여성을 말한다. 즉 미혼으로서 아기를 가지게 되거나 기혼녀로서 별거, 이혼, 사별의 상태에서 배우자 이외의 아기를 가진 경우까지도 포함한다.

미혼모(未 ; 아닐 미, 婚 ; 혼인할 혼, 母 ; 어머니 모)는 합법적이고 정당한 결혼 절차 없이 아기를 임신 중이거나 출산한 여성을 말하는 데 법적 측면의 정의는 다음과 같다.

① 혼인하지 않은 상태에서 아이를 임신하여 분만을 한 여성
② 이미 혼인한 기혼녀가 이혼, 과부 등의 상태에서 법적 배우자가 아닌 남자와의 관계에서 임신했을 경우

③ 혼외의 경우인 독신녀가 인공수정 한 경우

우리나라에서 "미혼모"라는 용어가 문제화되어 쓰여지기 시작한 것은 1950년대 이후 전후 사회문제, 도시화 과정을 거치는 사회변동의 격동기인 60~70년대부터이다. 미혼모란 사회사업사전에 의하면 『합법적이고 정당한 결혼절차 없이 임신 중이거나 출산한 여성』을 말한다. 또 국립사회사업가협회(NASW)에 따르면 미혼모란 처녀로서 비합법적인 아기를 가지게 된 경우는 물론, 별거, 이혼, 배우자 사망의 상태에서 법적 배우자와 관계없는 아이를 가진 여자를 뜻한다.

우리나라에서 미혼모가 사회문제로 부각된 것은 1960년대 이후의 일이다. 그 이전에도 미혼모가 없었던 것은 아니나 그것이 사회문제로 나타나게 된 것은 급속히 전개된 도시화, 산업화와 서구의 개방적 성문화 도입의 결과라고 볼 수 있다. 사회구조의 급격한 변화와 서구의 성개방 풍조의 도입으로 성 자극과 자유로운 성행동에 대한 가치관이 청소년층에 퍼져가는 반면 이를 규제하는 전통적인 가족적, 사회적, 도덕적 규범이 약화되어 가는 사회 분위기가 형성됨에 따라 심각한 사회문제가 되어 가고 있다. 미혼모 문제는 시대적, 사회적, 문화적 배경에 따라 달라질 수 있는데, 우리나라에서 미혼모가 된다는 것은 윤리적, 도덕적 규범에 비추어 볼 때 용납될 수 없는 일로 미혼모와 그 아기들을 죄인시하고 냉대함으로 미혼모 스스로 학업을 중단하거나 직장을 포기하는 등 생활 기반을 잃게 된다.

미혼모는 그 대상 정의에 있어서 법적으로 미혼여성을 의미하고 있으며 어머니로서의 지위는 자녀를 임신 중인 임신 미혼모와 자녀를 분만한 출산 미혼모의 지위를 말한다. 사회사업사전에 의하면, 미혼모란 합법적이고 정당한 결혼절차 없이 임신 중이거나 출산한 여성을 말한다. 또한 미국의 국립사회사업가협회에 따르면, 미혼모란 처녀로서 비합법적인 아기를 가지게 된 경우는 물론, 별거, 이혼, 배우자 사망의 상태에서 법적 배우자와 관계없는 아이를 가진 여자를 뜻한다. 그러나 우리나라에서는 일반적으로 비합법적인 혼외임신 또는 혼외출산을 한 기혼여성을 미혼모로 간주하지 않기 때문에 미혼여성으로 국한한 협의의 개념으로 본다.

미혼모가족 아동의 수는 보건복지부의 통계에 따르면 요보호아동 발생 수 중 미혼모 아동은 45%에 달한다. 만 24세 이하 청소년 한부모를 위한 전용시설을 비롯하여, 미혼모 시설 입소 대상이 확대되고 있다.

청소년 한부모 전용시설은 아이와 함께 입소 가능하며, 교실·도서실·컴퓨터실 등이 설치돼 학교와 유사한 환경에서 중·고등교육을 받으며, 학업과 양육을 병행할 수 있는 환경을 제공한다. 그 동안 미혼 임신여성으로 제한됐던 미혼모 시설 입소 대상도 2017년부터 이혼 또는 사별한 한부모 임신여성도 가능하도록 확대되었다.

현재 전국 미혼모 및 한부모가족 복지시설의 수는 127개이며, 미혼모지원은 미혼모센터와 미혼모시설로 구분된다. 미혼모센터는 미혼모시설을 알아봐주고 각종 정책을 운영하는 곳이고, 미혼모시설은 실제로 쉼터역할이 되어주는 곳이다. 연령별로 미혼모들이 겪고 있는 문제는 경제적인 문제와 마음의 혼란과 불안이다.

미혼모시설(미혼모자복지시설)은 시설에 입소하여 숙식, 의료혜택 및 프로그램을 지원하는 곳이다. 미혼모자복지시설은 대상, 즉 자녀의 나이와 양육 여부에 따라 지원내용과 보호기간이 상이하다.

우리나라의 미혼모를 위한 사회복지제도 및 프로그램은 2010년 1월부터 지역마다 미혼모의 임신 초기부터 상담과 정보를 제공하고 자녀출산과 양육 시에 응급지원을 할 수 있도록 거점기관을 두었다. 전국 16개 시·도별로 접근성이 높은 지역 중 건강가정지원센터 등 1개소를 선정하여 운영하고 있다. 거점기관에서는 국가나 지자체로부터 지원받지 못하고 있는 미혼 . .

우리나라 한부모를 위한 사회복지제도 및 프로그램 한부모에게 프로그램 및 서비스를 제공하는 기관으로는 건강가정지원센터, 지역사회복지관, 한부모가족지원센터, 모자보호시설, 모자자립시설, 여성단체 등이 있다.

현행법상 혼인 경험이 없는 미혼모만 시설 이용이 가능하였으나 이혼·사별·양육 미혼모도 미혼모자복지시설을 이용할 수 있게 되었다. 2017년 7

월에는 혼인 여부와 상관없이 저소득 (양육)미혼모도 미혼모자가족복지시설을 이용할 수 있도록 하는 내용의 법안이 발의되었다.

이혼 등으로 현재 혼인관계에 있지 않거나 미혼인 자가 출산 또는 출산 후 양육 등에 있어서 경제적 어려움을 겪을 경우 미혼모자복지시설을 이용할 수 있도록 특례 범위를 확대한 「한부모가족지원법 일부개정법률안」을 발의되었다.

현행법에 따르면 이혼 · 사별 후에 홀로 아이를 키우는 여성은 미혼모로 인정받지 못해 한부모가족지원법에 따른 미혼모자가족복지시설을 이용할 수 없었다.

2016년 여성가족부 국정감사에서 '2016년 한부모가족지원사업 안내(사업지침)'에 혼인 경험이 있으면 미혼모자가족복지시설(기본생활지원형)의 입소 대상에서 제외되고 있다는 점을 지적한 바 있다.

여성가족부는 '2017년 한부모가족지원사업 안내지침'에 이런 문제를 개선하여 2017년 1월부터 이혼 임산부도 한부모가족복지시설을 이용할 수 있게 되었다.

정부가 저출산 대책을 위해 한해 수 조 원을 쏟아 부으면서 혼인 기록을 이유로 저소득 미혼모에 대해 시설이용을 제한하는 것은 모순"이라며 "혼인신고를 한 기록이 있든 없든 현재 시점에서 혼자 아이를 낳고 양육하는 데 경제적 어려움을 겪고 있다면 정부가 지원하는 것이 바람직하다."고 한다.

미혼모가족 아동의 입양은 연도별 국내외 입양아동 가운데 미혼모의 아이가 전체 90% 이상 차지한다. 최근 조사에 따르면 출산 후 아기 문제에 대해서 68.3%가 입양을, 31.7%가 양육을 선택했으며 시설에 거주한 미혼모 140명 가운데 76.4%가 입양을 선택한 반면, 23.6%가 양육을 선택하여 입양을 선택한 비율이 높다는 연구결과가 나왔다.

우리나라 국내 입양을 보면 비밀입양이 공개입양보다 그 수가 높다. 때문에 성장 아동보다는 신생아를 입양하는 경우가 많다. 이런 이유로 부모가 있거나 성장아동인 결손 가정의 아동보다는 신생아일 때부터 입양할 수 있는 미혼모의 아동이 입양이 더 많이 된다. 이는 비밀입양을 하기에 용이하기 때문으로 또한 불법입양의 경우 양부모가 미혼모의 아이를 낳으면 그 자리에서 직접 거래를 하는 경우도 있기 때문에 결손아동에 비해 미혼모의 아동의 입양이 더 많은 것이다.

2) 미혼모의 사회인구학적 요인

(1) 미혼모의 직업

각 미혼모의 직업을 보면, 무직이 일정비율을 차지하고 있으며, 사무직, 전문직공원, 기술직도 있으나, 서비스·유흥업은 점차 급속하게 증가하고 있다. 특히 저 연령(15~19세)의 미혼모들의 직업분포를 보면, 임시직, 유흥업소 또는 유사 유흥업소 종업원으로 취업하는 비율이 더 많아졌다. 미혼모들의 생계비에 대한 조사를 한 결과, 시설, 기관, 종교단체의 도움으로 생활하는 것이 50.7%로 나타났다. 이 사실에 대해 직계가족(부모) 이외에는 도움을 받기 어려운 사회적인 분위기를 반영하고 있다고 설명하고 있다.

(2) 미혼모의 학력

여성가족부의 시설이용 미혼모 조사에 따르면 고졸 47%, 고등 중퇴 이하 35.3%, 대학교 재학 17.7%로 조사되었다. 이는 미혼모 연령이 낮아지면서 학업을 지속할 수 있는 여건이 되지 않아 자연스럽게 저학력으로 연결되고 있다.

(3) 미혼부와의 관계

미혼부를 만나게 된 동기에 대해서는 친구소개와 우연히 알게 된 것이 가장 많았다. 미혼모의 저 연령화와 함께 미혼부의 저 연령화도 크게 증가하게 되었다.

(4) 미혼모의 가족배경

미혼모의 가족 구성원을 보면 핵가족이 75.6%, 정상가족은 68.5% 그리고 결손가족이 31.5%로 나타났다. 결손가족 31.5%의 경우 친부가 없는 편모 가정이 65.2%, 편부가정은 19.6%의 분포를 보이고 있다.

(5) 미혼모의 성지식 및 성행동

미혼모들의 피임에 대한 지식 및 사용경험에 대한 자료를 보면, 피임에 대한 인지도가 아주 낮아서, 10~25% 내외에 머물고 있으며, 사용해본 적이 있다고 응답한 경우는 1~6% 정도로 매우 낮게 나타났다.

사랑하는 사이, 결혼과 같은 상황에서 성관계를 가진 경우는 47%에 불과하고, 강간, 설득, 순간적인 충동 등 임신에 대비할 수 없는 상황이 53%에 이르고 있어 임신가능성이 높은 것으로 나타났다.

(6) 임신의 이유

보호시설 미혼모 중 원치 않은 임신이 82%를 차지하는 것으로 성에 대한 무지의 결과로 임신한 것으로 나타나고 있다. 한편 자발적인 이유가 7.5%를 차지했다.

[표 5-1] 시설입소 여성의 임신 이유   단위 : (명, %)

계	아기를 갖기 위해	피임 실패	원치 않는 임신	성폭행	직업상	기타
238	18	38	157	9	2	14
100	7.5	16	66	3.8	0.8	5.9

출처 : 여성 가족부(2010)

2. 미혼모가족의 발생원인과 문제

우리나라에서는 1970년대 미혼모 발생이 급격히 증가함에 따라 이때부터 미혼모에 대해 관심을 갖기 시작했고, 사회문제화 하기 시작했다. 그런데, 우리나라의 경우 전통적인 유교사상과 여성보다 남성을 우선시 하는 사회적인 풍토 등으로 인해 미혼모의 문제를 단순히 여성의 탓으로만 돌렸고, 미혼모는 가족과 사회로부터의 냉대를 감수해야 했다.

미혼모가정의 문제는 단지 여성에게만 국한되는 것이 아니며, 그 잘못 또한 여성에게 전가시켜서는 안 되는 것임에도 불구하고 남성과 여성에 대한 차별이 팽배한 사회적인 구조 속에서 미혼모는 모든 책임을 떠맡아야 했다. 또한, 국가적 차원에서의 적절한 보호가 행해지지 않아 미혼모의 자녀출산에 따른 건강문제, 미혼자녀의 양육문제, 경제적인 문제, 심리적이고 정서적인 문제 등이 복합적으로 발생하고 있다.

미혼모란 상대되는 남자와 합법적이고 정당한 결혼절차를 거치지 않고 임신하였거나 분만한 여성을 의미하는데 미혼, 이혼, 별거, 사별 등의 상태 모두를 포함한다. 그러나 우리나라에서는 아직 혼외 임신일 경우는 미혼모라 부르지 않으며 단지 혼전 임신에 한해서 미혼모라 하는 것이 상례로 되어 있다.

그런데 미혼모의 문제는 미혼모 자신이나 그 아기 그리고 사회전체에 미치게 될 영향을 고려해볼 때 심각한 사회문제가 아닐 수 없다. 즉 미혼모 자신은 사회의 냉대와 거부로 인해 죄의식과 수치심, 소외감 등에 시달리게 되며, 학업을 중단하게 된다든지 직장을 포기하는 등 기존의 생활기반을 잃게 됨에 따라 신체적, 정신적으로 극히 불안정한 상태에 놓이게 되어 영아유기, 영아살해를 저지르거나 정신이상에 빠지거나 윤락여성으로 전락하기도 한다. 더욱이 미혼모가 아이를 키울 경우에는 저소득 모자가정으로 빈곤문제가 발생하고, 아기를 키우지 못할 경우에는 기아를 발생시켜 아동문제가 발생하며, 미혼모의 연령도 점차 10대가 많아지고 있어 청소년문제로도 생각될 수 있는 등 복합적인 사회문제의 원인이 될 수 있다.

미혼모가족의 발생원인은 여러 가지 다양한 요인들의 복합적인 작용에 기인하고 있다. 미혼모발생은 성교육의 부재, 무분별한 성충동, 신세대들의

성 개방 풍조, 음란을 방관하는 사회현실 등 다양하면서도 복합적인 원인이
작용한다. 이러한 미혼모의 발생 원인을 4가지 관점으로 살펴볼 수 있다.

1) 정신분석학적 접근

정신분석학 접근은 미혼모 발생을 그 개인의 잠재의식 속에 깊이 뿌리박고
있는 갈등에 의한 것으로 보는 관점이다. 아버지에 대한 소유 욕구에서 나
타나는 엘렉트라콤플렉스의 해결책으로서 미혼모가 되도록 동기화시킨다는
입장이다.

2) 심리학적 접근

심리학적 접근으로 미혼모 발생의 심리적 요인은 충동성, 초자아 발달의 결
함, 성에 대한 불안, 가족 간의 의사소통 장애들에서 그 원인을 찾을 수 있
다. Daniel의 의존박탈증후군에 의하면, 10대 임신은 가족의 불안전성, 또래
와 형제간의 관심유도를 위한 경쟁심, 어머니와의 무 보상관계, 신체적 학
대에 기인한다. 타인으로부터 애정을 받기 위해 쉽게 혼전 성 행위에 빠지
며, 특히 10대 여학생의 경우 남학생의 만남을 지속하기 위해 남학생의 성
적 요구를 수용하는 복종적 성 의식에 의해 미혼모가 된다고 할 수 있다.
자녀에게 통제적이며, 거부적이고, 일관성이 없는 경우 미혼모의 발생률이
높고 부모·자녀 사이가 애정이 있고, 가족이 안정되어 있을 때 성적 충동
을 억제할 수 있고, 친밀한 부부관계는 미혼모 발생을 예방하는데 중요한
요인이 된다.

3) 사회·문화적 접근

사회·문화적 접근은 사회·문화적 상황이 미혼모 발생을 조장하는 것으로
서 가족기능의 약화, 성윤리의 변화, 자극적인 매스컴의 영향 등 산업화, 도
시화에 따른 사회적 변화가 미혼모 발생에 영향을 미친다는 관점이다. 문화
적 입장에서 볼 때 현대사회의 무 규범현상과 평등에 기초한 남녀 성 역할

변화는 성 개방적 자유의 추구를 가능케 하고 각종 음란 비디오와 음란 인터넷 사이트 등 시청각 매체의 발달과 이에 따라 성적자극을 쉽게 받을 수 있는데 반하여 성충동의 자제는 어려운데 영향을 받는다고 할 수 있다. 또래집단에게 영향을 받게 되는데 10대 미혼모는 친구와의 성적 대화를 많이 하고 친구와의 성적 대화가 성 행동화로 이어지면서 임신이라는 형태로 나타난다.

4) 성 형태적 접근

성 형태적 접근은 누구라도 혼전 성 행위를 할 수 있다는 가정에 근거한다. 즉, 성 지식과 성태도, 성욕이 영향을 미친다는 입장으로 미혼모가 되는 것은 성 지식의 결여로 인한 무분별한 성 태도에 비롯되거나 또는 많은 성지식이 오히려 성에 대한 호기심을 불러 일으켜서 부정적 영향으로 작용한다고 볼 수 있다. Newcomer, Bilbert와 Udry는 성 행동과 성 태도는 그들의 또래집단이 진정으로 원하는 행동이라기보다는 또래 등의 행동과 가치와 관련이 있다고 하였다. 또래들이 성적으로 허용적일 때 미혼모가 될 가능성이 높아진다는 보고도 있다.

제2절 미혼모가족의 문제

---

1. 미혼모의 문제

10대 미혼모는 학교 중퇴, 저임금 업종에의 종사, 한부모 됨, 건강, 인지문제 등에 있어서 다른 또래나 20대 이후 미혼모에 비해 취약한 위치에 있다고 알 수 있다. 미혼모의 가장 큰 문제는 자녀양육 의사의 여부, 경제적 문제, 미혼부나 부모와의 관계, 결혼 의사의 여부 등의 문제를 들 수 있다. 가정과의 결별, 기본적 생활 유지, 산전 및 산후 관리, 자녀 출산 및 출산자녀 양육, 사회에서의 고립 등의 복합적 문제를 안고 있다.

미혼모의 자녀출산 후 문제는 4가지로 나눌 수 있다.

1) 미혼모 자녀에게 미치는 영향

이미 자녀를 낳아서 양육하고 있는 미혼모의 경우 경제적 문제와 앞으로의 자녀 입적이나 기타 한부모 슬하에서 자녀를 양육하게 되는 등의 문제를 안고 있다. 장애아 출산의 우려를 배제할 수 없는데 청소년들은 임신 사실을 알게 된 경우 약물 복용을 하거나 올바르지 못한 낙태방법을 사용한다. 미혼모의 63%가 임신 5개월이 넘어서 뒤늦게 임신 사실을 알게 되고 임신사실을 모르는 동안 또는 임신말기까지 임산부에게 유해한 약물복용, 흡연과 음주 등을 계속해서 하게 되는 경우가 많아 장애아 출산의 가능성을 높인다.

2) 미혼모에게 미치는 영향

미혼모에게 미치는 영향은 임신결과에 대한 책임을 주로 여성에게 전가하여 사회와 가족 내에서 어려움을 겪게 된다는 점이다. 가족으로부터의 소외감, 자녀에 대한 죄책감을 가지게 되고 또한 아버지 없이 경제적으로나, 정신적으로 매우 불안정한 상태에서 자녀를 키우게 된다. 그리고 자녀를 입양시키게 되는 경우 친권포기 이후의 상실삼과 심리적 고통을 경험하게 되는 친모증후군의 증세를 보이기도 한다.

3) 미혼모의 부모가 받는 영향

미혼모의 임신 사실은 가족에게 있어 수치심과 심리적 고통을 유발하게 되는 반면 가족은 미혼모에게 입양 혹은 양육결정에 여러 가지 심리적 압박을 가한다. 즉, 부모는 자녀의 임신으로 인한 실망과 충격을 느끼며, 손자의 양육문제에 대해 여러 가지 정신적 스트레스를 받는다. 10대 미혼모의 경우 이들이 아직 어리고 부모의 보호가 필요한 시기이기 때문에 미혼모의 임신 및 출산 이후 적응을 돕기 위해 부모가 받게 되는 정신적·물질적 스트레스는 더욱 크다고 볼 수 있다.

4) 미혼부가 받는 영향

미혼부가 청소년인 경우에는 어린 시기의 임신과 부모됨이 심리적 압박과 더불어서 아이에 대한 책임을 회피하는 결과를 낳게 된다. 실제로 10대 미혼모들은 20대 미혼모들에 비해 임신사실을 미혼부에게 알리지 않는 경향이 더 강했으며, 임신사실을 미혼부에게 알린 경우에도 이들은 대부분 아기에 대해 입양을 권유하거나 유산시킬 것을 바란 것으로 나타났다.

이상과 같이 미혼모는 정서적 불안정, 장애아 출산의 우려, 경제적 문제, 부모와의 가족관계 유지의 어려움, 학업과 진로문제 또 다른 임신 등 여러 가지 심각한 문제를 내포하고 있다.

2. 영아유기 관점

1) 미혼모 영아유기

미혼모의 영아유기는 미혼모에 대한 '사회적 차별'로 인하여 자발적 선택이라기보다는 '구조적 강요'로 발생한다고 본다. 결혼하지 않은 여성의 성행위 또는 임신과 출산에 대해서 관대하지 못한 상황에서 결혼하지 않은 채 출산한 여성은 도덕적으로 문란하고 무책임한 여성이라는 '편견'이 지배적이다. 또한 결혼하지 않은 자녀 또는 형제가 임신하거나 출산한 경우에 이를 가족의 수치로 여기는 문화나 전통에 따르면 가족 가운데 결혼하지 않은 여성의 임신이나 출산은 가족의 불명예가 된다는 '고정관념'이 일반적이다. 이러한 편견이나 고정관념이 지속되는 한 결혼하지 않고 출산한 여성은 이와 같은 편견이나 고정관념과 싸워서 이겨내고 출산한 자녀를 양육하거나 이것들을 극복하지 못하고 자신이 출산한 자녀를 유기할 수밖에 없다.

따라서 미혼모의 영아유기를 막을 수 있는 방법은 결혼하지 않은 여성의 성행위와 임신, 출산에 대한 편견이나 고정관념을 제거하는 것이다. 이러한 관점은 미혼모의 영아유기를 자발적 선택의 문제로 보지 않기 때문에 문제의 원인을 '자유'에 대한 억압에서 찾지 않는다. 오히려 미혼모에 대한 사회적 차별이 미혼모의 영아유기를 불러온다고 믿기 때문에 문제의 원인을 '평등'에 대한 침해에서 찾는다. 그리고 미혼모에 대한 차별이 법적 차별이 아니라 사회적 차별이므로 국가에 의한 차별이 아니라 주로 다른 사회구성원에 의한 차별을 의미한다. 이러한 이해에 따르면 미혼모의 영아유기를 기본적으로 미혼모의 자유권으로서 재구성할 수 없는 한계가 있다.

미혼모가 자신이 출산한 자녀를 유기했을 때 이러한 행동은 양육에 관한 자기결정권으로 정당화될 수 있다. 하지만 유기된 자녀의 입장에서 보면 유기됨으로써 건강이나 생명에 위해를 가져올 수 있다는 점에서 신체를 훼손당하지 않을 권리나 생명권에 대한 침해가 발생할 수 있다. 여기서 대안으로 제시되는 것이 이른바 '베이비박스'로 알려진 안전하고 위생적인 바구니 모양의 영아유기장치(baby hatch)다. 베이비박스는 미혼모가 영아를 유기할 수밖에 없는 현실을 직시하여 어차피 영아를 유기할 것이라면 안전하고 위생적인 장치에 영아를 유기하도록 유도하여 영아의 건강과 생명의 안전을 보호하려는 취지에서 고안되었다. 베이비박스는 미혼모의 양육에 관한 자기

결정권을 실현하면서도 그로 인하여 피해를 받을 수 있는 아동 예컨대 입양특례법에 따라 요보호아동을 입양하는 경우에 입양될 아동이 13세 이상일 때에는 입양될 '아동의 동의'를 받아야 한다(동법 제12조 제4호). 또한 입양특례법에 따른 입양을 하려면 '가정법원의 허가'가 필요하다(동법 제11조 제1항).

예를 들어 독일의 경우에 영아유기장치(Baby Klappe, 아기바구니 또는 기창구)는 병원이나 사회복지시설에 설치되는데 아무도 영아를 유기하는 여성의 신원을 알아차리지 못하도록 신분의 비밀을 보장하기 위하여 은밀한 장소에 설치되고, 여성이 영아를 유기하고 돌아간 뒤에 유기된 영아의 건강이나 생명에 영향을 주지 않을 정도의 일정한 시간이 흐르면 자동으로 벨이 울려 미리 대기하고 있던 의료진이 유기된 영아의 건강상태를 체크하도록 설계되어 있다. 신체불훼손권이나 생명권이 침해당하지 않도록 하기 위한 불가피한 절충책으로 이해된다.

그렇지만 베이비박스는 유기된 아동이 평생 동안 자신의 부모와 형제에 관한 정보를 알 수 없게 된다는 점에서 '출생기원을 알 권리(right to know his/her origin)'를 침해하게 된다. 유기되어 건강과 생명을 잃게 하는 것보다는 건강과 생명을 잃지 않는 대신에 출생기원을 모르고 지내게 하는 편이 낫다고 생각할지도 모른다. 특히 유기되어 건강과 생명을 구조받은 아동이 입양되고, 나중에 친부모에 관한 정보를 알게 되는 것은 입양의 안정성을 해칠 수 있다는 점에서 '양부모의 권리'를 침해할 수도 있다. 하지만 아무리 건강과 생명을 건졌다고 해도, 양부모를 만나 행복하게 살고 있다고 해도 자신의 뿌리를 모르고 지내도록 하는 것은 매우 가혹하다. 특히 질병의 원인이나 치료방법을 찾기 위하여 부모형제의 유전적 정보에 대한 수집이 필수적인 경우에는 반드시 부모형제의 신원을 알 수 있어야 한다. 여기서 유기되는 아동이 불가피하게 친부모의 신원을 알아야 될 필요가 있는 경우를 대비하여 국가가 친부모의 신원에 관한 정보를 수집하여 오로지 유기된 아동에게만 제공하는 제도의 도입을 고려해 볼 수도 있다.

2) 양육비청구

양육은 기본적으로 부모 모두의 책임이므로 미혼모뿐만 아니라 그 상대방도 자녀의 양육에 대한 책임을 져야 한다. 양육에 대한 책임은 무엇보다도 양육비의 부담으로 나타나기 때문에 미혼모에게 현실적으로 도움이 되는 권리는 상대방에 대한 '양육비청구권'이다. 문제는 양육비청구권을 실현하기 위해서는 소송을 거쳐야 하기 때문에 시간과 비용이 요구된다는 점이다. 따라서 양육비청구권이 효과적으로 관철되기 위하여 법원이 양육비청구소송을 신속하게 진행할 뿐만 아니라 적극적으로 판결하고, 정부가 양육비청구소송을 지원하거나 양육비를 대신 지급하고 사후에 구상권을 행사하는 제도가 시행될 필요도 있다.

미혼에 대한 차별도 사라지고, 양육할 여건도 될 뿐만 아니라 상대방이 양육비를 지급할 수 있다고 해도 여전히 자녀의 양육을 포기하고 영아를 유기할 수밖에 없는 미혼모가 존재할 수 있다. 학업 때문에 영아를 유기할 수밖에 없는 10대 미혼모도 있을 수 있고, 예상하지 못한 임신과 출산으로 정신적으로 힘든 상태에 놓여있거나 도저히 여건이 허락하지 않는 미혼모도 있을 수 있다. 여기서 합법적으로 영아를 유기할 수 있도록 제한적으로나마 베이비박스제도를 도입할 필요가 있다고 보인다. 아니면 '익명출산제'를 도입하여 불가피하게 자녀를 포기할 수밖에 없는 여성에게 낙태를 하지 않는 대신에 출산한 여성의 신원을 비밀로 해줌으로써 출구를 보장해줄 필요도 있다. 자신이 출산한 자녀의 양육을 원하지 않는 여성의 경우에는 그러한 선택을 존중해 주어야 하기 때문이다.

자신이 출산한 자녀의 양육을 포기하되 유기가 아닌 '입양'을 선택한 미혼모의 결정도 존중받아야 한다. 다만 입양의 경우에는 입양되는 아동의 권리도 반드시 고려되어야 한다는 점에서 아동의 의사가 반드시 존중되고, 충분히 자신의 권리를 존중하여야 한다. 현재 인지청구 및 자녀양육비청구 등을 위한 법률상담, 소송대리 등 법률구조서비스의 제공을 위하여 노력해야 할 의무가 국가나 지방자치단체에 부과되어 있지만(한부모가족지원법 제17조제5호) 이러한 의무는 문자 그대로 '노력의무'에 지나지 않아 법적 구속력이 없다. 존중받을 수 없는 아동을 위하여 국가(법원)가 개입하여 아동을 복리를 고려한 판단이 내려질 수 있도록 해야 한다. 따라서 현재 아동의 복리를 고려하여 법원의 허가에 의한 입양(민법상 입양 및 입양특례법상 입양 공통)만을 인정하고 있는 입양제도는 유지될 필요가 있다. 다만 이러한 엄격한 입양제도로 인해서 입양을 위하여 출생신고를 해야 하고, 출생신고를 하는 과정에서 미혼모의 신원이 드러나는 문제 때문에 영아유기가 증가할 수는 있다. 하지만 이 문제는 출생신고 시 기재되는 미혼모의 신원이 드러나지 않도록 입법적 보완을 하거나 익명출산제도의 도입을 통하여 해결될 필요가 있다.

미혼모의 영아유기는 복잡한 맥락이 있기 때문에 이와 관련된 다양한 측면들을 고려하여 해결책을 모색할 필요가 있다. 무엇보다도 미혼모에게 보장되어야 하는 다양한 권리가 충분히 고려되어야 하고, 이러한 권리가 행사되는 과정에서 침해될 수 있는 아동의 권리 또한 충분히 고려되어야 한다. 특히 10대 미혼모의 경우에는 미혼모 역시 아동이라는 점에서 아동에게 보장되어야 하는 권리가 미혼모에게도 보장되어야 하고, 무엇보다도 10대 미혼모는 교육을 받아야 할 연령(학령기)에 있다는 점에서 미혼모의 교육받을 권리 즉 학습권에 대한 특별한 고려가 요구된다. 결국 미혼모도 여성이기 때문에 미혼모의 문제는 여성의 문제로 인식할 필요가 있고 여성에게 보장되어야 하는 권리의 관점에서 접근이 필요하고, 결혼하지 않은 여성이 임신과 출산 및 양육으로 이어지는 순차적인 경험 속에서 겪어야 되는 여러 가지 어려움들에 대한 다양한 출구를 보장하는 방식으로 이러한 권리가 구체화될 필요가 있다.

3) 익명출산제도

익명출산이 아니라 안전한 출산이라고 볼 수 있는 익명출산제도라 약칭되는 제도를 보다 구체적으로 살펴볼 필요가 있다. 독일의 경우 2014년 5월 1

일, 개정된 '임신여성 지원확대 및 신뢰출산에 관한 법'의 시행으로 신뢰출산, 즉 익명출산이 가능하게 되었다. 그 전까지는 '임신으로 곤경에 처한 여성의 지원에 관한 법률'(임신지원법)에 따라 임신으로 곤경에 처한 여성들에게 긴급전화를 통해 24시간 동안 임신, 출산 등에 관해 익명으로 상담서비스를 제공했다. 임신지원법은 긴급전화뿐만 아니라 상담소에 대한 규정을 두어 임신으로 곤경에 처한 여성들이 상담소로 연계되어 전문상담원으로부터 상담받을 수 있도록 했다. 상담은 다음과 같은 세 단계로 이루어진다.

첫 번째 단계에서는 출산 후 친생모에게 자녀를 직접 양육하는 경우 받을 수 있는 지원 등에 대하여 정보를 제공함으로써 직접 양육 가능성에 대해 상담을 제공한다. 두 번째 단계에서는 친생모의 인적 사항을 밝히고 진행하는 입양에 대한 상담을 제공한다. 마지막 단계에서 신뢰출산, 즉 자신의 신분을 드러내지 않고 출산할 수 있는 방법에 대하여 상담을 한다. 즉 독일에서는 익명출산이 최후의 수단임을 전제로 하여 임신으로 곤궁에 처한 여성이나 자녀를 양육할 수 없는 출산모를 대상으로 종합적인 상담을 제공하여야 한다.

원가정 양육을 포함하여 자녀 양육과 관련된 결정을 스스로 할 수 있도록 조력하고 있는 것이다. 프랑스의 경우에도 익명출산을 보장하기에 앞서 임신한 여성은 출산 전에 언제든지 출산의 도움을 받기 위해 지정된 시설에 입소하여 국가의 비용으로 필요한 의료서비스와 상담을 받을 수 있도록 보장하고 있다. 결국 익명출산이 시행되고 있는 독일과 프랑스의 제도를 구체적으로 살펴보면 제도의 본질이 '익명' 출산에 있다기보다는 '안전한' 출산에 있다는 것을 알 수 있다. 익명출산제도는 미혼모의 출산이 "홀로 하는 출산"이 아니라 "사회적으로 동반하는" 출산이 되도록 보장하는 것을 목표로 하고 있는 것이다.

개정된 입양법은 입양에 대해 동의하기 전에 아동을 직접 양육할 경우 지원받을 수 있는 사항 및 입양의 법적 효과 등에 관한 충분한 상담을 제공하도록 하였다(동법 제13조 제3, 4항). 최종적으로는 법원으로 하여금 입양 동의 요건을 갖추었는지 여부를 확인한 후 입양허가 결정을 내리도록 했다(동법 제11조 제1항 제3호). 그러나 사전상담을 제공하는 주체가 '입양기관'으로 되어 있는 점에서 내재된 한계가 존재한다. 입양기관의 역할에 비추어 보았을 때 입양기관에게 입양 관련 정보와 더불어 직접 양육에 관한 정보를 균형감 있게 제공하기를 기대하기란 어려울 수 있기 때문이다. 법 개정 작업 당시 입양인 단체들은 사전상담의 주체를 입양기관이 아닌 제3의 기관으로 분리하기를 원했다. 그래야만 사전상담이 어떠한 선택지도 내정하지 않고 미혼모의 자기 결정을 최대한 존중하는 방향으로 이루어질 수 있기 때문이다. 그러나 새로운 상담기관 설치에 소요되는 비용의 부담으로 인해 법에 반영되지는 못했다. 독일의 신뢰출산 상담 과정이 바로 입양인의 바람과 같은 방식으로 이루어지고 있다. 독일과 마찬가지로 프랑스도 임신한 여성이 언제든지 지정된 시설에 입소하여 국가의 비용으로 필요한 의료서비스와 상담을 받을 수 있도록 하고 있다. 그러므로 현재 우리사회에서 제기되는 익명출산에 대한 논의는 단순하게 신원을 노출시키지 않는 출산 방식에 대한 논의로 한정되어서는 안 된다. 사회적 곤경에 처한 임산부들이 어떻게 안전하게 출산하도록 할 것인가에 대한 논의로 확장되어야 한다.

3. 입양가족

1) 입양가족의 개념

입양은 생물학적 과정을 통해서가 아니라 법적, 사회적 관계에 의해서 친자관계를 맺는 것이다. 즉, 입양이란 친부모로부터 아동의 현재와 미래에 대한 모든 권리와 의무가 소멸되고 행정적, 법적 권한에 의해 혈연관계가 없는 타인에게 양육의 권리와 의무가 이양되는 것을 말한다. 미국의 사회사업 사전에서도 입양이란 법률에 의해 부모·자녀 관계를 맺는 것으로 아동과 친부모 사이에 존재하는 책임과 권리가 양부모와 아동으로 이동하는 것이라 하였다.

1990년대 이후로 전체 요보호아동의 발생규모는 증가해 오고 있다. 특히 성문화 변화에 따른 미혼모 아동의 증가와 더불어 경제적으로 빈곤과 실직, 학대 등에 따른 요보호아동의 증가가 나타났다. 2010년 현재 보호를 필요로 하는 아동의 보호방법에 따른 보호 내용을 살펴보면, 전체 9,393명 중 50.1%인 4,782명을 시설보호로, 22.4%인 2,100명을 입양으로, 23.5%인 2,212명을 가정위탁보호로, 3.2%인 299명은 소년소녀가족으로 배치하였다.

(1) 입양서비스의 특성

① 아동을 위한 비 시설보호의 방법이다.

② 새로운 가족관계를 창출하며, 아동을 위하여 항구적인 가정을 제공한다.

③ 양부모와 양자 공동적으로 인간적인 욕구를 충족시키려는 노력이다.

④ 아동을 위해 보다 큰 안전과 보다 좋은 보호를 위하여 일정한 법적 절차에 따라 이루어진다.

⑤ 양부모는 양자의 양육에 관하여 무제한의 책임을 지게 된다.

(2) 입양이 다른 아동복지서비스와 달리 갖는 특성

① 아동을 위한 비 시설보호의 방법

② 가족관계를 창출하며, 아동을 위하여 항구적인 가정을 제공

③ 양부모와 양자 공동적으로 인간적인 욕구를 충족시키려는 노력

④ 아동을 위해 보다 큰 안전과 보다 좋은 보호를 위하여 법적 절차 존재

⑤ 양부모가 갖는 양자의 양육에 관하여 장기적이고 무제한적인 책임감

(3) 입양의 목적

① 영구한 가정과 지속적이며 건전한 가족관계를 갖게 한다.

② 불임부부가 부모 역할을 할 수 있는 기회를 얻는다.

③ 가문의 계승 수단이 된다.

④ 유산을 물려주는 수단이 된다.

⑤ 자녀를 양육, 보호할 능력이 없거나 자녀를 원치 않는 부모를 위한 대체
수단이 된다.

⑥ 자녀가 있는 사람이 아동을 더 양육하려는 욕구와 능력이 있을 때 이를
만족시키는 수단이 된다.

2) 입양의 유형

(1) 독립입양(단독 입양)

입양기관을 통하지 않고 입양하는 것으로 친부모가 가족이나 친구, 이웃에
직접 아동을 입양시키거나 아는 사람을 통해서 또는 제 삼자의 소개로 입양
시키는 경우, 업둥이를 기르는 경우나 우리나라 전통적 양자제도가 여기에
해당된다.

독립입양의 문제점은 다음과 같다.

① 비용이 많이 든다.

② 비밀보장이 어렵다.

③ 입양 후에 친부모와의 문제가 야기

④ 아동의 입장보다 입양부모의 욕구가 더 큰 비중을 차지한다.

⑤ 입양아동이 문제 가정에 배치될 수도 있다.

⑥ 회색시장, 암시장은 독립입양의 부정적 결과를 일컫는 말이다.

(2) 기관 입양

아동복지기관에서 전문가에 의해 친부모의 친권을 포기하게 하고 기관이
모든 법적 대리인이 되어서 입양 절차를 밟는 경우로서 양쪽 부모 및 가정
을 조사하여 가장 적절한 가정과 연결지어 줌으로써 입양 후의 문제가 적다.

① 서류상의 절차가 복잡하여 입양을 기다리는 기간이 길다.

② 입양문제에 대한 특별지식을 가진 전문 직원이 있다.

③ 특별한 욕구를 가진 아동을 충족시켜 줄 수 있는 입양가정을 선정하는

것이 가능하다.

④ 일괄적인 자료처리가 가능하다.

(3) 양부모의 자격 요건

기혼 가정인 경우는 다음과 같다.

① 대한민국 국적
② 결혼 후 3년이 지난 부부
③ 나이 : 25세~60세(입양될 아동과의 나이차가 60세 미만)
④ 심신의 건강
⑤ 경제적 안정

독신가정인 경우는 다음과 같다.

35세 이상이며 아동과의 연령차가 50세 이하인 경우 신청할 수 있다.

정신적, 신체적으로 건강하여야 한다.

① 사회, 경제적으로 안정된 직업에 종사하며 아동 양육에 필요한 경제력을 갖추어야 한다.
② 경제적 안정
③ 정신적 건강
④ 부모로서의 능력 : 아동을 사랑하고 아동의 문제를 이해, 수용하는 능력을 가진 사람
⑤ 부부관계 : 결혼생활 상호만족도를 평가
⑥ 입양동기 : 입양부모의 욕구 충족에 중점을 둔 것이기보다는 아동의 욕구에 중점을 둔 것 일 때 바람직하다.

3) 국내 입양의 문제점 및 과제

① 우리사회는 혈통위주의 가계전승에 가치를 두고 장애인 복지나 입양부

모에 대한 인식이 낮으며 사회·경제적 지원도 매우 미흡하다.

② 입양에 대한 사회적 관념과 인식태도 전환

③ 선별적 입양

④ 국내입양은 적고 국외입양이 많은 실정

⑤ 우리나라 국내입양사업이 시작된 지도 40년이 지났으나 정확한 통계나 입양의 성공 여부에 관한 자료가 거의 없다.

⑥ 입양 후 사후 관리 강화 즉 실적위주의 입양에서 벗어나 입양 후 사후 관리도 관심이 중요하다.

제3절 미혼모가족을 위한 복지대책

1. 외국의 미혼모가족 복지서비스

스웨덴은 사회보장제도의 보호 속에서 의식주를 보장받는다. 그리고 차별 없는 고용을 통해 독립할 수 있으며, 학생인 경우 수업료 면제와 함께 한 학기에 270만 원 정도의 학비를 보조하고 있다.

덴마크는 모성보호법, 임신건강법, 국민건강보호법 등 모든 복지관계법의 수혜 관리가 부여된다. 그리고 복지수혜 자격에 결혼의 합법성에 따른 불평등이 존재하지 않는 보편적 수혜원칙이 적용되어 출산 급부, 가족수당, 가사보조서비스, 법적 서비스상담 등 개인적 차원에서 사회·경제적 차원까지 다양한 서비스가 제공되고 있다. 또한, 혼외에 출생한 아이의 미혼부로 확인될 경우, 법적으로 부양책임을 져야 하는 "미혼부 책임의 법제화"가 되어 있다. 따라서 미혼모에게서 태어난 아이는 아버지의 성을 따를 권리 및 보호를 받을 권리 그리고 재정적 후원을 받을 권리를 가지고 있다.

독일은 민법 및 청소년복지법 등에서 미혼모와 그 자녀에 대한 미혼부의 책임을 강화시켜 자녀양육비와 생활비 등 모든 경제적 지원의 책임을 일차적으로 미혼부에게 부과하고 있다. 또한 아동 양육 지원을 중심으로 복지서비스가 실시되어 국가는 미혼모에게 아동수당, 주거비 보조, 생활비 보조, 양육비 가불 등의 서비스를 지원하고 있다.

우리나라의 경우 현재 미혼모와 관련된 조항들은 헌법, 민법, 사회복지법, 아동복지법, 모부자복지법, 국민기초생활보장법, 의료보호법, 입양특례법, 모자보건법, 청소년기본법 등에서 찾아볼 수 있고, 관련법들의 내용은 법조항에 표시되어 있다.

미혼모 관련법에서 볼 때 현행 민법에서는 호적법이 정하는 바에 따라 신고에 의해 효력이 발생하기 때문에 미혼모의 아이는 보호를 받지 못하고 더구나 청소년의 경우 결혼의 가능성은 극히 희박하기 때문에 출산한 아이의 경우 입양 외에는 선택의 여지가 별로 없다.

2. 우리나라 미혼모가족 복지서비스

현재 미혼모를 위하여 실시하고 있는 복지서비스를 살펴보면 예방적 차원에서의 성교육과 상담실 운영, 사후적 서비스로서 미혼모시설보호서비스로 나누어 볼 수 있다.

미혼모 발생 예방을 위하여 중·고등학교의 정규 교과목 과정 중에서 또는 가족계획협회 등과의 연결을 통하여 성교육을 실시하고 있으며, 상담서비스로는 혼전에 성관계를 가졌거나, 임신으로 도움이 필요한 사람은 전국 청소년종합상담소, 여성복지상담소, 성폭력피해상담소, 미혼모시설, 입양알선기관, 국내입양지정기관 등의 상담소에서 도움을 받을 수 있다. '여성 1366'을 통해 복지서서비스를 받을 수 있다.

[표 5-2] 미혼모를 위한 시설서비스의 종류 및 내용

시설구분	서비스 내용
미혼모 시설	• 입소대상 : 미혼의 임산부 및 출산 후 6개월 미만인 미혼모 • 안전한 분만혜택과 숙식 보호 제공(6개월 이내) • 전국 8개소(현재) • 미혼모, 윤락여성 등을 보호 선도하는 선도보호시설 전국 12개소
모자보호 시설	• 미혼모시설 퇴소자 중 스스로 아동을 양육하는 미혼모는 거주지 상관없이 입소해 3년 동안 보호받을 수 있고, 2년 연장도 가능 • 생계비, 중·고등학교 학비 지원, 방과 후 지도, 아동급식비, 직업훈련수당 지급, 영구임대 주택 입주우선권, 퇴소 시 세대 당 200만 원의 자립정착금, 보육료 등 지원 • 전국 38개소(현재)
모자자립 시설	• 모자보호시설에서 퇴소한 모자세대 중 자립 준비가 미흡한 경우 입소 가능 • 모자보호시설에서 받을 수 있는 혜택 중 생계비, 방과 후 지도, 아동급식비, 자립정착금을 제외하고 지원 • 전국 3개소(현재)

시설구분	서비스 내용
요보호 여성 긴급 피난처	• 위기에 처한 모자가족이나 미혼모는 3일 이내의 긴급 보호를 받을 수 있고, 7일까지 연장 보호가 가능 • 전국 28개소

재가 저소득
모자가족
서비스
	• 자녀를 양육하고 있는 미혼모를 위해서는 국민기초생활보장제도에 따라
	  무료 진료 및 분만비 지급
	• 2000년도 저소득 모자가족 선정기준 : 2인 가족 기준 450만 원 이하의
	  재산과 월 564,000원 소득

의료보호
서비스
	• 보호시설에 있는 미혼모를 위해서는 국민기초생활보장제도에 따라 무료
	  진료 및 분만비 지급
	• 지역사회에 거주하는 미혼모는 모자보건사업의 제도하에 저렴한 비용으
	  로 의료서비스를 제공받음

3. 미혼모가족을 위한 복지과제

1) 미혼모의 학업지속을 위한 제도적 뒷받침

우리나라의 현행 교육제도 하에서는 임신 후 학교를 계속 다니거나 출산 후

[표 5-3] 미혼모가족을 위한 주요 추진 과제

미혼모가족을 위한 주요 추진 과제
(1) 양육미혼부의 경제적 자립 지원 　• 시설 퇴소 시 자립장학금 지급을 통한 초기 자립 지원 　• 특화된 직업교육과정 시범 개발, 운영, 취업알선 (2) 양육미혼부모 자립지원 그룹홈 확대 및 개선 　• 그룹홈의 법적 근거 마련 및 확대 설치 　• 운영수준 제고(면적 확대, 종사원 보강, 보호기간 연장 등) (3) '미혼모시설' 운영 개편 및 기능 강화 　• 기존의 '미혼모시설'에서 '미혼모·부자시설'로 개념을 확대하여 출산 후 미혼모의 　　일정기간(90일 내외) 초기 양육지원 　• 미혼모로서의 분만 및 출산 영아에 대한 의료보호 확대 　• 미혼모의 퇴소 후 자활을 위한 프로그램 확대 실시 (4) 사회적 인식 개선 및 성교육 확대 　• 미혼모·부자가족을 다양한 가족의 형태로 인정하는 인식 확산

학교로 복귀하는 것은 거의 가능하지 않다. 미혼모의 70%는 학업 중퇴를 경험하고 있다.

미국의 경우에는 아이의 양육을 돕기 위하여 학교에 보육시설을 마련해주는 등의 지지를 해주고 있다.

우리나라도 이러한 제도적 마련이 필요한데 학교 교육 뿐만 아니라 학교 교육을 하지 못하는 상황에 놓인 미혼모들을 위하여 직업훈련이나 기술훈련을 하여 자립할 수 있도록 제공해야 한다.

2) 미혼모를 위한 정책적 지원과 법적 제도의 합리화

우리는 미혼모를 위하여 숙식보호, 분만비 보조, 의료 혜택, 직업훈련에서 취업알선, 미혼모 아동의 보호양육에 관한 경제적 지원, 숙식보호시설에서 퇴소하는 미혼모를 위한 중간의집 설립과 운영을 위한 지원 등을 통하여 현실적 생계문제를 독립적으로 해결할 수 있도록 도와주어야 하며, 미혼모 예방 및 보호를 효과적으로 수행하기 위해서는 독립적인 법령을 제정하여 그 법적 근거를 마련할 필요가 있다.

3) 성교육 프로그램의 개발과 평가

성지식이 미혼모 발생의 한 원인이 되고 있으므로 이들에 대한 지속적인 성교육 프로그램 개발을 통하여 예방적인 측면에 대해 대책을 강구해야 한다. 지역의 사회복지관이 협력하여 성교육에 대한 프로그램을 개발하여 학교나 지역사회 복지관에서 실시하고, 정부의 여러 기관에서 청소년을 위한 성교육이 실시됨으로써 미혼모 발생을 예방 뿐 아니라 발생했을 경우 상담에 쉽게 접근할 수 있는 통로가 될 수 있도록 해야 한다.

4) 새로운 성문화 조성

사회·문학적 측면에서 성규범 및 성문화의 새로운 풍토 조성이 필요하다. 청소년의 성을 보호하기 위하여 청소년 성보호법을 제정하고 성폭력특례법,

남녀고용평등법 등에서도 성에 대한 보호와 성범죄의 처벌을 강화하고, 성 윤리에 대한 가치관 확립, 사회교육을 통하여 청소년에게 성의 존귀함을 일 깨우고 스스로 임신을 예방할 수 있도록 함이 필요하다.

5) 미혼모에 대한 편견과 차별해소

우리사회의 미혼모 문제를 정책적으로 풀어나가는 첫 걸음은 미혼모에 대한 심각한 사회적 편견을 해소하는 것에서 시작돼야 한다. 현재 미혼모 가족의 삶과 이들과 관련된 정책에 가장 큰 영향을 미치는 것은 이들에 대한 사회적 편견이며, 이 편견을 깨는 것이 미혼모가족을 위한 최우선 과제라고 할 수 있다.

6) 건강문제

미혼모의 경우 다른 임산부들과는 달리 임신과 출산 등의 모든 문제를 혼자서 해결해야 하는 경우가 대부분이다. 따라서 출산 전후에 산모에게 충분히 공급되어야 할 영양이나 심리적 안정 등을 갖기가 힘들어 산모와 아기의 건강문제가 심각하다고 볼 수 있다.

CHAPTER
06

다문화가족과 가족복지의 이해

제1절 다문화가족의 개관

제2절 소수집단과 다문화가족

제3절 사회통합정책의 방향

제1절 다문화가족의 개관

1. 다문화가족의 개요

1) 다문화가족의 개념

한 해에 우리나라에 입국하는 외국인은 약 15만 명으로 한국을 생활기반으로 입국하는 외국인의 상당수는 국제결혼으로 인한 배우자 자격 입국이 대부분이다. 아직 국제결혼가족의 총 규모를 정확하게 파악하기는 어려운 상태다. 주로 국제결혼은 법률혼을 기준으로 매년 신고되는 국제결혼 건수로 집계되기 때문에 실제로 한국에 체류하고 있는 외국인의 증가와 30만 이상으로 추정되는 미등록 외국인의 규모를 고려하면 동거, 사실혼 관계가 많을 것으로 추정할 수 있다.

다문화가족은 국제결혼을 통해 형성된 가족으로서 국적을 달리하는 남녀가 결혼을 함으로써 가정을 형성하는 것을 의미한다.

다문화가족의 개념은 부부 중 한 사람이 외국 출신으로서 국제결혼에 의하여 가족관계가 형성된 가족형태이며 가족 내에 다양한 문화가 공존하고 있다는 의미를 뜻한다.

(1) 국제결혼가족

- 한국인 아버지와 외국인 어머니 사이에서 태어난 자녀
- 한국인 어머니와 외국인 아버지 사이에서 태어난 자녀

(2) 외국인근로자가족

- 외국인 근로자가 한국에서 결혼하여 태어난 자녀
- 본국에서 결혼하여 형성된 가족이 국내에 이주한 가족의 자녀

(3) 기타 이주민가족

유학생, 북한이탈주민(새터민)의 자녀

2) 다문화가족 현황

우리나라는 1990년대 이후 결혼이민자의 증가와 고용허가제의 도입에 따른 이주노동자의 증가로 이미 다문화 사회에 접어들었다.

결혼이민자들의 수가 크게 늘어나, 이제는 우리 주변에서 결혼이민자와 그 자녀를 만나는 것은 별로 어려운 일이 아니게 되었다. 국제결혼 건수가 지속적으로 증가해 왔기 때문이다. 정부는 국제결혼 자체에 대해서는 헌법이 보장한 사생활의 영역으로 보고 관여하고 있지 않으나, 국제결혼중개업을 규제함으로써 결혼이민자 또는 한국인 배우자가 입을 수 있는 피해를 예방하려는 노력을 기울이고 있다. 그리고 정부는 결혼이민자에 대해서는 "특별한 사유가 없는 한" 원칙적으로 사증을 발급하고 있다. 그것은 세계 각국이 공통적으로 취하는 정책이라 할 수 있다. 아울러, 정부는 한국에서 생활하는 이민자들을 통합하려는 노력을 기울이고 있다. 정부 각 부처에서는 그들을 한국사회에 통합하려는 목적에서 다양한 정책을 개발하여 시행하고 있다. 보건복지가족부 · 여성부 · 법무부 · 교육과학기술부 · 농림수산식품부 · 행정안전부 · 문화체육관광부 등 중앙부처와 지방자치단체에서는 한국어 또는 각종 한국사회 적응교육 지원, 이민자 · 가족 지원, 다문화 환경 조성사업과 관련 사업, 사회통합이수제 관련 사업을 시행하고 있다.

다문화가족의 현황을 살펴보면 1990~2005년 사이에 한국 남성과 결혼한 외국 여성은 15만 9,942명, 2001년도에 한국인 남성과 외국인 여성이 결혼한 경우는 1만 6건이었으나 2005년에는 3만 1,180건으로 3배 이상 증가하였다.

한국인 여성과 결혼한 외국인 남성의 결혼 건수는 2001년 5,228건에 불과했으나 2005년에는 1만 1,941건, 2010년에는 2만 건을 상회하여 두 배 이상 증가하였다.

통계청의 혼인·이혼 통계 결과에 따르면, 2005년 한해 국제결혼은 총 결혼 건수의 13.6%로 100명 가운데 13명이 외국인과 결혼하였고, 국제결혼 중 외국 여성과의 결혼이 72%에 이르는 것으로 나타났다.

한국남자와 외국여자가 결혼한 경우는 주요 대상국가로 중국이 가장 많았고, 다음으로 베트남이 최근 5년 동안 가장 많은 증가율을 보였다. 이외 일본·필리핀 등의 동남아시아와 몽고 등의 개발도상국도 포함되었다. 반면 한국여자와 외국남자가 결혼한 경우는 일본과 미국이 많았고 이외에 중국 남성과의 국제결혼이 최근에 급증하였다.

3) 다문화가족의 생활안정 지원

다문화가족 구성원이 안정적인 가족생활을 영위할 수 있도록 하기 위해 최근 「다문화가족지원법」이 제정되어 2008년 9월 22일 시행되었다.

「다문화가족지원법」의 적용을 받는 다문화가족이란 다음의 어느 하나에 해당하는 가족을 말한다(「다문화가족지원법」 제2조제1호).

첫째, 「재한외국인처우기본법」 제2조제3호의 결혼이민자와 「국적법」 제2조에 따라 출생 시부터 대한민국 국적을 취득한 자로 이루어진 가족이다.

둘째, 「국적법」 제4조에 따라 귀화허가를 받은 자와 「국적법」 제2조에 따라 출생 시부터 대한민국 국적을 취득한 자로 이루어진 가족이다.

외국인과 대한민국 국민이 사실혼 상태에서 출생한 자녀를 양육하고 있는 다문화가족 구성원에 대해서도 아래에서 설명하는 다문화가족 지원 규정이 적용된다.

① 「다문화가족지원법」의 다문화가족지원 내용은 다문화가족에 대한 이해 증진과 대한민국 국가와 지방자치단체는 다문화가족에 대한 사회적 차별 및 편견을 예방하고 사회구성원이 문화적 다양성을 인정하고 존중할 수 있도록 다문화 이해교육과 홍보 등 필요한 조치를 해야 하고, 생활정보 제공 및 교육 지원을 해야 한다.

② 대한민국 국가와 지방자치단체는 다문화가족 구성원이 대한민국에서 생

활하는 데 필요한 기본적 정보를 제공하고, 사회적응교육과 직업교육·훈련 등을 받을 수 있도록 필요한 지원을 할 수 있다.

③ 대한민국 국가와 지방자치단체는 다문화가족이 민주적이고 양성평등한 가족관계를 누릴 수 있도록 가족상담, 부부교육, 부모교육, 가족생활교육 등을 추진해야 한다.

④ 가정폭력 피해자에 대한 보호·지원

대한민국 국가와 지방자치단체는 다문화가족 내 가정폭력을 방지하기 위해 노력해야 한다. 또한, 가정폭력의 피해를 입은 사람에 대한 보호 및 지원을 위해 외국어 통역 서비스를 갖춘 가정폭력 상담소 및 보호시설의 설치를 확대하도록 노력해야 한다.

⑤ 다문화가족 구성원이 가정폭력으로 결혼 관계를 종료하는 경우 의사소통의 어려움과 법률체계 등에 관한 정보의 부족 등으로 불리한 입장에 놓이지 않도록 의견진술 및 사실확인 등에서 언어통역, 법률상담 및 행정지원 등 필요한 서비스를 제공할 수 있다.

⑥ 대한민국 국가와 지방자치단체는 다문화가족 구성원이 건강하고 안전하게 임신·출산할 수 있도록 영양·건강에 대한 교육, 산전·산후 도우미 파견, 건강 검진과 그 검진 시 통역 등 필요한 서비스를 지원할 수 있다.

⑦ 대한민국 국가와 지방자치단체는 아동 보육·교육을 실시할 때 다문화가족 구성원인 아동을 차별해서는 안 된다.

또한, 다문화가족 구성원인 아동이 학교생활에 신속히 적응할 수 있도록 교육지원대책을 마련해야 하고, 특별시·광역시·도·특별자치도의 교육감은 다문화가족 구성원인 아동에 대해 학과 외 또는 방과 후 교육 프로그램 등을 지원할 수 있다.

⑧ 다문화가족 구성원인 아동의 초등학교 취학 전 보육 및 교육 지원을 위해 노력하고, 그 아동의 언어발달을 위해 한국어교육을 위한 교재지원 및 학습지원 등 언어능력 제고를 위해 필요한 지원을 할 수 있다.

⑨ 대한민국 국가와 지방자치단체는 다문화가족 지원정책을 추진할 때 다

문화가족 구성원이 의사소통의 어려움을 해소하고 서비스 접근성을 제고하기 위해 다국어에 의한 서비스 제공이 이루어지도록 노력해야 한다.
⑩ 다문화가족지원센터의 지정
여성가족부장관은 다문화가족지원 정책의 시행을 위하여 필요한 경우에는 다문화가족지원에 필요한 전문인력과 시설을 갖춘 법인이나 단체를 다문화가족지원센터로 지정할 수 있으며 다문화가족지원센터에서는 다음의 업무를 수행한다.

㉠ 다문화가족을 위한 교육·상담 등 지원사업의 실시
㉡ 다문화가족 지원서비스 정보제공 및 홍보
㉢ 다문화가족 지원 관련 기관·단체와의 서비스 연계
㉣ 그 밖에 다문화가족 지원을 위해 필요한 사업

제2절 소수집단과 다문화가족

1. 소수집단의 다문화가족

소수집단에 있어서의 다문화가족 외국인 근로자가정은 외국인 근로자인 남성과 여성이 한국에서 결혼하여 이루어진 가정 및 그 자녀나, 외국인 남성과 여성이 그들의 자국에서 결혼 후 한국에 이주한 가정 및 그 자녀 그리고 외국인 근로자로서 결혼하지 않고 단독으로 또는 동료와 함께 생활하는 가정을 말한다.

국제결혼가정은 한국인 남성과 외국인 여성의 결혼으로 이루어진 가정 및 그 자녀나 한국인 여성과 외국인 남성의 결혼으로 이루어진 가정 및 그 자녀를 말한다.

새터민가정은 탈북자 출신의 남성과 여성의 결합으로 이루어진 가정 및 그 자녀가 한국에 입국한 경우나 탈북자 출신의 남성 또는 여성이 한국에 입국 후 한국의 여성 또는 남성과 결합하여 이룬 가정 및 그 자녀 또는 탈북자 출신으로서 결혼하지 않고 단독으로 또는 동료와 함께 생활하는 가정을 말한다.

2. 이주노동자가족

1) 현황

3D 업종 종사를 기피하여 단순 기능인력이 부족하게 됨에 따라 1991년 법무부 훈령 이후 외국인 노동자의 국내 진출이 현저히 증가하여 1990년대 초 5만여 명에 불과하던 외국인 노동자의 규모는 지속적으로 증대하여 2005년에는 36만여 명, 2010년에는 45만 명으로 늘어났다. 국내의 경제활동

인구에서 차지하는 외국인 근로자의 비중은 2.2%이다.

2) 문제점

출입국 경로에 관한 문제, 주거환경 및 경제생활에 관한 문제, 직장 내 문화적 갈등에 관한 문제, 사회 내 차별에 관한 문제, 여성 이주노동자들의 유흥업소 유입 등의 사회문제이다.

(1) 사회적 편견과 차별

후진국이나 개발도상국인에 대해서는 우월의식을 갖고 냉대하거나 차별하는 경향이 있다. 이런 사회적 분위기 속에서 소수인은 따돌림을 당하거나 소외감과 같은 정신적 스트레스를 받게 된다.

(2) 자녀 양육과 교육의 어려움

또래집단으로부터 소외의 대상이 되거나 교육의 기회를 제대로 갖지 못하는 경우가 생긴다.

(3) 사회제도의 미흡

한국 국적을 취득하지 못했거나 불법체류 상태인 외국인은 문화뿐만 아니라 제도적으로 보호받지 못한다.

3) 이주노동자가족 개입

(1) 이주노동자

보편적 가치로서의 인권 및 기본권을 지키기 위하여 이주노동자의 사회보장제도로의 편입이 필요하다. 이는 당장 현실에서 시급하게 부딪히고 있는 기초적인 사회보장 문제들에서는 이주노동자와 그들의 자녀들이 제도에 편입될 수 있도록 해야 한다.

(2) 이주노동자의 자녀

이주아동의 권리를 보장하기 위한 가장 기본적인 조치는 안정적 체류에 대한 보장이며, 이주노동자 자녀에 대한 초, 중, 고등교육 의무교육과 더불어 그들에 대하여 내국인 아동의 보육 및 의료 지원 등에서 균등대우원칙을 지킬 수 있도록 제도의 개선이 필요하다.

(3) 외국인 노동자 지원단체의 현황과 활동

사회운동단체, 노동, 학술단체 등 여러 유형의 민간단체들이 외국인 노동자의 권익을 보호하기 위한 활동을 하고 있다. 특히 종교단체의 활동이 두드러진다.

3. 새터민가족

1) 현황

2011년 기준으로 국내 입국 북한이탈주민 수가 2만 명을 넘어서, 1개 군(郡) 규모가 됐다. 현 추세로면 앞으로 1년에 약 3천 명 정도 들어올 것으로 추정된다. 하나원으로는 수용이 어렵다고 판단해 지난해 강원도 화천에 제2 하나원을 세우기로 했다. 북한이탈주민 중 상당수는 함경북도 출신이며 여성이 80% 가까이 된다. 그래서 탈북 문제는 여성 문제라는 시각에서 봐야할 부분이 있다. 북한이탈주민 '정착'의 문제이기 때문에 상당히 많은 지원과 대책이 필요하다. 북한이탈주민지원재단을 설립, 올해 248억 원의 예산이 배정되어 있다.

2) 탈북의 원인

북한의 마이너스 경제성장과 식량난, 가족 단위의 탈북 증가, 북한 주민들의 외부정보 접촉, 남한 이주의 동기변화, 해외체류자 및 근로자들의 가치관 변화, 북한 내 사회기강 해이 및 사회일탈 현상 증가 등이 있다.

3) 새터민가족의 문제점

새터민들은 북한과 상이한 남한의 사회, 경제, 문화 속에서 적응의 어려움을 호소하고 있다.

새터민들은 특히 극심한 경쟁체제의 축소판인 남한의 학교에 적응하지 못해 아이들이 좌절하고, 부모로는 남한으로 온 것이 바른 선택이었는지 반문하게 되기도 하며, 목숨을 걸고 버텼던 탈북과정보다 더 많이 상처받고 방황하기도 한다.

새로운 정착지에서의 급격한 변화로 인하여 난민이주자가족이 일반가족에 비하여 더 많은 가족 갈등의 문제와 정신건강에서의 취약성을 드러낸다.

4) 새터민가족에 대한 개입

김성윤(2006)은 새터민이 한국 사회에 정착하는 과정에서 강점요인과 약점요인, 새로운 사회에 정착하는 데 주어지는 기회요인과 위협요인을 추출하여 강점요인을 중심으로 기회요인을 확대하여 새터민이 겪고 있는 문제점을 극복하는 방안을 제시하였다.

또한 최대헌 등(2007)은 새터민을 위한 부모교육 프로그램을 개발하였는데, 이 프로그램은 새터민의 특성인 적응에 대한 두려움과 불안감 또는 과도한 자신감을 고려하여 구체적이고 사실적인 정보를 전하는 데 초점을 맞추었다. 새터민들이 겪는 어려움과 문화적 갈등은 다음과 같다.

첫째, 직업 선택과 취업에 있어 구직의 좁은 문, 직업경력의 단절 등.

둘째, 의사소통 문제로는 언어장벽으로 북한사투리, 방식의 차이에 있어 자기비판 생활방식에 따른 직설적이고 공격적인 의사소통 방식 등을 들 수 있다.

셋째, 직무 수행과정에 있어서 컴맹, 영어맹 등 기술적 문제, 그럭저럭 시간

때우기 식의 노동 규율 등과 조직 및 직장 문화에 있어 공동체문화와 개인
주의 그리고 경쟁문화의 대립으로 어려움을 겪고 있다.

또한 새터민에 대한 남한 사람의 인식은 거칠고 의존적이며 실리적이라는
인식하에 의심과 불신이 팽배하여 있다는 점이다.

4. 국제결혼가족

1) 국제결혼의 특성

사회적 요인은 다음과 같다.

① 자본주의 세계체계에서 나라 간의 불균등 발전과 여성의 상품화
② 가난과 실업이 만연한 송출국 사회와 자국인의 여성송출을 장려 또는 방
관하는 정부정책 및 가부장제적 문화
③ 신부 부족을 해결하기 위해 외국에서 여성을 충원하려는 유입국 사회와
그것을 조장하는 정부정책
④ 국제결혼을 성사시킴으로써 영리를 추구하는 국제결혼 중개업체

국제결혼이 증가하고 있는 한국의 사회적 배경은 다음과 같다.

① 편중된 성 비례로 인해 결혼하지 못하는 남성의 수요 급증
② 결혼하지 않고 혼자 사는 여성의 증가
③ 한국 여성의 결혼 조건을 충족시키지 못하는 남성이 저개발국의 여성을
선택
④ 정보화, 세계화에 따라 국제결혼에 대한 인식과 가치관의 변화
⑤ 저임금 외국인 노동자의 고용정책으로 외국인의 한국으로의 이주가 많
아짐
⑥ 국제결혼중매업체들의 적극적인 상술과 노총각 구제 차원의 국제결혼을
독려하는 사회적 분위기

2) 국제결혼 과정과 배경

(1) 한국의 결혼시장과 법·제도

국내 결혼시장에서 배우자를 찾지 못한 사람들이 결혼이민자들을 필요로 한다. 그리고 국내법적 측면으로서, 국적법과 출입국관리법 및 사회복지관련법 등은 결혼이민자가 국내에서 합법적으로 생활할 수 있는 제도적 기반을 제공하고 있다.

(2) 결혼중개자

국제결혼이주는 중개업자들의 개입을 통해 이루어지는 경우가 대부분이며, 이들 중개업은 신고제로 되어 있어 개업이 용이하기 때문에 일부 영리만을 목적으로 하는 경우가 있어서 많은 문제가 지적되고 있다.

(3) 여성 결혼이민자의 입국과정

여성 결혼이민자의 2/3 정도는 국내로 입국하기 전에 사회적 연결망을 가지고 있었으며, 다른 나라 출신 결혼이민자는 주로 친구집단이라는 사회적 연결망이 있었음에 비해 중국 동포는 혈연집단이라는 사회적 연결망을 가지고 있었다.

(4) 국제결혼 과정

그들이 국제결혼을 하는 방법은 아는 사람의 소개, 직접 만남, 종교단체, 결혼중개업체를 통한 네 가지 방식이었다. 종교단체를 통한 국제결혼에서도 거의 절반에 가까운 사람들(45%)이 돈을 지불하고 있어서, 종교단체를 통한 국제결혼도 상업화되었음을 알 수 있다.

(5) 본국에서의 경제적 배경

본국에서 경제적으로 매우 어려운 출신이라기보다는 중간층 정도인 경제적 배경을 지니고 있다. 그리고 그들 여성 결혼이민자의 대부분(91%)은 본국에서 취업을 한 경험이 있다.

(6) 한국에서의 경제활동

그들의 종사 직업은 절반 정도(52%)는 음식점 종업원이나 주방장 등 서비스직에서 일하고 있으며, 14%는 공장에서 그리고 13%는 교사나 자영업자 등으로 일하고 있었다. 여성 결혼이민자가 일을 하는 이유는 가족의 생계유지(26%), 생활비 보충(25%) 그리고 자녀교육비 충당(17%)이라는 경제적 이유가 대부분이었다. 여성 결혼이민취업자가 일을 하면서 느끼는 가장 큰 어려움은 노동시간이 너무 길고 자녀양육 부담 및 외국 출신에 대한 편견이나 차별이었다.

(7) 국제결혼가족의 생활 실태와 욕구

이주여성의 문제유형은 다음과 같다.

① 가족폭력−상습적 구타
② 성적 학대와 인격 모독
③ 경제적 빈곤의 문제
④ 한국 사회 적응 문제
⑤ 임신·출산의 어려움과 육아문제
⑥ 국제결혼에 대한 한국 사회의 편견과 몰이해
⑦ 신분상의 불안 문제−체류 문제

결혼으로 입국한 외국인 여성의 문제점은 다음과 같다.

① 언어 부족으로 인한 의사소통의 어려움
② 가정폭력
③ 문화적 차이에 따른 충격
④ 정보로부터의 소외로 인한 사회적 활동에의 참여 부족
⑤ 결혼회사가 합법화된 상태에서 외국인 여성의 수입과 매매가 이루어지

고, 이들에 대한 인권침해가 자행되고 있는 현실

가족생활 실태와 욕구는 다음과 같다.

① 혼인 유형과 가족구조 및 가족 가치관

국제결혼가족은 초혼 가족이 62%로 일반적 한국 가족(초혼 72.7%, 재혼 22.3%, 2009년 기준)에 비해 재혼가족 비율이 높다. 가구 구성의 특징으로 부부가족(39%)의 비율이 높고, 시댁식구와 함께 사는 비율(19.6%)도 높다. 가족주의, 가부장적 가치관, 이혼 및 가사노동 분담에 대한 태도 조사에서 노부모부양의 책임은 아들, 딸 구분 없이 공평해야 하며, 남편도 가사노동을 함께 분담해야 한다고 생각하고 있어서 한국사회의 성 역할에 대한 이분법적 사고와 전통적 가치관과는 많은 차이가 있기 때문에 국제결혼가족의 증가와 함께 변화되어야 할 부분이다.

② 부부관계

결혼 혹은 동거 중인 부인들의 전반적 결혼만족도는 평균 74점 정도이다. 한국의 일반 기혼 여성의 부부관계 만족도와 비교할 때 국제결혼 부인들이 남편과의 관계에 만족하는 비율이 더 높다. 부부관계에서 가장 걸림돌이 되고 있는 요인은 언어 장벽에 의한 의사소통의 어려움이다.

③ 자녀관계

전체 응답자 중 49.5%가 현재 자녀와 동거하고 있으며, 현 남편과 사이에 자녀가 있는 사람이 41%이다. 한국인과 결혼이 재혼인 여성(229명) 중 88.2%가 전 남편과 사이에 자녀를 두고 있으며, 현재 자녀와 살고 있는 사람은 16.6%이다. 그리고 현재는 같이 살고 있지 않지만 한국에 자녀를 데려올 의향이 있는 사람은 74.5%(144명)이며, 자녀를 한국에 데려오는데 가장 큰 어려움으로 까다로운 법적 절차(45%)를 가장 많이 지적한다.

④ 부모 · 친척관계

응답자의 58%가 한국어 의사소통, 사고방식이나 가치관 차이 등으로 생활습관의 차이 등으로 어려움을 겪고 있는 것으로 나타난다. 시부모의 관계에서 한국어 의사소통의 어려움을 가장 많은 결혼이민자가 지적하고 있다. 본국에 있는 가족들과는 일주일 또는 한 달에 한두 차례 전화하는 경우가 76%로 높았으며, 거의 매일 통화한다는 응답자들도 6.5%이다.

사회복지 실태와 욕구는 다음과 같다.

① 경제적 생활 실태

여성 결혼이민자 가구 소득에서 근로소득이 차지하는 비중은 64.8이고, 소위 복지급여라고 이야기할 수 있는 정부 지원금은 전체 소득의 0.5%에 불과한 것으로 나타나 현재 비 국적자가 포함된 여성 결혼이민자 가구에 대해서 공적 복지가 거의 역할을 수행하지 못하고 있다(보건복지부, 2005).

② 여성 결혼이민자 가구의 빈곤 실태

최저생계비를 기준으로 했을 때 여성 결혼이민자 가구의 절대 다수인 52.9%가 최저생계비 이하의 가구소득을 가지고 있는 것으로 나타났다. 더욱 심각한 것은 18세 미만의 아동이 있는 여성 결혼이민자 가구의 경우 절대 빈곤율은 절반을 훨씬 넘는 57.5%인 것으로 조사되었다.

③ 사회복지서비스

대부분의 여성 결혼이민자가 읍 · 면 동사무소와 같은 공적 기관은 물론이고 사회복지관, 이주여성상담소 등 민간기관을 이용하는 경우도 매우 적은 것으로 나타났다.

④ 국민기초생활보장제도와 관련된 실태

여성 결혼이민자 가구 중 절대 빈곤 하에 있는 가구 비율이 절반을 넘고 있음에도 불구하고 수급자 비율이 매우 낮다.

보건 · 의료 실태와 욕구는 다음과 같다.

① 기존 의료보장체계의 적극적 활용과 서비스 이용 장벽의 제기

현재 여성 결혼이민자들의 22.5%는 자신의 질환 치료와 관련된 비용을 전액 본인이 부담하고 있으며(특히 중국 동포가 아닌 여성 결혼이민자의 경우는 많게는 30% 이상의 사람들이 전액 본임 부담방식으로 의료비를 지출하고 있음), 다른 사람들의 도움을 받거나 무료진료소를 이용하는 경우 등도 전체의 10%에 이르는 등, 전체 여성 결혼이민자의 1/3이 실질적인 의료보장체계 안에 들어가 있지 못하다.

② 결혼이민자 특성에 맞는 질병 관리 방안 마련

여성 결혼이민자들에게는 빈혈이 12.1%로 가장 흔했고, 알레르기 질환이 10.6%, 위 · 십이지장궤양 8.0%, 천식 5.5%, 자궁근종 5.1%, 고혈압 4.5%의 순이었다.

③ 정신심리적 측면의 별도의 관리방안 마련

불완전한 결혼 상태일수록, 돈을 벌러 나가야 할수록, 가정폭력을 경험한 사람일수록, 우울과 불안 증상이 흔히 발생할 수 있음을 확인할 수 있었다. 이에 이러한 주요 결정요인들에 대하여 적극적인 사정, 개입이 필요한 것으로 판단된다.

④ 모성보호를 위한 연구와 세심한 정책적 배려

농촌에 거주하고 있는 여성 결혼이민자들은 불임의 빈도가 25% 정도에 육박하는 것으로 파악되었다. 중대하고도 예민한 모성보호의 문제를 해

결하기 위해서는, 다각도의 정책적 배려가 매우 중요할 것으로 판단된다.

3) 국제 결혼가족의 문제

(1) 사회적 문제

한국의법과 제도에 대한 무지, 지원체계의 부족, 이혼 후의 체류 자격 문제, 이혼조정이나 재판 시의 통역문제 등 복잡한 절차로 인해 사회적 약자의 입장에 놓이게 되고, 국제결혼을 통해서 태어난 아이가 차별을 받는 현상으로 고통이 연속된다고 볼 수 있다.

(2) 가정적 문제

국제결혼이주여성의 문제는 여성만의 문제가 아니라 이들과 가정을 꾸린 가족과 2세들의 문제인 만큼 건강한 가정을 이룰 수 있도록 돕는 프로그램이나 정책 마련이 시급하다.

(3) 법적 문제

결혼이민자가 우리나라에서 체류하고 취업하며 생활하는데 관련되는 국내법으로는 「출입국관리법령」과 「재외동포의출입국과 체류에 관한 법률」 및 법무부의 「국민의 외국인 배우자에 관한 체류 관리 지침」 등이 있다.

4) 국제결혼가족의 복지정책과 서비스 현황

(1) 보건복지부의 지원정책

① 국제결혼가족을 위한 지원정책(2005)

4대 사회보험의 수혜대상에서 제외되고 있지만 별도의 적용범위와 특례규정을 두고 있어서 수혜대상이 될 수 있다. 국민기초생활보장제도 수급자에서 제외되고 있어서 기초생활을 보장하는데 충분치 못한 실정이다.

② 국제결혼이주여성 지원 강화 계획

건강보험 가입의 적극적 홍보, 외국인 근로자·노숙자 무료진료사업에 포함, 질병관리 및 정신 심리적 관리 방안 마련, 외국인 진료병원 홍보 강화

(2) 여성가족부의 지원정책

결혼이민자를 위한 지원정책은 다음과 같다.

① 결혼이민자가족 지원 프로그램 운영

여러 가지 문제로 교육에 참여하기 어려운 결혼이민자를 위해 전문가나 도우미가 찾아가서 서비스를 제공하는 맞춤형 프로그램

② 결혼이민자가족을 위한 홍보 및 정보제공

필요한 정보를 책자, 홍보물 통해 배포, 직접교육이나 기관 연결에 의해 정보를 제공

③ 결혼이민자 피해 구조·지원

이주여성 긴급전화(1577-1366)를 통해 6개국 언어로 상담

④ 피해 구조를 위한 지역 내 연계 체계망 구축

지부, 네트워크 형성 및 사업추진체계를 확립

⑤ 방문교육지도사 파견

한국어교육지도사, 아동양육지도사 파견

결혼이민자 가족지원체계는 다음과 같다.

여성가족부와 중앙건강가정센터, 거점센터, 시·군·구 센터의 체계를 가진다. 상위체계에서는 결혼이민자 가족지원사업을 총괄하고 센터 선정 및 운

영안을 마련하고 시 · 도별 국고지원 센터 배정 및 지원, 센터 관리기관 지정 · 관리, 거점센터를 지정 · 관리하고 있다.

5) 국제결혼가족을 위한 복지대책

(1) 결혼이민자의 시민적 권리 보장

결혼이민자는 한국인 남편과 자녀의 행복과 직결되는 삶을 살고 있다는 점에서 국민기초생활보장법의 적용대상에 포함시킬 필요가 있다.

(2) 가족해체의 예방과 다양한 문화 · 가치관의 공존 지원

기존 사회복지와 여성 관련 프로그램에 그들을 포함시키는 방안을 강구하고 여성 농업인 우대 정책에 결혼이민자가족을 포함시켜야 하며, 여러 가지 가족문제에 초기 대응할 수 있도록 하는 지원 시스템을 마련하여야 한다.

(3) 사회안전망과 사회복지서비스 확충

여성 결혼이민자에 관한 대다수의 조사에서 여성 결혼이민자에 대한 가정 폭력 등과 같은 문제가 심각한 현실을 고려했을 때 여성 결혼이민자에 대한 사회복지서비스의 확대는 시급한 정책 과제임이 분명해 보인다.

(4) 보건 · 의료서비스 정비

기존 의료보장체계를 적극적으로 활용할 수 있게 해 주는 정확한 정책 지원 방안을 찾고, 치료비를 조정(혹은 지원)해 주거나 지리적 접근성을 강화시켜줄 수 있는 다양한 지원책 마련이 시급할 것으로 판단된다.

5. 다문화가족의 이슈

1) 의사소통의 불편함과 문화의 이질성

언어소통의 문제는 생활 전반에서 오는 문화적 차이를 극복할 수 있는 통로를 원천적으로 가로막는데, 함께 생활하는 가족뿐 아니라 배우자와도 언어소통이 원활치 못하다보니 사소한 오해가 더 큰 부부문제로 이어질 수 있을 뿐더러 언어단절이 경우에 따라선 정서적 단절로 이어지기까지 한다.

부부 및 친인척관계에서의 정서적 갈등은 물론, 자녀양육방법이나 교육방법 등에서 이질적인 문화적 배경으로 생활습관이나 가치관의 차이로 인한 가족간 공동생활에 혼란과 어려움이 초래되고 있다.

2) 사회의 편견과 차별

가부장적 혈연 중심의 사회가치관과 인종 및 저개발국가에 대한 문화적 편견은 외국인 배우자의 국적이 선진국이냐 후진국이냐에 따라 사회적 시각을 달리하고 이들 외국인 배우자에 대한 한국 사회로의 문화적 흡수를 더디게 한다.

이러한 사회적 분위기 속에서 외국인 배우자는 이웃과 직장 등 지역사회에서 따돌림을 당하여 소외감과 정신적 긴장감에 놓이게 될 뿐 아니라 가족형성 및 적응과정에서 많은 문제를 초래할 수 있다.

3) 폭력과 학대

최근 들어 결혼이민자 여성의 사기결혼, 폭력, 학대 등이 사회문제로 대두되고 있다. 보건복지부의 실태조사를 보면 농촌지역 외국인 배우자 4명 중 1명은 남편에게 구타를 당한 적이 있음에도 불구하고 이들이 상당할 곳이 거의 없는 것으로 조사되었다. 또한 외국인 여성배우자의 14.4%가 원하지 않는 일을 강요당할 때도 신고없이 참고 사는 것으로 나타나 실제로 이들 결혼이민자 여성의 안전을 보장할 사회적 안전장치가 미흡하다는 것을 알 수 있다.

4) 사회제도의 미흡

최근에 정부는 '결혼이민자 가족의 사회통합 지원대책'과 '혼혈인 및 이주자의 사회통합 기본방향'을 발표하여 한국 남성과 결혼해 국내로 이주한 외국 여성의 경우 생활능력이 없고 국적 취득을 못했을지라도 최저생계비와 의료서비스를 제공하고, 한국 국적의 18세 미만 자녀를 양육하는 여성 결혼이민자들에게 2007년부터 국민기초생활보장법 수급권자로서 지원을 받을 수 있도록 하는 것으로서 이들의 사회보장을 위한 제도적 지원책을 마련하고 있다.

제3절 사회통합정책의 방향

1. 이민자의 사회·경제 통합

이민자가 유입국 사회에 미치는 사회·경제적 효과는 '그 나라 경제의 특성'과 '이민자의 특성'에 의하여 결정된다(Chiswick, 2005). 한국사회에서 결혼이민자 유입이 미치는 효과 역시 한국사회와 한국경제의 조건과 이민자들의 특성을 고려하여 파악하여야 한다. 이민자들의 사회·경제적 통합을 설명하는 이론으로는 동화(同化) 시각, 인적자본이론, 구조적 시각이 대표적이다(Zhou, 2004; Seol, 2006).

1) 동화 시각

동화 시각(assimilation perspectives)은 이민자의 거주기간과 취업기간에 따라 이민자들의 경제적 성취가 결정되는 것으로 본다. 이민자들은 한 세대 내 또는 여러 세대에 걸친, 여러 단계의 사회·경제적 통합 과정을 거친다. 이민자 1세는 문화접변을 이루고 유입국 노동시장에서 자기 자리를 잡아서 주류사회와 더욱 더 많이 접촉하고, 마침내 주류사회와 닮아간다. 소수민족 집단들은 장기간에 걸쳐서 각자 구분되는 존재로 남는다. 그러나 시간이 흐름에 따라 각 소수민족집단의 구분되는 특성들은 점점 "덜 중요해진다." 소수민족집단들은 동화 단계에 접어들면, 지배집단 성원들과 결혼하고, 주류 제도에 진입하게 되면서, 더 이상 '소수자 집단'으로 존재하지 않는다(Park, 1950; Gordon, 1964, 1978; Alba and Nee, 1997). 이민 기간이 장기화 되어 세대가 바뀌면, 체류기간, 현지어 구사능력, 현지문화 노출정도가 증가하면서, 이민자의 자녀와 주류사회 성원 간 결혼이 늘어나고, 사회적 상승 이동이 증가한다.

2) 인적자본이론

동화 시각이 시간과 문화노출 효과를 강조한다면, 인적자본이론(human capital theory)은 교육수준, 노동시장 숙련, 현지어 구사능력에 의한 노동시장에서의 위치와 경제적 성과의 차이를 설명한다. 인적자본이론은, 다양한 인종 · 출신국 배경을 가진 개인들이 충분한 인적자본을 가지고 있을 경우, 그들은 성공에 이르는 '비교적 동등한 기회'를 가지는 것으로 예측한다. 인적자본이론에서는 경제구조의 주변부에 특정 소수자 집단 구성원들이 과잉 대표되는 현상을 '그들의 인적자본 부족'의 결과로 파악한다. 그러므로 이민자 개인 수준에서 교육을 더 많이 받는 것이야말로 소득 불평등 해소, 노동시장에서의 동등한 지위, 궁극적으로는 빈곤 탈출을 위한 첫걸음이다. 인적자본이론은 여러 경험적 연구에 뒷받침되어 왔다. 랜드리(Landry, 1987)는, 지난 20년간 전례 없이 교육 · 취업에서 많은 기회가 주어진 결과, 교육받고 재능 있는 흑인들이 동등한 인적자본을 가진 백인들과 같은 직업을 가질 수 있었고, 마침내 게토(ghetto)에서 벗어난 흑인 중간계급이 만들어졌다고 주장한다.

3) 구조적 시각

인적자본이론을 뒷받침하는 여러 증거들이 있음에도 불구하고, 다른 연구들은 성공적인 소수자 집단의 교육과 경험을 살펴보면 노동시장에서 지속적으로 가치절하(discounted)되어 왔고 교육적 · 경제적 성공의 패턴이 소수자 집단 내에서 항상 반복된 것은 아니었음을 강조한다. 예컨대, 모델(Model, 1991)은 '흑인'과 '비히스패닉 백인'의 소득 격차를 분석한 결과 측정가능한 인적자본과 시장에서 팔리는 숙련으로서는 설명되지 않는 부분이 존재함을 밝혔다. 그것을 흔히 '구조적 요인(structural factors)'이라 부른다. 직업과 소득의 불평등은 단순히 인적자본의 차이와 측정가능한 개인의 자질에 기인한 것이 아니라 공식 · 비공식 제도적 환경, 사회적 자본, 거주지 위치 등 구조적 요인에서 비롯된 것이다.

구조적 시각(structural perspective)은 이민자의 적응에서 집단 간 차이가 나타나는 현상을 이해하는 틀(framework)을 제공한다. 노동시장분절이론(labor market segmentation theories)은 구조적 시각의 대표적 이론이다. 그 접근은 임금 결정 과정에 가해지는 제도적이고 구조적인 제약을 강조한다. 노동시장 구조는 결코 완전경쟁적이 아니고, 사회구조적 위치들 사이에서 개인의 이동은 상당히 제한되어 있으므로, 각 개인은 그가 처한 사회구조적 위치에 따라 동일한 개인적 특성에 대해서도 차별적인 평가와 보상을 받게 된다고 본다. 즉, 동질적인 노동임에도 불구하고 임금격차는 존재하며, 노동이동의 제한에 의하여 비자발적인 실업이 발생하고 시장기능이 왜곡된다는 것이다.

"다문화·다인종 사회"의 이민자 통합 정책은 다문화주의가 최선인 것처럼 생각하는 세간의 오해는 극복되어야 한다. 또 동화모형은 구시대의 유물인 것처럼 파악하는 시각도 잘못된 것이다. 한국 정부의 이민자 통합 정책은, '용광로 동화모형'과 '쌍방적 통합 모형' 및 '다문화주의 모형'의 장단점을 고려하여, 사회통합 대상 이민자별로 적합한 것을 채택하여야 한다.

첫째, 공화주의에 기초를 둔 '용광로 동화모형'은 톨레랑스(toléance, 寬容)와 라이시테(laïté, 政敎分離原則)로 유명한 프랑스의 이민자 통합 정책에서 비롯된 개념이다.

동화이론은 여러 가지 한계를 드러내기는 하였지만, 이민자 사회통합에 관한 한 여전히 매우 유용한 사회이론이다(Waters and Jiméez, 2005).

그 핵심은 이민자를 동화시켜 국민을 형성한다는 것이다. 그것은 '공동체나 집단 수준의 동화'가 아니라 '개인 수준의 동화'를 전제로 한다. 정부와 시민단체들은 이민자들에게 프랑스어와 기술을 가르쳐주고 프랑스 문화에 익숙해지기 위한 교육을 실시하고 있는데, 그 역시 이민자들이 프랑스 국민으로 쉽게 동화되도록 하는 데 목적이 있다. 그러므로 프랑스에서 이민자에게 장기간에 걸친 문화적·민족적 다양성을 제공하는 정책은 발견되지 않는다. 독일의 이민자 통합 정책도 동화모형이라 할 수 있다.

둘째, '쌍방적 통합 모형'은 주류사회와 이민자가 상대방에게 적응하는 것을 기초로 한다. 주류사회가 이민자를 통합하기 위하여 의도적으로 변화하려는 정책적 노력을 기울이는 것이다. 이를 '문화간주의' 또는 '상호문화주의'(interculturalism)라고 하기도 한다. 대표적인 나라는 아일랜드다.

셋째, 다문화주의(multiculturalism) 이민자 통합 정책은 캐나다·오스트레일리아·스웨덴·미국·영국 등 전체 국민 중에서 이민자집단 또는 소수민족집단이 차지하는 비율이 상대적으로 높은 나라들이 채택하고 있다. 다문화주의 정책은 이민자들이 장기간에 걸쳐 본국 문화를 유지하도록 적극 지원하거나, 본국 문화를 유지하는 것을 방관하는 두 가지 유형이 있다. 전자를 개입주의 모형, 후자를 자유방임주의 모형이라 칭한다. 전자의 사례로는 캐나다와 오스트레일리아 및 스웨덴이, 후자의 사례로는 미국과 영국이 주로 거론된다. 각국 사회에서 다문화주의 정책이 등장한 요인에 주목하여야 한다. 캐나다는 프랑스어 사용 지역의 분리 독립을 예방하기 위하여, 오스트레일리아는 아시아 출신 이민자를 유치하기 위해서 다문화주의 정책을 채택하였다.

우리나라의 이민자 통합정책은 어떠한 것이 바람직할까? '공화주의 동화모형'과 '쌍방적 통합 모형' 및 '다문화주의 모형'의 실제 모습은 명료하게 구분되지 않는다는 점을 인식하면 해답을 찾기가 훨씬 쉬울 것이다. 세 모형의 대표 격인 프랑스와 아일랜드 및 캐나다의 이민자 통합정책을 보면, 차이점 못지않게 유사점이 많다. 현재 한국의 정책과 그 세 나라의 정책을 비교·분석하면, 우리나라가 추구해야 할 이민자 통합 정책의 골격이 좀 더 분명하게 드러날 것이다.

다문화사회의 진입단계에 있는 한국사회에서도 '다문화 교육'은 매우 중요하다. 일자리·배우자·학교 등을 찾아 한국으로 온 세계 여러 나라 사람들과 원래부터 한국 땅에 살고 있던 사람들이 어울려 살아야 하는 것은 피할 수 없는 현실이다. 한국인과 이민자가 함께 생활할 수밖에 없는 상황에서, 한국사회 구성원 모두는 '더불어 사는 방법'을 학습해야 한다. 이민자가 한국어와 한국문화를 익힐 수 있도록 지원하고, 한국인들에게 '이민자와 어울려 사는 자세'를 가르쳐야 한다.

2. 다문화가족 정책의 전망과 대책

1) 미래 한국사회의 발전 전망

2020년 한국사회를 지배할 핵심단어는 '저출산·고령화'와 '통일' 및 '다문화'로 요약된다. 이 세 가지는 장기간 지속되는 추세(trend)로, 현재 그 단초를 찾을 수 있고, 그것을 근거자료로 삼아 미래를 예측할 수 있다. 10년후 한국사회는 현재와 같은 '고령화사회(aging society)'가 아니라, '고령사회(aged society)'의 모습을 띨 것이다. 생산연령인구(노동력)의 감소, 노인피부양인구의 급증으로 요약되는 '인구지진'이 한국사회를 강타할 것이다. 젊은 노동력은 절대적 부족 상태가 되고, 노동력 자체도 고령화되어, 경제성장 동력의 기반이 붕괴될 위기에 처할 것이다. 노인을 규정하는 연령 기준이 점점 높아질 것이다. 노동력을 늘리면서 노인 피부양인구를 줄이는 효율적 방법이기 때문이다. 전문기술인력과 같이 노동력 부족이 만성화된 노동시장 부문에서는 정년퇴직제도가 사라질 것이다.

고령사회의 충격은 노동시장에 국한되는 것이 아니라 사회 전체로 확산된다. 생산연령인구의 부족으로 정부의 세입 기반이 감소하는데, 노인 피부양인구 증가로 사회보장 부담은 늘어나, 국가재정수지가 악화될 것이다. 결국에는 사회보장제도에 위기가 닥칠 것이다. 특히 1955~1963년에 태어난 베이비붐 세대는 자신들이 저축한 것만큼의 연금 혜택을 받지 못할 게 확실하다. 그러한 연금 재정의 파탄이 예견됨에도 불구하고, 제대로 된 대책을 수립하지 못할 경우 그 위기의 강도는 매우 클 것이다. 극단적인 경우 젊은이들이 노인들을 부양하지 못하겠다고 선언하는 사태가 닥칠 지도 모른다. '부유한 노인들'과 '가난한 젊은이들'간의 대립과 갈등은 '세대간의 전쟁'을 초래할 가능성도 있다.

가족제도의 변화도 발생할 것이다. '일부일처제'가 사라질 것이라고 예측하는 미래학자도 있다(Attali, 2005). 평균수명이 늘어나면서, 한 남자와 한 여자가 "검은 머리 파뿌리 되도록" 결혼관계를 유지하는 경우가 줄어들고, 여러 차례 결혼하거나, 혼인신고를 하지 않은 채 동거하는 사례가 늘어날 것이다. 비혼(非婚)동거뿐 아니라, 동성(同性)부부, 설가구, 비친족가구 등 다양한 형태의 '비표준가족'이 크게 증가할 것이다.

2) 다문화가족정책의 중장기 전망

한국사회에 거주하는 이민자와 그 자녀의 수가 많아지고, 그들의 사회적 구성이 달라져가는 추이에서 다문화가족 정책이 나아갈 바를 제시하여야 한다. 기존 다문화가족 정책의 요체는 보건복지가족부에서 2008년 발표한 『다문화가족 생애주기별 맞춤형 지원강화대책』에 기반을 두고 있다. 다문화가족정책은 네 개의 목표를 갖고 있는데, 결혼이민자의 안정적 정착, 다문화가족자녀의 안정적 성장환경 조성, 다문화에 대한 이해 증진, 다문화가족정책 추진 인프라 강화가 그것이다. 다문화가족 정책의 기본 방향은 수요자의 특성에 맞는 맞춤형 서비스 강화, 다문화가족에 대한 국민의 인식 개선, 선택과 집중을 통한 효율적 서비스 전달체계 개선이다.

법무부는 외국인정책 또는 이민정책을 총괄하고, 보건복지가족부는 다문화가족 지원정책을 총괄하며, 노동부에서는 외국인노동자 정책을 다루고, 교육과학기술부에서는 결혼이민자 자녀의 학교 교육 지원을 맡으며, 문화체육관광부에서는 국민의 다문화성 제고와 한국어 교재 개발 업무를 맡고, 여성부에서는 여성결혼이민자 보호와 폭력피해 예방, 결혼이민자 취업지원 등의 업무를 담당하며, 행정안전부에서는 외국인주민이 생활하는 데 필수적인 여건을 마련하고 그에 필요한 교육 사업을 맡고 있다.

결혼이민자와 그 자녀의 적응 수준을 높이려는 정책을 추진하기 위하여 각 부처가 맡고 있는 업무의 조정이 필요할 경우에는 정부조직법을 개정하여, 그 역할분담 내역을 바꿀 수 있을 것이다. 그 중장기적 대안의 하나로 이민청 설립이 가능한 것으로 본다. 이민청이 설립될 경우, 이민청에서는 다문화가족정책을 포함한 이민정책을 총괄적으로 수립하는 역할을 맡고, 집행기능은 각 부처와 지방자치단체 등에서 맡으면 될 것이다.

다문화가족의 가족생애주기에 필요한 각각의 정책과제를 제시하면 다음과 같다.

① 결혼 준비기 : 결혼중개 탈법방지 및 결혼예정자 사전 준비 지원
② 가족 형성기 : 결혼이민자 조기적응 및 다문화가족의 안정적 생활지원
③ 자녀 양육기 : 다문화가족 자녀 임신·출산·양육지원
④ 자녀 교육기 : 다문화 아동·청소년 학습발달 및 역량개발 강화
⑤ 가족역량강화기 : 결혼이민자 경제·사회적 자립 역량 강화
⑥ 가족 해체시 : 해체 다문화가족 자녀 및 한부모가족 보호·지원
⑦ 전(全) 단계 : 다문화사회 이행을 위한 기반 구축. 이민자 유입과 정착기간이 장기화 될 것이 명백한 상황에서, '다문화가족'에게 필요한 정책수요를 파악하여 그것을 체계적으로 지원하는 것으로 평가한다.

3) 다문화가족 정책의 중장기 대책

(1) 결혼이민자 복지혜택 차별 철폐

정부의 결혼이민자 지원 대책은 복지사각지대를 줄이는 데 초점이 맞춰져 있다. 선진 복지국가와 한국의 이민자 통합 정책을 비교할 경우, 한국의 현행 정책은 매우 세분되어 있는 데 반해, 유럽 선진국의 정책은 ① 체류자격과 국적 관련 정책과 ② 이민자를 위한 언어와 적응 교육만이 두드러질 뿐 나머지 정책은 특별히 드러나지 않는다. 그 이유는 그 나라에 거주하는 모든 국민·주민을 대상으로 하는 '보편적 서비스'에 의거하여 이민자 통합 문제를 해결하는 비중이 크기 때문이다. 영국·프랑스·독일에서는 '외국인등록'을 필하고 합법적 '체류허가'를 가진 모든 외국인에 대해 사회복지제도의 혜택을 부여하고 있는 데 반해, 한국은 그렇지 못하기 때문에 오히려 수많은 정책을 추진하는 것처럼 보인다. 미국·영국·독일·프랑스·캐나

다 · 일본 등 선진국 정부는 '자국인의 배우자'인 결혼이민자에 대해 귀화하기 이전이라도 내국인과 동등한 권리를 누릴 수 있는 체류자격을 부여하고, 사회복지혜택을 제공하고 있다.

한국에서도 결혼이민자에 대해서는 정책적 발상의 전환이 필요하다. 그들이 한국인으로 귀화를 했든 안했든 '한국인의 배우자 · 부모 · 자녀'라는 점에 주목하여야 한다. 결혼이민자는 한국인의 가족 성원인 이상 자녀가 없고 외국 국적을 유지하더라도 복지제도 적용에서 차별이 있어서는 안 된다. 한국인의 가족이라는 점을 고려하여, 다른 선진국과 마찬가지로 자국민과 차등 없는 경제적 · 사회적 · 문화적 권리를 부여하는 정책을 추진하여야 한다. 예산 제약이란 난점이 있지만, 장기적으로는 결혼이민자에 대해서는 사회복지제도를 국민과 동일하게 적용하도록 하여야 한다.

(2) 국민의 배우자 비자 발급 요건의 강화

결혼이민자가족 중 일부가 기초생활보장제도의 적용을 받고 있고, 또 실태조사 결과에 따르면 기초생활보장제도의 적용을 받아야 할 정도로 빈곤함에도 그 혜택을 보지 못하는 사람이 적지 않다(설동훈 외, 2005). 그것은 한국정부가 한국인의 배우자에 대해서는 그 '혼인의 진정성'만을 따져 '위장결혼'이 아닌 경우 '인도적 관점'에서 거주 사증을 발급한 결과로 해석된다. 그런데 미국 · 영국 · 독일 등 선진복지국가에서는 자신의 배우자에게 안정된 주거와 생활여건을 제공할 능력이 없는 자에 대해서는 '배우자 비자'를 발급하지 않는다.

미국에 가려는 모든 이민신청자는 비자를 신청할 때 미국에 도착 후 '공공부조(public assistance)'를 받지 않을 것임을 증명해야 한다. 결혼이민자도 그 점에서 예외가 아니다. '미국 시민권자의 배우자'는 초청자가 작성한 재정보증서류(I-864)를 제출해야 한다. 초청자는 시민권 증명 및 이민신청자가 미국입국 후 받게 될 초청자의 현재, 지속적인 소득이 최저생계비 이상임을 증명해야 한다. 초청자의 최근 3년 동안의 소득세 납부 증명도 첨부해야 한다. 소득이 충분하지 않을 경우, 공동재정보증인이 I-864를 추가적으로 작성하고 필요한 첨부서류를 다 제출하여야 한다. 만약 그렇게 '재정보증을 받은 이민자'가 미국 연방정부의 공공부조 혜택을 받게 되면, 재정보증인이 그에 해당하는 금액을 정부에 지불해야 할 의무가 있다. 결혼이민자 주거와 재정 능력 입증 제도가 시행되어 정착될 경우, 결혼이민자에게 차등 없는 복지혜택을 부여하기는 매우 용이한 일이 될 것이다. 그렇게 되면 국내 거주 결혼이민자 전원에게 내국인과 차등 없는 복지혜택을 제공하는 것이 '가능'하게 될 것이다.

(3) 다문화가족지원법의 적용 범위 확대

한국에서 결혼이민자에 대한 정책적 지원은 '다문화가족지원법'에 근거를 두고 이루어진다. 법률의 명칭은 다문화가족지원법으로, 결혼이민자뿐 아니라 다른 이민자 또는 종족적 소수자를 포괄하는 듯한 뉘앙스가 있으나, 실상은 결혼이민자지원법을 에둘러 표현한 것이다.

다문화가족지원법은 그 명칭이 의미하는 바와는 달리 '다문화가족 일반'이 아니라 "날 때부터(生得的)" 한국인과 결혼한 결혼이민자 또는 혼인귀화자 가족만 지원하는 법률이다. 그러므로 귀화한국인이 국제 결혼할 경우, 그의 배우자는 다문화가족지원법의 적용을 받지 못한다. 유학생은 배우자 동반이 가능하지만, 다문화가족지원법의 적용 대상이 아니다. 고용허가제·방문취업제를 통한 저숙련 이주노동자로 개정하는 작업이 필수적이다. 그렇게 되면 다문화가족지원법에서 혼인귀화자라는 용어는 불필요하게 될 것이고, 행정안전부 조사의 '외국인주민' 개념은 '이민자주민'으로 쉽게 바꾸어 부를 수 있을 것이다.

(4) 다문화가족정책의 다문화 감수성 함양

이민자의 사회통합 지원과 관련한 사회적 포함(social inclusion)의 실천이다. 사회적 배제(social exclusion)를 극복하기 위한, 제도 개선 노력이 가시적 성과로 이어지기 위해서는, 한국사회의 전체 구성원들이 부단히 노력하는 길밖에 없다. 한국사회의 구성원들이 사회적 포용을 삶의 현장에서 실천하여야 한다. 정부는 규제와 지원이라는 두 방향에 걸친 이민자 사회통합정책을 적절히 활용하여, 시민사회의 노력이 결실을 거두도록 지원하여야 한다. 그러기 위해서는 정부 정책의 다문화 감수성 함양이 필수적이다. 다문화가족이라는 용어가 널리 사용되면서, "다문화 아동" 또는 "다문화 아이들"이라는 표현도 통용되고 있는데, 그 용어 자체의 의미와는 무관하게 아이들을 '일반 한국인 아동'과 구분 짓고 편 가르며 따돌리는 것으로 해석될 수도 있다는 우려가 점점 증가하고 있다. 말하자면, "다문화가족"이라는 용어를 한 개인의 지칭하는 집합적 개념으로 사용할 경우 그것은 차별의 도구로 전락할 수 있음을 경계해야 한다.

다문화가족 아이들 전용 공부방, 다문화학교 건립 역시 그 의도의 순수성과는 무관하게 그들을 격리시키는 효과를 가질 수 있음을 경계해야 한다. 과거 1960년대 미국 인종차별철폐 정책의 출발점이 인종별로 분리되어 있던 학교를 통합하는 것이었음에 주목하면, '결혼이민자 아이들만 다니는 학교'는 역효과를 낳을 가능성이 큼을 알 수 있다. 그러한 문제를 극복하고 예방하기 위해서는 정부 정책에 다문화 감수성을 부여하려는 작업이 이루어져야 한다. 한국사회에는 수많은 외국인과 이민자가 거주하고 있다. 한국의 주요 도시에는 인종적·민족적 다양성이 이미 충분히 확보된 상태이다. 그렇지만 한국인들이 외국인과 함께 어울려 살 준비는 아직 덜 되어 있다. 일부 한국인들은 외국인의 유입을 순수혈통을 훼손하는 잡종교배로 파악하기까지 한다. 한국인들의 외국인에 대한 배타의식은 경우에 따라서는 차별적인 태도로 발현되는 바, 그것에 대한 대책을 마련하는 게 필요하다.

CHAPTER

07

빈곤과
가족복지의
이해

제1절 빈곤의 개관

제2절 빈곤아동의 원인과 영향

제3절 빈곤가족

제1절 빈곤의 개관

1. 빈곤의 개요

빈곤의 개념은 일반적으로 금전적인 결핍상태를 말한다. 일반적으로 물질적·사회적·정서적으로 결합된 상태로 평균적인 소득에 해당되는 사람에 비해 의식주를 덜 소비하며 또는 미래를 설계할 수 있는 기회가 박탈된 상태를 의미하기도 한다. 빈곤의 개념은 매우 주관적이고, 정치적, 사회적이며 규정적인 특성을 지니고 있기 때문에 절대적인 의미로 개념화할 수는 없지만 빈곤을 개념화하고 규정짓는 것을 통해 빈곤현상에 대한 대책을 세울 수 있기 때문에 빈곤을 객관화하는 작업이 필요하다. 객관적 빈곤은 크게 절대적 빈곤, 상대적 빈곤, 주관적 빈곤으로 구분할 수 있다.

빈곤이라는 용어의 개념은 물질적인 빈곤을 의미한다. 물질적인 개념과 함께 비물질적인 빈곤의 개념도 수반되는데, 비물질적인 개념으로서의 빈곤은 물질적인 빈곤의 원인이 되기도 하며 결과도 된다. 비물질적인 빈곤의 개념은 매우 광의의 것으로 정신적 무기력, 탈락감, 문화적 공허감, 소외 등과 같은 것을 말하는데 대체로 물질적인 빈곤과 수반되는 특징을 갖는다. 빈곤에 대한 정의는 '절대적 빈곤'과 '상대적 빈곤'으로 나누어지는데, 일반적으로 절대적 빈곤은 낮은 생활수준을 가리키고, 상대적 빈곤은 절대적 빈곤보다는 높은 생활수준을 나타내는 용어로 사용되고 있다.

빈곤의 문제는 개인과 가족에 미치는 미시적인 차원의 의미와 지역사회와 국가 전체에 미치는 거시적인 차원의 의미로 생각해 볼 수 있다. 미시적 차원의 빈곤은 사회해체를 초래하는 심각한 사회문제이다. 한 지역에 있어서 다수의 빈곤은 다른 집단과 계층에서 파급된다. 이는 빈곤으로 인한 비행과 범죄의 희생자는 지역사회의 구성원이 되고, 이러한 빈곤집단은 정치적 불안을 야기하게 되면, 궁극적으로는 사회해체를 유발하여 사회적 위험을 초래하게 되는 것이다.

빈곤은 가장 단순하게 정의하면 '금전적인 부족상태'이다. 좀 더 자세히 보자면 빈곤은 경제적 · 사회적 · 심리적으로 여러 가지 특성을 지닐 수 있기 때문에 빈곤에 대한 가치관은 분석자의 시각에 따라서 그리고 그 사회의 전통에 따라서도 다르게 정의될 수 있다. 그러나 보편적으로는 경제적인 측면과 비경제적인 측면으로 나누고 있다. 전자는 생계에 필요한 재화와 용역의 결여로 정의하는 입장이고, 후자는 빈곤층의 사회적 · 심리적 특성을 규명함으로써 빈곤을 정의하는 입장이다. 좀더 세분화하여 설명하면 빈곤은 절대적 빈곤, 상대적 빈곤, 사회 · 문화적 빈곤으로 구분이 가능하다. 즉, 빈곤은 일정수준 이하의 소득에 의해 생리적 충족을 위한 기본적 욕구 및 문화적 생활을 영위하기가 어려운 상태라고 볼 경우 3가지로 구분된다.

절대적 빈곤으로서 개관적으로 결정한 절대적 최저한도보다 미달되는 상태를 말하는데, 흔히 의식주 등 기본적 욕구를 해결하지 못하는 상태로 보고, 절대빈곤선 개념을 토대로 생존의 의미를 강조한다.

2. 빈곤의 유형

1) 절대적 빈곤

빈곤을 절대적인 개념으로 정의하는 것은 가장 기본적인 빈곤의 정의방법으로서 아직도 대부분의 국가에서 공식적인 빈곤의 정의방법으로 사용되고 있다.

Oster 등은 절대적 빈곤을 생존 수준의 식품 · 주거 · 피복을 획득하는 데 필요한 자원(소득이나 자산)의 결여로 정의하고 있으며, Schiller는 한 개인이나 가구의 후생에 긴요하게 필요하다고 생각되는 재산이나 용역을 획득할 수 있는 경제적 자원을 소유하지 못한 상태로 정의하고 있다.

이러한 개념은 빈곤이란 최저생활을 유지하는 데 필요한 소득이 결여된 상태로 보고, 최저생활을 유지하는데 필요한 소득선을 빈곤선으로 설정하여

이 수준에 미달되는 소득을 가진 개인이나 가정을 빈곤으로 간주한 것이다. 이 개념을 처음 사용한 학자는 Rowntree(1901)로서, 그는 1899년 영국 York시의 가계조사를 근거로 가정의 전 소득이 단지 육체적인 활동(physical efficiency)을 유지하는 데 필요한 최소한의 필수품을 획득하기에 불충분한 상태를 빈곤(1차적 빈고 : primary poverty)으로 규정하였다.

'절대적 빈곤'이란 한 사회에서 최소한의 생계를 유지하기 위해 필요한 재화와 서비스를 구입하는데 소득수준이 미치는 못하는 경우를 말한다. 우리나라에서는 가구총소득이 국민기초생활보장제도에서 사용하는 최저생계비에 미치지 못하는 계층을 '절대 빈곤층', 즉 극빈층이라 한다.

절대적 빈곤은 인간이 살아가는 데 절대적으로 필요한 최소한의 자원을 충족시키지 못하는 상태라고 할 때, 생활필수 자원이 절대적인 기준인 빈곤선 또는 최저생계비에 도달하지 못할 때의 상태이다.

측정은 수치나 지수로 계량화하여 측정하며 측정 방법은 최저생계비 방식과 엥겔 방식이 있다.

① 최저생계비 방식은 의식주의 기본적인 욕구를 해결하는 데 드는 비용을 계산하는 방법이다.
② 엥겔 방식은 음식비가 소득에서 차지하는 일정한 비율을 빈곤선으로 산정하는 방법이다.
    예 한 끼의 식사거리를 걱정한다. 그 식사거리가 해결되지 않아 범죄를 저지르기도 하고 죽기도 한다.

한편 최근 선진국에서는 금전적인 결핍여부만으로 빈곤을 판정하는 것을 넘어서 주거, 환경, 교육, 문화 등 다양한 영역에서의 결핍 및 이의 동태적인 변화를 포착하기 위한 사회적 배제(social exclusion)라는 개념이 중요하게 부각되고 있다.

2) 상대적 빈곤

상대적 빈곤은 한 사회의 다른 사람들과 비교해서 상대적으로 빈곤한 상태를 의미한다. 절대적 빈곤의 추계가 실제적으로 매우 어렵기 때문에 현대사회에서는 절대적 빈곤보다 상대적 빈곤 개념을 더 많이 사용하고 있다.

'상대적 빈곤'이란 그 사회의 평균소득수준과 대비하여 상대적으로 소득이 낮은 계층을 정의하는 것으로, 보통 가구총소득이 중위층 평균소득의 40~50% 이하에 속하는 계층을 '상대적 빈곤층'이라 한다.

또한 가구총소득이 중위소득의 50~70%에 속하는 계층은 '상대적 빈곤 차상위계층'이라 하기도 한다.

추정 방법은 순수상대빈곤과 유사상대빈곤 방식이 있다.

① 순수상대빈곤 방식은 전체사회의 계층별 소득 순서에서 하위층에 해당되는 일정한 비율을 빈곤층으로 정의한다.
② 유사상대빈곤 방식은 전체사회에서 평균소득에 해당되는 일정한 비율을 빈곤층으로 정의한다.
   예 물건에 집착한다. 그 물건이 없음에 슬퍼하고 다른 사람과 비교하며 자신의 처지를 한탄한다.

현재 우리나라에서 공식적인 절대빈곤층은 최저생계비 이하의 가구와 최저생계비 120% 이하에 속하는 차상위계층 정도를 의미하고 있어, 절대적 빈곤의 개념으로 빈곤가정을 정의하고 있다.

제2절 빈곤아동의 원인과 영향

1. 빈곤아동과 원인

2010년 절대아동빈곤율은 8.68%, 상대빈곤율은 16.08%였다. 2014년 아동의 절대빈곤율은 3.3% 상대적 빈곤율은 7.5%이며, 아동의 절대빈곤율은 성인빈곤율에 비해 높은 실정이다.

빈곤아동이란 빈곤가정에서 생활하는 18세 미만의 아동이다. 빈곤에 대한 정의에 기초해서 빈곤아동에 대한 정의를 살펴보면, 우리나라의 경우 국민기초생활보장법에 의해 국가로부터 보호를 받는 가정에서 생활하는 아동으로 정의할 수 있다. 그러나 국민기초생활보장 대상가구 중에서 18세 미만의 아동과 같이 생활하는 가구에 대한 정확한 통계조사나 분석은 이루어지지 않았다. 따라서 빈곤가족 아동의 가장 대표적 유형으로 제시되고 있는 대상이 한부모가족 아동과 소년소녀가정이다.

빈곤아동이라는 용어는 엄밀히 이야기하면 '빈곤한 아동'이 아니라 '빈곤한 가정의 아동'을 지칭하는 것이다(이봉주, 2006). 이 용어는 결식아동, 방임아동, 장애아동 등과 같이 아동 자신이 겪고 있는 결식(식사를 거름), 방임(적절한 보호를 받지 못함), 장애(신체적·심리사회적 기능수행의 어려움) 등의 문제에 따라 그 개념을 정의하는 것이 아니라, 가족이 처한 빈곤이라는 상황 때문에 부여된 용어이다.

빈곤은 절대적 빈곤과 상대적 빈곤으로 나뉘는데 여기에서는 절대적 빈곤의 개념을 가지고 이야기 하겠다. 절대적 빈곤의 개념에 따라 정의하면, 빈곤아동은 빈곤선 이하 또는 최저생계비 이하의 소득을 가진 가정의 아동으로 우리나라에서는 국민기초생활보장수급가정의 아동이라고 할 수 있다. 여기에는 극빈가정의 아동, 소년소녀가정의 아동 및 빈곤한 모부자가정의 아동들이 우리나라 평균가구소득의 하위 20% 이하에 포함되는 가정의 아동을 의미한다. 차상위 계층의 아동까지 빈곤아동으로 볼 때는 평균가구소득의 하위 50% 이하에 포함되는 가정의 아동을 의미한다(김성경 외, 2005, 아동복지론).

우리나라의 아동빈곤율은 원자료의 상이함을 고려하지 않았을 때, 최근에 절대빈곤율과 상대빈곤율 모두 상승하는 추세임을 알 수 있어 아동빈곤의 심각성을 보여주고 있다.

그러나 국민기초생활보장 대상가구 중에서 18세 미만의 아동이 있는 가구 (빈곤아동)에 대한 정확한 통계자료는 현재 없는 실정이다.

1) 아동빈곤의 원인

아동빈곤의 원인은 아동보다는 아동이 속한 가정의 빈곤원인으로 접근해야 한다.

아동이 속한 가정의 빈곤원인이 바로 아동의 빈곤원인이다. 주요 원인으로는 아동이 속한 가정의 가구주의 저학력 및 고연령, 부의 부재, 많은 가족수, 6세 미만 아동의 존재, 실업이나 미숙련 직종에의 취업, 양육과 보육의 부담 등을 들 수 있다.

6세 미만 아동의 존재가 가구의 빈곤요인이 된다는 점을 고려하여 빈곤아동에 대한 교육기회의 확충은 빈곤의 대물림을 끊을 수 있는 주요한 요인이 될 수 있다.

(1) 가난의 대물림

저소득층 아동의 가정환경은 경제적 빈곤, 주거환경, 공부 공간 부재, 자녀 학습지도 미흡 등 모든 면에서 열악하다. 여기에서 아동들은 학습 결손과 정서발달에 장애를 겪게 되며 곧바로 학업성취 저하를 가져온다. 학교 부적응과 일탈·비행 현상도 발생한다. 학력이나 실력 등 경쟁력을 갖추지 못하다보니 비정규직 취업이나 낮은 임금의 직종을 택하게 돼 결국 빈곤이 대물림 된다.

(2) 한부모 가구의 증가

한부모는 배우자와의 이혼 및 별거, 사별 등으로 인해 배우자 없이 혼자 자녀를 키우는 아버지 또는 어머니를 말하며, 한부모가정은 이혼, 사별, 유기, 미혼모에 의하여 발생하는 가정으로 현재 18세 미만의 자녀와 살면서 자녀를 부양하고 부모 역할을 담당하고 있는 한부모와 자녀의 집단을 의미한다. 이런 가족은 경제적으로 큰 어려움을 가지고 있다. 한부모가족의 경제적인 문제는 부자가족보다 모자가족에서 더 심각하게 나타나고 있다. 전체 한부모가족 중 저소득 한부모가구의 비율이 전체 한부모가구의 7.1%를 차지하며, 그 중 81.6%가 여성 한부모가구가 차지하는 것을 통해서도 모자가족이 경제적인 어려움을 겪고 있음을 알 수 있다.

(3) 미혼모의 증가

미혼모 자신은 사회의 냉대와 거부로 인해 죄의식과 수치심, 소외감 등에 시달리게 되며, 학업을 중단하게 된다든지 직장을 포기하는 등 기존의 생활 기반을 잃게 됨에 따라 신체적, 정신적으로 극히 불안정한 상태에 놓이게 되어 영아유기, 영아살해를 저지르거나 정신이상에 빠지거나 윤락여성으로 전락하기도 한다. 더욱이 미혼모가 아이를 키울 경우에는 저소득 모자가정으로 빈곤문제가 발생하고, 아기를 키우지 못할 경우에는 기아를 발생시켜 아동문제가 발생하기도 한다.

(4) 열악한 사회복지서비스

빈곤아동들의 상황은 훨씬 심각하고 다양하며 복합적이다. 그동안 경제적인 빈곤의 문제에 국한하여 현물서비스나 상품권, 식권과 도시락을 지급하며, 미아찾기나 소년소녀가장이라고 불리는 아동들을 위한 소극적인 지원의 형태 그리고 결식아동이 발생하고 오랜 기간동안 종합복지대책이 수립되지 못하고 그 아동들을 보살피고 10년이 넘도록 복지서비스를 희생적으로 실시한 기관에 대하여 정확한 파악을 하지 못해서 결과적으로 빈곤아동들의 방치·유기가 장기화되고 더욱 상처 깊어지도록 한 책임은 누가 져야 할 것인가? 앞에서도 언급하였지만 아동들의 고통과 분노와 적대감이 지속되면서 이후 어떤 사회현상으로 드러날지 참으로 염려스럽다.

2) 빈곤아동의 특징·문제

(1) 빈곤아동의 특징

① 신체적 건강 : 영양불균형, 가공식품 중심의 식생활, 운동량 부족, 의료비 부담, 훈육부족

② 인지능력 및 학업성취 : 자극(동기부여) 부족, 낮은 학업성취도

③ 심리사회적 상처 : 관계(나, 나와 너, 나와 우리), 신뢰감 상실, 반복적 문제행동 재발(가정, 학교, 지역사회 등등)

(2) 빈곤아동이 경험하는 문제

① 신체적 건강 : 미국의 1988년 국민보건조사에 의하면 빈곤가족의 유아사망율이 비빈곤가정보다 1.7배 높고 아동기 사망률도 비빈곤가정보다 높은 것으로 나타났다. 이런 사실은 빈곤가족의 건강상태가 전반적으로 나쁘다는 것을 말한다.

② 인지능력 : 미국의 1988년 국민보건조사에 따르면 빈곤가족의 아동은 비빈곤가족의 아동보다 인지발달지체비율이 5%로 높고, 학습장애비율도 높은 것으로 나타났다. 인지발달지체 비율과 학습장애비율에 있어서 빈곤가정아동이 비빈곤가정아동보다 높게 나타난다.

③ 학업성취 : 미국의 1988년 국민보건조사에 의하면 아동의 학년유급에 있어서도 비빈곤의 아동보다 2배 이상 높고, 학교 징계를 경험한 비율도 거의 2배 정도의 비율로 나타나고 있다. 정학이나 퇴학 등의 학교징계를 경험한 비율이 비빈곤가정의 아동이 높게 나타난다.

④ 심리사회적 문제 : 빈곤가족의 아동은 비빈곤가족의 아동에 비해 우울, 불안 등의 문제와 비행, 공격행동 등 심리사회적 문제를 경험하는 것으로 보고되고 있으나, 우리나라의 2003년 아동복지학회의 조사에 따르면

일반아동에 비해 자아존중감, 심리사회적 적응, 비행 경험에서 문제가 없는 것으로 나타났다. 비빈곤가족의 아동보다 우울이나 불안 등의 내재화 문제와 비행이나 공격행동 등 심리사회적 문제를 경험하는 것이 높게 나타난다.

⑤ 기타 문제 : 아동학대, 방임 등 고소득층에 비해 심각한 것으로 나타나고 있다. 아동학대, 자녀방임, 학대, 영양실조, 실업 등의 비율이 전체적으로 빈곤가정 아동의 경우 높게 나타난다.

3) 한부모가족 아동의 문제

전반적으로 한부모가족은 개인의 적응으로부터 사회인식 및 제도적 차원에 이르기까지 어려움을 경험하고 있다. 즉, 한쪽 배우자의 부재로 인해서 가족생활에서의 변화가 불가피하게 일어남으로 경제적 빈곤, 가족관계, 자녀양육 및 가사노동의 어려움, 역할수행상의 사회적 위축 등의 문제를 수반하고 있는 것이다. 이러한 여러 가지 문제는 가족 구성원의 심리사회적 적응과 사회생활과 학업 생활 등에 부정적 영향을 미치고 있다.

① 심리적 · 정서적 문제를 살펴보면 결손가족의 아동은 우울, 불안, 사회적 철회 등의 문제를 경험하고 있는 것으로 나타나고 있다. 또한 교사나 부모들은 정상가족의 자녀에 비해 결손가족 자녀가 더 우울한 것으로 평가하고 있으며, 인지적 및 사회적 능력이 더 낮다고 인식하고 있는 것으로 나타났다.

② 결손가족의 청소년은 비행과 일탈 그리고 반사회적 행동 등의 문제행동을 더 많이 정상가족의 청소년에 비해 놓은 공격성 및 행동장애 행동적 문제를 더 많이 경험하고 있는 것으로 보고되고 있다.

③ 가족결손은 청소년에게 사회적 상호작용의 단절 또는 감소를 초래하여 대인 관계상의 문제를 경험하는 것으로 나타다고 있다.

④ 가족결손은 청소년의 학업성적에 영향을 미치게 된다고 제시되고 있는데 정상가족의 청소년 비해 더 낮은 학업 성취를 보이고 있으며 아동의

IQ를 통계한 전국적인 비교에서도 이혼가족의 자녀가 정상가족의 자녀에 비해 학업문제를 더 많이 경험하고 있는 것으로 나타난 연구도 있다.

4) 소년소녀가정의 문제

① 경제적 문제 : 부모의 부재로 인하여 기본적인 의·식·주 충족과 진학, 물품구매 등 아동기에 꼭 해야 할 일을 하지 못했을 때의 마음의 상처 등 경제적으로 어려움을 경험하고 있다.

② 심리적 문제 : 부모님의 부재로 인해 의지할 수 없어 정서적인 안정을 가질 수 없으며 부모님의 일들을 대행해야 한다는 성인역의 부담을 가지고 있다.

③ 사회화의 문제 : 경제적 부담과 가사부담으로 학업에 열중할 수 없고 진로에 대한 부모와의 상담이 단절되고 자신의 가치관 형성에 옳고 그른지 충고와 조언을 해 줄 사람이 없다.

④ 대인관계상의 문제 : 자신에 대한 열등감과 자기 비하로 대인관계의 폭이 한정되어 항상 위축된 생활을 하게 된다.

⑤ 가사부담의 문제 : 가사 일에 어려움으로 매일 도시락을 본인이 스스로 해결하는 등 가사와 학업을 병행함으로 편안한 휴식을 갖지 못하는 경우가 많다.

소년소녀가정 아동의 심리적 - 정서적 문제
소년소녀가장들은 아직 성인의 보살핌을 받아야 하는 미성년자이면서도 한 집안의 가장이라는 역할을 부여받기 때문에 자신의 역할부조화에 따른 심리적 불안감과 부담감을 경험할 수밖에 없다. 또한 가족해체의 경험이라든가 부모나 보호자가 없다는 문제로 인해 열등감을 형성하거나 사회적 편견 및 고립의 문제에 처할 가능성도 높다. 그리고 이에 따라 학교생활이나 친구관계에 있어서 일반아동에 비해 과도한 스트레스와 정신적 부담감을 경험할 뿐만 아니라, 그러한 상황에서 주변의 어른으로부터 제대로 된 정서적 지원도 거의 받지 못한다. 실제로 소년소녀가정의 상당수를 차지하는 조부모와 손자녀로 구성된 세대를 살펴보면, 세대 간의 대화 부족과 갈등으로 인해 아동이 비행으로 나갈 가능성이 크고 가족원간의 정서적 기능이 거의 이루어지지 않아서 사회적 편견으로 인한 마음의 상처와 과도한 스트레스를 경험하는 것으로 나타나고 있다(한국여성개발원, 2002). 무엇보다도 명목상의 보호자인 조부모가 고령과 질병으로 아동을 제대로 보호하고 양육하지 못하고 있는 실정이다. 이외에도 소년소녀가정은 부모세대가 없기 때문에 가족여가활동이라든가 가족원들 간의 만남, 함께 하는 식사 등이 부족하고 이에 따라 가정생활 만족도가 낮게 나타난다(한국여성개발원, 2002).

2. 빈곤이 아동발달에 미치는 영향

아동은 타인에게 의존적이기 때문에 아동 스스로가 가족의 경제적 상황을 변화시킬 수가 없어 빈곤에 의해 영향을 받는다.

최근 연구에 의하면 빈곤이 아동에게 직접적으로 부정적인 영향을 미치기보다는 부모의 양육 행동이나 태도, 또래집단과의 상호작용 그리고 지역사회의 특성 등을 통해 영향을 미치고 있는 것으로 나타나고 있다. 특히, 빈곤아동의 부모는 생계문제 때문에 자녀와의 상호작용이 부족하여 아동의 언어나 인지발달에 부정적인 영향을 미치게 된다. 그리고 빈곤한 가정의 아동들은 학업성취도가 낮으며, 문화생활의 기회가 부족하기 때문에 인지적으로 자극받을 수 있는 환경에서 성장할 기회가 부족하다.

(1) 학습부진 및 학교부적응

① 경제적인 이유로 인해 공부방 등 적절한 학습공간과 학업에 필요한 물품, 자료 등을 제공하지 못해 학업성취를 저해한다.

② 부모의 낮은 교육 수준은 부모의 자녀양육방식의 질을 저하시키고 자녀

교육태도에 부정적 영향을 주어 간접적으로 아동의 학업성취 및 자아존중감에 영향을 준다.

③ 교사의 빈곤아동에 대한 낮은 기대와 지지, 그리고 또래집단의 지지도 학교적응에 중요한 요인이다.

④ 책, 장난감, 컴퓨터 등과 같은 물품을 구입할 수 있는 자원이 부족하고 도서관이나 박물관 방문 등의 문화생활의 기회가 부족하다.

(2) 부모의 부적절한 양육 및 가족갈등

① 빈곤아동의 부모들은 생계를 위해 장시간 노동을 하게 되어 피곤하거나 시간이 없어 자녀와의 상호작용이 부족하거나 부적절한 양육태도를 보이게 되어 아동의 언어나 인지발달에 부정적인 영향을 미치게 된다.

② 자신의 환경을 스스로 통제할 수 없어 무력감, 수치감, 자존감의 상실 등으로 스트레스나 우울증에 빠지기 쉽고 이러한 스트레스나 우울은 부부 간이나 가족 간의 갈등을 유발하는 동시에 양육행동이나 태도 등에 부정적인 영향을 준다.

③ 아동의 행동 자체나 친구관계 등에 대한 지도감독을 제대로 하지 못해 언어적인 훈계보다는 신체적인 체벌을 자주 사용하여 아동의 정서적 지지의 수준이 낮다.

3. 빈곤의 영향

(1) 아동발달

빈곤가족의 아동들은 신체적 건강 면에서 비빈곤가족의 아동들보다 부정적인 결과를 보이고 있다. 아동기 결식문제에서 비롯된 영양 불균형은 성인기에 골다공증, 위암, 뇌졸중, 당뇨 등 성인병을 유발할 수 있으며, 빈혈에 의해 인지능력이 저하되기도 한다.

(2) 학교생활

빈곤가족은 아동을 위한 학습공간 부족이나 부모의 낮은 교육수준과 잘못된 자녀양육 방법 등으로 아동의 학업성취 능력 및 학교생활의 질을 저하시킨다. 그리고 빈곤아동의 부모들은 상대적으로 아동과 함께 보낼 수 있는 시간이 부족하고 교사와 아동에 대해 이야기할 수 있는 기회도 부족하여 아동의 학교부적응 문제나 학력저하 등을 초래한다.

(3) 비행

빈곤아동은 환경적, 물리적 위험에 쉽게 노출될 수 있으므로 비행과 연결될 가능성이 높다. 그러나 빈곤은 아동비행을 유발하는 간접적 요인이며, 특히 부모환경요인과 밀접하게 상호작용하고 있다.

4. 빈곤아동 지원서비스 현황

1) 소년소녀가장 지원

1984년 '소년소녀가장세대보호대책'으로 시작하여 1985년부터 소년소녀가장에 대한 정부지원을 실시하였고, 2000년 9월 소년소녀가정지원사업으로 변경되었다.

소년소녀가정 지원대상 아동은 국민기초생활보장법에 의한 수급자 중 18세 미만의 아동이 실질적으로 가정을 이끌어 가고 있는 세대 중 18세 미만의 아동으로만 구성된 세대, 18세 미만의 아동이 부양능력이 없는 부모와 동거하는 세대이다. 소년소녀가정제도는 아동에게 위험을 초래할 수 있으므로, 이들을 친·인척 등에게 가정위탁으로 보호할 수 있도록 적극 추진하고 있어 매년 소년소녀가정 수는 감소하고 있다.

(1) 지원대상

국민기초생활보장법에 의한 수급자(가구) 중 18세 미만(출생일 기준)의 아동이 실질적으로 가정을 이끌어 가는 세대다.

① 18세 미만의 아동으로만 구성된 세대다.
② 18세 미만의 아동이 부양능력이 없는 부모와 동거하는 세대다.
③ 15세 미만의 아동으로만 세대를 구성할 경우 소년소녀가정 지정을 제한하고 가정위탁이나 시설 입소를 강구한다.
④ 그 외 지원 아동이 만 18세 이상이나 중·고등학교에 재학 중인 경우에는 졸업 시(졸업하는 날이 속하는 달)까지 지원한다.

(2) 지원내용

국민기초생활보장법에 의한 수급자 지원(생계·의료·교육 등의 해당급여 지원)과 양육보조금 월 100천 원, 기타지원금으로 효정신 함양비(50천 원/년2회), 직업훈련비(600천 원/분기, 미학생 학원수강료(600천 원/분기), 대입학금(3,000천 원/인), 자립정착금(5,000천 원/세대)이 있다.

① 국민기초생활보장법에 의한 생계급여 및 교육급여를 제공한다.
  생계급여 : 주·부식비, 연료비, 피복비, 장제비 지급, 중·고교생의 교통비, 교복비, 영양급식비, 부교재 및 교양도서비 등 지급하며 교육급여로 초·중·고교생의 학비 지원을 한다.
② 의료급여 : 의료급여법에 의해 1종 보호대상자로 선정하여 외래 및 입원 진료비 전액을 국가가 부담하고 있다.
③ 부가급여 : 보조비(2007년 기준 아동 1인 월 7만 원)가 지급된다.
④ 가구당 월평균소득이 전년도 도시근로자 가구당 월평균 이하로서 무주택인 소년소녀가정을 대상으로 일반주택 전세자금 및 공공임대주택 임대보증금을 지원한다.
⑤ 정서적 후원으로 아동만으로 구성된 세대에 대해서는 이웃에 거주하는 아동위원, 종교인, 지역 여성 지도자, 공무원 등을 후견인으로 지정하여 고충이나 애로사항을 의논하고 해결할 수 있도록 한다.

⑥ 결연기관(어린이재단)과 협조체계를 강화한다. 중복 지원이 발생하지 않도록 한다.

2) 아동급식 지원

① 목적 : 저소득가정의 아동들이 건강하고 행복하게 자라날 수 있도록 한다.
② 지원연령 : 18세 미만의 취학 및 미취학 아동
③ 지원대상 : 국민기초생활보장 수급자 및 차상위 저소득계층 중 가정사정 등으로 급식지원이 필요한 아동
④ 지원방법 : 아동(가정)의 취사능력 유무, 지역사회의 식사제공 가능시설 등을 고려하여 아동에게 맞는 방법으로 지원하지만 현금지급은 하지 않는다.

일부 초등교에 무상급식이 이루어지고 있으며 보편적 복지의 과도기에 있다.

3) 드림스타트

드림스타트는 지방자치제 중심의 지역사회 보건복지 파트너십을 구축하여 빈곤아동의 실제 욕구에 부응하는 맞춤형 통합서비스를 제공한다.

① 사업목표 : 빈곤아동에 대한 사회적 투자를 확대
② 추진 방향 : 첫째-건강, 영양, 안전의 증진과 학대, 방임아동의 보호, 둘째-아동양육과 인지능력을 향상시키는 포괄적 돌봄서비스 제공, 셋째-학습능력의 증진과 정서적·문화적 지원
③ 대상 : 0세(임산부)에서 만 12세 저소득 아동 및 가정, 욕구조사를 통해 대상아동을 선정하는데, 기초생활수급자 및 차상위계층 가정에 대한 우선 지원을 원칙으로 한다.

4) 아동발달지원계좌 지원

① 목적 : 빈곤의 대물림을 방지하고 건전한 사회인 육성을 위해 아동발달
지원계좌(CDA)를 도입하여 2007년 4월부터 사업을 시행하였다.

② 지원 기간 : 0세부터 만 17세까지

③ 비전 : 아동을 미래성장동력으로 육성하는 것이다.

④ 목표 : 아동에게 보다 나은 사회출발 여건을 제공하기 위한 자산형성과
경제교육을 지원하는 것이다.

⑤ 추진전략 : 아동의 자립(궁극적 목표)로 하여 자산형성 지원, 경제(금융)
교육, 후원활성화, 운영지원 체계를 확립한다.

⑥ 추진체계 : 보건복지부

5) 저소득층 학생 수능공부방 운영

① 목적 : 저소득층 학생이 EBS 수능방송을 시청할 수 있도록 학습공간과
부대장비를 제공하여 균등한 교육기회를 제공하는 것이다.

② 기본방침 : 저소득층 밀집지역과 영구임대주택 등 면학환경 취약지역에
우선 설치 및 지원하며, 운영경비를 지원한다.

6) 방과 후 학교

① 정규 교육과정 이외의 학교교육 활동이다.

② 주요 내용 : 도시에 비해 교육기회가 제한적인 농산어촌 학생들에게 다
양하고 수준 높은 교육 서비스를 제공한다.

7) 지역아동센터

(1) 지역아동센터

클라이언트가 이용하는 아동지역아동센터는 지역사회 내 보호를 필요로 하
는 만 18세 미만 아동을 대상으로 "지역사외의 아동의 건전 육성을 위하여

종합적인 아동복지 서비스를 제공하는 시설"이다.

지역사회센터를 이용하는 아동의 자격은 다음과 같다.

① 지역사회 내 보호를 필요로 하는 만 18세 미만의 아동
② 지역사회 내 결혼이민자가정의 아동을 적극 발굴하여 우선 이용하도록
   지원

(2) 지역아동센터의 현황

① 지역아동센터의 수 : 2004년 8월 244개소, 2006년 3월 1,796개소로 약 7
   배 이상 급증
② 이용하는 아동 수 : 244개소 6,661명, 2007년 2,615개소 7만 2,924명으로
   크게 증가

2010년에는 두 배로 증가하고 있다. 그러나 이용아동 수의 증가에 비해 지역아동센터 수는 증가하지 않았음을 알 수 있다.

제3절 빈곤가족

1. 빈곤가족의 개념

빈곤가족은 가족 전체 또는 가족 구성원들이 인간적으로 생활하는데 기본적으로 필요하다고 인정되는 자원이나 경제적 능력을 갖추지 못한 상태로, 심리적으로 손상되어 있으며 긴장상태, 억압상태, 박탈된 상태에 처해 있는 가족을 의미한다.

특히 일을 하거나 재산을 통해 얻은 소득을 기준으로 본 65세 이상 노인빈곤율이 최근 5년 새 최고치를 찍었다. 2017년 통계청, 한국은행, 금융감독원의 '가계금융 복지조사' 결과를 보면 65세 이상 노인빈곤율은 61.7%로 전년보다 1.5%포인트 상승했다. 기대수명이 세계 최고인 나라이면서 동시에 경제협력개발국가(OECD) 가운데 노인빈곤율이 가장 높은 나라이다.

세계의 불평등 상황을 다루는 기획기사를 연재 중인 영국 신문 가디언은 2일(현지시간) '한국의 불평등 모순 : 장수, 좋은 건강 그리고 빈곤' 제하의 기사로 이 같은 한국의 특이하고 모순된 상황을 보도했다.

1) 절대적 빈곤(Absolute Poverty)

절대적 빈곤은 1899년 영국의 Booth가 런던 동부의 빈곤도시 조사에서 처음 사용했던 용어로, 최저한의 생활수준을 영위할 능력이 없는 상태 또는 생활상의 필요가 충분하게 충족되지 않은 상태로 정의된다(권순원, 1998). 즉, 생활자원이 절대적인 기준인 빈곤선 혹은 최저생계비에 도달하지 못할 때의 상태이며 이는 빈곤을 객관적으로 측정하려는 시도이다. 절대적인 빈곤은 주로 기본적 욕구 방법과 음식비 비율 방법으로 계측되고 있다(김태성, 손병돈, 2002). 첫째, 기본적 욕구 방법은 의식주의 기본욕구를 해결하는데 드는 비용을 계산하는 방법이다. 이 방법은 필수품을 모두 고려하였다는 점에서 전물량 방식으로 불린다. 우리나라의 경우 최저생계비계측은 바로 이러한 기본적 욕구 방법에 따라 빈곤대책의 대상자 선정과 급여의 수준을 결정하고 있다. 둘째, 음식비 비율방법은 음식비가 소득에서 차지하는 일정한 비율을 빈곤선으로 산정하는 방법이다. 이는 엥겔방식이라고도 하는데, 이 방법에 따르면 높은 비율의 음식비를 사용하는 가구는 빈곤가구가 된다. 이 방법은 모든 필수품이 아닌 최저식료품비를 중심으로 구성하였다는 점에서 반물량 방식이라고 불린다. 현재 우리나라에서 공식적인 빈곤가구는 절대 빈곤층인 최저생계비 이하의 가구와 최저생계비 120% 이하에 속하는 차상위계층 정도를 의미하고 있다(한국여성복지연구회, 2005). 다시 말해 절대적 빈곤의 개념으로 빈곤가족이 정의되고 있으며, 매년 물가상승률을 감안하여 최저생계비(빈곤선)를 책정하고 있다.

객관적으로 결정한 절대적 최저한도보다 미달되는 상태를 말하는데 흔히 의식주 등 기본적 욕구를 해결하지 못하는 상태로 보고, 절대빈곤선 개념을 토대로 생존의 의미를 강조한다. 보통 최소한의 일일 칼로리 섭취량, 식품비가 가계지출에서 차지하는 비율(엥겔계수), 즉 최소한의 생필품을 구입하는데 필요한 소득 등으로 정해진다. 절대적 빈곤은 실질 경제성장이 계속되어 그 사회의 전반적인 생활수준이 향상되면 빈곤선 이하의 생활을 하는 사람의 숫자도 감소하게 된다.

2) 상대적 빈곤(Relative Poverty)

동일 사회 내의 다른 사람과 비교하여 적게 가지는 것을 말하는데, 이는 특정사회의 전반적인 생활수준과 밀접히 관련된 개념이어서 경제·사회발전에 따라 정책적으로 중시되며 상대적 박탈과 불평등의 개념을 중시한다. 상대적 빈곤을 주장하는 대표적인 학자인 타운젠드(p.townesend)는 상대적 빈곤을 "일상식품을 획득하고 사회활동에 참여하며, 그들이 속한 사회에서 관례적인 생활조건과 편의시설을 갖기에 필요한 자원이 결여되어 있는 사람"이라고 정의한다(김영모, 1992).

지표는 2011년 이후 개선세를 보였지만 지난해에는 저소득층 위주로 소득이 감소해 악화된 것으로 분석됐다.

예를 들면 통계청이 발표한 2016년 소득분배 지표에 따르면 지난해 지니계수는 0.304로 전년에 비해 0.009 증가했다.

지니계수는 소득 불평등도를 나타내는 지표로 0이면 완전 평등, 1이면 완전 불평등을 의미한다.

연령 계층별로 살펴보면 18~65세 근로연령층 지니계수는 0.279로 전년 대비 0.006 늘었다. 65세 이상 은퇴연령층도 0.387로 0.006 증가했다.

처분가능소득 5분위 배율은 5.45배로 전년에 비해 0.34배포인트(p) 늘었다.

소득 5분위 배율은 하위 20% 계층 평균소득이 상위 20%와 몇 배 차이가 있는지를 나타내는 지표로 소득격차를 볼 수 있다.

연령계층별로 보면 근로연령층 소득 5분위 배율은 4.48배로 지난해와 비교해 0.20배p, 은퇴연령층도 7.86배로 0.34배p 증가했다.

중위소득 50% 이하인 계층이 전체 인구에서 차지하는 비율을 의미하는 상대적 빈곤율은 14.7%로 전년 13.8%에 비해 0.9%p 늘었다.

근로연령층 상대적 빈곤율은 9%로 전년보다 0.5%p, 은퇴연령층도 47.7%로 2.0%p 증가했다.

"기초노령연금 확대 실시에 따라 2015년 지표가 좋아졌지만 그에 따른 기저효과와 함께 지난해 임시·일용직근로자가 많이 줄어 소득 부분에서 마이너스가 나타나는 현상이 전반적인 소득분배 지표를 나쁘게 만들고 있다. 다만 기초연금, 근로장려금, 맞춤형 급여 확대 등 정부 정책효과로 지니계수, 5분위 배율이 각각 0.049, 3.87로 개선됐다고 평가했다. 정부 정책효과는 시장소득기준 분배지표에서 처분가능소득기준 분배지표를 뺀 값이다.

기재부는 "일자리 창출을 최우선 과제로 소득창출기반을 강화하고 저소득층 중심으로 소득대비 및 불균형 해소에 최선을 다할 것"이라고 한다.

3) 주관적 빈곤

사람들이 자신들의 경제적 상황에 대한 자기평가에 근거하여 산출하는 빈곤개념으로 여론조사를 통하여 분석하고 산출하여 그 사회의 현실을 실제로 반영하는 빈곤이다.

한 사회의 빈곤 수준을 측정하는 방법 중 하나는 최저 소득수준을 정의하는 것이다. 이 수준 밑으로는 빈곤하다고 말할 수 있다. 한 가지 예가 '빈곤선'이다. 종종 하루 1달러 미만으로 언급되는 빈곤선은 어떻게 설정해야 할까? 경제학자들은 돈 자체보다 행복 혹은 '공익'과 더 관계가 있다고 생각한다. 따라서 기본적인 수준의 공익을 제공할 수 있는 정도, 즉 행복을 측정하기 위해 사용할 수 있는 주관적인 척도를 빈곤선으로 정의하려고 한다. 좀 더 객관적인 기준으로는 최저 칼로리 수준을 사용하는 방법이 있다.

중요한 것은 상대적 빈곤과 절대적 빈곤을 구분하는 것이다. 절대적 빈곤선은 생물학적 기준을 따를 가능성이 있다. 상대적 기준은 평균 소득 대비 특정 비율을 말한다. 소득은 상대적이기 때문에 언제나 빈곤층이 존재한다. 텔레비전과 휴대전화가 있다고 하더라도, 이 기준선 밑이면 빈곤층으로 분류된다. 여기에는 단점이 있다. 빈곤율이 높은 국가에서는 빈곤선보다 훨씬 낮은 수준에서 생활하는 사람들이 증가하는 것을 확인할 수 없다.

2. 빈곤의 문화적 의의

빈곤이 그 나름대로의 구조, 이론적인 근거에 의거하여 방어장치가 있다는 점에서 빈곤을 적극적인 개념으로 정의한다.

빈곤문화의 특징은 다음과 같다.

① 사회의 지배적 가치를 수용할 기회가 단절된다.
② 내적 · 외적 위험요인이 많아 불안정한 가족관계를 유지하는 경우가 상대적으로 많다.

③ 빈곤문화는 쉽게 체념하고 운명주의자가 되며 출세동기가 약하며 충동
   적이고 현재중심의 무책임한 생활을 하는 경향이 크다.
④ 세대 간에 전승되고 따라서 빈곤은 악순환 된다.

3. 빈곤가족의 발생요인 및 특성

1) 빈곤의 원인

여러 복합적 요인이 작용하며, 빈곤집단의 특성에 따라 상이한 요인들이 영
향을 미친다.

(1) 개인적 원인

① 자발적 원인 : 개인의 부적절한 생활태도나 도덕적 해이 등과 같은 개인
   적 결함에 기초한다.
② 비자발적 원인 : 개인적 요인이기는 하지만 사회구조적 요인들과 밀접히
   연관, 빈곤의 악순환을 초래하게 하는 원인이다.

(2) 사회적 원인

사회적 요인으로는 다음과 같다.

① 법적 제도의 잘못된 구조
② 조세제도에서의 재분배 기능 제대로 수행하지 못할 때
③ 불로소득이나 비정상적인 부의 축적이 만연
④ 사회보장제도를 포함한 사회복지정책의 부실
⑤ 태풍이나 해일, 지진, 화산폭발 등의 천재지변

월슨의 주장에 의한 사회적 요인은 다음과 같다.

① 사회구조적인 고립과 소외로 인해 기회구조에서 배제되기 때문

② 빈곤층 밀집지역에서 자활사슬반응이 경감

③ 범죄, 중독, 복지의존도 등이 증가

④ 지역사회에 대한 관심이 적어져 상호보호 어려움

⑤ 고용기회의 제한, 중산층의 도심 이탈, 성공적인 역할 모델 부재 등

2) 빈곤가족의 특성

(1) 인구사회학적 특성

① 빈곤의 노령화와 여성화

빈곤의 여성화는 가족 해체 및 이혼율의 증가와 노동 시장적 요소와 가족적 차원의 요인들의 복합적으로 연결되는 빈곤화 과정을 말한다.

빈곤의 노령화는 급속한 고령화와 생산양식의 변화, 가족해체 및 부양의식의 약화 등 가치관의 변화를 가져온다.

② 만성적 건강문제

건강과 직접적인 관련이 있는 여러 가지 물질적 조건의 악화는 가족기능을 약화시키고, 경제적·심리적 자원 고갈로 빈곤화를 초래한다.

③ 낮은 교육수준과 불안정한 직업

일반 가족보다 교육수준이 낮으며, 불안정한 직업 및 낮은 소득과 밀접한 관련이 있다.

(2) 심리사회적 특성

① 스트레스를 주는 환경적 조건과 사건과 관련 높음

② 가정폭력, 자살, 알코올이나 기타 약물중독 등의 복합적인 문제

③ 빈곤가족의 아동과 청소년의 특징으로는 적응과 유연성 떨어지고, 부정적인 정서발달을 통해 정상적인 발달과업 이루는데 어려움 많다는 것과 절망감, 우울, 스트레스, 행동문제, 또래갈등, 학업부진과 중퇴 등의 문제를 유발하고 나아가 약물사용, 비행, 폭력범죄 등을 유발한다.

(3) 가족관계적 특성

① 가족해체를 경험 또는 빈곤화되는 과정에서 가정이 해체

② 부부관계 : 폭력과 불화의 특성

③ 부모자녀관계 : 방임과 부적절한 양육태도의 특성

4. 우리나라의 빈곤가족 현황

1) 우리나라 빈곤가족 대상

우리나라의 빈곤가족은 최저생활비 이하인 기초생활보호법 대상자와 최하위계층과 최저생계비 120%에 속하는 차상위계층을 의미한다. 우리나라 빈곤가구는 지역의 특성에 따라 차이가 심하여 지역에 따른 빈부격차를 보이고 있다. 서울, 울산은 광역시 가운데서도 가장 낮은 수준에 있으며, 전라남도와 북도는 가장 높은 기초생활 수급률로 최대 3배 이상의 차이를 보여주었다.

2) 빈곤가족의 실태와 문제점

빈곤가족의 실태와 문제점에는 복합적인 가족문제 및 불안정한 직업, 만성적인 건강질환, 열악한 주거 공간이 있다.

(1) 복합적인 가족문제

가족의 빈곤은 그들의 가족체계 문제나 환경적인 문제와 같은 다양한 문제들과 연결되어 있다. 다양한 문제를 지닌 빈곤가족의 경우 외부 체계의 행동은 가족의 내부 체계를 이해하는데 매우 중요하다. 빈곤가족은 불충분한 소득으로 인해 생활고에 시달리고, 맞벌이가족의 경우 취업과 가사, 자녀양육 등 역할의 과중으로 인해 육체적 · 정신적 피로가 누적된다. 또한 빈곤가족의 가구주는 불안정한 취업 속에서 생계유지라는 현실적인 문제를 벗어

나기 위해 알코올에 의존하거나 가정폭력으로 이어지기도 한다.

(2) 불안정한 직업

낮은 교육 수준은 그들의 직종 및 소득과 밀접한 관계가 있다. 또한 우리나라 빈곤가구는 대부분 농촌 영세민 출신의 도시 이농자들이기 때문에 특별한 기술을 갖지 못한 미숙련 단순 노동자들이 많다.

(3) 만성적인 건강질환

저소득층의 경우 열악한 주변 환경과 불충분한 영양섭취로 인하여 건강이 악화될 확률이 높은데, 이러한 건강의 악화는 경제적으로 자립할 수 있는 능력을 저해하여 빈곤에서 벗어나지 못하게 한다.

(4) 열악한 주거 공간

선진국에 비해 공공임대주택 재고비율이 낮은 우리나라에서 저소득층의 주거 욕구 충족은 어려운 실정이며, 외환위기 이후 소득에 따라 주거 수준의 격차가 점점 증가하고 있다.

3) 빈곤가족에 대한 대안

(1) 생활보호대책

① 빈곤문제

우리나라의 경우에는 빈곤가족의 경제적 측면을 우선으로 해서 사회복지와 관련하여 공적부조의 대상자를 중심으로 빈곤가족을 파악하는 편이며, 일반적으로 인정되고 있는 절대 빈곤가족은 생활보호법 대상자로 선정된 사람들이 살고 있는 가족이다.

빈곤에 의해 발생되는 가족문제는 매우 다양하며 복합적인 문제를 발생시키고 있으며 이러한 가족문제는 개인적 차원에서만이 아니라 사회적 차원으로 확대되고 있다. 우리나라에서 빈곤가족을 위한 사회복지정책은 절대 빈곤가족을 대상으로 하는 생활보호법이 있으며 상대적 빈곤가족에 대한 정책은 거의 전무한 상황에 있다. 그러나 절대적이든 상대적이든 빈곤가족의 문제를 해결하는 일차적인 해결방법으로는 우선 경제적 문제에 대한 것으로 국가차원에서의 정책적 지원이 필요하다. 동시에 빈곤가족이 당면하고 있는 정서적·심리적 문제를 해결하기 위한 프로그램 개발 등을 들 수 있다.

② 빈곤가족

우리나라의 빈곤가족에 대한 대책은 두 가지로 구분된다. 하나는 빈곤선 이하의 빈곤가족의 최저생활을 보장하는 생계보호는 빈곤에 대해 대응적이고 사후적이며 직접적인 대책으로서의 특성을 가진다. 다른 하나는 빈곤층을 대상으로 빈곤의 예방이나 빈곤으로부터의 탈피를 목적으로 하는 자활지원인데 이는 생계보호에 비하여 예방적이고 사전적이며 간접적인 대책으로서 대상자의 노동능력 및 자립의지의 유무가 중요한 변수가 된다.

절대 빈곤가족을 위한 정책수단은 공적부조 정책으로서 생활보호사업이 중심이 된다. 우리나라의 보호사업은 근로능력이 없는 자에 대해서 최저생활을 보장하고 근로능력이 있는 자에 대해서는 근로능력을 개발하여 자립기반을 마련할 수 있도록 지원하는 데 초점을 맞추고 있다.

③ 생활보호대상자

거택보호대상자는 생활보호대상 세대로서 ㉠ 65세 이상 노쇠자, ㉡ 18세 미만의 아동, ㉢ 폐질 또는 심신장애로 인하여 근로능력이 없는 자, ㉣ 임산부, 기타 생활이 어려운 자로서 보호기관이 법에 의해 보호가 필요하다고 인정하는 자로 구성된 세대 또는 이들과 50세 이상의 부녀자로만 구성된 세대이다.

시설보호대상자는 생활보호대상자에 해당하는 자로서 주거가 없거나 주거가 있어도 그곳에서는 보호를 행할 수 없어 보호시설에 수용된 자이다. 자활보호대상자는 생활보호대상자 세대로서 거택 및 시설보호대상 세대가 아닌 세대의 세대원, 즉 근로능력자를 가진 생활보호대상 세대이다.

교육보호는 취학적령기에 있는 생활보호대상자의 자녀에게 적정의 교육기회를 부여하여 장차 이들이 사회에서 정상적인 근로능력을 가지고 자활해 나갈 수 있도록 중학교 및 실업계 고등학교의 수업료 및 입학금 전액을 국가가 지원하는 사업을 말한다.

이러한 빈곤가족에 대한 생활보호사업의 문제는 다음과 같다.

먼저, 기본적으로 최저생계비 이하의 자산과 소득을 지닌 절대빈곤층을 대상으로 하는 정책으로 절대적 빈곤을 벗어난 저소득층 가족은 복지대상에서 제외되고 있다. 국가가 정한 절대빈곤층인 생활보호대상자는 전국민의 3.3%에 불과하다. 이러한 정책대상은 전체 인구의 14~15%의 저소득층 인구의 삶을 국가가 보장해 주는 선진국의 경우와 비교해 볼 때 크게 부족하다.

둘째 선정기준 또한 너무 획일적이어서 지역별, 가구규모별 차이에 따른 고려를 하지 못하고 있을 뿐만 아니라 매년 정부의 예산규모에 맞추어 정부지원을 받을 수 있는 절대 빈곤선이 결정되므로 그 양적·질적 의미를 확보하지 못하고 있는 실정이다.

셋째, 교육보호의 경우 의료보호와 함께 법정 영세민 특히 자활보호 및 의료부조대상자의 자녀들 중 중학생, 실업계 고등학교 학생의 전학년 학비를 전액 지원하는 것으로 빈곤가족에게 실질적으로 도움을 주는 것으로 평가되고 있다. 그러나 수업료 이외에 들어가는 사교육비, 즉 기타 학비 부담으로 많은 교육비 지원을 희망하고 있다.

앞으로 빈곤가족의 복지대책은 기본적으로 최저생계비 이하의 자산과 소득을 지닌 절대빈곤층만을 대상으로 하는 정책에서 벗어나 일반 빈곤층을 대상으로 하는 정책이 필요하다.

(2) 자립지원 프로그램

① 고용안정과 소득향상을 위한 대책

빈곤가족의 사회·경제적 특성 중 과거로부터 변화하지 않는 특성 중의 하나는 상당수의 빈곤가구주들이 직업이 없거나 저생산성 노동을 하고 있다는 점이다. 이들의 노동은 안정된 취업형태가 아니라 일일고용 또는 임시고용으로 고정수입이 거의 없으며 계절적 실업 등에 의해 생계가 불안정하다.

따라서 빈곤가족이 불안정한 생활에서 탈피하기 위해서는 고용안정과 소득향상을 위한 대책이 필요하다.

② 안정적인 주거생활 보장

주택부족의 문제는 빈곤층뿐만 아니라 대부분의 중산층 이하의 문제이기는 하나 특히 빈곤층에게 심대한 생활위협을 주고 있다. 빈곤층의 주거비 부담은 일반소득계층에 비해 크게 높다. 주거비 부담은 빈곤층 부채의 주요 원인이 되며 교육비를 크게 앞서고 있다. 이러한 이유로 1989년부터 법정 생활보호대상자를 대상으로 영구임대아파트가 보급되고 있으나 이것 역시 절대빈곤층 이외의 저소득층과는 거의 무관하다.

이러한 우리나라의 주거상황으로 인한 현재 전·월세 상승과 빈곤가구의 주거불안은 단순히 물량 위주의 주택공급이나 민간자본의 동원으로 해결될 수 없으며 보다 장기적이고 종합적인 대책의 수립이 요청된다. 이를 위해서는 첫째, 빈곤층의 욕구와 능력을 고려하여 임대주택의 공급과 동시에 임대료 부조 그리고 전세금 융자와 같은 혼합된 주거보호정책을 채택하는 것이 효율적이다(서문희, 1995L171). 그리고 공공임대주택의 평형을 다양화한다. 즉, 소득수준에 따라 임대료, 관리비의 차등적용, 주택보조금제로를 실시한다.

둘째, 불량주거지 재개발시 강제철거를 금하고 순환식 재개발을 실시하며 주민의 의견을 존중하여 그들의 참여를 합법적으로 보장한다.

셋째, 빈곤가족을 대상으로 한 종합주택금융제도를 개선한다.

③ 의료보장제도 정비

빈곤가족과 밀접하게 관련되어 있는 의료보험제도는 농어촌 및 도시지역의료보험이다. 지역의료보험의 재정은 소득, 재산, 가구원 수 등을 기준으로 등급별 정액을 각 가정에 부과하며 총 재정의 50%는 정부가 부담하고 있다. 빈곤가족의 경우 가족구성원 또는 가구주의 만성병 이환은 이들의 소득능력을 감소시키고 지출범위를 제약시킨다. 더욱이 만성병 이환 정도뿐만 아니라 상당수의 빈곤가구들이 여러 가지 만성병의 합병증에 걸려 있어 질병치료에 어려움을 겪고 있어 경제활동뿐만 아니라 사회활동 자체를 제약받고 있는 가구들이 적지 않다. 또 급여내용에서 진료시 비용의 20~55%는 본인이 부담하여야 하며 현행 의료보호, 의료보험제도가 중요한 필수항목인 검사료 등 비급여 서비스 부분이 많아 치료의 본인부담이 빈곤층에게는 과중한 실정에 있다.

따라서 현재 시행되고 있는 의료보장제도는 정비되어야 할 필요가 있다. 즉, ㉠ 재산과 소득을 기준으로 누진등급제 도입, ㉡ 빈곤가족 밀집지역 내 공공의료기관의 대폭 확충, ㉢ 임시·일용노동자의 상별수당 실시, ㉣ 임산부 산전진찰의 의무화, ㉤ 전 국민에게 건강진단의 제공, ㉥ 의료보험료의 본인부담금 인하, ㉦ 의료보호 제한기간의 철폐 등이 요구된다.

④ 교육 보호 프로그램 : 빈곤가족 아동·청소년에 대한 교육 및 사회적 보호에 대한 대책

교육보호는 빈곤층 자녀들에게 중등교육을 제공함으로써 시장경제에서의 취업 이전에 교육기회의 평등을 증진시키고 사회에 양질의 노동력을 배출하고자 하는 측면에서 중요한 의의를 지니고 있다. 또한 생활보호대상 가족의 경우 자녀의 성장과 취업은 빈곤탈피에 중요한 요소이다.

⑤ 직업훈련 프로그램 : 직업훈련 강화

빈곤정책에는 직접적인 소득지원정책과 함께 노동능력이 있어 자활이

가능한 저소득층을 위한 생산적 자립기반 조성 지원정책으로 빈곤가족에 대한 취업기회의 확충과 취업능력 제고 정책이 중요하다.

우리나라의 경우 생활보호대상자 직업훈련의 지원대상자의 요건은 생활보호대상자 중 직업훈련이 가능하고 직업훈련기관이 정한 입소요건을 갖춘 자로 한정하고 있다.

그러나 이러한 시행에도 불구하고 대상자들의 입소신청률이 30%를 넘지 못하고 있다. 그 이유는 다음과 같다.

첫째, 대상가구가 극히 제한되어 있다. 현행 직업훈련제도는 저소득층 중에서 생활보호대상자 가구, 그 중에서도 자활보호대상자를 주 대상으로 지원하고 있으나 현실적으로 생활보호대상자 가구는 노동능력이 없는 가구를 대상으로 하고 있다. 따라서 생활보호대상가구에서의 직업훈련의 지원율이 낮을 수밖에 없다. 이런 점에서 볼 때 근로능력이 있음에도 불구하고 교육이나 기술, 숙련 등에 있어 노동의 질이 낮기 때문에 소득이 낮을 수밖에 없는 상대적 빈곤층을 대상으로 직업훈련정책을 확대하는 것이 정책의 효율성을 제고하는 방안이 될 수 있다.

둘째, 훈련 중 생계비 지원이 부족하다. 그러나 이러한 낮은 수준의 지원제도는 저소득층들의 최저생계유지를 위해서는 부족한 액수일 뿐 아니라 그 대상도 법정영세민인 생활보호대상자로 국한된다. 따라서 일일소득 생활자들인 일반 저소득층은 직업훈련에 따른 생계비 보조를 전혀 기대할 수 없는 실정이다. 대다수의 저소득층의 경우에는 직업훈련을 받고 싶어도 받을 수 없는 실정이다.

셋째, 훈련직종의 제한 및 장래성의 문제, 교육 효과를 고려하지 못한 훈련기간을 들 수 있다. 빈곤층이 빈곤으로부터 벗어날 수 있는 계기는 가구주에 의하기보다는 청소년 자녀의 취업에 있는 것으로 이들에게 직업훈련, 직업교육의 기회를 열어 주어야 한다. 즉 직업훈련을 통해 전문적인 기술을 습득함으로써 보다 많은 수입이 보장되도록 많은 대상 그리고 현실적으로 직업훈련을 이용할 수 있는 대상층에 문호를 개방하고 그들이 필요로 하는 정책적 지원을 제공해야 한다.

그리고 자활프로그램에 대한 보완적 프로그램으로 자립지원센터를 건립해야 한다. 자활프로

⑥ 빈곤가족관계 향상을 위한 프로그램 개발 및 지역사회 참여의 활성화

빈곤가족의 문제는 단순한 경제적 빈곤에 국한된 것이 아니라 정서적·심리적 문제와 복합적으로 나타난다. 특히 빈곤가족은 상대적 박탈감과 낮은 생활 만족도를 경험하고 있으며 이로 인해 긴장과 억압된 상황에 있게 된다. 따라서 이러한 문제는 치료적 서비스의 제공이 요구되는데 사회복지 전문가의 치료자의 역할이 특히 중요시된다.

치료적 서비스에는 빈곤가구주를 대상으로 하는 개별치료와 가족관계, 가족구조에서 오는 문제들을 해소하고 가구원 상호관계를 원만히 하여 가족 내 생활에서 응집력을 갖도록 해주는 가족치료 그리고 빈곤가족을 둘러싸고 있는 생활환경의 문제에 대한 환경치료가 있으며 이 이외에도 물질적·경제적 지원이 행해질 수 있다.

첫째, 개인치료의 경우 빈곤가구주에 관한 것으로 성장 발달과정을 중심으로 생활력을 파악하며 인성검사, 적성검사, 흥미검사를 비롯하여 각종 검사지를 활용하여 가구주의 개인적 특성을 알아본 검사결과에 따라 치료방법을 택하는 것이다.

둘째, 가족치료의 경우 빈곤가족이 당면한 문제, 가족구성원의 개별적인 사항에 대한 조사, 빈곤가족의 구조, 그리고 가족구성원 간의 상호관계를 조사하고 가족 내의 대화와 가족분위기에 대한 조사 그리고 가족의 목표 등을 조사하여 가족 치료에 있어 구체적인 목표나 계획을 세운다.

셋째, 환경치료는 빈곤가족의 주거환경과 문화생활 내용에서 문제가 되는 것이 무엇인가를 파악하여 어느 부문이 빈곤가족에게 바람직하지 못한 방향으로 작용하는지를 밝히고 여기서 변화 가능한 표적 체계가 어느 것인지를 파악하여 이를 중심으로 해결방안을 찾는 것이다.

그런데 빈곤가족에 대한 치료는 개인의 병리적인 문제보다는 전체 가족을 대상으로 하여 생활상의 문제로 보고 해결해 나가는 프로그램 개발이 중요하다.

따라서 앞으로 국가 차원에서 빈곤가족의 가족치료를 위해 전문적 상담 서비스를 제공함으로써 빈곤가족의 사회적·정서적 기능을 강화시키고 서로 간에 정서적으로 지지할 수 있는 자조집단을 형성하고 이를 지원해야 한다. 가족이 함께 있는 시간대를 고려하여 복지 서비스를 제공하고 알코올 중독, 정신질환, 가족폭행 등의 병리현상에 대한 가족치료 및 집단치료 프로그램을 실시하여 가족 내부의 문제를 완화시키고 결속력을 강화시킨다.

빈곤 극복은 자발적인 참여가 중요하므로 빈곤을 극복한 경험이 있는 사람들을 훈련하여 빈곤지역 자립자조활동을 위한 지도자 역할을 수행할 수 있는 프로그램을 개발할 필요성이 있다. 우리나라 대부분의 사회복지기관은 지역사회와 유리되어 재정의 상당부분을 정부에 의존함으로써 지역사회 주민의 참여를 얻어내려는 노력을 등한시하는 경향이 있으므로 지역사회 지도자의 협조를 얻어서 소집단을 조직하고 자조·자립 활동을 자발적으로 할 수 있도록 빈곤가족을 측면에서 도와주는 프로그램이 개발되어야 한다.

첫째, 아동의 발달적 측면에서 아동빈곤을 퇴치하는 것은 중요하다. 아동의 정서적 발달과 지적 발달의 경우, 아동이 태어나서 처음 몇 년의 역할이 일반적으로 생각했던 것보다 더 중요한 것으로 밝혀지고 있다. 노동력이 생산성과 경쟁에서 크게 불리하게 된다.

이러한 아동발달의 측면과 국가의 사회·경제적 측면으로 봤을 때 아동빈곤은 그들만의 문제가 아니라 사회 전체가 공유하고 지원해야 하는 사회적인 문제로 시급하게 다룰 필요성이 커지고 있다. 따라서 아동빈곤의 원인과 향후 대책마련에 대해 알아보고자 한다.

가정폭력과
가족복지의
이해

제1절 가정폭력의 개관

제2절 가정폭력 및 실태

제3절 학대원인과 실태

제1절 가정폭력의 개관

1. 가정폭력의 개요

가족 구성원 중의 한 사람이 다른 사람에게 의도적으로 물리적인 힘을 사용하거나 정신적인 학대를 통하여 고통을 주는 행위이다.

여성가족부는 행복한 가정을 통한 건강한 사회를 만들기 위해 가정폭력사건 초기 대응강화와 피해자 보호에 중점을 둔 「가정폭력방지 종합대책」을 세우고 관리하기도 한다.

「가정폭력방지 종합대책」은 크게 ① 피해자 보호기반 구축, ② 가정 폭력 재발방지, ③ 피해자 및 가족보호기능 강화, ④ 가정폭력 근절 문화 확산 등 4개 전략과제에 12개 대과제와 45개 세부과제로 기획되어 있다.

정부에서는 가정폭력을 사회적 범죄로 규정하고 피해자 보호를 위해 지난 1997년 관련 법률을 제정하였으나 아직도 가정폭력을 한 개인 또는 가정의 문제로만 생각하는 의식이 강해 가정폭력사건 발생 시 미온적으로 대응한 결과, 피해자에 대한 보호·지원이 소홀하고 가정폭력범죄가 근절되지 않고 있다.

가정폭력이라 함은 가정구성원사이의 신체적, 정신적 또는 재산상 피해를 수반하는 행위를 말한다.

가정폭력(domestic violence, domestic abuse, spousal abuse)은 동거관계인 배우자 또는 내연관계의 사람이나 부모, 자식, 형제 또는 친척 등의 가족간에 행해지는 폭력을 말한다.

가정폭력의 범주는 신체적, 정신적 손상뿐만 아니라 자아존중감을 해치는 언어폭력, 성적 학대, 경제적 학대, 방임과 유기가 포함된다.

가족 개요근친자에게 행하는 폭력적인 행위 또는 폭력에 의해 지배하는 행위 전반을 이렇게 일컫지만, 여기서 말하는 학대에는 다음의 종류가 있다.

① 신체적 학대이다. 때림, 발로 참, 밀침, 머리 잡아당김, 짓누름, 목을 조름, 물건으로 때림, 물건을 부숨, 끓는 물이나 찬 물 뿌림, 담뱃불 들이댐, 침을 뱉음, 방에 가둠, 다쳤는데도 병원에 보내지 않음, 그 밖의 일방적인 폭력행위 등이 있다.

② 정신적 학대이다. 겁을 주거나 일상적으로 욕함, 무시함, 무능하며 쓸모 없다고 욕함, 남 앞에서 결점을 드러냄, 친구와 만나지 못하게 함, 일거수일투족 감시, 꺼지라며 위협함, 떠나겠다거나 자살을 하겠다고 협박, 아이나 형제를 죽인다고 위협함, 애완동물을 학대하는 등 스트레스가 되는 행위를 되풀이한다.

③ 성적 학대이다. 성교의 강요, 피임을 하지 않음, 특별한 행위를 강요함, 이상한 질투를 함, 그 밖의 일방적인 행위를 근친간 강간이라 부른다. 낙태 찬성자들은 낙태를 시키지 않는 것도 이 중에 포함된다고 한다.

④ 경제적 학대이다. 직업을 갖지 못하게 함, 생활비를 주지 않음, 지출한 내용을 세세히 체크함, 집안의 돈을 가지고 나감, 무계획한 빚을 되풀이해서 낸다.

⑤ 사회적 격리이다. 근친자를 친가나 친구들로부터 격리시킴, 전화나 편지의 발신자 및 내용을 집요하게 캐묻거나 외출을 방해한다.

이런 폭력·학대행위의 현장에 아이들이 있는 경우가 있다. 아이들에게 폭력을 보여주는 것도 피해자와 아이 양쪽에 대한 학대이다. 아이들이 있는 가정에서 폭력행위가 발생한 경우 약 70%의 가정에서 학대를 받는 어머니를 아이들이 목격하고 게다가 그중 30%의 아이들이 실제로 아버지 등으로부터 폭력 행위를 당하고 있다는 보고가 있다. 남녀의 관계의 경우, 구미에서는 예전부터 여성측의 폭력에 대해서도 관심을 가지고 있다. 이런 근친자에 의한 폭력은 '부부싸움은 칼로 물베기'라고 하여, 경찰은 '민사의 문제'라며 개입에 소극적이었다. 하지만 법률의 시행을 계기로 대응이 바뀌어 개입하는 일도 늘었다.

가정폭력이라는 말속에서는 어떤 성적, 연령적 특성을 찾아볼 수 없다. 하지만 현실에서는 압도적으로 남성의 여성 배우자에 대한 폭력의 비중이 높게 나타나며, 부모의 자녀에 대한 폭력, 성인 부부의 노인 보모에 대한 학대와 유기가 그 다음을 차지한다. 즉, 아내에 대한 구타, 자녀에 대한 학대, 노부모에 대한 학대가 대표적인 유형으로 나타난다. 장애인을 둔 가정에서 장애아에 대한 폭력이 자행되기도 한다. 요컨대 가장 전형적인 가정 폭력은 그 가정의 가장이 자신의 배우자와 자녀를 포함한 가족 성원들에게 행해지는 것으로 나타난다. 가정폭력은 가족 구성원에 대한 육체적, 정신적, 성적 피해를 야기하는 행위를 말하며, 그 전형적인 피해자에 따라 아내, 자녀, 요보호자에 대한 폭력으로 나눌 수 있다.

2. 가정폭력의 특성

가정폭력의 특성은 다음과 같다.

1) 은폐성

가정은 사적인 영역으로서 가족 외 다른 타인이 개입하거나 관여할 수 있는 상황이 아니라는 인식 때문에 많은 폭력문제들이 장기화되고 드러나지 않는다.

2) 연속성

모든 폭력은 경미한 수준에서 매우 심각한 수준에 이르기까지 일련의 연속선상에 배열되면서 확대되어 간다.

3) 상습성

폭력이 반복될수록 부부간 혹은 가해자와 피해자 간의 화해와 단계가 줄어들거나 없어지고 폭력의 주기가 빨라지는 특성이 있다.

4) 세대 전수성

가정폭력은 학습성이 강하다. 배우자와 자녀를 구타하는 남성의 경우 부모로부터 폭력경험 비율이 50.6%로 보고되었다.

3. 가정폭력이론

1) 개인적 이론

가정폭력을 개인의 정신병리학적 산물이거나 알코올 혹은 약물중독에 따른 비정상적 행동, 또는 가학적 행동의 결과로 본다.

2) 사회심리적 이론

폭력의 원인을 다른 사람 또는 다른 집단과 같은 사회적 환경과의 상호작용에서 찾으려는 이론으로 사회학습이론, 좌절·공격이론, 교환이론 등이 대표적이다.

(1) 사회학습이론

가정폭력은 인간의 다른 행동과 마찬가지로 학습된다는 것이다.

(2) 좌절·공격이론

인간을 포함한 모든 유기체는 어떤 목적이 있는 활동이 제지당했을 때 그 목표를 방해한 대상에 대해 공격적인 행동을 한다는 것이다.

(3) 교환이론

사람들은 공평의 원리에 의해 인간관계를 맺으려고 한다는 것이다.

(4) 가족체계이론

가정에서의 폭력을 커다란 체계의 한 부분으로 존재하는 복잡한 상호작용의 결과로 간주한다. 체계이론에 의하면 폭력은 개인적 병리나 학습의 결과가 아니라 체계의 산물이다.

(5) 페미니즘이론

기존의 이론이나 관점들과 달리 페미니즘이론에서는 가정폭력이 성차별적 사회구조에서 기인되는 것으로 본다.

제2절 가정폭력 및 실태

폭력이란 다른 사람에게 의도적으로 또는 잠재적 의도성을 가지고 힘을 사용하여 상대방에게 신체적 상해를 입히는 것을 의미한다. 그리고 이러한 폭력이 1차 집단인 가정 내에서 그 구성원 사이에서 발생할 때 이것을 '가정폭력'이라 한다.

1. 가정폭력의 실태

가정폭력 중에서도 아내폭력은 전체 가정폭력 피해의 95%를 차지할 만큼 가장 많은 피해 대상이 되고 있다. 그런데 아내구타에 대한 연구조사에서 밝혀진 바에 따르면, 우리나라 가정주부의 절반 이상이 결혼 후 남편에게 구타당한 경험이 있다고 한다. 조사대상가구 약 5.6%가 남편에 의한 폭력이 발생하고 있는 것으로 추정된다. 조사에 의하면 남편 3명 중 1명꼴 즉, 29.7%가 지난 한해 동안 1회 이상의 폭력을 행사했으며, 심각한 폭력의 경우는 100명 중 8명의 아내가 한해 동안 남편에 의해 구타를 당했다는 결과를 얻었다고 한다. 이 같은 우리 사회의 아내구타현상을 미국의 경우와 비교해 보면, 미국보다 약 3배 가량 더 높은 것으로 나타나 우리 사회에 가정폭력이 만연해 있음을 단적으로 보여주고 있다.

그런데, '98년 7월 1일 「가정폭력범죄의처벌등에관한특례법」이 시행된 이후 경찰청에서 집계된 자료에 의하면 가정폭력사범은 지속적인 증가 추세를 보이고 있다.

이 같은 증가 추세는 IMF 경제위기에 따른 실직, 경제적 어려움 등으로 인한 가정의 해체 등에도 원인이 있겠으나, 대부분의 가정폭력사범이 피해자의 신고에 의하여 검거됨을 감안할 때 그동안 '수치심 때문에', '가정 내의 문제'라는 이유 등으로 은폐되거나 방치되어 왔던 가정폭력에 대한 피해자들의 인식이 「가정폭력방지법」의 시행 등으로 경찰 등 관련기관에 적극적인 도움과 개입을 요청하게 된 결과로 판단된다.

우리나라에서는 아내학대(wife-abuse)와 가정폭력(domestic-violence), 아내구타(wife-battering) 등의 용어들이 구별없이 쓰여지고 있다. 그러나 학대(abuse)는 개인에게 손상을 입히는 신체적·비신체적 행위를 포함하고, 구타(battering)는 실제적으로 신체적 폭행의 심한 공격행위를 나타내는 말로 주로 쓰여지고 있으며, 폭력(violence)은 신체적 격의 모든 행위를 일컫는 말로 쓰여지고 있다(한국여성개발원, 1993 : 10).

우리나라에서 여성폭력은 여성의 인권적인 측면보다는 유교적 틀 안에서의 가족주의를 바탕으로 접근하고 있기 때문에 그로 인해 생겨나는 모든 법이나 제도 등도 가족의 해체를 막고자 하는 의도에서 재정된 것이 많다.

여성의 폭력 문제에 있어서 유교적 가부장적인 가족 유지를 중심으로 한 대책들은 피해여성의 인권과 함께 존재하기가 어렵다.

가족의 의미나 개념이 소중한 것은 어느 사회나 마찬가지겠지만 유교적 가부장적 가족 구성원의 위치가 뿌리 깊은 우리나라 사회에서는 가족 구성원 사이에 권력이나 힘의 균등함이 존재하기보다는 성별과 연령에 따른 불평등한 관계를 묵시적으로 인정하면서 출발하기 때문에 여성폭력에 대한 근본적인 재해석이 필요하다.

여성이 가족 내에서 어머니나 아내의 정체성 이전에 한 인간으로서의 정체성을 먼저 찾고자 하고 가족 구성원들 사이에 또한 발전하여 이 사회에서 한 여성을 한 인권으로 인정하고자 하는 우리들의 사고의 재정립이 필요한 것이다.

2. 이론적 관점과 가정폭력의 원인

1) 정신병리학 이론

개인 내적에서 비롯되는 가정폭력에 관한 가장 오래된 이론이다. R.J. Gells & Straus는 구타 행동을 충동, 빈약한 좌절 인내, 낮은 자아존중감, 부적절한 감정, 친밀감에 대한 공포 또는 제대로 양육 받지 못한데서 기인한 발달 지체와 같은 기저에 있는 문제들 탓이라고 본다. 즉 아내구타자의 비정상적 혹은 자기 내적 결함에 의해 폭력이 야기된다고 가정한다.

2) 사회학습이론

사회심리적 관점에서 사회학습 이론가들은 모방을 통해 구타 행동이 강화되는 기회를 강조하고, 인지행동 이론가들은 구타 행동을 지지하는 신념이 어떻게 내면화되는지를 강조한다. A. Bandura, Steinmetz는 학습이론 관점에서의 개입은 구타자가 어떻게 현재의 행동을 배우고 보상받았는지를 가르쳐서 그들의 행동이 병리적인 틀에서 벗어나게 하고, 그들에게 학습할 기회를 주며 새로운 행동과 지지적인 신념들로 보상받게 하는 것이다.

3) 체계이론

사회구조적 관점에서 Straus는 일반체계이론을 적용하여 가정폭력을 설명하였는데, 가정폭력을 개인적 병리현상이라기보다 가족체계의 결과 내지 산출로 취급한다.

4) 하위문화이론

S. Walby는 저소득층 남성에 비중을 두어 하위문화이론을 설명한다. 즉 저소득층 남성은 주류문화에서 소외되므로 다른 가치를 창출하는데, 폭력을 상습적인 자질로 받아들이게 된다는 것이다. 따라서 이 사회의 주류문화가 요구하는 가치를 성취하기 어려울 때, 사람들은 그것을 거부하고 도달하기

쉬운 대안문화를 발전시키는데 남성은 마치스모(machismo)와 신체적 우월성에 가치를 더 두고 폭력을 행사한다는 것이다.

5) 여권론적 이론

사회는 성의 차원에 따라 구조화되는데, R. Dobalish & R. Dobalish, 지배계급으로서 남성은 중요한 물질적, 상징적 자원에 접근하는 반면, 여성은 부차적이고 열등하며 가치가 낮게 인정된다. 남성의 삶, 가치, 태도들이 규범으로 채택됨에 따라, 여성의 경험은 열등하고 잘못된 것으로 정의되기도 하고 눈에 띄지 않게 되는 것이다. 또한 사회계급, 인종에 따른 차별이 남성들 사이에 존재할 지라도, 모든 남성은 잠재적으로 여성을 복종시키는 강력한 수단으로써 폭력을 사용할 수 있다. 개인적으로 남성이 자신의 파트너에게 신체적 폭력을 사용하는 것을 자제할 지라도, 낯선 남자 뿐 아니라 남편, 애인으로부터 폭력을 당할 것에 대한 두려움으로 인해 여성들의 삶은 억압되므로, 하나의 계급으로서의 남성은 혜택을 받는 것이다.

3. 한국사회의 가정폭력 원인

1) 가정 내에서의 잘못 고착화된 성역할 규범

가정 내에서 여성 폭력은 가정 내에서의 남편과 아내의 성 역할 규범의 잘못된 인식에서부터 그 뿌리가 있음을 발견하게 된다. 가해 남편은 아내폭력을 아내의 잘못을 바로 잡아야 하는 남편으로서의 권리와 의무, 남편으로서의 역할 수행 중 하나의 수단으로 인식하였다. 가해 남편이 주장하는 폭력의 이유는 모두 여성의 가족 내 성 역할 규범과 관련되어 있다.

남성과 여성은 가족제도를 통해 남편과 아내라는 성별화된 정체성, 지위, 역할, 노동을 수행하는데 가정 내에서의 여성폭력은 남성과 여성의 성별화된 역할 수행 과정에서 발생하며 그 역할 규범에 의해 정상화 된다.

산업화, 도시화, 서구화로 인하여 우리 사회의 가족이 크게 변화하였다. 즉 한국가족은 소규모화 되고 핵가족화 되었으며, 가족형태가 다양화되고, 가족기능이 축소되었을 뿐만 아니라 가족주기와 가족가치관 역시 달라졌다. 평균가구원수가 '70년 5.2명에서 '90년 3.8명으로 줄어들었고, 3세대가족이 급감하면서 2세대 핵가족이 '90년 66.3%, 2000년엔 54%에 달하고 있다. 특히 1세대가구의 경우 같은 기간동안 8.3%에서 16.7%로 증가하였다.

이와 같이 가족 수의 소규모화와 가족형태의 변화로 인해 자녀양육기간이 단축되고, 노인부부로 살아가는 시기가 길어지는 등 가족주기가 변하였다. 동시에 가족기능의 사회화, 가족 수의 소규모화로 인해 여성의 가사노동 부담이 줄어드는 등 가족기능이 축소되었다.

또 가족관도 전통적 가족주의에서 자아실현을 중시하는 개인주의로 전환되고 가족관계도 예전에 비해 평등하고 민주적인 방향으로 바뀌고 있다.

그러나 가부장적 사회구조 아래의 전형적인 가족역할 구조는 사회화를 통해 여전히 성차별주의를 재생산해내고 있다.

또 이러한 가족의 변화와는 달리 여성들은 큰 모순을 경험하며, 여성에게 주어진 이중역할 즉 주부와 직장인으로 인해 엄청난 고통을 겪고 있다.

그 결과 여성의 인권 내지 복지권에 대한 인식이 높아지게 되고, 인간다운 삶을 향한 욕구가 늘어남에 따라 여성의 능력개발과 사회참여를 위한 개인적, 가족적, 사회적, 국가적 차원의 사회지원체제로서 여성복지의 필요성이 증대되고 있다.

2) 인간중심적이 아닌 가족중심적인 잘못된 사고

여성의 생각조차도 남편의 폭력을 부부생활의 일부로 수용하면서 폭력자체를 사소화 하거나 질병 등 다른 종류의 문제로 치환하여 인식함으로써 폭력을 견디는 근거를 마련하여 자신에게 합리화시킴으로써 처음에는 인권으로서의 권리를 주장하고 폭력자체를 인정하지 못했던 여성들이 그런 성역할에 길들여졌거나 이 사회의 인식 속에서 당연히 자신이 희생할지라도 자신보다는 가정의 유지가 먼저라는 사고 속에서 스스로 폭력자체를 그럴 수 있는 어떤 수단으로 여겨 참으면 언젠가는 나아지겠지 하는 막연한 기대감으로 살아가게 만들고 있다.

이런 사고를 가지고 있는 여성은 폭력에 노출될 경우 그 폭력을 해결하기 위해 가족 내에서의 자신의 성역할에 더욱 충실코자 노력하지만 이러한 모순된 노력은 가족 내의 잘못된 권력의 관계에서 폭력 발생 지점을 이동, 순환시킬 뿐 폭력 자체를 멈추게 할 수 없다.

이런 피해여성의 탈출의지는 아내나 어머니의 역할과 충돌하게 된다. 이 충돌 과정에서 여성들은 가족 내의 아내, 어머니로서의 정체성으로 마음이 기울어져 폭력에서 벗어나지 못하게 된다. 폭력이 싫지만 그 폭력을 떠날 수 없는 상황 속으로 자신을 밀어넣게 된다.

우리나라에서의 여성은 가족 내 성역할 수행이 여성의 인권보다 우선시 되면서 아내나 어머니로서의 의무나 역할이 인간의 기본권이 맞지 않을 권리는 인식조차 하지 못하는 사회 문화 속에서 살고 있다.

그렇게 잘못된 사회관습과 올바르지 못한 자아 정체성 속에서 그 탈출의 욕구는 잠재화 되어 더욱 커져만 가게 된다. 그 폭력의 순간순간을 참을 수 있을지는 모르지만 그 인내의 끝자락에 도달해서는 인간으로서 선택하지 말아야 할 일을 자신의 인내의 한계를 벗어나 자신도 모르게 선택하게 되는 경우도 종종 볼 수 있다.

이런 경우가 폭력에 참다참다 남편을 살해하거나 사위를 살해하게 되는 경우로 우리에게는 있지 말아야 할 패륜적인 사건처럼 보여지게 된다.

정작 그런 일을 저지르게 만든 원인은 본인의 잘못된 정체성에서도 찾아볼 수 있겠지만 우리 사회의 잘못 인식된 사회 전체의 문제라고도 볼 수 있다.

3) 사회구조적, 사회문화적 요인

① 가부장적 사회구조와 성차별 의식

② 여성의 소외와 폭력을 부추기는 문화와 대중매체

③ 사라져야 할 비교육적 학교폭력

④ 남편의 아내구타에 관대한 경찰 및 수사기관의 태도

⑤ 폭력에 대한 이웃과 주변의 무관심과 몰이해

제3절 학대원인과 실태

1. 여성 학대의 정의

Mullender는 학대를 남편에 의한 신체적, 성적, 정서적 학대로 보고 있다. 즉, 남편이 아내에게 일방적으로 가하는 넓은 의미의 손상을 의미한다. Masi는 아내 학대란 "부부 사의의 합의 하에 의해 일어난 가학적, 피학적 관계가 아니라 쌍방의 합의 없이 남편이 아내에게 신체적으로 손상을 입히는 행위"라고 하여 폭력행위의 관계를 중심으로 규명하였다. 우리나라에서는 폭력이 가족에게 적용되는 경우 학대와 동일하게 보고 있다. 즉, 아내에 대한 폭력을 부부간의 갈등 표출 방법으로 상대방에게 신체적으로 위협하거나 신체적인 손상을 가하는 행위라고 보면서 폭력과 학대를 동일시하였다. 따라서 우리나라에서 아내 학대는 핵가족에서나 확대가족에서 남편이 아내에게 가하는 언어적, 신체적, 정서적, 성적 폭력을 의미하는 것이다.

2. 여성 학대의 원인과 현황

1) 학대의 원인

(1) 기능주의 관점

기능주의적 시각에서 아내 구타의 원인은 구타자인 남편의 성격적 결함이나 질병에서 비롯된다고 본다. 구타자가 어렸을 때부터 구타를 당했을 경우 지속적으로 이루어진 가정 내 폭력으로 인해 개인의 사회화가 실패하였다고 생각하고 폭력이 학습되어져 가해자가 되었다고 본다. 기능주의에서는 사회문제를 '어떤 사회 체계가 사회화 과정과 결과에서 실패한 상태'라고 보고 사회문제의 원인도 개인과 사회 사회제도의 일부에 있다고 본다. 따라서, 문제의 개입에도 개인과 사회제도가 그 대상이 되어야 하고 이러한 맥락에서 볼 때 기능주의적 관점에서의 아내 학대의 해결책은 구타자를 대상으로 한 개인상담 치료 및 가족 치료, 아내 학대에 대한 잘못된 인식과 태도를 교정시키는 등의 개인적 측면의 개입이 필요하다. 사회제도적 측면에서는 피해자를 위한 법적 보호가 효과적으로 이루어질 수 있도록 하는 법적 조치 마련과 아내구타 등의 가정 폭력 문제를 다루는 단체들의 문제에 대한 계몽과 전문적인 서비스를 마련해야 하고 근본적으로 폭력을 용납하지 않는 사회 분위기가 만들어져야 문제가 해결될 수 있다고 본다.

(2) 갈등주의적 관점

갈등주의 시각에서는 '희소 자원의 불균등한 소유로 인하여 발생되는 갈등 현상'을 사회문제라고 인식하고, 사회문제의 원인은 불평등한 분배를 가져오는 사회의 권위와 권력의 구조라고 보고 사회제도의 재조직을 그 해결 방안으로 제시하는 관점이다. 따라서 갈등주의적 시각에서의 아내 학대의 원인은 우리 사회의 가부장적인 제도 하에 여성을 하나의 인격체로 인정하지 않는 데서 비롯된다고 보고 있다. 가정 내에서의 가정의 의사 결정권, 경제력, 권위 등의 희소 자원이 남편에게 불평등하게 분배되어 그 권력을 가지고 있는 남편이 희소 자원을 적게 소유한 아내에게 특권을 행사하게 된다. 그나마 소유한 자원을 착취한다고 봄으로 갈등주의론적 해결 방안은 가정 내의 권력 구조의 재조직, 즉 가정 내의 경제권이나 의사 결정권의 균등한 분배를 통한 불평등을 없애 동등한 지위를 부여하고, 피해자를 보호할 수 있는 강제성을 띤 법적 조치가 마련되어야 문제가 해결될 수 있다고 보는 입장이다.

(3) 상호주의적 관점

상호주의적 시각에서는 상징에 대한 합의의 불일치로 사회문제를 정의하고 있다. 사회의 한 집단이 다른 집단의 의미에 동의할 수 없는 것으로 규정하고 그 집단의 의미대로 행동하지 않는 것이라고 할 수 있다. 아내 구타는 가정에서 발생되는 갈등을 폭력으로 해결하려 하고 폭력으로서 피해자의 우위에 서는 것은 잘못된 행위라는 의미에 동의할 수 없다는 판단을 하고 폭력을 계속 사용할 때 발생한다고 보았다. 특히 상호작용의 도구로 언어나 몸짓의 상징이 중요시되는 상징적 상호작용에 의하면 이 문제의 해결 방안을 적절하게 상징적 의미를 부여하고 동의할 수 있도록 구타자의 인성, 성격을 상담이나 교정 교육을 통해 재사회화시키고 올바른 사회화를 위한 담당 기관의 바람직한 대책과 협력 체계의 제도적 마련으로 보고 있다.

(4) 교환주의적 관점

교환주의 이론에서의 사회적 행동은 상대방이 서로 교환 자원을 주고받는 반복적 행위가 이루어지는 것을 기초로 하고 있다. 따라서 사회문제는 기본적으로 교환 관계가 단절되거나 불균형을 이루고 있는 상태이고, 교환 자원의 부족, 고갈, 가치 저하가 그 원인이라고 본다. 교환주의적 시각에서 아내 학대의 원인은 상대방의 무조건적인 복종 요구 등의 한쪽으로 치우치고 일방적인 교환 자원이 있음으로 문제가 발생한다고 보거나, 남편의 잘못된 인식, 즉 폭력을 관심과 사랑이라고 여기는 경우 상대방과의 교환 자원의 인식 차이로 문제가 발생한다고 본다. 따라서 교환 관계에서 균형이 이루어지도록 폭력 남편이 아내에게 교환 자원을 제공할 수 있도록 상담, 재사회화 교육 프로그램을 실시하고, 교환 자원의 인식 차이로 문제가 발생하지 않도록 문제에 대한 계몽에 힘써야 한다. 그리고, 여권, 인권 단체들의 연합 활동과 강력한 법적 대응도 이루어져야 한다.

2) 아내 학대의 현황

아내 학대 현상은 정도의 차이를 제외하고 인종, 문화, 경제 수준, 교육 수준에 관계없이 일어나는 대륙적인 현상이다. 그런데 아직 아동 학대를 포함한 가정 폭력이 많이 노출되지 않아 전체적인 아내 학대 현상을 살펴보기는 매우 어렵다.

(1) 신체적 학대 현상

아내 신체에 대한 남편의 폭력행위는 반복성과 심각성의 증가가 특징적이다. 즉, 남편의 신체적 폭력은 '더 자주, 더 심하게'의 원리이다. 신체적 손상의 정도는 피부의 가벼운 붉어짐이나 멍듦에서 골절상, 상처, 유산, 사망에 이른다.

① 초기 발생

Mullender가 언급한 바와 같이 여성은 남편에 의한 '첫 폭력을 아주 심각하게 받아들여야 이후의 연속적인 폭력을 예방하고 자기와 가족을 보호할 수 있다.

한국 여성의 전화 조사에서 보면 결혼 6개월 이전에도 65.5~75%로 거의 2/3 정도가 결혼 초기에 남편에 의한 폭력을 경험하는 것으로 나타났다. 가족 문화의 영향 때문인지 우리나라 여성의 폭력에 대한 의식이 관대하고 허용적인 경향이 있다.

② 폭력 경험 및 정도

아내 폭력 현상은 주로 연구 결과와 경찰 범죄 신고 자료에 근거하고 있는 내용이다. 미국은 배우자 폭력에 관한 전국 조사 결과 6,002명의 부부 중 뺨을 때리거나 물건을 던지는 등 비교적 덜 심각한 폭력 행동을 포함한 경험이 16.1%, 심각한 공격이 6.2%이며, 공격자는 거의 남성인 것으로 전제되어 있다.

뉴질랜드의 아내 폭력 경험 조사에서 기혼 여성 2,006명 조사 대상자 중 16.2%가 신체적 구타를 경험했고, 그 중 1/4는 병원에서 치료를 받았다고 한다.

우리나라의 경우는, 보건복지부 조사에 의하면 부인 조사 대상자 7,500명 중 61.0%가 구타를 당한 경험이 있고 다른 연구에서는 심한 구타는 조사 대상자 544명 중 10.1%로 나타났다(한국 형사 정책 연구원). 이렇게 볼 때 아내 학대에 대한 외국의 연구와 우리나라의 연구는 조사 집단의 수의 차이는 있을지라도 대체적인 경향은 파악할 수 있다. 즉, 우리 나라가 미국이나 뉴질랜드의 16%선의 경우보다 아내 구타 비율이 61% 선으로 훨씬 높게 보여주고 있다.

한편, 경찰의 범죄 신고 자료에서 나타난 아내 학대 현상을 보면 영국은 살인 사건 중 1/5이 부인이나 전부인 살해이고, Straus는 미국 살인 사건 의 1/4이 가정 폭력에 의한 것이라고 지적하였다. 이것은 가정 폭력의 종국이 사회중범죄화 됨을 증명한 것으로서 아내 학대와 자녀 학대가 얼마나 위기의 환경이 될 수 있는지를 보여주고 있다. 또한, 아내 폭력 은 사회계층에서 보면 중산층 여성이 드문데 그 이유는 경제적 능력 및 은신처가 있고 자신이 학대받는 여성임을 인정하기 어렵기 때문이라고 하였다. 이 점은 아내 폭력의 노출 여부가 여성의 경제적 조건과 사회적 지위의 영향을 받을 수 있음을 시사해 준다.

(2) 성학대 현상

아내에 대한 성학대는 독립적 폭력일 수도 있지만 신체적 학대와 연결되기 도 한다. 남편은 신체적 폭력으로 아내를 공격한 후에 다시 성적으로 일방 성과 강제성을 가지고 힘과 지배 욕구를 과시한다. 성폭력은 아내에게 특히 자괴감과 모멸감을 느끼게 한다. 우리나라 전국 여성의 구타 직후 강제적 성관계의 발생은 형사 정책 연구소의 조사 결과 14.7%, 한국여성개발원 28.8%, 여성의 전화 24.5%로 각각 나타났는데 이를 볼 때 신체적 폭력과 성폭력이 연속적으로 일어날 확률은 20% 정도로 예측할 수 있다.

(3) 정서적 학대 현상

지속적이고 극심한 아내 학대는 정서적 학대를 동시에 유발시키고 정신적 손상을 가져다준다. 신체적으로 가학적 남편은 아내 지배의 방안으로써 정 서적 학대를 포함한다. 즉, 위협하거나 벽을 치거나 고함을 지름으로써 여 성이 심리적 위축과 공포를 느끼게 하고 오랫동안 침묵함으로써 불안과 긴 장을 고조시킨다. 또는 아내에 대한 간접적인 폭력 행사로서 자녀를 학대하거나 가구를 부수기도 한다. 정서적 폭력에 시달린 여성들의 경험적 평가는 학대에 의한 손상은 정신이 가장 큰 영역이라고 보았다. 또한 남편의 소유 욕구에 의한 질투심으로 의심이 많고 아내를 집에만 구속시키고 경제적으로 의존케 하는 강압적 횡포 전략을 사용한다. 이러한 정신적 폭력의 결과는 수면 장애와 체중 감소, 궤양 질환, 신경과민, 히스테리증, 자살 충동과 심한 우울증, 정서 불안을 가져옴으로써 자존감이나 자기 이미지를 크게 손상시키게 된다. 따라서 정서적 폭력의 결과 여성은 탈진하고 생기가 없으며 정서 감정이 없는 로봇의 모습이 되는 것이다.

가정폭력 피해여성의 심리사회적 특성은 다음과 같다.

① 고립감이다.

여성비하적인 사회 분위기로 인해 아내들에게 폭력의 책임을 물어왔기 때문에 매맞는 아내들은 사회적으로 고립되어 사회적 지원체계를 이용할 수 없게 된다.

② 낮은 자존감이다.

자신에게 발생하는 폭력의 본질을 통찰하지 않고 구타상황에 머물러 있는 자신을 비난하게 되므로 자신감을 상실하게 되고 계속되는 구타로 인해 판단력을 잃게 된다.

③ 자기비난, 죄책감, 창피함이다.

폭력의 후유증 때문에 현재의 책임 수행을 할 수 없을 때 자기비난, 죄책감, 창피함 등의 증상들이 발생한다.

④ 학습된 무기력이다.

계속되는 폭력의 직접적인 희생자인 매맞는 아내는 무력감이나 덫에 걸린 느낌뿐만 아니라 존엄성, 통제력, 안정의 상실을 경험한다.

3. 학대 및 폭력의 피해아동

1) 아동학대

아동 학대 유형은 다음과 같다.

① 신체적 학대로서 체벌이라는 이름으로 가해지는 신체적 손상행위
② 정서적 학대로서 아동에 대해 부정적인 태도, 언어적·정서적 공격
③ 성적 학대로서 미성숙한 아동과 청소년을 성적 활동에 개입시키는 것
④ 방임이다. 신체적 방임, 의료적 방임, 정서적 방임, 교육적 방임

가정폭력 노출아동의 문제는 다음과 같다.

① 내재화 문제로서 우울·불안, 위축을 들 수 있다.
② 외재화 문제로서 공격성, 비행 등이 있다.
③ 사회성 문제로서 대인관계, 사회적 문제해결 능력 부족을 들 수 있다.
④ 낮은 자아존중감이다.
⑤ 가정폭력에 대한 왜곡된 인식 및 대처행동으로 폭력에 대해 허용적, 가정폭력의 원인이나 책임소재를 왜곡되게 인식이다.
⑥ 쉼터적응 문제 : 쉼터 내의 새로운 사람들과 적응해야 하는 부담이다.

2) 피해아동에 대한 대책방안

(1) 대중사회교육의 확대

예방적 차원에서는 이미 부모가 된 사람들과 위험성이 높은 부모들뿐 아니라 결혼 전 남녀, 자녀 낳기 전의 부모들에게 시행하는 것이 필요하고, 학부모 모임이나 대중매체를 이용한 사회교육도 효과적이다.

(2) (의무)신고제도의 활성화

이를 위해서는 홍보도 중요하고 신고를 의무화하거나 포상을 주어 적극적

인 신고를 유도해야 한다.

(3) 지역사회의 지원서비스

가정폭력이나 학대로 인해 방치된 아동들을 위한 방과 후 프로그램을 제공하거나 자원봉사자들을 연계한 일대일 멘토 프로그램을 피해아동에게 제공하는 것이다.

(4) 가정폭력의 치료

개인상담이나 집단토의를 통해서 가정폭력과 학대의 원인을 찾아내고 그것이 어떻게 작동하는지, 언제 작동하는지 등을 파악하여 폭력이나 학대가 반복되는 것을 막는다.

(5) 교육 및 보호시설

가정폭력과 학대는 피해아동들을 보호하며 올바른 교육을 감당할 수 있는 보호시설이 필요하다.

4. 노인학대

1) 노인학대 의의

(1) 노인학대의 개념

노인에 대하여 신체적 · 정신적 · 정서적 · 성적 폭력 및 경제적 착취 또는 가혹행위를 하거나 유기 또는 방임을 하는 것(노인복지법 제1조2 제4호)

(2) 노인학대의 실태

[표 8-1] 학대유형별 현황 (2010)

구분	계	신체	정서	성	재정	방임	자기방임	유기
건수	3,805	739	1,577	12	422	941	80	34
비율	100.0	19.4	41.4	0.3	11.1	24.7	2.1	0.9

(3) 학대 받는 노인의 특성

① 창피스러움, 수치심과 불안을 경험한다.

② 죽기를 희망하거나, 삶을 비관하여 자살을 선택하기도 한다.

③ 매사에 지나치게 순종적이고 아첨하는 방식으로 행동한다.

④ 자신이 아무리 노력해도 아무 것도 안 될 것이라고 생각하여 미리 포기
해버린다.

⑤ 심한 배신감으로 인한 분노감정이 일어나지만, 이를 억압한다.

⑥ 억압된 분노감정을 다른 대인관계에서 공격성으로 표출하기도 한다.

⑦ 대인관계를 기피하거나 다른 사람의 눈치를 보고, 안절부절 한다.

⑧ 세상과 사람에 대한 불신감을 갖는다.

⑨ 자신은 인생의 실패자로 규정하고, 인생 전체를 부인하기도 한다.

⑩ 언제 다시 학대가 일어날지 몰라 두려워한다.

⑪ 가해자 특히 자녀에 대한 사랑과 의무감을 포기하지 않는다.

⑫ 약물이나 술에 의존하기도 한다.

⑬ 정신병적 증상을 보이기도 한다.

⑭ 자신의 의사를 내세우지 않고, 의사결정에 참여하지 않으려 한다.

⑮ 언젠가 학대가 멈추겠지라는 비현실적 기대를 갖는다.

(4) 노인학대 원인

[표 8-2] 노인학대 원인

노인의 개인적 특성	성격, 정신장애, 알코올중독, 무기력감 등
노인의 의존성	장애, 질병, 치매 등
가해자의 개인적 특성	성격, 정서장애, 알코올중독, 약물중독 등
케어제공자의 부양스트레스	신체적, 정신적 스트레스, 부양미숙, 부양능력결여 등
가정 환경적 요인	경제적 문제, 가족관계의 불화, 재산문제, 힘의 갈등 등
세대 간의 학대의 전이	학대와 세대 간의 전파와 전이현상
사회문화적 요인	노인차별, 가치관의 변화, 사회보장 결여

2) 노인학대의 진단 및 보호서비스

(1) 노인학대의 진단 도구

방임, 자기방임, 재정적 학대, 신체적 학대(안전위협, 직접상해), 언어, 정서적 학대 등 6가지 노인학대 요인으로 구성할 수 있다.

(2) 학대 받는 노인을 위한 보호서비스

① 신고 및 접수 : 신고의무자로 의료인, 노인복지시설 종사자, 장애인시설 종사자, 가정폭력상담기관 종사자, 사회복지전담공무원 등을 지정하고 있다.

② 현장조사 및 사정 : 가능한 한 피해노인 및 학대행위자를 직접 대면, 학대 발생에 영향을 미치는 중요한 요인을 파악한다.

③ 사례 판정 : 상황의 위급성, 노인의 상황, 가해자의 상황 등 3가지 차원을 고려하여 실시한다.

④ 서비스 제공 : 합리적인 목표를 설정한 후 계획을 수립하고 우선순위를 결정해서 서비스를 제공한다.

⑤ 사례평가 종결 및 사후관리 : 학대행위가 소멸되거나 재발 가능성이 희박하다고 평가된 경우 사례평가를 통해 종결하고 노인의 안전 유지 및

학대재발 가능성 방지를 목적으로 종결된 사례를 일정기간 정기적으로 관리하여 노인학대 문제의 재발 여부를 확인한다.

3) 노인학대의 예방 및 개선방안

첫째, 지역사회의 이웃이 노인을 지켜줄 수 있는 Gatekeeper 프로그램과 노인에 의한 감시단 활동을 강화한다.

둘째, 노인학대의 장면을 극단적으로 보여주어 그 심각성의 원인과 대처방안을 일깨워 줄 수 있는 사회 심리극을 통한 노인의 이해 및 해결방안을 모색한다.

셋째, 학대의 희생이 높은 여성 노인과 고연령층 노인들이 주로 시간을 보내는 경로당에서 노인학대를 예방할 수 있는 프로그램을 전개한다.

넷째, 노인학대 전문상담 전화번호 홍보 · 영상매체의 개발 · 보급 등으로 노인학대의 심각성에 대한 사회적 이해를 고취한다.

4) 노인 우울증 원인

(1) 인구사회학적 요인

성별에 따른 노인의 우울 정도는 여성이 남성에 비해 높은 것으로 나타나고 있으며, 연령에 있어서는 노인의 연령이 많아짐에 따라 우울이 더 높은 것으로 나타난다고 볼 수 있다. 교육수준에 있어서는 학력이 높을수록 우울정도가 낮게 나타났다.

(2) 신체적 요인

노인 자신의 신체적 건강에 대한 인지상태가 우울과 관련이 깊다.
건강이 좋다고 생각할수록 우울 정도가 낮다.

① 질병의 유무가 우울에 영향을 미친다.
② 인지기능이 높을수록 우울 정도가 낮다.

③ 일상생활동작수행능력과 수단적 일상생활동작능력이 높을수록 우울 정
　도가 낮다.

(3) 심리 · 사회적 요인

삶의 만족도와 자아존중감이 낮을수록, 스트레스와 고독감이 높을수록, 배
우자가 없거나 사별한 노인, 부부 또는 자녀와 동거노인보다 독거노인, 가
족 지지수준이 낮을수록, 공적 지지망보다 사적 지지망이 노인우울에 더 큰
영향을 미친다.

(4) 경제적 요인

수입이 낮은 집단이 우울 정도가 높으며, 주관적 경제 수준이 낮을수록 우
울 정도가 높다.

(5) 노인 우울증의 특징과 진단

노인 우울증은 치매 증상과 유사하며, 가성 치매, 기억력 감퇴, 집중력 저
하, 계산능력 저하, 기분의 저조, 절망감, 근심, 의욕상실 등이 노인의 우울
검사척도가 된다.

노인 우울증 지원대책은 다음과 같다.

① 여성 노인에 대한 관심과 배려가 더욱 필요
② 신체적 기능손상과 건강문제의 예방, 치료, 재활, 수발 등 케어 서비스
　강조
③ 여성노인은 위로, 격려, 생활상의 도움으로 건강을 호전시키는 데 도움
④ 남성노인은 배우자의 지지를, 여성노인은 친구들로부터의 지지를 …
⑤ 자녀들로부터의 지지는 남녀 모두에게 중요

⑹ 노인자살 예방 대책

① 노인들의 경제적 안정의 도모, 건강보호체계의 강화, 사회적 지지망의 구축이 필요하다.

② 극빈층 노인의 수를 줄이거나 은퇴시기를 늦추고 병원 이용을 용이하게 하고, 대인관계를 조장하거나 여가선용시설의 이용을 장려, 정신건강을 증진시킨다.

③ 노인전용 자살예방센터와 응급전화 상담창구를 개설하여 이를 중심으로 자살예방 프로그램을 지역네트워크를 통하여 실시한다.

가족치료의 이해

제1절 가족치료의 개관

제2절 가족치료의 적용(I)

제3절 가족치료의 적용(II)

제1절 가족치료의 개관

1. 가족치료의 개요

가족치료는 20세기 중반 이후 일어났던 순수과학과 사회과학 분야의 패러다임 변환과정에서 실천으로 바뀐 치료운동으로 특징지을 수 있다. 이러한 패러다임의 변환은 사물의 본질, 실재, '진리'보다는 환경, 관계 그리고 의미에 초점을 둔다.

가족치료란 1명 혹은 그 이상의 치료자가 가족을 단위로 하여 함께 치료하는 집단치료의 한 형태이다. 가족치료의 목적은 가족 내의 균형을 유지하는 감추어진 행동양식을 인식하고 통찰하게 하며 그 행동양식의 의미와 목표를 이해하도록 가족들이 서로 도와주며 나아가 병적인 가족환경을 개선함으로써 가정의 균형을 유지하려는 치료기업이다. 가족간의 상호 소통작용을 개선시켜, 가족구성원들을 더 잘 기능하도록 하는 것이다. 이 치료가 부부간에 이루어질 때는 부부치료라고 한다. 누구보다도 부부관계가 이러한 가족체계를 형성하는데 결정적인 역할을 한다. 가족치료를 함으로써 가족구성원들 상호간의 갈등과 불안이 해소되고 상호간 감정적 욕구가 이해되고 역할관계가 증진되고 가족내외의 파괴적 요소들에 대응하게 되고 가족정체성과 가치관이 개선되고 건강과 성장으로 나아가게 될 것이다.

1) 가족의 성립

1957년 뉴욕시에 있는 유대인 가족서비스에 가족 정신보건 클리닉을 설립했다. Ackerman은 1955년에 교정정신의학협회 모임에서 가족 진단에 관한 최초의 회합을 조직했다. 그리고 Jackson과 함께 1961년에 『가족과정』을 창간했는데, 이는 가족치료이론 및 실천에 공헌한 최초의 잡지였다. Murray Bowen은 공동생활에 관심을 갖고 1950년대 중반에 Kansas의 Topeka에 있는 Menninger Clinic에서 가족 관계를 관찰하고 연구하기 시작했다.
Salvador Minuchin이 선구자들보다 거의 10년 늦게 가족을 다루기 시작했지만 뉴욕주에 있는 Wiltwyk학교에서 비행아동을 위한 프로그램에서 그의 가족사회사업을 시작했다.

2) 주요 주제

(1) 상황적 행동

대부분의 가족치료 이론가들은 행동은 상황적인 것이며, 사람과 환경간의 상호작용에서 도출되는 복잡한 양상의 결과라고 보는 관점에 동의한다.

(2) 체계로서의 가족

체계의 본질 그리고 가장 중요한 체계의 양상에 관해서 가족치료사들 사이에서 의견 차이가 존재했었고 지금도 계속 존재하지만, 대부분이 가족치료사들은 가족을 체계로서 개념화 한다.

(3) 다른 특성

가족에 관한 이러한 다양한 견해로 인해 가족사회사업의 다양한 모델이 상이한 치료전략을 창출하지만, 여러 가족접근법은 약간의 공통된 특성을 가지고 있다. 우선, 많은 가족치료사들이 전체 가족을 관찰하지 않고 개인만을 다룰지라도, 관심의 단위는 개인이라기보다는 전체로서의 가족이나 상호관련된 다른 사람들과의 연결망이다. 실천가들은 상황의 촉매자, 가능케 하는 자, 감독자 또는 제공자로서 행동할 것이다.

2. 가족치료 역사와 가족치료모델

가족치료모델 유형의 발달과 관련하여 7개의 가족치료모델 유형으로 나누어서 설명하고, 특히 포스트모더니즘과 사회구성주의 이론을 중심으로 두개의 흐름으로 구별지어 설명하였다. 첫째, 전통적이고 일차적인 사이버네틱스의 관점을 가진 치료접근법으로서의 정신역동적 대상관계 가족치료모델, 가족체계 치료모델, 의사소통 가족치료모델, 경험주의적 가족치료모델, 구조적 가족치료 모델, 그리고 전략적 가족치료 모델을 포함시켰다.

1) 가족치료에 있어서 패러다임에 대한 변화

(1) 사이버네틱 인식론

사이버네틱 이론에 의하면, 가족치료란 치료자가 피드백의 정보를 바꾸는데 개입함으로써 가족의 비정상적인 행동 패턴을 보다 바람직스러운 패턴으로 바꾸어주는 것으로 비유되었다.

일차적인 사이버네틱스는 치료자를 가족체계 밖에서 그 체계로부터 거리를 두고 객관적으로 관찰하며 그 체계를 조절할 수 있는 자로 보았다.

이차적 사이버네틱스는 체계의 외부적인 그리고 독립된 관찰자는 있을 수 없다는 것으로, 치료자는 외부에 서 있는 사람이 아니라 자신을 변화해야만 하는 부분으로서 자신을 포함하는 것을 의미한다.

(2) 상호적인 결정주의

가족치료에서 치료의 초점이 개인의 내부 심리적인 면에서 인간 상호관계에 둠으로써, 치료의 관심은 말하는 내용으로부터 의사소통하는 과정으로 변하게 되었다. 이러한 관점에서는 현재의 문제에 대하여 설명하기 위하여 과거의 사실들을 강조하기보다는 사이버네틱적인 가족체계 내에 상호 교환하는 연결된 의사사통의 전후관계에 초점을 둔다.

(3) 환아와 증상의 표출

가족치료자들은 환아를 단지 가족의 불균형 또는 역기능을 표현하는 증상 부유자로 본다. 이러한 견해는 환아의 증상을 가족의 안정을 유지하는 것을 도와주려는 목적을 가지고 있다고 본다.

2) 가족치료모델 유형의 발달

(1) 정신역동적 대상관계 가족치료모델(James Framo, William R.Fairbairn, Harry Dicks, Robin Skynner)

대상관계이론은 태어나면서부터 개인들이 다른 사람들과 관계를 맺고 애정을 형성하게 된다는 것을 인정한다. 따라서 대상관계이론가들은 정신 내적인 역동성과 인간관계사이의 상호작용을 이해하려고 하는 것이다. 대상관계 가족치료에서는 인간은 대상을 찾고 관계를 맺으려는 본능을 가지고 있다고 가정을 하며, 개인들의 내적인 면과 개인들 간의 상호작용하는 면들이 치료과정에서 탐색되어진다.

(2) 다세대적인 가족치료모델

① 가족체계이론(Murray Bowen)

Murray Bowen의 가족체계 이론은 정신역동적인 접근법과 체계론적 관점을 연결시킨 것으로 볼 수 있으며, 이러한 이론적인 근거와 함께 임상으로부터 탄생된 이론이다.

② 맥락적 가족치료(Ivan Boszormenyi-Nagy)

맥락적 가족치료는 가족 내의 윤리적 책임을 강조하였다. 치료의 목적은 자아 분화, 자아강화, 자아존중감에 대한 안정감 등을 증가시키는 것이다. Boszormenyi-Nagy는 다세대적인 관점, 즉 인간 관계맥락을 강조하였다.

③ 의사소통 가족치료모델

(Gregory Bateson, Don Jackson, John Weakland, Paul Watzlawick)

내적인 심리역동에 초점을 두지 않는 의사소통이론가들은 사람은 언어적 비언어적 의사소통 방법을 연구함으로써 가족체계에 대하여 배울 수 있다는 것을 가정하고 있다. 따라서 의사소통이론가들은 가족성원들의 개인적인 역사적인 분석에 초점을 두는 것이 아니라 가족체계 내의 관찰할 수 있는 현재의 상호작용에 초점을 둔다.

④ 경험주의적 가족치료 모델(Carl Whitaker, Virginia Satir)

구조적 · 전략적 가족치료모델처럼 과거보다는 현재에 초점을 둔다. 경험주의적 가족치료모델에서는 치료자와 가족 사이에 순간순간 발생하는 상황을 중시하는 것이다. 가족과 치료자 사이의 상호작용은 치료에 참여하는 가족이나 치료자 모두가 성장할 수 있는 기회가 된다고 본다. 이는 가족의 개인 성원에 초점을 두고, 심리역동적 모델에 가깝다라고 볼 수 있다.

⑤ 구조적 가족치료모델(Salvador Minuchin)

구조적 가족치료자들은 가족체계 자체의 역동적 질서에 관심을 둔다. 1970년대에 가장 영향력이 있는 가족치료 접근법이었다. 구조적 가족치료자들은 개인을 사회적인 존재로서 파악하여 개인을 둘러싼 구조에 초점을 두었다.

⑥ 전략적 가족치료모델(Jay Haley, Milan)

전략적 가족치료모델에서는 치료자가 가족성원의 과거가 아닌 현재의 상호작용에 초점을 두고, '성장'보다는 '변화'에 초점을 두었다는 점에서 '변화'보다는 '성장'에 치료목표를 둔 경험적 가족치료모델과는 치료적 접근법이 전혀 다르다고 볼 수 있다.

⑦ 사회구성주의적인 가족치료모델

사회구성주의에서는 객관적인 현실보다는 개인의 정신적 구성에 관심을 가진다. 사회구성주의 이론에 의하면, 가족은 치료적 개입에서 이끌어 낼 수 있는 본질적인 요소를 가지고 있는 것이 아니라, 그들이 현실을 어떻게 지각하느냐에 의해서 만들어진다는 것이다. 현실이란 사람들이 그 문제에 대하여 어떻게 지각하고 이야기하느냐에 따라 다르게 존재한다는 것이다. 따라서 같은 상황을 다른 관점에서 보고 이야기할 수 있다면 문제는 더 이상 존재하지 않을 수 있다는 것이다.

(3) 해결중심 단기 가족치료모델(Steve de Shazer와 Insoo Kim Berg)

해결중심 단기 가족치료는 치료적인 과정을 개념화하고 그리한 치료적인 과정들을 수행한다는 점에서 전통적인 심리치료나 다른 단기치료들과는 다르다. MRI의 단기 가족치료모델과 해결중심 단기 가족치료모델은 기본적인 병리를 강조하지 않는다는 점, 문제의 과정과 피드백고리에 초점을 두고, 문제해결책에 초점을 둔다. 문제는 어려움을 반복적으로 잘못 다룬 것으로 규정한다. 가족의 기능과 역기능적인 위계에 관심을 두지 않으며, 생각과 행동에 대한 자기 강화 패턴에 초점을 두었다.

두 모델의 차이점은 MRI 모델은 문제에 초점을 맞추어진 반면 해결중심 단기 가족치료는 해결에 초점을 맞추어진다.

해결중심 단기 가족치료는 포스트모더니즘을 이야기치료보다 더 적극적으로 치료기법에 적용했으며, 매우 단순하게 소화하여 치료자들의 호응을 불러일으키고 있다. 이 치료접근법의 장점은 상재주의의 극대화를 통하여 문제라는 현실을 클라이언트들로 하여금 지나치게 무겁고 절대적으로 받아들이지 않게 함으로써 재빨리 문제로부터 벗어날 수 있는 용기를 불러일으킨다는 점을 들 수 있다.

(4) 이야기치료모델(Michael White와 David Epston)

사람들은 이러한 이야기 창조를 통해 그들의 삶의 의미를 느끼며, 미래에 대하여 구상을 한다는 것이다. 이야기치료자들의 역할은 가족과 함께 새로운 현실들을 이야기를 통해 구성해 나가는 것이다. 이야기치료자들이 하는 질문은 클라이언트에게 무엇이 진실이냐가 아니라 어떠한 견해가 유용하며 클라이언트에게 무엇이 더 좋은 효과를 가져오는 가에 있다.

전통적인 가족치료모델에서는 치료자가 전문가적인 입장으로서 클라이언트들을 도와주고 또한 그러한 가운데 도움을 받는 입장이었지만, 90년대에 떠오르는 가족치료모델들에서는 치료자가 전문가라는 입장을 버리고 클라이언트와 동등한 입장을 취하고 있다. 클라이언트 문제에 대하여 가족치료자보다는 클라이언트 가족들이 더욱 전문가로서 자신들의 문제를 더 잘 알고 또한 해결하는데 더 전문가라는 인식을 받아들이고 있다.

설사 전통적인 가족치료모델의 적용이라도 그러한 적용의 결과달을 축적하여 한국상황에 어느 정도 실시 가능한가에 대한 차진과 더불어 새로운 가족치료모델들의 적용도 병행해 적용할 필요가 있지 않다는 생각을 해본다.

3. 사회사업실천에서 가족치료 통합

광범위한 제도적, 인격적, 개념적 중복 때문에, 사회사업과 가족치료의 경계는 구분하기 어렵다. 가족치료 분야가 계속적으로 다양한 접근법을 포함하고, 서로 다른 지도자들과의 훈련 계획이 마련되었지만, 이를 넘어선 사고의 전환이 장려되었다. 가족치료가 사회사업으로 통합됨에 따라 실천가들과 교육자들은 사고와 실천 범위에서 이용 가능한 접근법을 이끌어 냄으로써 절충적인 입장을 취했다. 사회복지사들이 사회사업에 통합을 의미하는 절충주의는 가족이 환경 및 더 큰 체계와 맺는 관계, 세대간 가족체계, 현재의 가족체계의 구조와 과정에 주목하는 것을 포괄한다.

1) 사정과 개입의 첫 번째 초점

사정과 개입의 첫 번째 초점은 가족 · 환경 경계면, 사회사업 전문직의 시각과 관련된 것이다. 개입전략은 자원개발, 발견, 중재, 옹호와 같은 환경을 변화시키는 것에 일차적으로 초점을 맞춘다. 이러한 환경은 가족구성원들이 환경을 좀 더 잘 이용할 수 있도록 돕는 것이다. 중요한 목표는 가족구성원들이 좀더 많은 능력을 갖고 그들의 생활과 세계의 중요한 영역을 통제할 수 있게 하기 위해서 가족 · 환경의 관계를 변화시키는 것이다.

2) 세대간 가족체계

변화에 대한 두 번째의 중요한 초점은 세대간 가족체계이다. 인간 및 가족은 강력한 세대간의 힘에 의해 다양한 방식으로 형성된다는 믿음에 근거하여 이런 작용에 관한 연구는 관계와 행위에 대한 현재의 가족양상에 영향을 미친다.

3) 현재의 가족체계

세 번째로 주목할 점은 현재의 가족체계이다. 다수의 변수에 의존하는 실천가들은 가족의 양상 중 무엇에 초점을 맞출 것인가를 선택해야 한다.

가족체계이론과 실천의 핵심은 지난 수십 년 동안 가족치료 분야가 계속 새로운 사고로 활력을 얻고, 성장하며, 개방적이며 항상 변화함에 따라 상당한 수정과 비판을 경험하고 있다. 가족치료 분야는 정치적, 이념적, 인식론적, 제도적인 문제로 인해 변화하고 있다.

4. 가족체계이론

일반체계이론을 가족에게 응용하여 가족을 체계로 보는 이론으로 가족의 전형은 적어도 몇 세대를 걸친 자연적 사회체계에 가족의 기능은 개인의 발전이나 행복에 영향을 주게 된다. 가족이 개인에게 역할을 부여하여 각 개인의 이상행동은 가족체계의 평형이 유지되고 있지 못하다는 것을 나타내게 된다. 따라서 문제의 근원은 개인에게 있는 것이 아니라 가족상호관계에 있으므로 단위로서의 가족이 치료대상이 된다. 한편, M. Bowen의 가족체계론적 관점은 가족의 과거를 취급하면서 앞전 세대까지 확대시켜 살펴본다는 점이 다른 학파의 체계이론과 다른 독특한 면이다.

1) 가족체계 관점

가족체계 이론가들은 가족도 다른 사회체계와 마찬가지로 사회환경과 상호 작용하며 발달주기에 따라 변화하는 하나의 체계로 인식한다. 또한 가족체 계 내에는 가족성원들로 이루어진 다양한 하위체계가 존재하며, 하위체계 역시 가족 전체와 상호작용 하는 체계로 인식한다.

가족체계론적 관점에서 가족은 다음의 원칙과 규칙에 따라 기능하는 체계 로 이해된다.

첫째, 순환적 인과성에 따르면 한 성원의 변화는 다른 성원들과 가족 전체 에 영향을 주고, 다시 그 성원에게 순환적으로 영향을 주며 상호작용 한다.

둘째, 비총합성 원칙에 따르면, 전체는 부분의 합보다 크기 때문에 가족은 개인 성원들의 특성을 합한 것으로 기술될 수 없다.

셋째, 다귀결성 혹은 동귀결성은 시작은 같아도 다른 결과를 가져올 수 있 으며, 같은 결과도 다른 시작에서 야기될 수 있다는 원칙이다.

넷째, 가족 내의 모든 행동은 의사소통으로 볼 수 있다. 의사소통에는 두 가지—내용과 관계—기능이 있다.

다섯째, 가족은 성원들의 행동은 규제하거나 규정하는 명시적 혹은 암묵적 인 규칙에 따라 상호작용과 기능을 조직화한다.

여섯째, 지속적으로 상호작용 하는 가족체계는 안정된 상태를 유지하기 위 해 규범을 규정하고 강화함으로써 항상성을 유지하려 한다.

마지막으로 형태발생성의 원칙에 따르면, 가족은 항상성을 유지하는 동시에 체계 내외의 변화에 적응하기 위해 유연성이 요구된다.

위에서 언급한 대로, 이와 같은 가족체계론적 관점에도 불구하고 가족치료 는 다양한 실천모델을 포함한다.

2) 페미니스트 비판

(1) 성 역할 인식이 없는 견해

가족 및 여성에 대한 관습적이고 가부장적인 견해는 가족치료를 다룬 서적과 가족 사회사업에 관한 교육용 비디오에 명백히 나타나 있다. 여성의 사회화의 결과로 나타난 특징은 종종 부정적으로 정의되었으며 여성들이 위탁에 전념하는 것은 곤란하고 방해는 하는 것으로 간주되었다.

(2) 페미니스트 접근

Stonehenge회의 이후 십 년 동안, 여성들의 쟁점에 초점을 맞추는 논문, 워크숍, 회의 활동이 급증했다. 가족치료에 대한 페미니스트 비판의 가장 중요한 공헌은 다수의 검증되지 않은 세계관이 사회와 가족치료사들에 의해 유지되어 왔으며 보건 및 가족에 대한 '진리'로서 문헌에 간직되어 왔다는 점을 문제 삼았다는 것이다.

5. 포스트모더니즘과 구성주의

포스트모더니스트들은 우리는 현실 밖의 진리를 알 수 없으며, 우리는 단지 해석과 인지를 통해 진리를 인식할 수 있다는 입장을 취한다. 사회구성주의 자들은 우리가 사회과정으로부터 현실을 구성하며, '진리'는 사회적이고 문화적인 환경에 의해서 구성된다는 입장을 취한다.

포스트모더니즘과 관련한 총괄적인 견해는 포스트모더니즘은 가족치료분야에 영향을 주었고, 사회복지 교육자와 실천가들은 자신의 가정을 재고하고, 인식론적 입장을 재검토하기 시작했다. 사회사업 실천가들이 이러한 견해를 어느 부분에 활용할 것인가를 판단하기에 아직 이른 단계이지만, 전문가들은 지적인 세계와 치료에 불어닥치는 커다란 영향에 반응할 수밖에 없다는 것은 분명한 사실이다.

사회복지사들은 포스트모더니즘과 사회구성주의가 전문직의 이론과 실천에 어떠한 영향을 미치는가를 신중하고 비판적인 방식으로 사고하는 것이 중요하다. 가족치료는 사회복지사들이 환영하는 학제간 운동에서 활발히 일어났고 개방적이었으며 계속 그러할 것이다. 또한 가족치료는 학습, 창조성, 지도력을 위한 지적이고 제도적인 활동무대를 제공했다. 가족치료는 역사적으로 수많은 가족 중심적인 전문직의 이론과 실천을 제공해 왔다.

6. Bowen의 다세대적 모델

1) 의의

Murray Bowen은 다세대적 모델의 주요 가정으로 연대(togetherness)와 개성(individuality) 간의 갈등으로 인한 만성적 불안이 삶에서 늘 존재한다고 했으며 이러한 심리적 특수성은 세대를 통해 전수된다는 것이다.

주요 개념은 첫째, 자아 분화로서 정서적, 지적 독립화와 둘째, 융화로서 감정에 휩쓸려 사고(thinking)하는 것 셋째, 삼각관계로서 가족 내에 취약한 구성원을 채택하는 것 그리고 핵가족 정서 체계로서 분화 정도가 비슷한 구성원끼리 결혼을 한다. 결과적으로, 이들은 불안정한 체계를 가지게 되고 이런 유형은 배우자의 신체적 혹은 정서적 역기능 증세로 결혼 갈등과 자녀의 심리적 손상을 가져오게 된다.

가족 투사 과정에서 가장 유아적인 자녀를 선택하거나 자신과 비슷한 형제의 위치를 고려하게 된다.

정서적 단절로서 역기능적 가족에서 한 구성원이 무의식적으로 정서적 끈을 끊기 위한 시도를 한다.

다세대 전수 과정은 낮은 분화 수준을 전수하여 궁극적으로 어느 세대 도달하여, 역기능 증상이 발생한다(**예** 알코올 중독, 정신 분열).

형제 위치는 성격 특징 발달에 영향을 주고 파트너 간의 상호작용 유형에 영향을 주게 된다. 보웬의 치료이론은 다세대 가족치료라고 하고 정신분석 원리와 실제 임상에서 영향을 받은 이론적, 임상적 모델이다. Murray Bowen

이 그 창시자이며, 가족치료 운동의 주도적인 지도자로 1950년대 이후 현재까지 영향력을 미치고 있다.

2) 보웬 이론의 기초

(1) 이론의 기초

정신분석적 원리의 직접적인 영향을 받으며 정신역동적 접근과 체계론적 접근의 가교로서 인간행동과 치료를 위한 포괄적인 이론구축뿐 아니라 치료기법 개발의 중요성을 강조한다.

또한 직관적인 임상적 판단위주의 치료에서 벗어나 객관적이고 예측 가능한 치료를 주장하고 광범위한 가족관계 연결망으로 관심 범위를 확대시키고 가족문제가 가족구성원이 자신의 원가족에서 심리적으로 분화되지 못하기 때문이라고 주장한다.

일반적으로 성인이 되면 부모로부터 독립하고 건강하지 못한 가족은 부모의 미해결의 정서적 반응을 대인관계에서 반복하며 미 분화된 가족은 부부관계나 자신의 자녀와의 관계에서 건강하지 못한 양상을 반복한다. 건강하지 못한 사람은 원가족의 정서체계의 일부로 기능하며 따라서 원가족의 정서체계의 일부로 기능하고 있는 가족을 원가족으로부터 분화시켜 독립적으로 기능하도록 돕는 것이 목표이다.

이론의 기초는 진화모델로서 찰스 다윈의 적자생존 즉 살아남기 위해 환경에 적응하는 체제를 만드는 생명제가 살아남기 위한 생존전략이며 가족은 생존을 위해 필요한 살아있는 체제, 자연체제로 보고 인간은 생존을 위해 지적체제를 발견하고 환경을 통제, 지배하여 성공적인 삶을 영위하게 된다.

(2) 연속 모델

증상을 어떻게 이해할 것인가? 분화가 무엇인가? 하는 것으로 여기서 증상이란 이분법 사고가 아닌 연속사고의 개념으로 보고 자극으로 균형이 깨어지고 체제의 노력(항상성, 변형성)으로 생존(목표)하게 된다. 그러나 자극이 너무 크면 불균형 상태에서 고착되어, 외부자극을 차단하는 증상을 가져온다.

분화란 가족으로부터 얼마만큼 자신을 독립시킬 수 있는가 하는 정도를 말한다. 분화지수는 0~100의 연속선 위에 위치한다.

(3) 감정 모델

감정은 개인을 움직이며, 생존하도록 만드는 가장 기본 힘 감정체제를 형성한다.

감정체제의 원동력은 개별성, 연관성으로서 감정과정을 통하여 분화된다. 감정과 가족은 감정 과정으로 가족을 형성(부부, 부모자녀)하고 노력하여 독립하면서 발달한다.

가족은 분화되지 않은 자아의 덩어리로 보고 있다.

보웬의 다세대 가족치료의 관점은 다음과 같다.

정신분석 배경을 가진 의사로 성장기 비슷한 정신적 외상환자들이 같은 수준의 장애를 보이지 않는 것에 관심을 가지고 정신분열증 환자 가족을 치료에 동참시켜 정신분열증 환자가 자기 어머니에 강한 애착을 갖는 것을 "모자공생"이라고 명명하였다. 이들은 친근함과 소원함이 교대로 나타나고 정서적 긴장이 반복되어 분리불안과 결합불안이 반복됨으로써 이성과 자기통제의 무능력으로 인한 병리적 애착 형태인 "불안한 애착"이 나타나는 데 관심을 가지고 있다. 그리고 모자공생에 아버지를 참여시켜 "삼각관계" 개념을 제시하였으며 모자공생 개념을 확대하여 가족을 정서의 유기체로 보고, 정신분석적 관점에서 체계론적 관점으로 이동하게 되었다.

3) 다세대가족치료의 주요개념

다세대가족치료의 주요개념으로는 자아분화, 삼각관계, 핵가족의 정서적 과정, 가족투사, 다세대 전수과정, 형제순위, 정서적 단절, 사회의 정서적 과정을 중요시 하였다.

(1) 자아분화(differentiation of self)

보웬의 다세대 가족상담의 핵심개념으로 치료 목표이자 성장 목표로 정신 내적 수준과 대인 관계적 수준이 있다고 보며 정신내적 수준의 분화는 지적 기능이 정서적 기능에서 얼마나 분화되었는가를 의미하고 대인 관계적 수준의 분화는 다른 사람과 구별되는 확고한 자아발달과 일관된 신념에 의해 자주적이고 독립적인 행동의 척도로 보고 있다.

즉, 자아분화는 사고로부터 감정을 분리할 수 있고, 타인과 구별되는 확신과 신념, 자주성을 지닌 정도를 의미한다.

분화와 미분화의 특징은 분화된 사람은 사고와 감정이 균형을 갖고 있으며 자제력과 객관적 사고 기능을 가진다.

그리고 다른 사람과 친밀과 정서적 접촉을 하면서도 확고한 자아정체감과 독립성을 유지하는 반면, 분화되지 않는 사람은 감정으로부터 사고를 구별하기 어렵고, 객관적 사고나 자제력이 부족하고 다른 사람과 융합하려는 경향이 있다.

감정과 사고 사이의 융합이 클수록 다른 사람의 정서적 반응에 쉽게 추종하고, 이성보다는 감정에 의한 의사결정을 한다. 정서적 융합은 분화와 대비되는 개념으로 융합된 사람은 확신과 신념을 고수하지 못하고 남의 인정을 추구하며, 외부규준이나 다른 사람의 요구에 민감하게 반응하고 의존적이다. 분회지수의 척도는 다음과 같다.

① 분화지수(0~25)

- 가장 낮은 수준으로 가족 및 다른 사람에게 정서적으로 융합되어 감정적이며 자신의 사고가 침잠되어 있다.
- 삶의 에너지가 대부분 다른 사람의 인정을 받고자하는 욕구의 불충족에 따른 정서적 반응에 소모되고 대체로 불안정도가 높다.
- 긴장이나 불안, 스트레스 상황에서 사고기능이 감정기능에 의해 지배당하고 다른 사람에게 상처받기 쉽다.

② 분화지수(25~50)
- 낮은 자아분화 수준으로 융합의 정도가 심하지 않으나 관계 지향적이다.
- 대부분의 에너지는 다른 사람의 인정을 받기 위하여 사용되고 자신의 가치를 다른 사람의 평가와 인정에 의존한다.
- 다른 사람이나 집단에 자신을 맡기고 쉽게 영향을 받는다.
- 전 단계와 차이점은 더 분화될 수 있는 잠재력을 가지고 있다는 것이다.

③ 분화지수(50~75)
- 보통 자아분화 수준으로 스트레스가 발생해도 감정에 지배당하지 않을 만큼 사고가 충분히 발달되어 있다.
- 자의식이 잘 발달되어 있어, 자율적이고 독립적으로 의사결정을 한다.
- 다른 사람과 융합되지 않으면서 밀접한 관계를 유지하고 목표지향적인 활동을 한다.

④ 분화지수(75~100)
- 높은 자아분화수준으로 사고와 감정이 분리되어 있고, 높은 수준의 독립성을 가지며 거의 완정한 성숙 수준에 이른다.
- 특히, 95 이상은 현실적으로 드물며, 하나의 가상적이고 이론적 상태
- 75~95 정도는 자신의 가치관의 신념이 뚜렷하고 다른 사람의 관점에 귀 기울일 줄 알고 다른 사람의 비난이나 칭찬에 좌우되지 않고, 자신과 타인에 대한 기대가 현실적이고 적절한 현실감과 이상에 대한 예민한 감각을 가진다.

(2) 삼각관계(Triangles)
- 삼각관계는 대인관계 체계의 요소
- 세 사람은 가족이나 직장/사회집단에서 가장 소규모의 안정적인 관계
- 두 사람으로 구성되는 관계는 불안정하고 가까움과 거리감의 주기를 지닌다.

- 불안과 긴장이 적은 동안 두 사람은 안정된 관계를 가진다.
- 불안과 긴장이 높아지면 불편을 느끼는 사람이 제삼자나 일, 음주 등을 끌어들인다.
- 삼각관계가 형성되면, 불안과 긴장감소에 도움이 되나, 기존의 갈등에 무감각하게 만들고 가족의 정서체계를 더 혼란하게 한다.
- 꼭 세 사람에 한정되지 않으나, 세 측면의 체계를 포함한다.
- 가족 내 삼각관계는 보통 부부가 자녀를 끌어들여 자녀에 초점을 맞추면 부부사이의 긴장은 완화되며 나타난다.
- 부부는 싸우는 대신에 자녀에게 관심을 갖는다.
- 부부 중 힘이 약한 사람이 더욱 자녀에게 애착을 보이고, 그 결과 가장 취약한 자녀는 증상을 유발하게 된다.
- 가족 내의 긴장은 중복된 삼각관계를 초래한다.
- 가족 내에서 삼각관계가 안될 때는 가족 밖에서 삼각관계를 형성하기도 한다.
- 가족의 분화수준이 낮을 때, 가능성이 커진다.

(3) 핵가족 감정체제

미분화된 가족 자아 덩어리를 핵가족 감정체제로 대치하며 핵가족 감정체제 강도가 약하면 분화 수준이 높다.

핵가족 감정체제 강도가 강한 경우는 다음과 같다.

① 부부사이의 감정적 거리가 멀리 감정반사행동을 많이 할 때
② 부부 중 한 사람에게 신체적, 감정적 역기능 상태일 때
③ 지나치게 부부 갈등이 많을 때
④ 부부 문제를 자녀에게 투사할 때

(4) 가족투사과정

핵가족 감정체제가 미 분화되어 감정적으로 불안한 것을 다른 쪽 구성원에

게 투사하는 과정이다.

투사 대상이 되는 아이는 출생순위와 관련이 있으며, 분화수준이 낮은 상태로 성장하여 스스로 의사결정하지 못하고 의존적이며, 타인의 생각에 민감해진다.

(5) 다세대 간 전이과정

세대 간 가족들의 분화수준과 기능을 연결하는 행동 양식으로 삼각관계나 가족투사과정을 통해 감정과정이 다음 세대에 전달한다. 자녀의 분화수준은 부모의 분화수준을 넘지 못한다. 부모의 분화수준으로 자녀의 분화수준 예측도 가능하다.

(6) 출생순위(자녀의 위치)

자녀의 위치는 분화수준과 관련이 있으며 원가족에서의 자녀 위치가 새로운 핵가족의 감정체제와 투사과정에 영향을 미치게 된다. 자녀의 위치가 변화되는 경우는 잦은 이사, 구성원 중 한 명이 죽거나 만성질병을 앓고 있을 때, 가족 외 타인과 잦은 접촉, 많은 자녀수, 다른 가족과 신체적으로 아주 닮았을 경우, 문화가 다른 경우, 원가족에서의 부모의 위치, 자녀의 나이차, 재혼 가정, 종교적 신념과 사회에서의 기능, 투사과정이나 삼각관계 등을 들 수 있다.

가족의 역기능은 불안에서 오며 불안은 감정반사행동으로 주관 발현, 객관 발현으로 나타난다.

불안은 상상이나 실제 위협에 대한 유기체의 반응이고 감정반사행동은 유기체가 불안에 의해 보이게 되는 행동이다.

불안의 종류 중 급성 불안은 유기체가 실제 위협에 반응하는 현상으로, 시간이 지나면 소멸한다.

만성 불안은 유기체가 상상 위협에 반응하는 현상으로 분화수준과 관련이 있다. 불안은 학습으로 습득하며 불안이 증가할수록 연관성이 커진다.

제2절 가족치료의 적용(Ⅰ)

1. 구조적 가족치료

1) 구조적 가족치료의 개요

미누친은 가족구조의 모습을 파악하고 문제를 재정리하여 치료에 적용하는 이론을 제시하였다. 미누친은 아르헨티나 출신으로, 2차 대전 이후 아동정신과 의사로 애커만에게 지도를 받았고 1950년대 말 아동시설에서 가족면담을 시작, 1960년대 뉴욕 월트위크 학교에서 비행청소년과 하류계층 가족과 필라델피아의 아동상담소에서 경험을 통해 1970년대 구조가족치료이론을 확립하였다.

치료의 목표는 증상이 반영하는 역기능의 구조를 바로잡는 일, 즉 가족의 구조를 바로잡는 일이 치료의 일차적 목표이다. 구조적 가족치료자는 문제가 역기능적 가족구조에 의해 유지된다고 보았다. 치료는 가족구조를 변화시켜서 가족의 문제를 해결할 수도 있도록 하는 것이다.

미누친이 주장하는 구조(structure)는 주요 개념의 치료기법으로 구조적 가족치료는 가족 내 상호작용의 행태에 초점을 둔다. Minuchin에게 있어서 구조란 보이지 않는 일련의 기능적 요구이다. 이것은 가족원끼리의 상호작용법과 연속성, 반복, 예측되는 가족행동 등을 조직하며 이 개념이 우리들로 하여금 기능적인 의미에 있어서 나름대로 고유한 구조를 가지고 있다고 생각할 수 있게 한다. 가족의 상호작용 형태를 고찰하는 것은 어떻게 가족이 조직되며 가족구조는 어떻게 유지되는지를 알 수 있는 정보를 제공해준다. 가족의 구조는 강제로 구속되는 두 가지의 일반체계에 의하여 지배된다고 볼 수 있다.

첫 번째 구속체계는 일반적인 것인데 모든 가족은 아동에게 더 큰 권위를 행사하는 위계구조를 갖는다는 점이다. 이 구조의 중요한 면은 상호적이며 보완적인 기능이다. 이 기능은 가족들이 해야 하는 역할과 기능을 구분해 준다.

두 번째 구속체계는 특별한 가족의 특유한 것이다. 가족의 특유한 규칙과 형태는 서서히 형성, 발전된 것인데 그 특성이 만들어진 과정은 현재의 가족력에서는 보이지 않는다. 가족의 구조는 역학, 규칙, 양식을 규정한다. 이 구조적 특징에 대한 이해는 가족을 오랫동안 지켜본 후에야 가능하다. 구조를 이해하기 위해서는 하위체계간의 가족과정을 관찰해야 하며 그것이 가족원간의 경계선을 묘사한다.

(1) 하위체계(subsystems)

구조적 가족치료는 가족이 배우자 하위체계, 부모 하위체계, 형제 하위체계 등의 세 가지 하위체계로 구성되어 있다고 본다. 이 하위체계간의 규칙이 위계질서이다. 이 이론은 세대 간의 적합한 경계선을 주장한다.

① 배우자 하위체계(spouse)

이 체계는 두 사람이 결혼을 하여 새로운 한 가정을 이루면서 형성된다. 이 하위체계는 적응과 조화, 배우자의 역할의 타협이다. 배우자 하위체계에서 상호보충성이란 논리적으로 모든 행동이 보충된다는 것이다. 매우 중요한 것은 배우자체계는 상대방의 잠재적 재능과 취미를 개발할 수 있는 상호보완적 욕구를 지닌다는 것이다.

② 부모 하위체계(parental)

아이가 태어나면 부모 하위체계가 형성된다. 만일 배우자체계가 이미 성공적으로 타협, 적용되었다면 그 기술은 부모 하위체계의 발전에도 유용하게 사용될 것이다.

아기의 출생과 더불어 새로운 과제가 생겨났고, 가족의 기능은 새로운 상호보완적인 측면이 요구된다. 부모 하위체계에서 각 배우자는 아동부양과 안정성의 균형을 제공하기 위해서 상호보충의 도전을 받는다. 부모는 아동의 각 발달단계에 따른 요구에 타협, 적응해야 한다. 가족의 전환기에는 가족구조에 도전하고 새 구조에는 타협과 적응을 할 것이 요구된다.

③ 형제 하위체계(sibling)

이 형제체계는 아동으로 하여금 아동이 되도록 하며 또래집단과의 관계를 실험한다. 하위체계는 가족체계가 그 구조에 관계되는 기능을 완수하도록 돕는다. 즉 하위체계의 각 개인은 차별적인 권력이 있고, 그는 역할에 합당한 기술을 개발하는 것이다. 하위체계간의 관계는 가족의 구조를 정의한다. 기능적 가족의 하위체계간의 질서는 권위의 위계질서라는 개념으로 나타낼 수 있다. 하위체계간의 연합과 명확한 경계선은 가족의 안정과 복지 수준을 높인다.

(2) 경계선(boundaries)

경계선은 직접 보이지는 않는다. 그러나 개인과 하위체계간에 그리고 구성원과 가족간에 허용될 수 있는 접촉의 양과 종류는 이 경계선으로 구분된다. Minuchin에 의하면 경계선이란 개념은 규칙과 하위체계간에 선호되는 관계이다. 각 하위체계는 독자성과 기능, 관계의 형태를 지닌다. 그리고 하위체계간의 독자성과 기능, 관계의 형태는 서로간의 관계에 의해 지배된다. 하위체계간의 상호역공은 이 경계선이 명확한지, 밀착되어 있는지, 분리되어 있는지에 따라서 다르다.

① 명확한 경계선(clear)

하위체계간의 이상적인 배열은 명확한 경계선이다. 이 경계선은 경직된 경계선이나 혼동된 경계선과는 대조적이다. 명확한 경계는 명확하면서도 융통성이 있다. 명확한 경계가 있는 곳에서 가족원들은 지지 받고 건강하게 양육되며 어느 정도의 자율이 허락된다. 결과적으로 명확한 경계선은 하위체계간의 상호체계간의 상호작용과 의사소통을 증진시키며 변화를 유발시키기 위하여 협상과 타협을 계속한다.

② 경직된 경계선(rigid)

경직된 경계란 체계간의 분리된 상태를 말한다. 분리된 개인과 가족은 비교적 자율적이나 고립되어 있다. 이것이 극단화되면 역기능적이 되는 것이다. 이 경계선에서는 극도의 위기나 심각한 스트레스의 경우에만 겨우 상호지지가 가능하다. 그러므로 구성원들은 원하는 정서적, 경제적, 육체적, 지지와 욕구, 희망하는 상호작용을 가족 외의 다른 체계에 의지하고 있다고 볼 수 있다.

③ 혼동된 경계선(diffused)

혼동된 경계선은 가족의 밀착된 관계에 기인한다. 이 경계선은 경직된 경계선과는 대조된다. 이 경우는 모든 사람은 일에 관여하며, 필요하지 않는 경우에도 지지하는 등 극도의 혼란스러운 상태이다. 혼돈된 경계선을 가진 가족은 너무 많이 타협하고 적응한다. 그리고 아동과 부모 양측은 모두 자립된 자율 그리고 실험성이 상실되었다. 그들은 어떤 감정이 자기들의 것이고 어는 것이 타인의 것인지 구분하지 못한다. 이상적인 명확한 경계선은 경직된, 혼돈된 경계선도 아닌 균형을 유지하는 것이다. 타협과 협상도 균형을 이루어야만 한다.

(3) 제휴

가족은 배우자하위체계, 부모하위체계, 형제하위체계 등의 세 가지 하위체계로 구성되어 있으며 이 하위체계 속에는 많은 제휴가 일어난다. 하위체계 구성원 간의 관계는 연합의 개념이며 경계선 안에서의 상호작용이다. 제휴에는 연합 동맹 두 가지가 있으며, 연합은 두 사람이 제삼자에 대항하기위하여 제휴하는 경우이다. 반면 동맹은 두 사람이 제삼자와는 다른 공동의 목적을 위해 제휴하는 것으로 반드시 제삼자와 적대관계에 있지는 않다.

(4) 권력

개개인의 가족성원이 상호작용과정을 통하여 다른 사람에게 미치는 영향력이다. 권력은 일반적으로 절대적인 권한을 의미하는 것이 아니라 경우에 따라서 달라진다. 또한 가족성원이 서로 적극적 교류를 하는가, 소극적인 교류를 하는가에 따라서도 달라질 수 있다.

이 권력 구조는 상황에 따라 변화할 수 있고 상호보완적으로 변하는 것이 바람직하다. 상황이 바뀌었는데도 역할이 경직되어 있고 고정된 상태이면 문제가 발생하기 쉽다. **예** 아버지가 항상 책임감이 강하고 가정사에 적극적이면 어머니가 그렇지 못하게 된다.

(5) 정상가족과 역기능가족

정상가족은 명확하고 안정된 경계선, 부모하위체계의 강력한 위계구조, 체계의 융통성이 특징이다. 자율성과 상호의존, 개인성장과 체계유지, 변화하는 내적발전과 환경적 요구에 반응하기 위한 연속적이고 적절한 재구조화 측면에서 공통적으로 융통성이 있다.

역기능가족은 역기능적 구조가 되는 것이고 가족의 경계선이 애매하거나 경직되어 있고 가족 구조가 융통성이 없어서 상황변화에 적절하게 대처하지 못하고 결탁이 형성되어 있고 부모하위체계가 강한 권력구조를 가지고 있지 못할 때이다. **예** 자녀들 문제로 부모가 자주 싸우는 경우, 부모와 자녀사이에 경계선이 없어서 어른의 권위를 존경하지 못하고 훈련되지 않아서 학교생활의 부적응을 경험할 수 있다.

2) 치료기법

구조적 가족치료는 가족이 제시하는 문제를 체계적 관점에서 재명명화하여 행동의 변화를 유도한다. 또한 치료자는 같은 문제를 보다 새롭고 건설적인 방향으로 제시해야 한다.

치료과정은 사정을 위한 면담과정을 별도로 가지지 않는다. 구조적 가족치료에서는 한 회의 면담 중에도 이러한 과정을 여러 번 반복하면서 가족구조의 변화를 시도한다.

즉 문제의 정의, 문제에 관한 정보의 수집, 가설설정(구조의 사정), 치료목표의 설정(단기 및 장기 목표), 치료적 개입, 피드백, 가족구조의 평가와 목표 설정의 과정을 거친다.

(1) 가족과의 교류기법

가족이 보다 바람직한 교류유형을 발달시킬 수 있는 맥락을 만들어내는 것이 중요하다는 이론에 근거한 것이다. 기법은 목적에 따라 교류의 재구성화, 교류의 창조, 교류와의 합류 세 가지 범주로 나눌 수 있다.

① 교류의 창조

치료에 유익하다고 생각되는 정보를 얻기 위해서는 치료자가 의도하며 계획적으로 가족 간에 어떤 교류를 촉진시키는 것을 의미한다. 동시에 교류의 창조는 교류의 재구조화를 위한 기초가 된다. 교류의 창조를 위한 기법으로는 구조화, 연화, 가족 내의 과제설정이 있다.

㉠ 구조화는 치료자가 목표에 도달하기 위해 의도적이고 계획적으로 하는 치유적 관여를 의미한다.

㉡ 실연화는 치료 면담 중에 가족에게 역기능적인 가족성원 간의 교류를 실제로 재현시키는 것이다.

첫째, 치료자가 적극적으로 가족과 관여하게 됨으로써 치료적 관계의 성립에 기여할 가능성이 크다.

둘째, 가족은 자신들의 문제에 관여하는 방법을 재현함으로써 그들 스스로가 문제를 가족체계라는 맥락 속에서 관찰하여 문제 중심의 종래 방법이 절대적 진실이 아니라는 것을 깨달을 가능성도 높아진다.

셋째, 가족성원이 문제에 대해 서로 이야기하는 것이 아니라 실연화를 통해 문제를 실제로 경험하면서 가족이 서로 관여하기 때문에 오히려 구조개선의 움직임이 일어날 가능성이 높다.

ⓒ 가족 내의 과제 설정은 치료자가 가족에게 어떤 특정의 교류에 관여
하는 과제를 내주는 것이다.

② 교류와의 합류

이에는 추적, 적응, 모방이 있다.

㉠ 추적은 치료자가 기존에 가족이 가진 체계에 순응하는 것이다. 지금
까지 해온 의사소통이나 행동을 존중하여 가족의 기존교류의 흐름에
거슬리지 않고 뒤따라가는 것이다.

ⓒ 적응은 치료자가 가족과 합류하기 위해서는 자신의 행동을 가족의
교류에 맞추는 것이다. 가족 성원과 교류하는 것이다. 이러한 적응은
특히 치료 초기의 치료관계를 성립하는데 유용한 기법의 하나이다.

ⓒ 모방은 치료자가 가족의 언어적 비언어적 행동을 사용하여 합류를
촉진하는 것이다. 즉 치료자는 가족의 행동유형, 속도, 감정을 판토
마임 하는 것처럼 모방한다.

(2) 교류의 재구조화

교류의 재구조화는 체계의 재편성, 증상의 초점화, 구조의 수정 등이다.

체계의 재편성은 일차적 환경의 구성원의 배열을 바꾸어 구조를 변화시키
는 기법이다.

증상의 초점화는 가족이 호소하는 증상에 직접 관여하여 교류 유형을 변화
시키려는 기법인데 이때 증상은 역기능적 가족구조의 반영이라고 본다.

구조의 수정은 구조적 가족치료의 독특한 기법이다. 이러한 기법은 가족
체계의 경계선·제휴·권력에 직접 관여하여 가족구조를 변화시키는 기법
이다.

① 가족지도는 구조적 가족치료에서 자주 사용되는 비언어적 기법이다.

② 교류의 분해는 치료자가 가족이 역기능적인 구조를 지속하지 못하도록
움직이는 기법이다.

③ 교류유형의 차단은 교류의 분해기법의 하나로 치료자가 가족성원의 익숙한 교류유형을 방해하는 것이다.

④ 유형의 강화는 가족구조의 개선을 목적으로 가족 교류의 여러 가지 유형 중 일부분을 강조하는 접근법이다.

2. 보웬 가족치료

1) 보웬 가족치료의 개요

정신분석적 원리 및 실제에 직접적인 영향을 받을 치료적 임상모델이다. 정신·역동적으로 정립된 접근방법과 체계적인 접근방법의 가교적 역할을 했다는 점에서 보웬이 가족치료에 남긴 업적이 높이 평가받고 있다. 그는 이론에 관심을 가지며 보다 포괄적인 치료기법 개발에 중요성을 두고 정신의학적이나 임상적 판단에 벗어난 보다 객관적인 것이어야 한다고 주장하였다. 보웬의 가족치료는 다른 가족치료적 접근보다 인간행동에 대해 가장 포괄적인 견해를 가지고 있다.

보웬 가족치료와 다른 가족치료와의 차이점에 있어서 의미 있는 변화는 반드시 전체 가족에게서 나타나는 것은 아니라고 생각했으며 나머지 가족성원에게 영향을 미칠 수 있는 한사람의 변화에 의해 전체의 변화가 될 수도 있다고 보았다. 그는 대부분의 경우 가족문제는 가족성원이 자신의 원가족에서 심리적으로 분리하지 못하는데 기인한다고 보았다.

보웬의 가족치료의 시작 배경은 보웬이 1946년부터 1954년까지 몸담았던 매닝거 연구소에서 시작되었다. 자신의 연구에서 정신분열증 환자는 어머니에게 지나치게 정서적 애착을 나타낸다는 사실을 발견하고 모자공생관계를 설정하여 불안한 애착에 대해 관심을 두고 이 시기부터 가족을 하나의 유기체라고 생각하고 가족을 치료에 참여시키기 시작했는데 이것이 가족치료의 시작이었다.

가족치료의 근본 치료목표는 첫째, 불안을 감소시키고 자아분화 수준을 높이는 것이다. 가족체계에서 진정한 변화는 가족성원들의 자율성을 조장하여 개인들의 성장을 촉진하며 가족관계를 개방하고 삼각관계에서 벗어나도록 하는 것을 의미한다. 문제는 사람에게 있는 것이 아니고 체계에 원래부터 존재하여 왔으며, 개인의 변화는 다른 사람과의 관계 변화를 통하여 이루어진다고 본다. 체계를 변화시키고 가족원들의 분화수준을 향상시키기 위하여 가장 중요한 것은 부부가 다른 가족을 끌어들이는 삼각관계에서 벗어나는 것이다. 이것을 성취하기 위하여 치료자는 부부와 함께 새로운 삼각관계를 만들어 내는 것이다. 이 때 치료자가 정서적으로 중립을 지키면서 부부와 접촉을 한다면 배우자는 삼각관계에서 벗어날 것이며, 분화를 할 수 있으며, 이것은 가족체계를 기본적이며 항구적으로 변화시키는 것이 될 것이다. 둘째, 가족의 불안을 감소시키고 자아 분화를 증가시키는 것이다. 그들은 증상을 덜 강조하며 문제는 개인이 아니라 체계에 내재하고 있다고 간주하여 개인의 변화는 다른 사람과의 관계변화를 통하여 이루어질 수 있다고 보았다. 이상적인 발달은 원가족과 자율적인 분화가 잘 이루어져 있고 불안이 낮고 부모가 그들의 원가족과 좋은 정서적 접촉을 할 때 일어난다. 이전 세대와 분화가 잘된 사람은 원가족과 밀착 또는 격리된 사람보다 훨씬 안정적이다. 자기분화는 보웬 가족치료에서 치료목표인 동시에 성장목표이다. 다시 말하면 분화되지 않은 가족자아집합체에서 자신을 분리·독립시켜 정체감을 형성하고 자기충동적, 정서적 사고와 행동에서 자유를 획득해 나갈 수 있도록 돕는 것이 치료의 목표이다.

주요개념으로서 보웬의 이론은 양극에 놓여있는 두 개의 힘으로 요약된다. 즉 가족 내에 연합하고자 하는 힘인 연합성(통합성)과 분리하고자 하는 힘인 개별성이 그것이다. 물론 이 두 힘이 서로 균형을 이루고 있을 때가 이상적이다. 연합성의 불균형은 융해나 미분화라고 부른다. 자율적으로 기능하는 능력인 분화는 사람이 극단적인 반응에 사로잡히지 않도록 돕는다. 보웬의 개념은 모자 공생관계에서 분화되지 않은 가족자아집합체와 융해(미분화)·분화의 개념으로 발전하였다. 1963년 마련된 보웬의 개념은 다음과 같다.

(1) 자아분화(differentiation of self)

개인의 자아가 가족자아집합체에서 얼마나 분화되어 있는가를 사정하기 위한 이론적 척도이며, 정신내적 수준과 대인관계적 수준으로 나눌 수 있다. 사고와 감정이 균형이 잡혀있고 자제력과 객관적 사고 능력을 지닌다. 분화가 안된 사람은 감정으로부터 사고를 구별하기 어렵고 객관적 사고나 자제력이 부족하며 다른 사람과 융합하려는 경향이 있다.

(2) 삼각관계(triangles)

일반적으로 가족치료자들은 세 사람의 인간관계가 이자 관계의 인간관계보다 안정된 관계라고 보고 있다. 사람은 불안을 피하기 위해 다른 사물이나 인물을 끌어들이는 경우가 많다. 삼각관계는 어떤 두 사람이 자신들의 정서적 문제에 제3의 사람을 끌어들이는 형태를 의미한다.

가족이나 직장, 사회집단에서 가장 소규모의 안정적인 관계이다. 불안과 긴장이 적은 동안 두 사람은 안정적 관계이다가 불안과 긴장이 높아지면 그 중 불편을 느끼는 사람이 제 삼자나 일, 음주 등을 끌어들여 삼각관계를 만든다. 가장 흔한 관계는 부부간의 문제를 해결하지 않고 자녀를 끌어들여 그에게 초점을 맞추면서 긴장을 완화하는 것이다. 해결이 되지 않으면 중복된 삼각관계를 초래한다. 자아분화가 낮을수록 강하게 나타난다. 치료의 목표는 탈삼각관계이다.

(3) 핵가족의 정서체계(nuclear family emotional process)

한 세대의 가족 내에서 보이는 정서적 기능을 설명한 것이다. 즉 자아분화가 낮은 사람의 결합일수록 두 사람의 자아가 융해되어 공동자아를 형성한다. 문제는 새롭게 형성된 이와 같은 융해는 불안정하며 때로는 융해가 반대로 부부간의 정서적 거리감을 증가시켜서 자녀에게 문제를 투사하는 등의 여러 가지 부적응을 초래할 위험성이 있다는 것이다.

(4) 가족투사과정(family projection process)

투사대상이 된 자녀는 최소한의 자아분화만을 한 채 부모와 밀착관계를 가지게 된다. 분화수준이 낮은 가정일수록 투사 경향이 심하다. 가족투사과정은 다음 세대를 희생시키면서까지 이전 세대의 미분화에서 발생한 불안을 경감시키려고 한다.

(5) 다세대전수과정(multigenerational transmission process)

다세대를 통해 가족의 정서과정이 전수되는 것을 설명한다. 핵가족 안에서 개인뿐 아니라 여러 세대에 걸친 핵가족을 포함하는 정서적 장애를 의미한다. 가족융합에 참여하는 자녀는 자아분화가 더 낮은 수준으로 되는데 그 자녀가 자기와 비슷한 수준의 사람과 결혼하면 다음 세대인 자녀에게 그들이 가진 미분화된 특징을 투사하게 된다. 3대, 4대로 거듭될수록 정신분열증이나 정서장애가 발생하게 된다.

(6) 출생순위(sibling position)

토만은 환경이 다른 각각의 가정에서 태어났음에도 불구하고 동일한 출생순위의 사람들은 비슷한 성격을 가지고 있다는 사실을 발견, 이러한 사실은 한 개인이 가족체계 내에서 어떤 기능적 위치에 있는가를 추론할 수 있게 하였다.

(7) 정서적 단절(emotional cut-off)

한 개인과 자신의 원가족 간의 미분화와 그것과 관련된 정서적 긴장을 관리하는 방식으로, 극심한 정서적 분리의 양상을 의미한다.

(8) 사회적 퇴행(societal regression, 사회적 정서과정)

개인에게 거짓연대감을 갖게 하는 사회의 작용으로 이 작용은 융해를 조장하며 자기분화를 저해한다(사회의 관계가 가족구성원들의 감정에 미치는 영향).

2) 치료기법

보웬가족치료에서는 가족성원 중 한사람을 선정하여 일정기간 그 사람을 치료함으로써 그 사람이 전체 가족체계를 변화시킬 수 있다고 생각하였기 때문에 어떤 의미에서는 치료대상의 폭이 상당히 넓었다. 즉 가족이 어떻게 기능하는가에 대한 이해가 치료대상의 범위와 치료의 기술적 측면보다 훨씬 중요하다고 보았다.

(1) 탈삼각관계 과정

치료자는 가족과 중립적이고 객관적인 자세로 적정수준의 정서적 거리를 두어야 한다.

(2) 가계도

치료 초기에 확대가족을 포함한 가족의 정보를 얻기 위해 가계도를 사용한다. 복잡한 가족에 대한 정보를 한 눈에 알아볼 수 있어 좋다.

가계도 작성법은 첫째, 가족 구조를 도식화한다. 둘째, 가족구성원에 관한 정보를 기록한다. 셋째, 가족 관계를 표현한다.

(3) 가계도를 통한 평가

가족 내의 상호작용과 인간관계는 한정된 것이 아니므로 새로운 것이 들어와서 바뀌기도 하지만 일반적으로 어떤 유형이 반복되는 경향이 있다. 가계도는 이러한 유형의 반복을 예측 가능하게 한다.

제3절 가족치료의 적용(Ⅱ)

1. 경험적 가족치료

1) 경험적 가족치료의 개요

경험적 가족치료에서는 가족에게 통찰이나 설명을 해주기보다는 가족의 특유한 갈등과 행동양식에 맞는 경험을 제공하려고 노력한다. 가족과 치료자 사이의 상호작용은 면담에 참여하는 가족이나 치료자 모두가 성장할 수 있는 계기라고 생각하였다.

주요인물로서 휘태커는 내적 심리 딜레마와 대인관계의 딜레마를 가지고 정신분열병을 개념화하고 가족을 치료에 참여시키기 시작하였다. 이러한 과정을 통하여 휘태커의 상징적 경험주의가 탄생하였다.

사티어는 정직하고 직접적이며 명확히 의사소통하는 방법을 발전시켰고, 가족 구성원들이 자아존중감을 발전시킬 수 있도록 융통성이 있으며, 합리적인 가족규칙을 갖게 하는 지침을 발전시켰다.

켐플러의 경우 가족이 개인의 성장발전의 열쇠를 쥐고 있다고 믿는다. 치료자와 내담자 간의 대면, 상호간의 만남과 상호작용이 곧 치료의 과정이다. 그 과정에서 두려움과 기대, 어떤 장애와 저항들이 표현되며 이를 통해 개인의 변화가 일어난다고 본다.

주요개념으로 경험주의적 가족치료는 가족 구성원들의 변화에 의해 가족이 변화하도록 고안되어 있다. 가족구성원 개개인은 서로 간의 개인적인 경험을 나눌 수 있도록 하고 역기능적인 상호작용의 변화나 증세의 치료와는 달리 개인 성장에 많은 초점을 둔다.

경험주의적 가족치료의 주요개념은 다음과 같다.

(1) 개별성

경험주의적 치료자들은 가족 구성원의 개개인의 지각, 의미, 가치에 주요 관심을 가졌다, 그들은 관찰된 행동보다는 주관적인 경험에 초점을 두었다.

(2) 선택의 자유

가족은 개인의 선택을 원조해 줌으로써 개인에게 의미를 부여한다. 선택은 인간의 잠재력에서 나오는 것으로 인간이 선택의 자유를 갖지 못하면 문제가 발생하게 된다.

(3) 개인의 성장

어떤 문제 증상을 제거하기보다는 개인의 성장에 역점을 두었다. 성장은 계속적인 과정을 거치기 때문에 변화를 수반하게 된다. 가족들의 변화는 곧 가족들의 성장을 의미한다.

(4) 치료의 목표

치료의 목표는 안정이 아니라 성장이다. 증상의 감소, 사회적 적응 등은 중요한 목표지만, 내면의 경험과 표현 행동이 일치하는 개인적 통합의 증가, 선택에 대한 보다 많은 자유, 덜 의존적인 것, 경험을 확대하는 것 등은 기본적인 가족치료의 목표이다.

재정의는 부정적인 의미를 긍정적인 것으로 변화하기 위하여 사용하는 기법으로, 사실은 변화하지 않은 상황에서 이미 경험한 사실에 대한 관념, 정서적 감정과 태도를 좀더 구체화하고 긍정적으로 규정함으로써 변화 계기가 발생하는 것이다.

가족조각는 어느 시점을 선택하여 그 시점에서의 인간관계, 타인에 대한 느낌과 감정을 동작과 공간을 사용하여 표현하는 비언어적 기법을 말한다.

경험주의적 가족치료는 가족 구성원들의 변화에 의해 가족이 변화하도록 고안되어 있다. 가족구성원 개개인은 서로 간의 개인적인 경험을 나눌 수 있도록 하고 역기능적인 상호작용의 변화나 증세의 치료와는 달리 개인 성장에 많은 초점을 둔다.

사티어 치료의 4가지 전제조건은 다음과 같다.

① 모든 행동은 합리적 또는 적절한 동기가 있다. 사람은 이미 학습된 것처럼 행동한다면 그것이 그 상황 속에서 그 사람이 할 수 있는 최선의 행동이다.

② 모든 사람은 치유될 수 있으며 치유는 치료과정에 내재되어 있다. 내용보다는 과정이 치료에 도움이 되는 중요한 요소라 생각한 그녀의 과정을 이용한 치료방법은 누구보다 개성적이다. 그러나 치료자는 일관된 행동으로 바람직한 의사소통을 하는 것이 중요하다.

③ 마음과 신체는 체계의 한 부분이다. 따라서 신체적 활력과 정서적 안녕과 연결되어 있다. 그러므로 치료를 할 때는 인간이 가지고 있는 모든 회로가 이용되지 않으면 안 된다.

④ 자존감과 효과적인 의사소통을 서로 관련이 있다. 자존감은 한 개인이 배우자 선택, 부부관계의 방법, 부모자녀관계의 요구, 스트레스의 반응, 사물에 대처하는 능력, 유연성, 차이나 애매함을 처리하는 능력, 성장하여 자유를 향유하는데 영향을 준다. 사티어는 자존감과 효과적인 의사소통능력은 비례한다는 점을 강조하였다.

2) 치료기법

(1) whitaker의 상징적 기법

치료의 초점은 성장이다. 즉 가족치료과정 동안 무엇이 발생하는가와 치료자를 포함한 참여자가 어떠한 느낌을 경험하고 자신의 약점을 드러내고 어떻게 이러한 생각을 공유하는가 하는 것이다.

(2) 공동치료의 중요성

역전이를 방지하기 위한 가장 최선의 방법이 공동치료관계이다. 역전이(counter-transference)의 역전이라 함은 보통 정신분석에서 환자에 대한 분석가의 전이를 의미하는 것으로 환자에게 느껴지는 감정을 표현할 때 쓰이는 용어이다.

공동치료자가 없으면 객관성을 상실하고 감정에 치우칠 수 있다. 공동치료를 하게 되면 한명의 면담이 끝난 후 그것에 대하여 토론하거나 면담 중에 일깨워 줄 수 있다. 두 명 혹은 그 이상의 치료자가 함께 치료하는 공동치료는 다음과 같은 장점을 가진다.

① 현상을 유지하려는 가족에게 조정을 당하거나 가족체계에 압도당하지 않도록 하는 보호의 효과가 있다.
② 전체 가족을 위한 바람직한 대인관계 행동모델을 가족에게 제공할 수 있다.
③ 혼자서 시도할 수 없는 방법도 모색할 수 있다.

그러나 공동치료자 간에 분열이나 비용에서도 문제점이 생길 수 있다.

(3) satir의 성장기법

치료적 변화는 행동적인 것만이 아니고 내면의 과정에서 훨씬 중요한 요소라고 보았다. 정서적 경험이 치료적 변화를 일으키는 중대한 요소라고 보았다.

(4) satir의 성장의사소통기법

① 회유형

자기 감정을 무시하고 다른 사람에게 나의 힘을 넘겨주고 모두에게 동의하는 말을 한다.

회유하는 사람은 다른 사람과 상호작용하는 상황을 중요시하지만 자신의 진정한 감정을 존중하지 않는다. 즉 회유는 나 자신이 살아남고 안정을 유지하는 방법이다. 자신이 느끼는 감정보다는 상대방에게 예라고 대답하는 것이 중요하다고 생각하면서 자신의 스트레스를 다루는 방법이다.

② 비난형

약해서는 안된다고 하는 의지를 나타내며 자신을 보호하고 다른 사람이나 환경을 괴롭히고 나무라는 것이다.

③ 초이성형

자신이나 다른 사람을 지나치게 낮게 평가하는 것이다. 지나치게 합리적인 입장에서 상황만을 중요시하며 기능적인 관점에서 언급하는데 이때 확실한 자료나 논리를 사용한다.

③ 산만형

지나치게 즐거워하거나 익살맞은 행동을 하여서 오히려 의사소통이 혼란한 것을 말한다.

산만형의 의사소통을 사용하는 사람은 위협을 무시하고 마치 위협이 존재하지 않는 것처럼 행동하므로 주위를 혼란시킨다.

④ 일치형

나 스스로가 주체적으로 다른 사람과 관계를 갖고 접촉하고 직접적으로 사람과 연결을 맺는 것을 의미한다.

(5) kantor의 가족조각기법

가족성원 한 명이 가족 개개인의 신체적인 공간을 자신의 이미지에 따라 배열하는 신체적 표현을 통하여 가족관계를 나타내는 무언의 동작표현이다. 공간을 통하여 가족의 체계를 상징적, 비유적으로 묘사하고 있는 것이다. 가족조각기법은 현실의 공간에 인간을 놓고 자세나 표정을 사용하여 특정한 대인관계에 관하여 조각하는 개인의 인식이나 감정을 나타낸다.

2. 인지행동주의적 가족치료

1) 인지행동주의적 가족치료 개요

가족이 직면하는 문제에 행동치료의 이론과 실제적 기법을 적용한 것이다. 심리치료를 일직선상에 놓으면 정신분석의 정반대편에 행동치료가 있다. 행동치료는 학습이론에 기초를 두고 고전적 조건화와 조작적 조건화에 의해 치료하는 것이다.

행동치료의 전략은 가족이 어떻게 기능하는가보다는 행동이 어떻게 변화되는가에 초점을 둠으로써 일반적 행동이론과 거의 같다.

행동이론의 접근은 학습이론, 행동치료, 사회학습이론에 기초한다. 학습이론은 학습과 조건화에 토대를 둔 실험에서 발견된 일반적인 원칙을 말한다. 행동수정과 행동치료는 서로 상호 교환적으로 사용된다. 행동수정이란 엄격한 조작적 절차를 언급하는 반면 행동치료는 불안을 치료하기 위한 반대조건 부여와 관련된다고 제시하였다. 사회학습이론은 실험심리학에서 나온 학습의 원리와 더불어 사회성 발달 인지심리학에서 나온 원리를 통한 인간행동에 대한 광범위한 접근법이다. 사회학습이론에서 환경적 영향은 여전히 일차적인 관심사이다. 그러나 사적인 사고와 느낌 역시 행동을 이행하기 위해 사용된다. 이러한 이론적 틀은 행동에 대한 사회적 영향의 포괄적 효과를 고려하고 있음을 의미한다.

행동치료의 주된 전제는 행동이란 그 결과에 의해 좌우된다는 것이다. 새로운 행동으로 결과를 더 보상받지 않으면 변화는 저항을 경험하게 된다. 그러나 이러한 행동치료가 인간을 너무 기계적으로 본다는 비판이 나오게 되었다. 이를 보완한 것이 인지를 첨부시킨 인지행동치료이다.

1960년대에 행동치료를 통한 행동변화에 문제점들이 제기되면서 그 문제점들을 보완할 수 있는 새로운 치료접근법이 요구되었다. 행동치료의 주된 문제점으로는 클라이언트가 외부자극에 의존하는 경우 내적 동기가 유발되지 않는다는 점과 행동변화가 외부강화로 주어지지 않은 상황에서는 일반화가

되지 않는다는 점이 지적되었다. 따라서 자기통제에 대한 필요성과 사고과정에 대한 중재의 필요성이 대두되었다. 그 결과 행동주의 절차와 결합한 다양한 인지적 치료모델과 전략의 혼합체인 인지적 행동치료가 출현하게 되었다.

인지행동모델은 사고나 인지로 불리우는 개인의 내면에서 은밀하게 일어나는 과정이 행동 변화를 중재한다는 이론적 입장을 취하는 모든 치료접근법을 의미한다. 따라서 그 강조점에 다소 차이가 있기는 하지만 개인의 행동과 정서의 변화를 유도하기 위해서 클라이언트의 사고와 사고과정을 변화시킨다는 목적을 가진 모든 치료절차는 인지행동모델의 범위에 속한다.

인지행동주의적 가족치료의 목표는 매우 제한적이다.

치료목표를 한마디로 표현하자면 현재의 증상을 완화시키기 위해 특별한 행동유형을 수정하는 것이다. 특별한 행동유형을 수정한다는 것은 바람직하지 않은 행동을 제거하거나 가족에 의하여 확인된 긍정적 행동을 증가시키는 것이다.

주요개념은 인지행동주의적 가족치료의 전략은 가족이 어떻게 기능하느냐의 문제보다는 어떻게 하면 행동의 변화를 초래할 수 있는가에 대한 방법에 보다 많은 관심을 두었다.

행동이 가속화된 결과를 강화라고 하며 반대로 행동이 감소된 결과를 처벌로 인식한다. 강화에 대하여 반응이 뒤따르지 않을 때 소거가 일어난다. 단순한 반응이 강화되는 양상을 인식하는 것은 쉬운 반면에 보다 복잡한 반응이 강화되는 방식을 인식한다는 것은 덜 명확할 수 있다. 이것을 학습하는 방법에는 행동형성과 모델링이 있다.

2) 치료기법

인지주의적 가족치료 과정을 한마디로 요약하면 다음과 같다.

치료자는 문제행동을 지배하는 상황을 사정하기 위해 우선 가족의 행동유형에 관심을 가진다. 그리고 사정의 결과에 의해 얻어진 자료를 토대로 행동분석을 한다. 이러한 행동분석에 의해서 어떤 행동을 변화시킬 것인가에 대한 계획을 세운다. 계획이 세워지면 가족의 특성에 맞는 기법에 따라 직접적인 개입을 하게 된다.

(1) 인지행동주의적 부모교육

포괄적인 사정 절차로 시작한다. 사정에는 변화된 행동의 빈도뿐만 아니라 그것에 선행하거나 뒤따르는 사건을 정의하고 관찰하면서 기록하는 과정이 수반된다. 일단 이와 같은 사정이 완료되면 치료자는 어떤 행동이 증가되고 감소해야 할지를 결정한다. 바람직한 행동이 증가하도록 심리적 또는 사회적인 다양한 강화요인이 사용된다.

조작적 조건화에는 여러 가지 기법이 있다. 예를 들면 행동형성, 토큰강화, 유관계약, 타임아웃 등이다. 행동형성이란 바라는 목표에 점진적으로 접근하는 방법이다. 추구하는 목표를 작은 단계로 나누어서 각 단계 내에서 강화하여 그를 통한 점진적인 변화를 시도하는 것이다.

(2) 인지행동주의적 부부치료

인지행동주의적 부부치료는 다른 행동주의 치료와 마찬가지로 정교하고 구조화된 사정으로 시작한다. 일반적으로 면담 이전에 임상적 상태, 특별한 표적행동에 대한 사정 그리고 표준적인 부부관계를 사정하는 질문이 포함된 구조화된 사정단계를 거친다.

인지행동주의적 접근법을 다섯 가지로 정리하면,

① 부부는 각자를 막연하고 비판적인 불평으로 묘사하기보다는 분명하고 인지행동주의적인 묘사로 표현하는 것을 배운다.
② 부부는 "나는 남편과 덜 싸우면 좋겠다."와 같은 부정적 통제 대신에 "우리 부부는 서로 보다 잘 이해할 수 있었으면 좋겠다."와 같이 긍정적인 통제를 강조하는 새로운 인지행동주의적 교환절차를 배운다.

③ 부부는 의사소통을 개선하도록 도움을 받는다.

④ 부부는 권력을 공유하고 의사결정을 하는 명백하고 효과적인 방법을 구
축하도록 격려된다.

⑤ 부부는 치료에서 얻은 이익을 유지하고 확대시키는 수단으로서 미래의
문제를 해결하기 위한 전략을 배운다.

입양가족의
이해

제1절 입양가족의 개관

제2절 입양기관과 입양절차

제3절 입양가족의 문제와 대안

제1절 입양가족의 개관

1. 입양제도의 개요

우리 사회를 구성하는 일차적 요인은 개인이라 할 수 있고 그 개인이 구성하는 최초의 생활 공동체는 가족사회라 할 수 있다. 가정에 자녀가 없는 경우 부부는 어떠한 방법으로든 그들의 자녀를 갖게 되기를 원하게 되며 바로 이러한 필요에 의하여 생겨난 것이 입양인 것이다.

입양은 생물학적 과정이 아닌 법적, 사회적 과정을 통해 부모와 자녀의 관계가 맺어지는 것을 의미한다. 입양이란 혈연관계가 아닌 일반인 사이에서 법률적으로 친자관계를 맺는 것을 말한다.

가정법원의 입양허가를 통해 입양이 성립되면 친생부모에 대한 모든 권리와 의무는 소멸되고, 입양부모에게 입양아동에 관한 모든 권리와 의무가 이양된다.

입양의 효과는 새로운 부모-자녀 관계를 창조하는 것이며, 입양아와 양부모는 혈연적으로 맺어진 부모·자녀와 똑같은 권리와 의무를 갖게 된다. 입양은 친부모가 아동에게 보호를 제공할 능력이 없거나 의사가 없을 때 아동을 위해 영원한 대리적 보호를 제공하는 것으로 아동의 복지, 욕구, 이익이 우선시 된다.

입양은 모든 아동들은 친부모에 의하여 양육되어져야 할 권리를 가지고 있으나, 친부모가 양육할 수 없는 아동의 경우는 친부모를 대리할 수 있는 보호가 주어져야 한다는 아동의 궁극적인 안전을 보장해 줄 수 있는 방안인 것이다.

이러한 입양은 그 역사가 오래되었다. 서양같은 경우를 보면 형식적인 입양이 시작된 시기를 보더라도 기원전 28세기경 Hammurabi법전이나 로마의 시민법에서 그 기원을 찾아 볼 수 있고 우리나라의 경우만 하더라도 삼국시대까지 그 역사를 더듬어 올라갈 수 있다. 그러나 입양제도를 완전한 의미에서 아동의 궁극적인 복지 및 안전을 위하여 관심을 갖고 노력한 것은 최근의 일이다. 과거의 입양이란 사실상 아동의 복지 및 행복에 관심을 두었다기보다는 성인의 욕구충족을 위한 수단에 불과한 형편이었다. 엄밀한 의미에서 가계의 유지라던가, 제사의 계속 또는 이미 낳은 자식의 상대감으로 택하는 양자란 바로 이러한 범주의 사례들인 것이다.

혈연관계가 아닌 일반인들 사이에서 법률적으로 친자관계(親子關係)를 맺는 행위로 요보호아동의 입양을 위해서는 일정한 요건과 절차를 준수하여 양자(養子)가 되는 아동의 권익과 복지를 증진하여야 한다. 특히, 국가와 지방자치단체는 아동이 그가 태어난 가정에서 건강하게 자랄 수 있도록 지원하고 태어난 가정에서 자라기 곤란한 아동에게는 건강하게 자랄 수 있는 다른 가정을 제공하기 위하여 필요한 조치와 지원을 하여야 한다. 양자가 될 자격은 부양의무자를 확인할 수 없어 보장시설에 보호의뢰한 아동, 부모 또는 후견인이 입양에 동의하여 입양기관에 보호의뢰한 아동, 친권상실을 선고받은 자의 자식으로서 보장시설에 보호의뢰된 아동 등으로 정한다.

입양은 해당 아동의 친생부모 또는 직계존속이나 후견인의 동의를 얻어야 하며, 13세 이상인 경우에는 부모의 동의 외에 양자가 될 본인의 동의를 얻어야 한다. 입양은 가정법원의 인용심판 확정으로 효력이 발생하고, 양친 또는 양자는 가정법원의 허가서를 첨부하여 「가족관계의 등록 등에 관한 법률」에서 정하는 바에 따라 신고하여야 한다.

우리나라는 6·25전쟁을 전후하여 생긴 전쟁고아와 혼혈아에 대한 대책의 일환으로 입양사업을 시작했고, 근대화 이후 미혼모 및 가정불화 등에 기인한 아동유기(兒童遺棄)가 늘어나면서 점차 사회문제로 떠오르고 있다.

그러나 혈연관계를 중시하는 전통적인 사고방식으로 입양을 꺼리는 탓에 1999년 한 해 동안 시설보호아동의 해외입양은 2,400여 명에 이른 반면, 국내입양은 1,850여 명에 불과한 실정이다. 국내입양을 촉진하기 위해 정부에서는 1995년 「입양특례법」을 개정하여 입양가정에 주택융자 및 교육비·의료비·생활비 등을 보조해 주었다. 현재 시행 중인 「입양특례법」에서도 입양가정에 양육수당, 의료비, 아동교육지원비 등의 양육보조금을 지급하는 조항을 마련해 놓았다(제35조).

「입양특례법」은 「입양 촉진 및 절차에 관한 특례법」으로 변경되었다가, 다시 「입양특례법」에 의하여 해당 절차를 규율하였다. 현재 입양에 관한 모든 절차는 2012년 8월 5일자로 시행되고 있는 「입양특례법」(법률 제11007호)을 근거로 하고 있다.

현행법은 요보호아동을 입양하려는 경우 가정법원의 허가를 받도록 하고 있고 가정법원의 입양허가는 그 결과에 따라 아동의 인생이 결정되는 것인 만큼 양친이 될 사람의 입양동기와 양육능력 등을 고려하는 것과 더불어 입양허가에 대한 가정법원의 전문성 확보가 무엇보다 중요하다. 또한, 가정법원의 입양허가 없이 체험위탁의 형태로 입양을 희망하는 가정에 사전에 위탁 양육하는 것은 현행법상 불법임에도 불구하고 이에 대한 적절한 제재방안이 마련되어 있지 않아 체험위탁으로 인한 아동학대 가능성이 상존하고 있는 실정이다.

이에 입양허가를 담당하는 가정법원의 전문성 확보를 위하여 입양조사관제도 및 전문가 의견조회제도를 마련하고, 가정법원이 입양허가를 심리함에 있어 양친이 될 사람의 양육태도 등을 관찰할 필요가 있는 경우 아동의 임시인도결정을 할 수 있도록 하는 등 입양허가에 대한 요건을 명확하게 규정하여 요보호아동의 인권을 보호하고자 하고 있다.

2. 주요내용

가정법원에 입양허가사건의 심리에 필요한 사항 등을 심리하기 위하여 입양조사관을 두고, 입양조사관은 재판장의 명을 받아 사실을 조사하고 양친이 될 사람 등에 대하여 심리검사 등의 실시 업무를 수행한다(제13조의2 신설).

가정법원은 정신건강의학과의사, 심리학자, 사회학자, 사회복지학자 등 전문가에게 양친이 될 사람과 그 가족의 입양동기, 양육능력, 건강·심리상태 등에 관한 의견을 조회할 수 있다(제13조의4 신설).

가정법원은 입양허가사건을 심리함에 있어 양친이 될 사람의 양육태도 등을 관찰할 필요가 있다고 판단되는 경우 입양될 아동을 양친이 될 사람에게 임시로 인도하는 결정을 할 수 있도록 하였다(제13조의5 신설).

현행 대법원규칙에서 정하고 있는 입양에 관한 허가, 취소 및 파양의 재판 절차에 관한 내용을 법률로 상향하여 정함으로써 입양으로 인해 발생할 수 있는 요보호아동의 인권 침해를 방지하고자 하였다(제11조제5항, 제16조의2 및 제17조의2 신설).

2012년 개정된 입양특례법은 미혼모들에게는 오히려 역효과를 내고 있는 내용부분이 있는데 변경된 조항으로 인해 입양기관을 통한 정식 입양이 아닌 베이비박스에 버려지는 아이들이 급증하고 있다는 점이다.

결혼하지 않은 여자가 아이를 낳으면 미혼모라는 이름으로 사회적 편견에 곁에 시달리게 되는데 사회적인 분위기로 친모가 직접 출생신고를 꺼리는 경우 생기게 된다.

그런데 입양특례법 개정 조항에는 친모가 직접 출생신고를 한 아이만이 입양을 보낼 수 있다고 한다. 이렇다 보니 정식 기관을 통한 입양은 줄고 베이비박스에 버려지거나 불법으로 입양 보내는 사례가 늘고 있다.

2012년에 개정된 입양특례법은 친모가 직접 출생신고를 해야 하고 일주일간 입양 숙려제를 도입하였다.

또한 가정법원에 허가가 있어야만 아이를 입양 보낼 수 있다.

그러나 한부모가정 중 결혼을 한 적 없이 아이를 낳은 미혼모들에게는 개정된 조항이 큰 부담이 될 수 있다.

사회적인 시선들 때문에 미혼모라는 딱지를 붙이게 되면 부당 해고나 학교를 그만두어야 하는 등 자신의 의지와 상관없이 결정을 내려야 하는 경우가 생기게 된다.

특히 경제적 도움을 받은 수 없는 미혼모의 경우에 아이들 키울 수 없는 상황이기에 불법 입양을 하거나 베이비박스에 유기하는 극단적인 선택을 할 수 있다.

즉 반드시 친모가 출생신고를 해야 하는 조항이 미혼들에게는 큰 부담으로 작용하게 될 것이다.

실제 2016년 입양아동이 역대 최저치를 기록했다. 보건복지부가 제출한 '2011~2016 연도별 입양통계 현황'에 따르면 2011년 국내외 입양아동은 2,464명이었으나 2016년에는 5년간 64% 줄어들어 역대 최저치인 880명이 입양된 것으로 나타났다.

국내, 국외 입양 현황을 살펴보면 국내입양 아동은 2011년 1,452명에서 2016년 546명으로 감소하였고, 같은 기간 해외입양 아동은 916명에서 334명으로 감소하였다.

한편 2011년에서 2016년 5년간 연도별, 원인별 입양통계 현황에 따르면 미혼모 아동 중 국내입양 아동은 2011년 1,452명에서 2016년 481명으로 감소, 해외입양은 2011년 810명에서 327명으로 감소한 것으로 확인되었다. 각각 67%, 60% 감소한 것이다.

정부가 해외 입양을 최소화하려는 취지의 '헤이그국제아동입양협약' 가입을 위해 곧 입양특례법 개정안을 국회에 제출했다. 헤이그협약 가입이 이뤄지면 '아동수출국'이라는 오명을 벗는 중요한 계기가 될 것으로 보인다.

헤이그협약은 아동을 최대한 원래 가정에 맡기고, 입양 절차를 국가가 책임지도록 하고 있다. 또 입양이 필요한 경우 해외보다는 국내에서 보호가 가능한 가정을 먼저 찾도록 한다. 이마저도 어려울 경우에만 해외 입양이 고려된다.

우리나라는 최근 전체 입양아동수가 줄어드는 추세에 있긴 하지만 아직까지 입양아동 가운데 해외입양 비율이 높은 '아동수출국'으로 꼽힌다. 지난해(2016년) 기준 총 880명이 입양됐는데 이 가운데 38%인 334명이 해외로 입양됐다. 이 같은 해외입양 비율은 경제협력개발기구(OECD) 회원국 가운데 최고 수준이라는 게 정부의 설명이다.

입양 아동수 감소의 원인과 관련하여 일차적인 원인은 저출산 여파 등으로 입양아동의 대상이 되는 '요보호아동수'가 매년 감소하기 때문이다. 요보호아동수는 2011년 8,436명에서 점차 줄어 2015년 4,975명으로 41% 감소하였다.

그러나 요보호아동수의 감소가 입양아동 감소를 설명하기에는 역부족이다. 요보호아동수의 감소율보다 입양아동 감소율이 더 가파르기 때문이다.

입양아동수 감소와 이와 관련하여 김승희 의원은 2011년 입양특례법 개정으로 인한 법원의 입양허가제를 통하여 입양 부모 등에 대한 심사가 까다로워진 것을 지적하고 있다.

김 의원은 법원의 입양허가제 외에 불법입양 풍선효과를 조심스럽게 제기하였다. 법원허가 과정에서 미혼모의 자녀에 대한 출생신고가 반드시 이루어져야 하기 때문에, 미혼모와 입양부모들이 법원의 입양허가를 기피할 우려가 있다는 것이다.

또한 김 의원은 불법적인 출생신고로 입양이 이루어진 경우, 입양아동은 DNA 검사를 통한 친자관계부재확인소라는 법원 판결을 통하여 실질적인 파양으로 입양아동에게 피해가 갈 수 있다는 것이고 "입양아동이 줄어드는 것은 반가운 일이나, 이러한 감소가 2012년 입양특례법 개정으로 인한 불법입양 풍선효과가 아닌지 확인이 필요하다."며, "미혼모가 아이를 포기하지 않고 키울 수 있는 정부의 적극적인 정책과 아울러 우리 사회의 인식 개선이 함께 이루어져야 한다."고 밝혔다.

입양은 생물학적 과정을 통해서가 아니라 법적·사회적 관계에 의해서 부모·자녀의 관계를 맺는 것을 뜻하며, 다양한 원인으로 친생부모가 자녀의 양육을 포기하고 자녀의 입양에 동의하면, 행정적·법적 절차를 거쳐 입양부모와 입양아동 간의 입양이 성립된다.

입양이 성립되면, 친생부모의 입양아동에 대한 모든 권리와 의무는 소멸된다.

입양부모에게 입양아동에 대한 모든 권리와 의무가 이양된다. 입양은 정당한 행정적·법적 절차를 거쳐야 성립된다는 것이고 행정적/법적 절차를 거치지 않은 사인 간의 아동매매는 불법이며, 처벌을 받는다. 또한 입양아동 및 입양부모, 친생부모의 권리를 보호할 수 있는 기회를 놓치게 된다.

친양자는 부부의 혼인 중 출생자로 간주되는 것을 말하며, 가족관계등록부에도 양친의 친생자로 표기된다. 그 효과는 아동이 법적으로뿐만 아니라 실제 생활에 있어서도 양친의 '친생자와 같이' 입양가족의 구성원으로 편입·동화되는 제도이다.

제2절 입양기관과 입양절차

1. 입양의 종류

입양의 종류에는 여러 가지가 있다. 우선, 법에 따라 입양의 종류가 구분된다.

1) 입양특례법에 의한 입양

요보호아동의 입양을 목적으로 하는 입양특례법이 있다. 요보호아동이란 다양한 원인으로 보호가 필요한 아동을 의미한다.

입양특례법에 의한 입양은 친생부모의 동의를 받아 가정법원의 허가를 받아야 성립한다.

입양아동은 입양한 부모의 혼인 중 출생자로 보며, 입양 전의 친족관계는 입양이 확정된 때에 종료된다.

입양특례법을 통해 입양했을 경우, 협의를 통한 파양은 불가능하다. 양자, 양친, 검사가 가정법원에 파양을 청구할 수 있다.

2) 민법에 의한 양자입양

양자입양은 친생부모의 동의를 받아, 가정법원의 허가를 받아야 성립한다.

양자는 입양된 때부터 양부모의 친생자와 같은 지위를 가지며 동시에 양자의 입양 전의 친족관계는 존속된다.

양자입양은 입양부모와 입양인, 친생부모의 협의 하에 협의상 파양이 가능하다.

협의가 안 되면 양친, 양자, 친생부모, 후견인, 검사가 가정법원에 재판상 파양을 신청해야 한다.

3) 민법에 의한 친양자 입양

민법에 의한 친양자 입양은 민법에 의한 양자입양에 비해 몇 가지 차이가 있다. 일반 양자는 입양한 때부터 혼인 중의 자녀로서의 신분을 취득하고, 친생부모의 관계가 친권 이외에는 유지되며 친생부모의 성과 본을 유지한다.

그러나 친양자로 입양되면 혼인 중의 출생자 신분을 취득하게 되고, 일반 양자와는 달리 입양 전의 친족관계는 종료하게 된다.

친양자 제도의 목적은 양자와 친생자 사이에 존재할 수 있는 모든 종류의 차별을 없애는 것이다.

4) 입양 공개 여부에 따른 입양의 종류

① 비밀입양은 입양사실을 입양아동은 물론 주변의 모든 사람들에게 비밀로 하여, 마치 입양아동을 출산한 것처럼 가정하며 비밀을 유지하는 입양이다.

② 공개입양은 입양사실을 입양아동은 물론이고 주변의 사람들에게만 공개하지만 친생부모와는 접촉하지 않는 입양이다.

③ 개방입양은 입양사실을 공개하며, 친생부모와도 편지, 사진교환, 만남 등을 통해 관계를 유지하는 입양이다.

5) 혈연 유무에 따른 입양의 종류

① 친족입양은 확대가족 등 혈연관계 또는 아버지나 어머니의 재혼으로 인해 성립된 입양이다.

② 비친족입양은 가족관계를 갖고 있지 않은 입양부모에 의해 성립된 입양이다.

입양의 종류가 다양한 것은 그만큼 다양한 삶의 방식이 있다는 의미라는 것이다.

인간은 누구나 행복해지기 위해 가족을 가질 권리가 있고, 이에 따라 적법한 절차로 입양이 성립된다.

2. 입양기관

입양기관은 사회복지사업법에 따른 사회복지법인으로 보건복지부장관 또는 시·도지사로부터 입양서비스 제공 등을 목적으로 허가를 받은 기관이다. 입양기관은 친생부모상담, 입양대상 아동의 보호 및 입양 준비, 입양부모 가정조사 및 교육 제공, 입양 후 사후서비스 제공 등 입양관련 제반 업무를 담당한다.

그만큼 입양기관에는 많은 사회적 책임 의식이 요구된다.

입양기관은 사회복지사업법에 따른 허가를 받아야 한다는 것이다. 허가되지 않은 개인 혹은 기관을 통해 이루어지는 아동거래는 불법이다. 이는 아동에게서 아동의 권리를 보호할 수 있는 최소한의 안전장치를 박탈하는 범죄행위이다.

입양에 대한 인식이 개선되면서 입양을 고민하는 부모가 늘어나고 있다. 국내입양을 위해서는 어떤 절차를 거쳐야 할까?

입양은 결코 쉬운 과정이 아니다. 긴 시간이 필요하고 그만큼 준비가 필요하다. 준비가 과하다고 생각할 수도 있을 것이다. 하지만 많은 준비를 통해 입양에 대해 더 많이 고민하고 더 구체적으로 느낄 수 있을 것이다.

우리 법은 개인간의 사적인 아동거래는 입양으로 보고 있지 않으며, 입양에 따른 법적 권리를 부여하지 않고 있다. 법에 의해 보호받는 입양을 위해 전문기관이 있다. 사회복지사업법에 의해 보건복지부장관 또는 시·도지사로부터 입양서비스 제공을 목적으로 허가를 받은 사회복지법인(입양기관)이 입양의 절차를 함께 진행할 파트너다.

입양기관을 통한 입양을 하고자 할 때 양부모가 될 사람은 다음의 요건을 모두 갖추어야 한다.

① 양자를 부양하기에 충분한 재산이 있을 것

② 양자에 대하여 종교의 자유를 인정하고 사회의 구성원으로서 그에 상응
하는 양육과 교육을 할 수 있을 것

③ 양부모가 될 사람이 아동학대 · 가정폭력 · 성폭력 · 마약 등의 범죄나 알
코올 등 약물중독의 경력이 없을 것

④ 양부모가 될 사람이 대한민국 국민이 아닌 경우 해당 국가의 법에 따라
양친이 될 수 있는 자격이 있을 것

⑤ 양친이 될 사람의 연령이 25세 이상으로서 양자가 될 아동과의 나이 차
이가 60세 이내일 것. 단, 독신자의 경우 35세 이상, 아동과의 나이 차이
50세 이하일 것 등이다.

양부모가 될 사람은 양자가 될 아동이 복리에 반하는 직업이나 그 밖에 인
권침해의 우려가 있는 직업에 종사하지 아니하도록 해야 한다.

양친이 되려는 사람은 입양의 성립 전에 입양기관 등으로부터 다음의 교육
을 마쳐야 한다.

① 입양과 파양의 요건 · 절차 및 효과

② 입양가정 지원에 관한 정보

③ 자녀의 양육방법

④ 입양아동의 심리 및 정서에 관한 정보

⑤ 입양 사후서비스에 관한 정보 등이다.

3. 입양절차

1) 입양을 위한 개별상담 및 입양신청

입양을 결심했다면 제일 먼저 할 일은 입양기관을 찾아가 입양에 대해 어떻
게 생각하는지, 부부 모두 동의하고 있는지 등의 입양을 위한 개별 또는 부

부상담을 받아야 한다. 상담을 통해 입양하기로 최종 결심했다면 양친가정조사신청서, 가족관계증명서, 혼인관계증명서, 주민등록등본을 입양기관에 제출함으로 입양을 신청한다.

양친가정조사신청서는 "우리 부부가 양친이 될 자격이 있는지 조사해 달라"는 의미의 신청서다. 우리 법은 양친이 될 사람의 자격으로 양자를 부양하기에 충분한 재산이 있는지, 아동학대나 약물중독 등 아동양육에 있어서의 결격사유가 있는지, 양자를 사회구성원으로 성장할 수 있도록 양육하고 교육할 수 있는지 등을 들고 있다. 입양기관은 예비입양부모에 대해 알게 된 정보에 대해 비밀을 보장할 의무가 있다.

[표 10-1] 입양절차

01	가족과의 충분한 합의 입양에 대한 가족구성원들간의 의견 교류	06	가정법원에 입양서류 제출 가정법원에 입양허가 신청 |구비서류| 1. 입양허가신청서 2. 신청관련사항목록 3. 기본증명서, 가족관계증명서, 주민등록등본(사건본인) 4. 혼인관계증명서, 가족관계증명서, 주민등록등본(청구인용) 5. 입양대상아동확인서 6. 양친될 사람의 범죄경력 조회 7. 양친가정조사서 8. 양친될 사람의 교육이수증명서 9. 입양동의서
02	입양상담 및 신청 입양기관에 입양상담 및 양친가정 조사신청서 제출 |구비서류| 1. 양친가정조사신청서 2. 가족관계증명서 3. 혼인관계증명서 4. 주민등록등본	07	입양의 허가 가정법원의 인용심판 확정으로 입양허가
03	입양부모의 가정조사 및 가정방문 1. 입양기관 사회복지사의 가정방문(2회 이상) 2. 양친가정조사서 작성(입양기관) 3. 신청인에게 양친가정조사서 발급(입양기관) 4. 양친될 자의 범죄경력 조회(입양기관, 경찰관서)	08	입양 & 아동의 인도 1. 가정법원의 입양허가가 결정된 후 아동을 양부모에게 인도 2. 인도시 아동관련 기록 및 물품 전달
04	입양부모 교육 입양기관으로부터 소정의 입양관련 내용 교육 이수 후 양친교육 이수증명서 발급	09	입양신고 가정법원의 허가서를 첨부하여 가족관계 등록 등에 관한 법률에 정하는 바에 따라 신고(친양자 입양신고)
05	아이 선보기 입양기관의 아동 추천 후 아이 선보기	10	사후관리 입양성립 이후 입양기관은 1년 동안 양친과 양자의 상호 적응을 위하여 사후서비스를 제공하여야 함.

2) 입양부모의 가정조사 및 가정방문

양친가정조사신청서를 접수하면 입양기관의 사회복지사가 2회 이상 가정방문을 실시한다. 성공적인 입양을 위해 입양부모의 입양동기와 욕구를 파악하고, 가정조사를 통해 입양하기에 적합한 자격을 갖추었는지 파악하는 것이 그 목적이다. 입양결정을 위한 상담과 가정조사가 이루어지고 입양기관은 이를 토대로 양친가정조사서를 작성해 입양신청인에게 양친가정조사서를 발급한다.

3) 입양부모교육

양친가정조사서를 발급받은 입양신청인은 입양기관으로부터 입양관련내용에 대한 교육을 받아야 한다. 교육 이수 후 양친교육이수증명서가 발급된다. 예비입양부모교육은 총 8시간 실시한다. 입양에 대한 이해 및 부모의 역할, 입양아동의 특성과 입양아동의 양육에 도움이 되는 정보들이 제공된다.

4) 아이 선보기

소정의 교육을 이수하면, 입양 대상이 되는 아이와 입양을 희망하는 부모가 만나 선을 보는 자리가 마련된다. 아이와 양친이 될 부모의 결연이 맺어지면 입양특례법에 따라 입양기관을 통해 양친이 될 부모의 성명, 생년월일, 국적, 연락처 정보 등이 입양정보통합관리시스템(ACMS)에 입력된다.

5) 가정법원에 입양서류제출 및 가정법원의 입양 허가

결연이 맺어지면 입양기관은 가정법원에 입양허가를 신청한다. 주로 양자가 될 아동의 등록기준지 또는 주소지 관할 가정법원에 신청된다. 법원은 자체 판단에 따라 추가자료(건강진단서, 법죄경력조회서 등)를 요청할 수 있고, 법원허가를 반려할 수도 있다. 이 경우 구비서류를 다시 갖춰야 하고 필요하면 예비양부모나 가사조사관 등이 법원에 참석해야 한다.

이런 과정을 거쳐 가정법원의 인용심판이 확정된다. 가정법원의 인용심판 확정으로 입양이 허가된다.

6) 입양과 아동의 인도

가정법원의 입양허가가 결정되면 입양기관은 아동을 양부모에게 인도한다. 이때 아동관련 기록과 물품도 함께 전달한다.

7) 입양신고

가정법원의 허가서를 첨부하여 가족관계등록 등에 관한 법률이 정하는 바에 따라, 구청에 친양자신고를 하면 모든 입양절차는 마무리된다. 입양신고가 마무리되면 입양기관에서 1년간 사후관리서비스를 제공한다.

입양은 그 자체가 긴 과정이고, 힘든 여정이다. 그러나 하나의 가족을 이룬다는 것은 결코 쉬운 과정일 수 없다. 입양을 생명을 잉태하는 또 하나의 출산 과정으로 인식하고, 입양을 결심하기 전에 충분한 상담과 가족간의 대화를 통해 입양에 대해 준비한다면 이런 절차가 가족을 이루는 기다림의 순간들로 기억될 수 있을 것이다.

제3절 입양가족의 문제와 대안

1. 입양의 문제

입양특례법과 한부모가족지원법이 개정되면서 미혼모와 그 자녀의 복리 및 인권의 문제는 시급히 해결되어야 할 우리사회의 과제이다. 오랜 기간동안 미혼모에 대한 부정적 인식과 차별로 대부분의 미혼모 아기들이 해외 입양되어 왔으며, 그렇지 않은 경우는 미혼모들이 아기 아빠를 인지하지 못하고 어려운 상황 속에서 혼자 아기를 양육하며 생활해오고 있다. 아주 오랫동안 지속되어온 이러한 현실은 미혼모자에 대한 통계조차 생산되지 못하고 있는 현실을 통해서도 미루어 짐작할 수 있을 정도이다.

아기를 잃은 슬픔조차 숨겨야 할 정도로 편견과 고정관념이 강한 우리 사회에서 출생한 아기를 호적에 올리고 가족관계등록부에 기재해야 하는 현 상황은 사실 미혼모들에게는 어쩌면 지난 기간 동안 감내해온 모성의 불인정에 이어 사회적 존재로서의 한 여성의 미래에 대한 사망선고와도 같이 인식되었을 것이다. 그러나 미혼모에 대한 사회적 인식이 개선되고 아기가 자신의 출생기원을 알 권리를 향유하도록 하기 위해서는 이러한 전환점이 필요하며, 현재 우리는 그로 인한 고통을 함께 논의하고 적법한 대안을 모색해 가는 시점에 와있다.

영유아의 현실에 대해 고민해 보아야 할 내용은 다음과 같다.

첫째, 영아유기에 대한 형법상의 형량이 일반 유기에 비해 낮은 것은 생명존중에 대한 우리사회의 현실을 단적으로 보여주는 것이다. 아동을 하나의 인격체로 보지 않고 소유물로 인식했던 20세기의 인식수준이 그대로 유지되어 왔기에 가장 취약한 존재에 대한 악행임에도 불구하고 일반유기보다 형량이 낮고 또 암암리에 유기가 이루어지고 있다고 생각된다. 이런 문제를 극복하기 위해서는 미혼모의 아기 유기 문제를 미혼모 당사자의 문제로 보는 시선에서 벗어나 우리 사회의 생명존중에 대한, 인간에 대한 인식과 자세의 문제로 되짚어 볼 수 있어야 하고 이것은 특히 법과 제도를 관장하는 전문가들로부터 시작되어야 할 것으로 생각된다.

둘째, 유기관련 범죄자 현황을 보면, 여성범죄자 교육정도 및 처리현황만 제시되어 있다. 이것은 결국 원치 않거나 예기치 않은 혹은 준비되지 않은 임신과 출산으로 가장 고통을 받는 당사자가 여성이며, 아기를 유기하는 행위나 그(심리정서적, 법적) 책임도 여성이 홀로 져야 함을 의미하는 것이다. 출산 이후 아기의 부에 대한 인지나 양육비 문제도 마찬가지인 상황이다. 이런 의미에서 미혼모의 문제는 여성주의적 관점에서 즉, 성차별과 평등의 문제로 접근할 필요가 있다. 이것은 아기를 빼앗아 갈까봐 아기의 부를 인지하지 못하고, 또 국민기초생활보장 수급권자에서 탈락될까봐 양육비 이행을 촉구하지 못하는 현실을 타개할 수 있는 논리적 근거를 제시해줄 수 있을 것이다. 하지만, 현재 법제도에서는 사실을 근거로 해석하는 경향 때문에 정성적 측면이 간과되고 수용되지 못할 때가 많기 때문에 과연 성평등의 관점을 어떻게 미혼모 관련법에 통합할 수 있을지는 의문이다.

셋째, 임신과 출산의 위기로 인한 영아 유기를 방지하기 위해 관련 시설을 설치하는 안도 함께 생각해볼 필요가 있다. 가장 적절한 안이 될 수 있지만, 다른 한편으로는 불법 입양문제를 불러오거나 혹은 아기의 유기문제가 더욱 심각해질 수 있을 것이다. 그리고 유기된 영아를 보호하는 시설을 설치할 경우, 미혼모에 대한 사회적 인식개선이 뒷걸음치게 되지는 않을까 우려되는 바도 있다. 그러므로 아기를 보호하는 시설을 대안으로 할 경우 발생할 수 있는 부정적 영향에 대한 면밀한 검토와 아기와 부모가 재결합할 수 있는 다양한 장치에 대한 고민도 함께 이루어져야 할 것으로 생각된다.

넷째, 미혼모의 아기유기 문제에 미혼모의 양육에 대한 자기결정권과 아기의 출생기원을 알 권리의 충돌 문제가 내재되어 있다. 이 문제는 누구의 권리를 우선시 할 것인가의 문제인 한편 복지 차원에서는 누구를 중심으로 복지를 설계해야 하는가와 관련된 것이다. 즉 미혼모를 우선으로 할 것인가 혹은 아기를 우선으로 할 것인가의 문제인데, 우리나라는 현재 자녀의 복지에 대한 책임을 부모와 가족에 두고 있는 상황이다. 따라서 부모가 그 책임을 감당하기 어려울 때에는 낙인과 차별이 주어지고 그 폐해는 고스란히 자녀에게도 전이되고 있다.

이런 문제를 해결하기 위해 아동을 중심으로 하는 복지 마인드와 정책이 필요하다. 누구의 자녀이든지와 상관없이 이 땅에 태어나 같은 출발선에 선 아기라는 점에서 출발한다면, 낙인과 차별은 개선되지 않을까 한다. 그러나 이럴 경우 막대한 복지예산이 들어간다는 점에서 현실적으로 어려운 점은 있다. 이 점에 대해서는 사회적 합의가 이루어지고 아울러 인식의 변화도 있어야 할 것이다. 또한 이 경우 과연 복지수혜의 주체를 누구로 할 것인가의 문제가 뒤따르는데, 과연 아기 혹은 미성년 자녀를 복지수혜의 주체로 놓을 수 있는지, 그렇게 하기 위해서는 어떤 장치나 제도의 변화가 있어야 하는지도 함께 고민해야 할 사항일 것이라 생각한다.

다섯째, 익명출산제는 현재로선 아기유기를 막고 아기와 엄마의 삶을 보호할 수 있다는 점에서 적합한 대안이 될 수 있다. 그러나 현재 우리나라에서 고려하는 익명출산제는 프랑스의 익명(X)출산제나 독일의 '익명-모세프로젝트', '베이비-클라페'와는 성격이 다르다. 우선 우리나라 미혼모들은 출생신고부터 많은 어려움에 봉착한다, 아빠 없는 아기, 미혼모라는 이유로 병원에서는 병원비를 떼일까 눈총을 주고 독촉을 하기 때문에 아기를 낳자마자 그 무거운 몸을 이끌고 주민센터로 가 미혼모임을 입증해야 한다. 이런 경험은 미혼모로 하여금 아기를 포기하게 만드는 위기로 다가올 수 있기 때문에 익명출산제가 제대로 정착되기 위해서는 출산시점부터 익명성과 출산비가 보장되어야 하며 이를 위해서는 의료계의 변화와 협조, 그리고 법제도의 변화가 있어야 할 것이다. 독일에서 지난 5월 1일부터 시행되기 시작했다는 "임산부 도움에 관한 개정 법률과 신뢰출산의 결정에 관한 법률"도 아기유기에 효과적일지에 대해 확신하기 어렵다고 하는 상황에서 우리나라는 어떻게 익명출산제 관련 시행착오를 예방할 수 있을지도 함께 검토해봐야 할 것이다.

그리고 미혼모들은 아기를 출산하고 양육하면서 병원과 주민센터를 자주 방문하게 된다. 관련 공무원과 의료진들을 통해 수치스럽고 모욕적인 언사를 경험하고 가슴에 뿌리 깊은 상처를 남기는 비언어적인 태도로 아기 양육의 의지를 꺾일 수 있는 경우가 너무 많다. 가장 일선에서 미혼모와 그 아기를 대하는 전문가와 공무원들의 비인격적인 태도와 차별적 인식이 개선될 수 있도록(원치 않아도) 다양성과 개별성을 존중하고 변화에 대한 저항을 차별과 구별짓기로 표현하는 것이 개선되도록 지속적인 노력과 교육이 이루어져야 할 것이다.

2. 영아유기와 출생기록

우선 영아유기에 대한 구체적인 고찰을 통해 그 원인을 미혼모의 개인의 책임으로 돌리기보다는 미혼모에 대한 사회적 차별과 경제적 여건의 어려움에 있다고 보고 그 대안을 제시하고자 한 점이다.

미혼모가 자신의 아이를 키울 수 있는 사회적 환경을 만드는 것, 미혼모에 대한 사회적 차별을 없애고 아이를 양육할 수 있는 경제적 여건을 만드는 것은 매우 중요하며, 가능하면 친부모가 아이를 양육하는 것이 바람직하다. 그러나 불가피하게 아이의 양육이 어려울 경우 입양을 선택할 수 있으며 그러한 미혼모의 결정은 존중되어야 한다. 그리고 여기까지는 개인의 사적인 영역이며 그러한 개인의 판단을 국가는 자기결정권 범위 안에 있는 행위로 보아 존중하고 있다.

이와 다르게 국가는 영아유기에 대해서는 아이의 신체와 생명에 위험을 초래하는 행위이므로 형법상의 범죄로 규정하여 친부모의 자기결정권을 제한하고 있다.

즉 영아유기는 근절되어야 하는 범죄이며 친부모의 자기결정권의 한계 밖에 있는 행위이다.

그러므로 영아유기의 방지를 위해서는 미혼모가 아이를 양육할 수 있는 사회적 여건의 중요성을 전제로 하면서, 영아유기와 입양을 가르는 논의를 집중하는 것이 필요해 보인다. 아이를 양육하기 어려운 불가피한 사정이 있는 경우 입양을 선택할 수 있으며 그 과정이 제대로 이루어진다면 영아유기의 문제는 발생하지 않을 것이기 때문이다.

입양을 택하는가, 영아유기를 택하는가 하는 판단을 하게 되는 가장 큰 이유는 출생기록의 차이다. 현재 친부모가 입양절차를 진행하고자 하면 출생신고를 하여야 하지만, 영아유기시에는 친부모와 관련된 기록이 남지 않는다. 그러므로 영아유기 방지를 위한 대안으로서 출생기록에 대한 문제의 논의가 필요하다.

3. 입양허가제 도입

2012년에 입양특례법은 전면적으로 개정되었다. 이 개정의 가장 큰 핵심은 법원에 의한 입양허가제의 도입이었다. 그동안 우리나라는 세계 1위의 입양수출국의 오명을 가지고 있는 국가였다. 우리나라의 입양절차에서 매우 특징적인 것은 국가의 개입이 거의 없는 상태에서 입양기관만이 개입하여 입양절차가 진행되었다는 것이다. 미혼모는 사회와 미혼부, 심지어 원가족으로부터도 외면 받은 고립된 상황에 처해 있었으므로 유일하게 접촉할 수 있는 기관은 입양기관밖에 없다. 여성이 출산 직후 미처 자신의 몸과 마음을 추스르기도 전에, 오로지 입양기관만이 개입하여 아이에 대한 의사결정이 이루어졌으므로 아이를 입양시키기로 결정되는 경우가 매우 많았던 것이다. 법원에 의한 입양허가제의 도입에는 그동안 국가가 입양절차를 방치했던 것에 대한 반성의 시각이 들어 있으며 미혼모의 아이에 대한 입양과 양육에 대한 결정권을 국가가 개입하여 보장하겠다는 의지가 들어 있다. 법원의 입양허가제를 도입하면서 미혼모가 자신의 의사결정권을 행사하기 위해서는 아이에 대한 출생신고를 하여 모라는 신분을 입증하여야 할 필요성이 있었으므로 출생신고는 미혼모의 자기결정권과 국가의 개입을 보장하기 위한 제도적 장치로 기능했던 것이다.

그런데 2012년 말부터 입양특례법 개정으로 인해 출생신고를 꺼리는 미혼모들이 영아를 유기하고 있다는 언론의 보도가 잇따르면서 입양특례법 재개정 시도가 일어나는 등 영아유기와 입양특례법을 연관시키면서 입양특례법을 재개정하자는 시도가 있었다. 그러나 그 재개정 시도의 구체적인 내용을 보면 법원의 입양허가제 자체에 대한 문제제기를 한 것은 아니었으며 그간의 입양과정에 절대적인 영향력을 행사했던 입양기관의 입지를 유지하려는 시도로 나타났다.

이처럼 입양특례법을 둘러싼 대립은 국가의 개입에 기초한 미혼모의 자기결정권보장과 입양기관간의 대립구도의 양상을 보였는데 이 대립은 2013년과 2014년을 지나면서 잦아들었고 그 대립구도의 종식에는 헌법재판소의 2014.5.29.의 입양기관이 '기본생활지원을 위한 미혼모자가족복지시설'을 함께 운영할 수 없도록 한 한부모가족지원법에 대한 위헌확인청구에 대한 기각결정이 결정적인 역할을 하였다. 2013.1.18.에 백재현 의원이 대표발의한 입양특례법 개정안은 「한부모가족지원법」 제4조제1호의2에 따른 청소년 한부모가 가족관계등록이 되지 아니한 본인의 혼인 외 출생자에 대한 가족관계 등록 창설 절차의 개시를 요청하는 경우에는 해당 아동을 「민법」 제781조제4항에 따른 부모를 알 수 없는 자로 보고, 입양기관의 장이 대법원규칙으로 정하는 바에 따라 그 아동에 대한 가족관계 등록 창설 절차를 거치도록 하는 내용을 포함하고 있다.

사회복지법인은 국가의 직·간접적인 지원을 받으며 국가와 더불어 복지사업의 한 축을 담당하고 있으므로, 입법자는 사회복지법인의 운영에 있어서 비교적 폭넓은 감독과 법률상 규제를 부과할 수 있다. 이 사건 법률조항들은 "국가는 모성의 보호를 위하여 노력해야 한다."고 규정한 헌법 제36조 제2항의 취지를 고려하여, 출산전후 미혼모에 대한 입양기관의 부당한 입양

권유를 방지하여 미혼모의 자녀 양육권을 실질적으로 보장하기 위한 것인데, 입양기관이 '기본생활지원을 위한 미혼모자가족복지시설'을 함께 운영할 수 없도록 한 것은 이를 위한 적절한 수단이다. 입양기관이 '기본생활지원을 위한 미혼모자가족복지시설'을 제외한 나머지 5가지 유형의 한부모가족복지시설들을 함께 운영할 수 있고, 기존의 시설을 다른 한부모가족복지시설로 변경할 수 있도록 약 4년 정도의 유예기간을 부여하고 있으므로, 이 사건 법률조항들은 청구인들의 사회복지법인 운영의 자유 등을 침해하지 아니한다.

부모는 자신의 자녀에 대하여 애정을 가지고 있으므로 원칙적으로는 미혼모의 자녀가 미혼모와 함께 살아가는 것이 그들의 복지 및 권익 향상 차원에서 바람직하나, 종래 미혼모에 대한 사회적 편견이 심하고 양육을 위한 지원책이 미비하였기 때문에 많은 수의 미혼모가 자녀의 양육을 포기하고 그 대안으로 입양을 선택하기에 이르렀다. 그런데 입양은 한편으로 이 헌재 판결로 입양기관이 미혼모자가족복지시설을 운영할 수 없는 한부모가족지원법 20조 4항은 원래 예정되었던 2015.7.1.부터 시행되는 것으로 확정되었고 이 법시행 이후로는 입양기관의 입양절차에 대한 개입 여지는 현저히 축소될 것이 예상되고 있다.

위와 같이 입양절차를 둘러싼 대립구도는 잦아들고 있으나 입양특례법 논의과정에서 불거졌던 출생기록에 대한 논의는 가족관계등록법으로 옮겨져 그 대안 마련을 모색하게 되었다.

4. 가족관계의 등록 등에 관한 법률

가족관계등록법은 국민의 출생·혼인·사망 등 가족관계의 발생 및 변동사항에 관한 등록과 그 증명에 관한 사항을 규정하는 법으로서 출생기록의 문제는 가족관계등록법에서 다루고 있는 문제이다.

가족관계등록법은 등록부의 내용을 공시하는 공시제도로 5가지 형태의 증명서를 발급하고 있으며 입양특례법 제14조(입양의 효과) "이 법에 따라 입양된 아동은 민법상 친양자와 동일한 지위를 가진다."라고 하였으므로 일단 아동은 출생신고에 의해 공시제도 상으로는 친부모의 가족관계증명서에 일단 자로서 현출이 되었다가 입양이 되면 가족관계증명서에는 삭제가 되고, 친부모의 친양자입양관계증명서에만 기록이 남게 된다. 그리고 그 친양자입양관계증명서는 다른 증명서와 다르게 교부를 엄격하게 제한하고 있다. 양호한 양육환경을 제공하여 입양 아동의 복리에 기여한다는 점에서는 긍정적이지만, 다른 한편으로 아동이 친생부모로부터 분리되고 특히 국외입양의 경우에는 인종·언어·문화 등이 다른 가정으로 입양되어 장래에 상당한 정신적 충격을 받을 수 있다는 점에서 부정적인 측면도 있다. 이러한 점들과 "국가는 모성의 보호를 위하여 노력하여야 한다."고 규정한 헌법 제36조 제2항의 취지를 고려하여, 입법자는 미혼모의 자녀 양육권을 실질적으로 보장하고 미혼모 자녀의 복지 및 권익을 향상하기 위하여 각종 법률을 통해 중·장기적으로 미혼모에 대한 사회적 인식을 개선하고 경제적 지원을 강화함과 동시에, 입양 특히 국외입양을 최소화하기 위하여 이 사건 법률조항들을 통해 일정한 유예기간을 거쳐 입양기관으로 하여금 '기본생활지원을 위한 미혼모자가족복지시설'을 설치·운영할 수 없게 하려는 것이므로, 그 입법목적의 정당성이 인정된다. 가족관계등록법 제14조(증명서의 교부 등), 제15조제1항제5호의 친양자입양관계증명서는 해당하는 경우에 한하여 교부를 청구할 수 있다.

입양된 아동의 기록이 친양자입양관계증명서에만 기록이 드러나게끔 공시를 제한하고 있기는 하나 이러한 사실의 홍보가 미흡하였고 본인의 증명서에 자의 존재가 전혀 드러나지 않는 것은 아니어서 출생신고를 꺼리는 원인이 되고 있다.

입양절차가 국가의 개입 없이 민간기관인 입양기관에 의해 주도되었다는 사실을 언급한 바 있다. 그리고 그 과정에서 출생신고의 과정도 탈법적인 방법이 성행하였다. 즉 친부모의 존재를 알고 있음에도 기아로 신고하거나 양부모의 친자녀로 출생신고를 하는 방식으로 이루어지거나 아니면 출생기록이 아예 없이 입양기록만 남아 있는 경우도 있었다. 국민의 출생기록은 신분에 관한 중요기록이며 국가는 국민의 신분에 관한 사항을 관리, 보존할 의무를 가지고 있다. 그런데 입양절차에서 국가의 개입이 이루어지지 않으면서 그 과정에서 당연히 국가가 관리했어야 할 개인의 출생기록이 공백으로 남게 되었다.

우리나라의 해외입양인의 수는 약 20만 명을 상회한다고 추산하고 있다. 그런데 이들의 출생기록을 국가는 전혀 가지고 있지 않다. 해외입양인 중 자신의 뿌리를 찾아 우리나라를 방문하는 경우가 있는데 이들은 국가의 기록이 남아 있지 않으므로 유일하게 기록을 가지고 있는 입양기관에 자신의 친부모에 대한 정보를 요청할 수밖에 없는데 이러한 요청은 친부모의 정보보호라는 이유로 거절되어 왔다. 다음과 같이 제한되어 왔다.

① 친양자가 성년이 되어 신청하는 경우
② 혼인당사자가 민법 제809조의 친족관계를 파악하고자 하는 경우
③ 법원의 사실조회촉탁이 있거나 수사기관이 수사상 필요에 따라 문서로 신청하는 경우
④ 그 밖에 대법원 규칙으로 정하는 경우

입양특례법 제36조(입양정보의 공개 등) ① 이 법에 따라 양자가 된 사람은 중앙입양원 또는 입양기관이 보유하고 있는 자신과 관련된 입양정보의 공개를 청구할 수 있다. 다만, 이 법에 따라 양자가 된 사람이 미성년자인 경우에는 양친의 동의를 받아야 한다. 에 의해 정보공개를 청구할 수 있고 입양기관이 이에 응하지 않을 경우에는 공공기관의정보공개에관한법률에 의해 이의신청, 행정심판, 행정소송 절차(동법 제18조 이하)로 다툴 수 있다. 중앙입양원이나 홀트아동복지회 등 사회복지법인은 동 법상의 공공기관에 해당하기 때문이다(동법 제2조제3호, 시행령 제2조제5호, 6호 참조).

출생기록에 대한 정보를 원하는 사람들은 구체적으로 자신의 뿌리를 찾기를 원하는 입양인들 그리고 입양을 보낸 부모들 중에서도 이후 자녀에 대한 정보를 알기를 원하는 경우가 있는데 입양기관은 이들에게도 자녀의 입양기록을 공개하고 있지 않다. 그리고 기록 자체의 보존관리가 제대로 되어 있지 않은 경우도 있다.

출생기록의 공개 결정권 그리고 기록의 관리 기능이 민간기관인 입양기관에만 맡겨져 있었다는 것이 문제를 왜곡시킨 원인이었던 것이다. 그러므로 이 문제의 해법은 출생기록의 공개를 원하는 사람들과 원하지 않는 사람들의 이해관계의 조정 및 출생기록에 대한 관리를 국가가 책임질 때만 실마리를 찾아갈 수 있게 된다.

이처럼 입양특례법이 개정되면서 출생신고가 사회적 이슈로 떠오르고, 출생신고를 다루는 가족관계등록법으로 논의가 옮겨가면서 그동안 국가가 출생기록을 전혀 관리하지 못했던 입양인의 문제가 수면 위로 떠오르게 되었으며 친부모가 아이를 양육하지 못하고 입양을 택할 경우 출생기록을 어떻게 관리할 것인가의 논의가 이루어지게 되었다.

CHAPTER

11

부모와 자녀의
관계이론

제1절 치료 관점

제2절 가족치료모형

제3절 정신분석적 대상관계 가족치료

가족 개념의 핵심은 혈연관계와 성관계이다. 혈연관계는 부모와 자녀로 이루어지는 가족 체계의 기본적 요소이며, 성관계는 남녀로서 성적 욕구의 배타적 나눔을 기초로 하는 부부관계이다.

사람들은 자녀에게 문제가 생길 때 부모를 비난하는 경향이 있다. 또한 부모들도 자녀 문제에 대해서 자신의 탓으로 돌리며 죄책감에 괴로워한다. 그래서 부모는 점점 낙심하고 힘을 잃어가고 있고, 자녀들은 자신들의 무책임의 결과로 생겨난 문제들까지 부모 탓으로 돌리기도 한다. 이에 부모와 자녀관계에서 기본적으로 이해해야 할 상담적 가족치료적인 접근방법에 대하여 알아보기로 한다.

아이가 태어나 성장하는데 가장 좋은 환경은 어떤 환경일까? 아이의 지능은 유전과 환경 중 어떤 것이 더 결정적 영향을 미칠까? 지능뿐 아니라 감성이나 창조성, 도덕성과 영성 등 아이의 전인성은 무엇과 연관이 있을까? 이러한 것들은 교육과 상담 영역에서 오랫동안 물어온 해묵은 질문일지도 모른다. 그러나 여전히 자녀를 양육하는 부모들은 여러 가지 이론들과 학설들과 가치관 속에서 혼돈하고 있다.

제1절 치료 관점

1. 전통적 개인치료 관점

전통적 개인치료 관점은 선형적인 인과관계 모델이라고도 한다. 부모가 자녀를 결정한다는 이론으로 개인치료의 기본적 구조는 선형적 사고(linear thinking)이다. 이러한 사고의 중요한 특징은 일직선상을 움직인다는 사고의 구조와 한 방향에서 원인과 결과를 생각하는 것이다. 즉 선형적 사고는 방향성을 가지고 있는 직선상의 사고 구조를 가지고 있다. 선형사고의 일방성이란 바로 주체와 객체의 엄격한 구분에서 비롯된다. 힘의 방향은 주체에서 객체로만 전달되며 그 역은 성립되지 않는다. 주체는 물체를 움직이게 하는 원인의 역할을 하고 객체는 움직임을 당하는 물체의 역할로 나누어진다. 주체에서 객체로만 힘이 전달된다는 점에서 직선적이며, 주체의 원인행위와 객체의 결과행위로 나누어진다는 점에서 인과관계를 가지고 있다. 전통적인 개인상담·치료의 관점은 병리적인 것에 대한 문제의 원인을 개인의 심리내적인 과정에 초점을 맞춘다. 그래서 초기 개인치료에서는 아동의 문제는 아이의 내면에 있기 때문에 내면이 고쳐져야 한다고 생각했다. 즉 내면의 병리를 고치면 아동의 문제는 해결되어질 것이라는 관점이다. 가족에 대한 관심이 늘어나면서 문제 아동에 대해 개인의 문제가 아니라 가족 전체의 문제로 보거나 또는 문제 아동의 가족을 보는 것이 아니라 가족이 문제인 것으로 여겼다. 결국 인간의 문제를 외부 환경 즉 부모 포함하는 가족이나 개인 내면화(internalization)의 결과로 보는 것은 선형적인 인과관계의 관점이다. 다시 말하면, 그것이 개인 내적인 특성에 의한 것이든, 가족, 외부 조건이나 환경에 의한 것이든 원인을 제공하는 어떤 영향력이 인간의 문제를 발생시켰다고 보는 것이다. 이러한 선형적인 인과관계 모델은 부모 자녀관계에서 "부모가 자녀를 결정한다."는 기본적인 입장을 견지한다. 자녀의 문제 행동이 어머니의 지나친 간섭 때문이라면 그것은 직선적 인과관계로서의 이해이다. 부모가 원인을 제공하여 문제 자녀의 결과를 가져왔다는 것이다. 서점에 가면 부모가 자녀를 결정한다는 제목의 수많은 책들이 진열되어 있다. 명문대에 진학하거나 영재로 자녀를 키운 부모들의 성공 자녀 교육법에 관한 책들이 베스트셀러를 차지한다. 이러한 책들의 주요 관점은 자녀는 부모하기 나름이라는 것이다. 어쩌면 좋은 부모에게서 좋은 자녀로 자라나고, 문제 부모가 문제 자녀를 만든다는 것은 당연한 말일지도 모른다. 부모가 어떻게 했느냐 하는 원인에 따라 자녀의 성장 즉 결과가 결정된다고 보는 입장이다. 전통적인 상담의 관점에서는 과거의 어떤 경험이 오늘의 증상이나 문제의 결과를 가져왔다고 본다. 그것이 어린 시절의 상처이든, 잘못된 체벌이나 보상이든, 왜곡된 인지이든 어렸을 적에 결정적인 사람 주로 부모로부터 어떤 경험을 했느냐에 따라 오늘 자녀의 삶, 비록 어른이 되었을지라도 결정적인 영향을 미친다고 본다. 자녀가 부모에게 복수하는 원인은 다양하겠지만 결국은 부모가 자녀를 그렇게 양육했기 때문이라는 논지는 사실일 것이다. 자녀에게 가장 영향력을 미칠 수 있는 환경은 부모 환경이기 때문이다. 그럼에도 불구하고 아동의 개인적 특성이나 가족 구성원들과의 관계나 가족 구조 등 다양한 측면에서 부모·자녀 관계를 통합적으로 살펴보아야 한다.

2. 가족치료의 관점

1) 순환적 인과관계 모델

부모와 자녀가 서로 영향을 주고받는다는 관점으로 개인적인 문제에 대한 개인치료의 한계는 보다 포괄적인 원인, 어머니, 아버지, 필수적인 환경으로 관심의 영역을 넓혔다. 즉 개인치료에 대한 한계가 가족에 대한 관심으로 이끌었다. 골든버그와 골든버그(Irene & Herbert Goldenberg)는 그들의 책 『가족치료』에서 초기 정신분석학자들과 그들의 가족에 대한 관심을 설명한다. 초기 정신분석학들은 정신분열증 환자와 어머니의 불안과의 인간관계 장애에 대해서 관심을 가졌다. 프로이트(Sigmund Freud)는 아동 분석 및 가족치료의 최초의 사례라고 일컬어지는 리틀 한스 사례에서 어머니와 성행위를 원했지만 아버지의 적대심을 두려워하여 경쟁심을 느끼면서 아버지가 말 위에서 떨어지는 것을 목격하고 아이 역시 아버지를 상해하고자 했기 때문에 그가 말 위에서 떨어지는 것과 연관시켰다고 설명한다. 그리고 그 아이는 아버지에 의한 거세 공포증을 말에 물릴 것이라는 공포증으로 전이했다고 생각하면서 말이 자기를 물까봐 거리에 나가기를 두려워하는 5세 아이의 증상적 행동 발전에 있어서 개인의 인격형성에 미치는 가족관계 영향을 지적했다. 그럼에도 불구하고 프로이트는 가족 전체에 대한 치료적 작업은 하지 않았고, 가족의 중요성을 지적하면서도 이러한 연구들은 인간 문제를 인간내적(Intrapsychic) 갈등의 해결에 국한했다. 왜냐하면 가족의 영향에 대해서 관심은 가졌지만 가족 전체보다는 아동의 공포와 불안의 내면을 치료하는 것에 중점을 두었기 때문이다.

이러한 인식은 가족, 특별히 부모가 자녀에게 영향을 미친다는 관점의 전환을 가져왔으나 가족(부모)이 자녀 문제의 원인이라는 직선적이고 선형적인 인과관계의 모델에 머무른다.

니콜스(Michael Nichols)는 웨이너의 인공 두뇌 모델이 가족 치료에 기본적 이론의 틀을 제공했기에 매우 중요하다고 보았다. 그 이유는 환류기능의 방법에 의해서 순환적 원인(circular causality)의 개념을 소개했기 때문이다. 순환적 원인 개념은 행동이나 증상을 볼 때 인과론적 모델에 의한 무리한 설명보다는 반복되는 주기(repeating cycle)의 연속적인 활동으로 보는 것이다. 예를 들면 직선적 인과 개념에서 보면 문제 아동은 엄마가 자꾸 잔소리 하고 꾸짖기 때문에 자신이 엄마를 피하는 행동(결과)을 하는 것으로 보거나 엄마는 문제 아동이 자꾸 자신을 피하고 순종하지 않기 때문에(원인) 자신이 계속 잔소리하고 꾸중을 하는 것으로 본다. 하지만 순환적 원인 개념에 기초한 체계이론에서 보면 행동을 반복되는 형태의 한 부분으로 보아서 엄마가 잔소리를 하면 할수록 아동은 더욱 엄마를 회피하게 되고, 아동이 계속 엄마를 회피하면 할수록 엄마는 더 잔소리를 하게 되는 식으로 설명이 된다. 이러한 행동의 시작을 누가 했는지가 문제를 해결하는데 별로 상관이 없는 것으로 보는데 그것은 일단 이런 과정 속에 들어가면 계속 자동적으로 진행되기 때문이다.

이러한 관점은 문제 자녀가 "부모가 나를 학대하기 때문에 문제 행동을 하게 되었다."고 말하고, 부모는 "문제 행동을 하기 때문에 고치기 위해서 자녀에게 체벌을 가했다."고 말하는 인과론적 모델과는 전혀 다른 인식 방법을 제공한다. 즉 반복되는 주기로서 부모가 자녀에게 체벌을 하면 할수록 문제자녀는 회피, 무시 또는 반항, 공격 등의 반응이 더 늘어날 것이고, 그렇게 자녀가 문제 행동을 하면 할수록 부모는 더 통제 수단을 사용하여 악순환이 된다는 것이다.

2) 생태체계 모델

생태체계 내에서 부모와 자녀가 서로 영향을 주고 받는다. 가족원 전체를 한 단위로 보는 통합적인 관점은 한 이론에 근거한 것이 아니라 버틀란휘(Ludwig von Bertalanffy)의 일반 체계 이론과 브론휀브레너(Urie Bronfenbrenner)의 생태 이론(ecological model) 그리고 인공 두뇌학(cybernetics) 등이 기초적 개념을 제공했다. 생물학자인 폰 버틀란휘의 일반 체계이론은 생물학과 제어공학 분야에서 발전되어 왔다. 일반 체계이론의 중요 개념은 한 체계가 그 부분들 간의 상호 의존성을 통해서 어떻게 전체로서 기능하는지에 관해 설명을 한다. 그에 의해서 제시된 개념 중에 체계(system)는 "상호 관계 속에 있는 요소들(sets of elements standing in interaction) 또는 상호 관계에 있는 요소들의 집합(a complex of interacting elements)"으로 정의된다. 또한 하부체계는 그것의 독특함을 들어내는 (큰) 체계 내에 (작은) 체계로써, 가족 전체를 하나의 체계로 본다면 부부관계, 부모와 자녀관계, 형제간의 관계들은 하부체계로 볼 수 있다. 모든 체계는 특징이 있는데 그것은 열린 체계 또는 닫힌 체계 둘 중에 하나에 속한다는 것이다. 이것이 의미하는 것은 체계의 개방성과 폐쇄성의 정도에 따라 변화의 범위가 달라진다는 것이다. 체계가 개방되면 될수록 변화는 더 많이 일어나고, 체계가 폐쇄되면 될수록 행동의 형태가 더 안정적이 되어 변화는 덜 일어난다는 것이다. 일반 체계이론의 공헌은 전체성과 개방성 등의 개념이다. 전체성은 한 개인이나 구성요소를 분리해서는 그 특징을 제대로 파악할 수 없고, 전체와의 관계 속에서 구성 부분을 보아야 한다는 것이다. 왜냐하면 전체는 부분들의 합보다 크기 때문이다. 또 하나는 개방성인데 이것과 연관된 개념에는 경계(boundary)와 항상성(homeostasis)이 있다. 체계와 체계 밖을 구분하는 경계의 명확함과 체계 밖에서의 투입과 체계 밖으로의 산출과정은 체계의 개방성 정도에 달려있다. 또한 체계 밖으로부터의 새로운 투입에 대해 체계는 계속해서 안정을 유지하려는 항상성의 특징이 있다. 다소 삶에 불편함이 있더라도 계속 해오던 것을 하려는 것, 가정에 엄청난 위기와 충격이 오기 전에는 이전에 유지해오던 대로 해나가려는 경향 등이 가족 항상성의 예로 볼 수 있다. 이러한 개념들을 부모자녀관계에 적용한다면 자녀의 문제 행동은 체계가 역기능적이 되었다는 사실을 보여준다. 그리고 개인의 문제를 고치기 위해서는 한 개인을 분리해서 보는 것이 아니라 전체로서의 체계, 즉 가족체계 내에서 변화가 일어나도록 도와야 한다는 것이다. 심리학자 브론휀브레너는 신경병리학자였던 아버지가 근무하던 국립 정신박약아 기관에서 유아시절을 보냈다. 그는 그곳에서의 경험과 관찰이 인간 발달의 생태학에 관심을 갖게 된 계기라고 밝히면서, 인간 발달 생태학에 대해 개념들을 정의한다. 인간 발달 생태학은 적극적으로 성장해 가고 있는 인간과 그 발달하고 있는 개인이 살고 있는 즉각적인 장면의 변화하는 속성이 발전적으로 상호조절 하는 과정을 과학적으로 연구하는 학문으로서, 이 발전적 상호조절 과정은 즉각적인 장면과 장면사이의 관계에 의해 영향을 받으며 또한 그 장면들은 더 큰 맥락에 의해 영향을 받는다. 이러한 설명에 기초하여 그는 개인의 특성과 그의 과거와 현재를 포함하는 환경의 상호작용 속에서 인간의 증상과 행동 즉 무엇을 하는가에 대해 이해할 수 있다고 말한다. 인간은 단순히 환경에 의해 영향을 받고 결정되는 존재가 아니라 환경과 상호작용을 하며, 이러한 생태학적 환경은 미시체계(microsystem : 발달하는 개인이 독특한 물리적, 물질적인 특성을 가진 환경 내에서 경험하는 모든 활동), 중간체계(mesosystem : 발달하는 개인이 적극적으로 참여하는 둘 이상의 환경들 간의 상호 작용), 외체계(exosystem : 발달하는 개인이 적극적인 참여자로 관여하지는 않지만 일어나는 일에 영향을 주거나 받는 환경)와 거시체계(macrosystem : 개인의 발달에 영향을 미치는 기본적인 신념체계와 문화)로 구성되어 있다. 이러한 개념들로 인간 발달의 현상(행동 또는 정신 장애)은 이 네 가지 체계 내에서 또는 서로 교차하면서 나타난다고 본다. 이러한 접근을 통해서 그는 행동의 변화는 연결된 모든 환경을 변화시켜야 가능하다는 것을 시사해 준다. 그러나 중요한 것은 개인에 있어서 심리적 과정들이 하나의 독립적인 것이 아니라 큰 체계에 속해있는 하나의 요소로서 다루어야 한다는 점이다. 즉 한 개인을 이해하기 위해서는 개인적 특성 뿐 아니라 그가 속해있는 조부모, 부모 및 형제를 포함하는 가족체계, 사회, 문화적 체계와의 상호 관계를 고려해야만 한다.

이것을 문제 아동에 적용하면 그가 속해 있는 모든 체계, 즉 조부모, 부모 및 형제, 부부와 자녀관계를 모두 포함하는 가족체계와 그가 자라난 환경과 학교, 지역 사회, 그리고 문화적 체계 등 모든 관계성 속에서 보아야 한다. 따라서 미시체계로서 아동이 경험하는 활동, 역할 및 대인관계의 유형, 중간 체계로서 아동의 부모, 가정, 학교와 이웃, 동료 사이의 관계들, 외체계로서 아동의 부모의 직장, 손위 형제가 다니는 학교, 부모의 친구들, 교육부 정책, 그리고 거시체계로서 그 시대의 가치관이나 신념, 문화 등을 포괄적으로 통찰하여야 한다.

3) 기본 전제

위에서 살펴본 순환적 인과관계와 생태체계적 가족치료 관점에서 부모·자녀관계를 몇 가지로 요약할 수 있다.

첫째, 인간은 단순히 환경의 영향을 받고 결정되어지는 존재가 아니라 상호작용을 한다. 따라서 자녀는 환경에 의해 전적으로 결정되어지는 존재는 아니다.

둘째, 자녀는 부모에 의해서 결정되어지는 선형적 인과관계 모델로서가 아니라 부모와 자녀가 서로 영향을 주고받는 순환적 인과관계 모델로 이해해야 한다. 따라서 자녀는 부모에 의해 결정되어지는 피동적 존재만은 아니다.

셋째, 부모·자녀관계에 대한 이해는 좀 더 넓은 생태체계적 관계 관점과 상호작용에 대한 인식을 가질 필요가 있다. 따라서 부모, 세대, 교육, 문화를 포함하는 전체성과 상호성 속에서 자녀를 이해해야 한다.

넷째, 부모와 자녀를 포함하는 가족 문제의 치료는 부모·자녀 상호 관계에 초점을 맞추어야 한다.

위에 전제들을 토대로 다음의 네 가지 가정을 살펴보자. 첫째, 건강한 부모가 건강한 자녀를 만든다. 둘째, 문제 부모가 문제 자녀를 만든다. 셋째, 건강한 부모에게서 문제 자녀가 나온다. 넷째, 문제 부모에게서 건강한 자녀가 나온다. 이와 같은 가정들 가운데 일반적으로 "건강한 부모가 건강한 자녀를 만든다."와 "문제 부모가 문제 자녀를 만든다."는 말에는 쉽게 동의를 한다. 직선적 사고에서 부모가 원인이 되어 자녀가 결과가 된다는 것이 논리적이기 때문이다. 그러나 건강한 부모에게서 문제 자녀가, 또는 문제 부모에게서 건강한 자녀가 나올 수 있느냐는 것은 상당한 혼란을 야기한다. 직선적 사고로는 설명이 어렵기 때문이다. 라이트 부부는 어렸을 적에 부모의 자랑이었던 자녀들이 자라가면서 그들의 고유한 특성으로 인해 오히려 유혹을 쉽게 받고 몰락하는 경향도 있음을 지적한다.

라이트 부부의 지적은 부모의 양육도 중요하지만 본래 진취적인 개인적인 특성을 자녀들이 가지고 있는 도전정신과 호기심, 재능이 자신에 대한 과신 가운데 쉽게 유혹을 빠질 수 있음을 경고하는 것이다.

요즘의 세태는 부모는 점점 힘을 잃어가고 자녀들은 점점 통제하기 어려운 힘 있고 자만한 아이로 변해간다. 이러한 관계는 순환적 인과관계 모델로 설명하는 것이 더 적합할 것이다. 부모가 점점 힘을 잃어가고 통제력을 상실하면 할수록 자녀들은 점점 더 부모에게 반항하고 제멋대로 하는 경향이 많아진다고 보는 것이다. 또한 자녀들이 더 힘을 가지면 가질수록 부모들의 힘의 상실감은 더 커질 것이다. 반면에 부모의 목소리가 커지고 힘을 남용하면 자녀들은 점점 더 의기소침해지고 더 의존적이 되어 이러한 부모-자녀관계가 악순환이 된다.

그런데 여기서 중요한 것은 이러한 악순환에서 반전을 이룰 수 있는 다른 선택과 반응이 여전히 남아 있다는 것이다. 부모가 문제 자녀의 반응에 대해서 부모가 여전히 새로운 선택을 할 수 있고, 비록 자녀가 부모에게 의존적이지만 그 속에서도 선택할 수 있는 환경이 가능하다. 이것이 순환적 인과 모델에서 배워야 할 점이다. 비록 부모가 부모 역할을 제대로 못할지라도, 자녀들은 부모가 못해준 것을 극복하기 위해 더욱 독립적으로 문제 해결의 새로운 반응을 도모할 수도 있다. 또한 부모가 필요한 것을 제공해 주지 않기 때문에 자녀가 스스로 해야 하는 것이 많아지고, 자녀가 스스로 하는 것이 늘어날수록 부모의 역할은 점점 줄어들게 된다.

버드와 웨렌은 어린이를 기르는 것은 경기와 같다고 하면서 어린이의 양육을 돕기 위해서 필요한 경기의 구성 요소에는 "필요(needs)와 선택(options) 그리고 변화의 길(ways for changes)" 세 가지가 있다고 한다. 기본적 필요는 본보기, 관심, 지지, 애정 등 네 가지이고, 어린이의 선택은 신체적 사항, 기질적 사항, 심리적 사항, 잘못된 정보, 정서적 사항, 불일치(불복종) 등이다. 또한 변화의 길에 5가지 유형은 한계, 행동의 결과, 목표, 과제, 책임 등인데 이러한 요소들은 양육을 위해 부모들이 고려해야 할 것들이다. 톰슨과 헨더슨은 건강한 아동들이란 집, 학교, 공동체 속에서 기능 신체적, 인지적, 정서적, 사회적(관계적), 영적으로 잘 기능하는 것을 의미한다고 보면서 아동들의 기본적인 요소들의 6가지 목록을 제시한다.

① 지속적이면서 양육하는 관계
② 그러한 욕구를 보호하는 법규를 포함한 신체적 보호와 안전
③ 각 아동의 최적의 발달을 위해 개인차에 맞는 경험
④ 인지적, 언어적, 정서적, 사회적 기술 및 운동 기술을 위한 기초적인 요소인 발달에 맞는 적절한 기회
⑤ 적절한 기대를 가지고 한계를 정해주고, 체계를 제시해 주고 지도해 줄 어른
⑥ 안정적이고 지지적인 견실한 공동체 등이다.

아이들이 건강하기 위해서 완전한 환경을 제공하거나 완전한 부모 역할수행이란 불가능하다. 비록 완전하지는 못하지만, 자녀들이 보다 건강하게 자라나도록 '충분히 괜찮은' 부모 환경을 제공할 수는 있을 것이다.

충분히 좋은 어머니가 제공하는 지속적인 보살핌과 자연스러운 돌봄을 위니캇은 안아주는 환경(holding environment)이라 불렀다. 샤르프와 샤르프는 위니캇의 안아주는 환경과 환경 엄마와 대상 엄마에 대해서 이렇게 설명한다. 엄마가 아이에게 안아주는 관계를 제공해 주는 것을 안아주는 환경(holding environment)이라 불렀고, 환경 엄마(environment mother)의 능력은 유아로 하여금 자신의 자기를 찾을 수 있게 해준다. 즉 환경 엄마는 안아주는 관계를 통해서 유아를 돌보고 안전하게 해 줌으로써 신체적 · 정서적 환경을 제공해 준다. 또한 환경 엄마는 울타리 안에서 아이에게 직접적인 대상관계를 제공하는데 이러한 엄마는 대상 엄마라 불린다. 이 엄마는 유아의 사랑, 미움, 관심, 욕망의 대상이 된다. 위니캇은 유아기 발달의 중요성을 강조하는 어머니의 안아주기 환경 뿐 아니라 아버지의 역할도 결코 무시하지 않는다. 그는 "아버지의 역할이 어머니의 복제로서가 아니라 그 자체의 고유한 존재로서 필요하다."고 생각한다.

초기 가족치료에 영향을 미쳤던 프롬 리히만은 아동을 지배하고 공격적이며 거부하는 불안정한 어머니는 아동에게 정신분열증을 일으킨다는 "정신분열을 일으키는 어머니(schizophrezonic mother) 개념을 사용하였는데, 후에 보웬은 정신분열증은 미해결된 모자 공생 관계의 결과로 보았다. 즉 미성숙한 어머니는 자신의 감정적 욕구를 충족시키기 위해 아이와 공생적 관계를 형성하는데 그것을 공생적 모자관계(symbiosis mother-son)라고 불렀다. 마가렛 말러는 초기 어머니 · 아동관계에서 자폐증과 심각한 정신장애를 가진 청소년을 연구하면서 공생적 단계를 구분하고, 아동은 어머니에게 공생적 애착을 보이는 것에서 안정적인 자율적 정체성을 실현해 간다고 주장한다.

공생적 부모라는 것은 부모와 자녀가 서로 필요를 채워주는 공생의 관계라는 뜻으로 초기에는 병리적 관계를 설명하기 위한 용어였다. 그러나 공생적 부모·자녀관계의 부정적 측면 뿐 아니라 거기서 시작해서 건강한 분리와 개별성으로 나아가는 긍정적 측면도 간과해서는 안 된다.

부모와 자녀는 전체성으로 보아야 하지만 동시에 성장하면서 건강하게 분리되고, 개별화 되는 공생적 관계에서 이해해야 한다.

제2절 가족치료모형

1. Human validation process model

1) 주요 가정

Virginia satir는 인간은 성장과 변화를 향해 나아가며, 어떤 변형도 가능하며 모든 인간은 자신이 성장할 수 있는 모든 자원을 가지고 있다. 가족은 가족 구성원 모두가 서로 영향을 주고 영향을 받는 시스템이다. 치료자의 믿음과 치료자가 누구인가 하는 것이 중요한 도구이다.

2) 주요 개념

(1) 자긍심

자신에 대해 가치를 부여하는 것인데 high self-esteem(자긍심, 자존감)는 자신의 느낌을 직접 솔직하게 드러낸다. 그러나 Low self-esteem은 자신의 가치를 의심하고 느낌이 없는 것처럼 행동한다.

(2) 성숙도

자신이 내적 자아의 생각과 느낌을 인식하고, 다른 사람들에게 직접 표현하는 것이다.

(3) 의사소통

기능적 의사소통은 삶을 공유하며 분리된 삶도 인정한다. 역기능적 의사소통은 폐쇄적이며, 경직되어, 비자율적이다.
스트레스 대처시 의사소통 유형은 다음과 같다.

① 외유형 : 남들이 원하는 대로 말하고 행동함. Self가 없다.

② 비난형 : 다른 이에게 책임을 전가하고 잘못된 점을 지적한다.

③ 초이성형 : 원리에 따라 살아간다. 자신, 타인, 환경을 통제하려 한다.

④ 산만형 : 다른 사람들에게 피해를 주지 않으려고 부적절한 언행을 한다.

(4) 치료 목적과 기능

① 가족의 유대감을 유지하면서 개인의 성장을 증가시킨다.

② 가족원들이 새로운 선택을 하도록 희망과 용기를 준다.

③ 가족원들이 어려움에 대처하는 극복 기술을 강화, 발전시킨다.

④ 가족원들 각자가 선택, 결정하는 능력을 가지고 있다는 것을 인식시킨다.

⑤ 단순한 증상 제거가 아니라 가족원들이 건강을 위한 선택을 하도록 격려한다.

⑥ 개개인의 행동이나 대화시 긍정적 의도를 솔직하게 표현하도록 한다.

치료자의 역할과 기능은 다음과 같다.

① Modeler : 효과적인 의사 전달자로서 모델이 됨

② Attender : 듣고, 질문하고, 관찰하는 사람

③ Composer : comic, casual teacher

④ Analyzer : 해석하고 반영하는 사람

3) 기법과 절차

(1) 절차

① making contact는 신뢰를 형성하고, 다양한 정보를 얻는 단계

② chaos는 숨겨졌거나, 표현되지 않은 가족원들의 감정을 표출

③ Intergration : chaos의 단계에서 생겨진 다양한 의견들을 통합하는 단계

(2) 기법

기법은 가족 조각 기법, 가계도, 가족 재구조화, 연극, 은유법, 접촉(공감)

등이 사용된다.

2. 심리 역동 가족치료

학문적 입장에서 심리치료는 크게 가족치료와 개인치료 이 두 가지로 구분할 수 있다.

Nathan Ackerman, James Framo은 주요 가정을 심리 분석에 의한 어린 시절의 경험이 현재의 감정, 사고를 결정(역추적, 인과적)하며, 개인의 내적 정신세계에 집중하게 한다. 조직 이론에 의하면 가족을 시스템으로 보고, 가족원들을 하부 구조로 보았다. 그리고 가족의 역기능적 증상으로 가족원들 간의 개인 내적 갈등들을 유발한다는 가정이다.

1) 주요개념

(1) Nathan Ackerman

① Scapegoat(희생양) : 가족 병리 현상의 결과로 가족원 중에 한명이 희생양이 된다.

② 상보성(complementality) : 가족원의 역할이 조화를 이룸의 정도를 일컫는 용어이다.

③ inter-locking pathology(내적폐쇄 장애) : 가족 내에 역기능들이 무수히 많다는 것을 묘사하는 말이다.

(2) Janmes Framo

① Object-relations(대상 관계 이론) : 대상관계는 어린 시절에 내재화된 자아 구조를 일컫는 말이다. 이 자아 구조는 그 사람의 미래 관계를 유지하고 형성하는 청사진이다.

② Dysfunction(역기능) : 사람이 더 이상 성숙하고 못하고, 어느 특정단계에 고착된 상태를 역기능이라고 판단한다.

③ Resolution(해결) : 초기 상처 해결은 치료자만이 해결가능하다.

④ De-triangulation : 분명히 문제의 원인은 두 사람 간에 있는데도 불구하고, 다른 구성원을 그 두 사람 간의 갈등에 끌어 들여 삼각관계를 형성한다. 이때 상담자는 실제적 문제발생 요인이 아님에도 불구하고, 삼각관계에 때문에 두 사람 간의 갈등 속에 끼어들게 된 바로 그 사람을 분리시키도록 도와준다.

2) 치료 목적 및 역할과 기능

가족원들을 통해 통찰을 얻어 상보성을 회복하도록(Ackerman) 하고, 더 성숙하도록(Framo) 도와준다. 치료자의 역할과 기능은 새로운 통찰을 얻어 새로운 행동을 유발토록 한다.

3) 기법과 절차

(1) Ackerman

과거와 현재를 연결시킨 후 현재를 관찰하고 상담자는 가족원들이 숨기고 있는 보호적 가면이나 가족 내의 건강하지 못한 감적 분위기(emotion climate)을 의식하고 있어야 한다.

가족원들이 의미있는 상호 교환, 다른 말로 하면 상보성을 회복하도록 돕는다.

(2) Framo

① conjoint therapy : 두 사람의 상담자가 참석하여 치료를 한다.

② complex group therapy : 비슷한 증상을 보이는 커플과의 만남을 통해 치료한다.

③ intergenerational therapy : 가족 내의 문제를 다룰 때, 여러 세대를 살펴봄으로 가족의 현재 문제의 원인을 밝혀내도록 한다.

제3절 정신분석적 대상관계 가족치료

1. 정신분석적 대상관계 가족치료이론의 기원 및 인물

정신분석적 대상관계(object relation theory) 가족치료이론은 여러 사람의 기여로 만들어졌으나 이론의 뿌리는 프로이트의 정신분석에 근거를 두고 있다.

대상관계이론은 영국정신분석학회에서 발생했기 때문에 영국 대상관계 이론이라 부르기도 한다. 어릴 때의 대상관계가 성인의 정신생활에서도 계속된다는 이론이다. 즉 어릴 때에 내재화된 대상관계가 그 후 모든 대인관계에 반복되고 재현되는 형태로 현재의 인간관계는 이미 과거에 이루어진 관계의 영향을 받는다고 본다. edith jacobson에 의하면 대상은 결코 있는 그대로 지각되지 않으며 대상에 대한 주관적인 경험을 반영하는 표상이 지각된다고 했다. 따라서 대상관계를 이해하기 위해서는 대상 자체보다 대상에 대한 표상(이미지)이 중요하다는 것을 기억해야 할 것이다.

1) 주요인물

(1) 지그문트 프로이트(sigmunt freud)

대상이라는 개념을 처음 사용했지만 성욕이라는 생물학적 욕구충족에 일차적 관심을 가지고 있었고 인간과 그 대상과의 관계는 이차적이었다. 대상도 성욕을 만족키는 대상으로 생각하였다.

(2) 해리 스택 설리반(harry stack sullivan)

프로이트에게 사회와 인류의 문화는 인간에게 악을 만들어 내는 존재로 투쟁의 대상으로 보았다. 그러나 설리반은 사람을 내면세계의 여러 가지 요소들에 의해서 갈등하고 균형을 맞추어 가는 존재가 아니라 다른 사람과의 관계에서 여러 가지 행동을 하는 존재로 규정하고 있다.

(3) 멜라니 클라인(melanie klein)

프로이트는 유아들을 자신의 성적욕구를 충족하는 존재이면서 동시에 자신들의 내적 갈등을 다스려 나가는 존재로 본 반면에 클라인은 유아들을 처음부터 대상을 추구하는 존재로 보았다.

(4) 하인즈 코헛(heinz kohut)

코헛의 이론에서 가장 중요한 요소는 주도권의 중심이며, 심리적 인상들의 수령자로서의 자기(self)이다. 인간은 인정(appreciation)을 갈망하며 인간 욕구의 중심은 관심(attention)에 대한 열망으로 구성되어 있다고 했다. 사랑을 표현할 줄 아는 부모 밑에서 자란 운이 좋은 사람은 안전하고 주도권을 쥐고 홀로 서며 사랑할 줄 알게 되는 반면, 사랑받고 있다는 것을 제대로 확인 받지 못하고 자란 사람은 받지 못한 관심을 평생 갈구하며 살게 된다.

(5) 에릭 에릭슨(Erik H. Erikson)

청소년시절에 정체감 위기를 심하게 겪었던 그는 정체감의 문제에 일생을 매달렸다. 정체감은 가장 정교하고 복잡한 형태의 자아이다. 정체감 형성은 일생을 통해서 이루어지며 에릭슨은 이를 8단계로 만들었다. 청소년기에 완성되는 정체감 형성은 아주 어린 시절부터 점차로 발달하고 정체감 형성이 이루어지고 나면 정체감을 통해서 다른 사람과 관계를 만들어 가는 과정을 갖는다.

(6) 하인즈 하트만(heinz hartmann)

하트만은 프로이트의 본능심리학을 일반심리학으로 발전시키는데 주된 기여를 하였다. 인간은 내적으로 갈등만 하는 존재가 아니라 적극적으로 환경의 변화에 자신을 바꾸어 가면서 적응하는 존재 즉, 갈등을 넘어 환경으로부터 배우고 환경과 상호작용을 하면서 성장하는 존재로 보았다. 그의 이론은 한편으로는 이드에 근거를 두고 내적세계를 다루어 나가고 다른 한편으로는 외부세계에 적극적으로 대응하면서 순응하는 기능을 가지고 있다는 것이다.

(7) 마가렛 말러(margaret mahler)

아이들은 태어나서 엄마와의 관계 속에서 (심리적)분리와 독립을 하게 된다. 유아의 발달은 엄마와 분리, 독립을 어떻게 했는가에 따라 달라진다. 성공적으로 분리, 독립을 이룬 사람은 잘 조직되고 분화된 상태로 살아가게 되고 반대의 경우는 다른 사람들과 정서적으로 연결을 하는데 어려움을 겪게 되고 결국 고립된 삶을 살아가게 된다.

(8) 도널드 위니컷(donald winnicott)

그는 어머니들의 개인과 사회에 대한 행동과 책임에 대해서 연구하였다. 유아에 대한 어머니의 역할에 대해서 질적 관심을 가지고 있었다. 그의 이론에서 엄마의 돌보는 행동이 적절한가의 문제는 아동의 심리발달에 지대한 영향을 끼친다. 가정은 유아의 책임이 아니라 일차적으로 어머니의 책임이다. 어머니의 양육방식에 따라서 아이들의 발달은 달라지게 된다. 충분히 좋은 환경과 충분히 좋은 엄마 역할이 중요하다. "엄마 없는 아기란 없다." 라는 그의 유명한 말은 엄마와 아기의 관계가 지닌 특성을 생생하게 포착해 내고 있다. 자아의 구조는 충분히 좋은 환경 속에서 발달한다.

(9) 로널드 페어베언(ronald D. fairbairn)과 해리 건트립(harry guntrip)

프로이트가 사람은 쾌락을 추구하는 존재라고 규정하였다면, 페어베언은 대상을 추구하는 존재라고 하였다. 사람의 자아는 내면의 삼층 구조를 이루고 있는 요소들의 갈등 속에서 만들어진다기보다 어머니와의 관계 속에서 만들어지고 발달한다고 했다. 건트립은 페어베언 등 비롯한 분석가들에게 분석을 받으면서 자신의 문제들을 개념화하였다. 프로이트의 관심이 성에서 공격으로의 전환이었다면 건트립은 인간 상호관계 즉, 대상관계적 측면을 강조하였다. 그는 불안을 억눌린 성적 긴장이라고 간주하지 않고 애정의 상실 또는 거절의 위험에 대한 자아의 반응으로 여겼다. 이들은 프로이트의 한 사람 심리학을 두 사람 심리학으로 확장시켰다.

(10) 오토 컨버그(otto kernberg)

그는 대상관계의 개념들을 확립하고 설명하는데 주력하였다. 클라인의 개념들을 통해서 경계선 환자들의 과도한 방어나 공격성들을 설명하였다. 자신을 보호하기 위해 자신과 어떤 다른 대상사이에 발생되는 분열현상이 경계선 성격장애자들의 주된 특성임을 설명하고 있다.

2) 이론의 기초

(1) 관계본능

프로이트는 인간을 성욕을 충족하려는 존재로 규정하고 있다. 그러나 대상관계 가족치료이론에서는 인간은 대상을 찾고 관계를 맺으려는 본능을 가지고 있다는 가정에서 출발하고 있다. 유아들이 출생 후에 적극적으로 관계를 맺으려는 대상이 존재하며 이 대상 없이는 유아의 심리적 발달은 불가능하다.

(2) 발달하는 존재로서의 인간

인간의 발달은 대상과의 관계 속에서 자아가 형성되는 과정 중에 이루어진다. 발달 초기 단계에서 자아는 대상과의 단순한 경험들을 하게 되며 이러한 경험들은 자아의 단순한 기능을 이루게 한다. 좀 더 높은 수준의 발달단계에서는 점차 복잡한 경험을 하게 되며 자아의 구조 속에 통합하게 된다(즉, 대상과의 관계 속에서 경험하는 대상에 대한 여러 가지 표상들이 자아 속에 통합된다). 이렇게 자아의 구조는 복잡한 방식으로 발전하며 자아의 기능들도 복잡하고 다양해진다. 발달을 이루는 유아의 자아 구조 속에는 여러 가지 현상들을 단순히 포함하는 것에 그치지 않고 외부의 세계를 일정하고 일관성 있게 받아들일 수 있는 일정한 형태와 기능을 갖게 된다. 따라서 자아는 자신의 자아의 구조와 맞는 경험들은 점차로 받아들이고, 맞지 않는 경험들은 받아들이지 않는 적극적인 기능을 하게 된다.

(3) 무의식 속의 자아

평상시의 자아의 구조는 경험되기 어렵다. 대부분 무의식의 세계 속에 존재하지만 사람들의 행동이나 삶의 방향성들을 이끌어 나가는 마음의 행동자 또는 대변자 역할을 한다. 자아개념(자아상)은 자신에 대한 가치관이나 믿음들로 이루어져 있는데 경험되는 자아의 부분은 자신에 대한 자아개념이라는 방식으로 인식 속에 떠오른다. 나는 누구인가? 어떤 사람인가? 무엇을 위해 사는가 등의 질문에 일정한 방식으로 대답할 수 있는 자아의 부분은 무의식의 세계 속에 들어있는 거대한 자아가 의식의 세계 속에 나타난 표상을 의미한다.

(4) 인간과 환경의 상호작용

인간이 가지고 태어나는 잠재가능성은 환경과 상호작용을 통해서 인간의 발달을 가져온다. 아무리 좋은 환경이 제공된다 해도 일정한 잠재 가능성의 범위를 벗어나서 더 발달하지는 않는다. 인간이 가지고 있는 여러 가지 특성들의 범위 안에서 발달한다. 그러나 환경은 이러한 발달의 방향과 양식을 결정하는 중요한 요인이다.

(5) 돌보는 사람의 자아에 대한 영향

유아를 돌보는 사람의 질에 따라 유아는 안정된 자아구조 또는 불안정한 자아구조를 발달시키는가 하는 점이 결정된다. 안전한 환경의 제공이 중요한데 그러기 위해서는 "충분한 엄마 노릇"이 필요하다. 다시 말하면 아이의 필요에 따라 적절하게 반응해 주는 엄마여야 한다. 지나치게 간섭하지도 않고 나 몰라라 방치하지도 않는 방법으로 아이를 양육해야 한다. 즉, 아이의 자율성이 손상되지 않는 성숙하고 세련된 보호라 할 수 있다(holding environment 제공의 핵심-엄마의 그늘 아래에서 기꺼이 무엇이든 할 수 있는 마음을 갖게 된다). 이것이 유아의 자아구조의 내용을 채우면서 동시에 유아가 세상과의 상호작용을 제대로 할 수 있도록 기능을 제공하는 역할을 한다.

(6) 형상으로서의 자아

자아는 여러 가지 형상들로 구성되어 있다. 유아는 여러 경험들, 이를테면 양육자의 태도, 음성, 억양, 언어 등의 경험을 통하여 자아 속에 내면화한다. 또한 여러 가지 사물들과의 경험, 다양한 주변 환경들과 경험 속에서 만들어진 형상들도 자아구조 속에 포함시킨다. 그리고 유아의 신체에 대한 형상들, 욕구들로 발생하는 현상들도 경험을 통해 형상으로 내면화한다. 자아의 구조 속에는 이러한 여러 가지 형상들이 있고, 이러한 형상들과 어떤 방식으로 상호작용을 하는지에 대한 기능들도 들어있다. 형상과 기능들은 유아로 하여금 앞으로 살아가면서 경험하게 될 형상들을 어떤 방식으로 처리하여야 하는가에 대한 일정한 방향을 제시한다.

(6) 내면화의 과정

안정된 자아의 형성은 형상들을 내면화하는 과정 속에서 이루어진다. 내면화의 첫 단계는 내적투사의 단계이다. 형상들이 내면세계에 통합되거나 조직되지 않은 상태로 던져 놓은 상태를 말한다. 마치 파편들과 같이 내면세계의 여기저기에 흩어지게 된다. 흩어진 형상들(좋은 형상들과 나쁜 형상들)이 일정한 방식으로 관련을 맺어나가는 과정을 통합이라 한다. 통합은 유아의 자아의 구조를 형성하도록 돕는다. 이러한 통합은 유아들이 대상항상성이란 개념을 갖게 한다. 대상이 자신의 곁에 없어도 어딘가에 존재한다는 사실을 받아들이게 되는 것이다.

2. 주요개념 및 원리

1) 환상을 통한 대상관계

프로이트는 인간을 환경으로부터 단절된 존재로서 자신의 내적갈등에 반응하는 존재로 본다. 그러나 멜라니 클라인은 프로이트와는 반대로 인간은 대상을 추구하는 존재로 태어나고, 태어날 때부터 사랑과 미움의 환상(프로이트의 fantasy-판타지는 현실에서 충족되지 않는 욕구를 충족시키려는 수단이다. 탤런트도 돼보고, 연애도 해보고/우진 예슬양 살해범은 비디오 등을 보고 성적욕구를 충족하며 판타지 속에 젖어 살았다. 클라인은 phantasy 아버지의 성기, 어머니의 질, 원색적인 분노 등을 배우지 않아도 안다)을 가지고 태어나서 이러한 힘으로 대상과 관련을 맺고자 한다고 보았다.

2) 편집·분열적 자리

클라인은 초기에 편집적 자리라고 했으나 자아의 분열에 관해 쓴 페어베언의 논문을 읽고 그의 견해에 동의하여 편집 분열적 자리로 고쳐 불렀다. 클라인은 인격의 성장과정을 두 가지 단계로 보았다. 편집·분열적 자리(paranoid-schizoid position)에서 우울의 자리(depressive position)로 성장해가고 이런 과정이 생후 1년 이내에 거의 완성된다. 이것으로 고정되는 것은 아니고 일생동안 상황에 따라 두 입장을 오간다. 그래서 클라인은 단계(phase)라는 말을 쓰지 않고 자리(position)라는 용어를 썼다. 성장이란 계단을 오르듯이 한 계단을 오르면 다시는 그 단계가 나타나지 않는 것이 아니라 상황에 따라 일생을 왔다 갔다 하는 것으로 보았기 때문이다. 클라인은 출생시부터 자아가 기능한다고 보았다. 유아도 불안을 느끼고 방어기제를 사용하며 인간관계를 형성하는 능력을 가지고 있다고 보았다. 편집-분열의 자리는 가장 초기의 원시적 자리이다. 이때 유아는 엄마를 전체적으로 보지 못하고 엄마의 부분을 엄마로 이해한다. 그래서 좋은 엄마(만족을 주는 대상)와 나쁜 엄마(좌절을 주는 대상)로 분열이 일어난다. 나쁜 엄마에게 유아가 가지고 태어난 공격성을 투사한다. 그래서 나쁜 엄마는 더욱 공격적이고 무시무시한 인물로 보인다. 이 입장에 있는 아이는 나쁜 엄마에게 피해를 당하는 것을 두려워한다. 나쁜 엄마가 나를 해칠지 모른다는 의심이 생기고 편집증적이 된다. 사람을 good or bad로 본다.

편집·우울적 자리에서 진일보한 입장으로 가장 두드러진 특징은 통합능력이 생긴 것이다. 현실감각이 생겨 엄마가 하나이고, 좋은 엄마와 나쁜 엄마가 하나로 인식된다. 3~4개월이면 나타나기 시작해서 일생동안 지속된다고 한다. 엄마가 좋은 대상이면서 동시에 증오의 대상도 된다는 것을 알게 된 아이는 자기 속에 있는 공격적 충동이 엄마를 공격해서 없애 버릴지도 모른다는 두려움에 빠지게 된다. 아이는 혹시 사랑하는 엄마를 잃게 된다면 그것은 자기 속에 있는 나쁜 성깔 때문일 것이라고 생각하고 죄책을 느끼고 우울해진다는 것이다. 그래서 두 자리의 지배적 감정이 다른데 하나는 피해불안이고 우울적 자리에서는 상대방에 대한 걱정이다. 클라인은 우울적 자리에서 유아는 엄마를 통합된 개인으로 인식할 수 있고 양가감정을 느낄 수 있으며 엄마에 대해 분리된 개인으로 배려할 수 있다고 주장했다. 보상가능하며 감사할 수 있는 능력이 생긴다. stress 상황에서 두 자리를 오간다고 한다.

3) 정체성을 통한 대상관계

에릭슨은 프로이트의 성욕에 의한 충동을 버리지는 않았지만 사회 속에서 자아가 어떻게 발달되고 형성되는지에 일차적 관심을 가지고 이론을 전개해 나간다. 그는 사회를 인간의 발달을 제한하거나 촉진하는 대상으로 보았고 인간 발달은 곧 자아의 정체감 형성을 의미했다. 정체감이란 무의식적으로 존재하는 인간의 모든 충동들과 의식의 세계에서 추구하는 이상이나 열망 또는 대상들을 통해서 내면화된 형상들 모두를 일컬어서 사용하는 개념이다. 이것을 통해서 인간은 한사람의 개인으로 존재하며 다른 사람과 구별되는 유일성과 독특성을 갖게 된다. 또 사회 속에서 자신의 위치를 찾고 자신이 해야 할 일과 하지 말아야 할 일을 구분하는 준거의 역할과 한 개인의 연속성과 통합성을 책임지는 역할을 하고 일정한 느낌을 가지고 살아가도록 하는 원동력 역할을 한다. 자아정체감 형성을 위해서 인간은 각 단계들마다 발달위기를 경험한다. 각 단계를 거치면서 인간은 자신들에게 알맞은 독특한 경험을 하고 이를 통해서 자신의 정체감을 조금씩 그리고 점차적으로 확립하게 된다. 다음 단계로 들어서면 이전단계와 전혀 다른 사람이 되며 각각의 단계를 성공적으로 거치기 위해 주변에 있는 사람들의 역할이 정체감 형성에 중요한 영향을 미친다.

(1) 신뢰 대 불신(0~6월)

에릭슨에게 신뢰감은 사람과의 관계에서 얼마나 신뢰할 수 있는가를 말한다. 인생 초기단계에서 어머니와 맺어지는 관계는 후기 인생의 기초가 된다. 어머니가 일관성 있게 아기의 신체적, 심리적 욕구나 필요를 적절히 충족시키며 양육하면 아기는 어머니를 신뢰하게 된다. 즉, 애정욕구가 충족되면 신뢰감이 형성된다. 그러나 아기의 요구와 필요에 잘 응해주지 못하거나 일관성을 지속시키지 못하면 불신감을 갖게 된다. 기본적인 신뢰감이 형성된 아이는 다음 단계의 사회관계에서도 성공적인 적응을 한다. 부모가 아이에게 용납받고 있다고 느끼게 해주고 자신이 원하는 아이로 양육 받는다는 느낌, 사랑받고 있다는 느낌을 주면 신뢰감이 생긴다. 불신감은 결혼해서도 배우자와의 신뢰형성이 어렵고 하나님에 대한 신앙형성에도 지장을 초래하고 유아 자폐증 및 무력감을 일으킨다.

(2) 자율성 대 수치감(1.5~3세)

이 단계에서 유아는 경험과 행동, 자신의 내적인 상태를 통해서 자율성을 갖게 된다. 유아가 이 단계에서 자율성을 제대로 발달시키면 의지력(will power)을 키우게 된다. 자기표현과 자기 억제, 사랑과 미움, 협동과 독자적 의지 등을 통하여 자율성은 결정된다. 이 단계에서 지나치게 억제를 받으면 유아는 유아적 신경증을 발달시킨다. 이러한 유아는 창피와 수치심을 발달시킨다. 배변, 걷고 뛰는 신체적 통제나 자주기능이 충분히 발달하지 못하여 사회적 기대에 맞는 행동을 잘 수행하지 못하면 수치감이나 회의감을 발달시키게 된다.

(3) 주도성 대 죄의식(3~5.5세)

자신이 주도적으로 계획하고 실천하며 이를 통하여 자신의 입장이나 자신의 모습을 더욱 분명하게 만들어 간다(성역할 확고, 목적의식). 주도성을 확립하는데 실패하게 되면 죄의식을 발달시킨다.

(4) 근면성 대 열등감(5.5~10세)

순조로운 학습과 적응이 이루어지면 근면성(근면성을 통해서 자신감을 갖게 된다), 성취감이 이루어지지만 주어진 일(학업 등)을 제대로 해 내지 못하거나 필요한 기술을 습득하지 못하게 되면 열등감을 갖게 된다.

(5) 정체감 대 역할혼란(10~16 · 16~21세)

자신의 실제, 타인에 비치는 자기모습, 자기능력, 역할 등을 자신이 갖고 있는 이상형과 통합시키면 자아 정체성을 갖게 된다. 자아 정체성을 분명히 갖는 청소년들은 충실성(fidelity)이 생긴다. 때로는 병적이 되기도 하고 호기심이 생기기도 하면서 정체성을 형성시켜 나간다. 충실성을 갖는데 실패하면 청소년들은 역할혼돈이 생기는데, 자신의 성역할에 대한 혼돈을 가져오고 대중의 영웅들이나 광대들과 자신을 지나치게 동일시하는 경향이 생기게 된다.

(6) 친밀감 대 소외(21~40세)

전 단계에서 긍정적인 자아정체감을 형성한 사람은 타인들과 자신을 나눌 수 있는 친밀성을 가질 수 있게 되고 친밀성은 다른 사람들과의 관계 속에서 사랑을 만들어 나갈 수 있는 능력을 발달시킨다. 그렇지 못한 사람은 자신에 대한 자신감이 없어 타인과의 사회적 관계에서 자신을 소외시킨다. 다른 사람들에게 헌신할 수 없으므로 친밀한 관계를 유지할 수 없고 고립감을 느끼게 되어 자신에게만 몰두한다.

(7) 생산성 대 정체(40~65세)

전 단계에서 두 사람 간에 친밀감이 형성된 사람은 더 넓은 타인에게로 확대되기 시작한다. 다음세대를 양성하는데 관심과 노력을 기울이며 생산성을 발휘한다. 세대 간의 계승을 위해 노력하며, 자신을 주는 헌신이 필요한 시기로서 이 시기의 덕은 돌봄이다. 생산적 인간은 무의식과 의식을 통합하고, 기본 신뢰의 축적과 희망을 가진다. 근면하고 능력이 있다. 습관을 수정해 나갈 수 있는 능력이 있고 정체성, 친밀성을 발달시키며 종교적 인간이된다. 그러나 다음 세대를 돌보는데 어려움을 겪는 사람은 가짜 친밀성을 갖게 된다. 그것을 통해 다음 세대를 돌보기보다는 자신의 욕구를 충족시키기 위해 다음 세대를 착취한다. 이런 사람은 권태, 대인관계의 빈곤, 심리성장의 결여, 가정관리의 실패, 직업과업을 성공적으로 수행하지 못하겠다는 심리적 침체를 느낀다.

(8) 자아통합 대 절망(65~)

신체의 노쇠와 은퇴, 친구나 배우자의 사망 등이 일어나는 인생 말기는 인생에 대한 무력감을 느끼게 한다. 이 시기의 성공과 실패는 다가오는 신체적, 사회적 퇴보를 어떻게 수용하느냐에 달렸다. 살아 온 삶을 뒤 돌아보며 인생의 가치 여부를 음미하며 자신의 생이 무의미했다고 느끼면 절망하지만 절망 중에도 그럴 수밖에 없었다고 생각하며 나름대로 생의 의미를 찾고 가치를 부여하고 삶에 대한 품위를 유지하며 참된 삶의 지혜와 경륜을 터득한다. 반면 그렇지 못한 사람은 죽음에 대해 공포를 갖고 새로운 것을 추구하기에는 너무 시간이 짧아서 대안을 찾을 수 없게 되어 절망감에 이른다.

4) 분리와 개별화를 통한 대상관계

말러는 자아의 발달은 대상과의 관계 속에서 분리와 개별화를 통해서 발달한다고 보았다. 마가렛은 아동의 발달과정을 분리개별화라고 불렀다. 분리와 개별화의 과정으로 불리는 발달이론을 심리적 탄생의 과정이라고 부른다(mahler).

말러의 분리 개별화의 심리과정은 다음과 같다.

(1) 자폐적 시기(0~2월)

초기 몇 주 동안 유아들은 태어나기 전의 정신적 상태를 계속 유지한다. 즉, 아직도 자궁 내부에 있듯이 현실로부터 차단된 폐쇄된 심리적 체계를 형성한다. 신생아는 외적인 것과 내적인 것을 구분할 수 없다. 이 세상에 태어나긴 했으나 신생아는 아직 어떠한 대상과도 관계를 맺지 못하고 이 세상에 자신 밖에 없는 듯이 살아간다고 볼 수 있다.

(2) 공생단계(2~6월)

자폐적 시기가 지나면서 아이는 자기의 욕구를 만족시켜주는 대상이 있음을 희미하게 감지하기 시작한다. 그러면서 엄마와 자신이 공동의 경계선을 갖고 있는 하나의 연합체인 것처럼 행동한다. 점차 나와 나 아닌 것의 구별이 생긴다. 신경체계가 성숙되어가고 엄마와 접촉 경험이 생기면서 두 사람의 관계를 보다 또렷이 인식할 수 있게 된다. 이 시기에 기억하고 사물을 인지하고 근육운동을 할 수 있는 자아의 기능들이 나타나기 시작한다. 이러한 능력들이 생김에 따라 자신의 경험들을 기억하여 조직화 할 수 있게 된다. 이러한 경험들은 대상과 관계하는 자기-인식(SELF-SENSE)을 돋아나게 하고 자폐적인 자기만의 단일 체계에서 자기와 타인(SELF-OTHER)라는 두 사람 체계로 전환하게 된다. 그러나 아이는 아직 자기-타인 분화가 미숙하기 때문에 여러 가지 혼란을 겪는다. 이 시기의 아이는 엄마를 찾을 때 엄마가 마법처럼 나타난다거나, 엄마 가슴으로 다가가면 동시에 젖이 가까이

다가서 준다고 생각하는 등 아이가 바라는 것과 엄마가 바라는 것이 하나라고 생각한다. 뿐만 아니라 아이가 움직이면 세상도 움직이고 아이가 느끼거나 숨쉬면 세상도 느끼거나 숨쉰다고 느끼기 때문에 유아의 공생의 세계는 전능함으로 충만해 있다. 이 시기의 영아는 극히 자기 중심적이며 자아도취적인 전지 전능감을 느껴야 한다. 이것은 이기적인 것이 아니라 초기 자기(SELF) 형성이 충만하게 이루어지기 위해 필요한 것이다.

(3) 제 3기 분리 : 개별화 단계(6~24월)

① 분화단계(6~10월)

생후 1~2개월 사이에 보였던 잠자는 상태에서 벗어나며, 아이는 외부에 주의를 기울일 수 있는 힘이 생긴다. 5~6개월이 되면 아이는 꽤 또렷한 정신으로 자기가 원하는 것을 볼 수 있게 된다. 즉, 목표 지향적으로 볼 수 있는 힘을 갖게 되었음을 의미한다. 대상으로서 자신을 느끼던 me에서 주체로서의 I가 상당히 성장한 것이라 볼 수 있다. 아이는 엄마의 입에 음식을 넣거나, 머리, 귀, 코를 잡아당기는 등 엄마의 몸을 탐색한다. 부모와 다른 사람들에 대한 관심도 증가하고 주위에 있는 모든 사람과 엄마의 이미지를 비교하고 대조하는 것처럼 보인다. 이 단계는 감각발달, 주위 사물에 관심, 환경탐색, 어머니를 알아보고 낯가림을 한다.

② 연습단계(10~16월)

분화가 계속 일어나면서 연습기가 나타나는데 10~16개월이 되면서 자아의 자율적인 기능이 늘어난 아이들이 새로운 기술들을 반복해서 연습하는 것처럼 보인다고 해서 붙인 이름이다. 10개월 쯤 된 아이는 입으로 웅얼거리며 배로 기고 무릎으로 기는 모습을 보인다. 기어간다고는 하나 엄마의 둘레를 돌면서 엄마가 보이나 보이지 않는가를 항상 점검하는 것처럼 보인다. 마치 엄마를 근거지로 삼고 조금 멀리 갔다 싶으면 다시 돌아와서 엄마에게 정서적 연료를 채우고 다시 탐험을 하러 나가는 것처럼 행동한다(secure base). 이시기에 엄마는 아이가 안정되게 떨어져 나갈 수 있도록 아이들의 심리적 근거지 역할을 잘 해 주어야 한다. 똑바로 설 수 있게 된 아이는 기어 다닐 때와 전혀 다른 조망으로 세상을 볼 수 있게 된다. 마치 마법처럼 새로운 경치가 아이 앞에 펼쳐지는 것을 아이는 느끼게 된다. 그래서 자신의 능력과 자신의 세계의 위대함에 도취되듯 자아도취가 절정에 이르게 된다. 이러한 새로운 발견에 대한 기쁨이 아이의 얼굴에 가득하다. greenacre라는 사람은 love affair with the world라고 불렀다.

③ 재접근 단계(16~24월)

연습기 단계의 아이들이 새로운 기술들에 몰두하느라 엄마가 사라진 것도 잊어버리고 좌절에도 잘 견딘다. 그러나 재접근 시기의 아이들은 자신의 취약함을 새롭게 느끼면서 엄마에게 다시 의존하게 되는 것으로 보인다. 이 시기의 아이들은 새로운 능력과 기술을 통해 얻어진 자율성 (독립의 욕구)과 다시 엄마와 친밀해지고 싶은 마음(의존의 욕구) 사이에서 갈등을 겪는 것처럼 보인다. 이것은 일생동안 거듭되는 양상으로서 이것이 최초로 나타나는 시기이다. 이 시기의 위험은 엄마가 아이의 발달을 이해하지 못하고 곁에 있어 달라는 아이의 요구를 퇴행으로 착각하는데 있다. 아이의 요구를 인내하지 못하거나 적절하게 대응해주지 못하는 엄마는 아직 독립적 개체로 기능할 수 없는 아동에게 엄마로부터 버림받을지 모른다는 불안감을 촉발시킬 수 있다. 말러는 이 시기에 기본적인 정서적 성향이 결정된다고 주장한다. 그녀는 재접근 시기에 아동이 엄마로부터 수용과 정서적 이해를 제대로 받지 못하면 아이는 지속적인 우울증 성향을 가지게 될 수 있다고 한다.

④ 대상항상성의 단계(24~36월)

좋은 엄마와 나쁜 엄마의 이미지가 하나로 통합되는 시기로 아이가 화해기의 과정을 반복하면서 점점 자신에 대한 개별성과 대상에 대한 항상성을 발전시켜 나간다. 즉 매달리고 의지할 때는 마치 온통 좋은 점만 있는 엄마처럼 대하고, 반면에 떨어져 나갈 때는 같은 엄마를 전혀 다른 사람 대하듯 하던 아이가 점차 아이를 만족시키든지 만족시키지 못하든지에 상관없이 엄마에 대한 일정한 고정된 이미지를 간직할 수 있는 능력을 대상항상성이라 한다(엄마가 마음에 안들 때도 있지만 한결같고, 좋은 엄마의 이미지가 아기의 마음에 내재화될 때 대상항상성이 생긴다). 아기는 필요할 때마다 내재화된 엄마를 동원하여 위로받고 힘을 공급받는다. 이렇게 되어야 성장해서도 대인관계가 안정되고 인간관계를 오래 유지할 수 있다.

이 정도면 충분한 엄마노릇을 통한 대상관계로 엄마의 돌봄의 질은 유아의 자아발달에 막대한 영향을 미친다. 적절한 돌봄이 제공되면 아이가 안전함을 느끼게 되고, 대상에 대한 신뢰와 사랑을 갖게 된다. 이 정도면 좋은 엄마노릇을 통해 내면화된 엄마의 형상들은 내면의 불안함과 초조감, 두려움을 줄여주는 역할을 한다. 아이는 엄마로부터 분리되는 과정에서 엄마를 자신과 분리된 대상으로 지각하게 되고 또 자신이 필요할 때 항상 도와주는 대상이 아니라는 것을 더욱 분명하게 느끼게 되면서 아이들은 이행기 대상에 더욱 집착하게 된다. 이행기 대상은 보통 담요, 겉이불, 곰인형 등이다. 장난감 곰을 안고 담요에 누워 혼자 우유를 먹는 아이는 마치 엄마와 공생단계에서 느꼈던 것처럼 모든 것이 원하는 대로 이루어지는 듯한 느낌을 느끼게 될 것이다. 그리고 아이는 담요가 마치 자기를 사랑해주는 엄마처럼 느껴지고, 장난감 곰은 엄마로부터 사랑받는 자기 자신처럼 느껴질 것이다. 이러한 경험은 인지능력이 충분히 발달하지 못한 아이가 내면에서 느껴지는 실질적 느낌과 외부현실을 완전히 구분하지 못하고 겹쳐서 경험하는 것이라고 말할 수 있다.

두 사람 심리학의 대상관계는 프로이트는 기본 동기를 성욕에 의한 충동으로 보았다. 이에 비해 페어베언은 인간의 기본 동기를 대상을 추구하는 힘으로 보았다. 인간은 태어날 때부터 대상을 추구하는 존재이기 때문에 인간이 가지고 있는 에너지들은 대상과 관련을 맺으려는 방식으로 구조화되고 프로그램되어 있다. 자아도 대상과의 관련을 통해서 형성되고 발달된다. 인간의 발달은 세 단계를 거쳐서 이루어진다. 첫 단계는 의존상태이다. 엄마에게 거의 전적으로 의존하는 상태로 살아가게 된다. 이는 유아의 생존을 위한 필수 조건이다. 두 번째 단계는 전이상태이다. 엄마와 자신을 구분하는 단계에 들어선 유아는 분리에 대한 두려움과 불안을 그 동안 받았던 사랑과 돌봄에 의해 극복한다. 자신에 대한 신뢰와 가치를 내면화한 아이는 엄마로부터 분리되는 사실을 견딜 수 있게 된다. 세 번째 성숙한 의존으로서 자신을 돌보는 대상이 완벽하지 않다는 사실을 받아들임으로써 더욱 풍성한 여러 가지 방법으로 대상들과 관련을 맺을 수 있다는 사실을 발견하게 된다. 대상에 대한 여러 가지 측면들은 자아의 구조를 풍성하고 안전하게 발전시키게 된다.

5) 통합을 위한 대상관계

(1) 형상으로서의 자아

오토 컨버그는 자기(self)를 형상으로 이루어져 있다고 본다. 자기의 형상들은 초기 경험들을 통해 이루어지는데, 이 경험들은 자기표상, 대상표상, 자기와 대상과의 사이에서 느껴지는 감정이라는 세 가지 요소들로 구성되어 있다. 이것을 대상관계 단위라고 하는데 하나의 세트처럼 느껴진다. 이 세 가지 요인들이 자기 속에서 체제를 형성하는 것을 내면화체제라고 하고 이 세 가지 요인들이 유아의 자기를 구성하고 있다.

(2) 내면화의 종류

자기는 세 가지 종류의 내면화 과정인 내사, 동일시, 통합을 통해서 형성된다.

① 내사는 자신이나 대상에 대해서 여러 가지 조각난 경험들에 대한 형상들을 담아 놓는 과정으로서 형상들 서로간의 관련성이나 연결이 이루어지지 않은 상태에서 존재하게 된다.

② 동일시는 대상이 하고 있는 역할이 유아에게 좋은 역할로 인식되면서 긍정 정서를 만들어 낼 때 일어나는 것으로 역할을 내면화하여 그 역할을 자기의 역할로 간주하는 현상이 동일시이다.

③ 통합은 자신 속에 간직된 여러 가지 형상들이나 역할들 그리고 이로 인해 발생되는 정서들을 연관성을 가지고 연결하는 과정으로서 일정한 원칙과 원리를 가지고 형상들을 조직화하며 자기 속에서 안정된 상태를 만들어 간다.

통합에 의한 자기의 형성의 자기의 통합은 인간에게 주어진 본능에 의해서 이루어진다. 본능은 유아가 성장하면서 자신이 하는 경험들을 유아의 내면에서 일관성 있게 조직하는 역할을 한다.

④ 발달단계

인간의 발달 속에서 일어나는 통합은 좋은 형상들과 나쁜 형상들이 하나의 원리에 의해서 해석되고 받아들여지는 과정이다. 통합의 과정이 곧 자아의 발달과정이며, 대상과의 상호작용을 통해서 일어난다.

첫 번째 단계는 미분화 상태로서 유아의 본능의 욕구에 따라 움직인다. 외부의 자극이 즐거움과 좋은 대상인지 고통과 괴로움의 대상인지 알지 못한다. 또 자극이 자신에 의한 것인지 타인에 의해 만들어지는 것인지 구분하지 못한다. 오직 본능에 의해 반응하고 움직이는 단계이다.

두 번째 단계는 자기가 최초로 분화되는 단계로서 즐거운 경험에 의해서 형성되는 형상들과 불쾌한 경험에 의해서 만들어지는 형상들이 자신 속에서 구분된다. 외부의 자극이 쾌의 자극인지 불쾌의 자극인지 구분할 수 있으나 자극이 자신에게로 부터인지 대상으로부터 오는지는 구분하지 못한다. 이 단계에 고착되어 있으면 정신분열병이나 자폐증이 생기게 된다.

세 번째 단계는 타인과 자신을 구분할 수 있는 이차분화의 단계로서 유아는 자신이 경험하는 자극들의 원천을 구분할 수 있게 되고 자신과 타인을 구분할 수 있게 된다. 그러나 이 단계는 자신과 타인을 완전히 좋거나 완전히 나쁜 사람으로 구분하며 좋고 나쁨이 한 존재 안에 동시에 있음을 구분할 수는 없다. 이 단계에 고착되면 경계선 성격장애나 자기애적 성격장애를 보인다.

네 번째 단계는 자신과 타인 속에 좋고 나쁨 모두를 발견할 수 있으며, 이것이 한 사람 안에 공존할 수 있다는 사실을 자아가 수용할 수 있는 삼차분화 단계이다. 대상표상과 자기표상들을 일관성 있게 통합할 수 있다. 이 때 대상항상성이 형성되며 성격은 꽤 안정적이 된다. 위니컷이 말한 충분한 돌봄의 결과이다.

다섯 번째 단계는 수정보완의 단계이다. 유아에게는 현실에서 경험되는 여러 가지 측면들을 유아의 단순한 구조에 의해서는 수용되기 어렵기 때문에 적응하기 위해서는 내적 구조의 변화를 필요로 한다. 그래야 복잡한 현실의 다측면의 대상과 대상들의 다면성을 자신의 자아로 대응할 수 있게 된다. 현실과의 관계를 원활히 하기 위해 유아는 자기의 구조를 여러 가지방식으로 수정하고 보완하는 작업을 한다.

6) 역기능의 가족관계

(1) 잘못된 부모노릇

부모의 돌봄이 어떤 방식으로 이루어지는가에 따라서 아이가 다른 사람들과 관계를 하는데 있어서 많은 어려움을 경험하게 된다. 특히 결혼을 해서 아이를 낳을 경우에는 아이와 더불어 삼각관계를 형성하게 된다. 형성된 삼각관계는 부모들이 가지고 있는 여러 가지 역기능적 측면들을 아이들로 하여금 전달받도록 하는 역할을 한다. 또한 부모들이 가지고 있는 역기능의 관계는 다음 세대에게 전달된다. 부모가 아이를 돌보는데 있어 잘못된 방식을 두 가지로 생각해 볼 수 있다. 하나는 부모가 아이를 완벽하게 돌보려고 하는 것이고 다른 하나는 부모가 아이를 돌보지 않은데서 발생한다.

(2) 완벽한 부모노릇

완벽한 부모는 아이로 하여금 부모가 좌절이나 결핍이 없도록 행동한다. 그러나 점차 부모는 아이의 모든 욕구를 부모가 완벽하게 충족시킬 수 없게 됨을 깨닫게 된다. 오히려 시간이 지나면 부모 자신이 힘들어지고 오히려 부모는 자신이 아이를 제대로 돌볼 수 없는 상태에 빠지게 된다. 다른 하나의 방향은 부모가 아이의 욕구를 잘못 판단하는 경우로서 아이의 욕구를 충족하기 보다는 부모가 원하는 요구를 아이를 통해서 충족하려고 한다.

아이의 욕구를 충족하는 일은 거부하거나 반응하지 않는 경우는 지나치게 바쁜 부모들은 아이의 욕구를 제대로 알고 충족시켜주지 못한다.

부모가 정신적으로 안정을 갖지 못한 경우에도 아이의 욕구에 제대로 반응하지 못하게 된다. 부모가 우울한 경우 아이의 욕구에 적절하게 반응해 주지 못하게 된다.

부부 갈등이 심한 경우는 아이를 자신의 갈등을 해결하는 대상으로 삼거나 아이에게 정서적으로 의존하는 경향이 생기게 된다.

7) 가짜 자신의 형성

(1) '충분한 부모 노릇'과 '진짜 자신'

① 공생애 관계

유아는 태어나서 자신의 자아를 형성하지 못하였기 때문에 전적으로 엄마에게 의존하는 공생애 관계를 갖게 되며 이것은 아이에게 엄마와 하나되는 느낌을 통해서 전능환상을 갖도록 한다(전능환상은 유아가 자신에게 항상 모든 것을 완벽하게 충족시켜주는 엄마와 하나됨으로써 마치 자신이 그렇게 대단하고 모든 것을 할 수 있는 존재로 믿는 상태를 말한다).

② 개별화 과정

공생애를 가지고 있던 유아는 점차 엄마로부터 분리와 개별화의 과정을 갖는다. 이때 유아는 자신이 가지고 있던 전능 환상이 깨지고 분리와 개별화를 통해서 엄마와 자신이 다른 존재임을 인식하면서 욕구 충족의 대상인 엄마에 대해서 양가감정을 갖게 된다(사랑 Vs 미움). 분리 개별화 과정이 더 많이 진행될수록 유아는 엄마로부터 욕구충족이 어렵다는 것을 인식하게 되고 욕구 충족을 하지 못할수록 생존에 대한 위협을 느끼게 된다. 생존에 대해 위협을 느끼게 되는 유아는 두려움과 불안이 생기게 된다. 분리 개별화 과정을 통해서 느끼는 불안과 두려움을 최소화하기 위해서 부모는 '이 정도면 충분한 부모 노릇'을 제공해야 한다.

③ 충분한 부모 노릇
- 유아가 자신과 세상을 탐색할 수 있도록 충분한 거리를 유지함으로써 두려움과 불안을 낮출 수 있도록 한다. 유아로 하여금 자연스럽게 세상을 탐험하도록 함으로써 유아는 자신의 욕구를 충족, 자신을 존중하고 받아들이게 된다.
- 다른 하나는 유아가 분리 개별화 과정을 통해서 두려움과 불안으로 인해 다시 엄마에게로 돌아오고자 하는 행동을 보이게 된다. 이때 엄마는 충분히 수용하는 자세를 가지고 유아를 받아들여 주고 엄마에게로 돌아온 유아는 엄마의 따뜻한 돌봄과 보살핌을 통해 두려움과 불안을 줄일 수 있다.
  즉, 한편으로는 두려움과 불안을 줄이고, 다른 한편으로는 자신의 욕구에 충실하게 반응하며 세상을 탐험함으로써 유아는 자신의 세계를 만들어 나가고 구축한다. 이러한 과정을 통해서 진짜 자신을 만들어 간다.

8) 잘못된 부모노릇과 가짜 자신

① 분리 개별화
- 유아가 분리 개별화를 통해 세상을 탐험하고자 할 때 엄마가 충분히 지지해 주거나 거리를 유지해 주지 않으면 유아의 욕구는 좌절된다.

욕구가 좌절되면 유아는 자신의 내면의 소리에 충실하게 반응할 수 없게 된다.

- 다른 한편으로는 분리 개별화의 두려움과 불안으로 인하여 엄마에게 돌아가 의존하려고 하는 경우에 잘못된 부모노릇을 하는 엄마는 이를 충분히 수용하고 공감하지 못하게 된다. 이로 인해 두려움과 불안을 줄일 수 없게 된 유아는 자신의 욕구에 충실하기보다는 엄마의 욕구에 민감하게 반응하게 된다. 좌절을 통해서 엄마에 대한 미움을 가지고 있으면서 한편으로는 두려움과 불안이 증폭되며 생존을 위해서, 두려움과 불안을 줄이기 위해 서, 엄마에게 매달리는 행동을 하게 되며 욕구가 좌절되는 과정을 통해서 깊은 절망감은 증폭된다.

② 내사

유아의 자아는 자신에 대한 형상들과 부모에 대한 형상들, 그리고 자신과 부모의 상호작용에서 나오는 정서들로 구성된다. 유아는 내면화의 과정을 통해서 형상들과 감정들을 자속에 간직하게 된다. 초보수준의 내면화는 내사이다(내사는 사진을 찍듯이 여러 가지 경험들과 형상들을 자아 속에 간직하는 활동이다). 이때 감정들과 형상들은 서로 관련을 갖지 못하고 여기저기에 산발적으로 존재하게 된다. 내사된 형상들과 감정들은 유아가 발달함에 따라 동일시의 과정을 통해서 유아 자신의 생각이나 모습으로 바뀌게 된다.

③ 동일시

동일시란 내사된 감정들과 형상들이 유아의 자아 속에서 일관성 있게 의미가 있는 구조로 바뀌는 과정을 말한다. 엄마와 유아가 분리되고 개별화되는 과정에서 내사된 감정들과 형상들이 자신과 엄마와 어떤 관련이 있는지 알게 된다(예 - 엄마와 유아는 서로 역할이 다르다는 것을 인식하게 되는 것). 동일시의 과정을 통과한 유아들은 점차로 여러 가지 형상들이 서로 어떤 측면에서 관련이 있고 어떤 측면에서는 관련이 없는가 하는 방식으로 좀 더 세분화되는 과정을 갖는다.

④ 통합

이제 유아는 일정한 원리를 가지고 자신의 형상들과 감정들을 처리하거나 이해하는 틀을 갖게 된다. 이 과정을 통합의 과정이라 부른다. 유아의 내면화 과정은 내사, 동일시, 통합이라는 수준을 거치게 된다.

⑤ 잘못된 부모 노릇

자아 통합의 과정에서 분열을 일으키게 한다. 유아는 잘못된 부모 노릇으로 인해서 두려움, 불안, 좌절, 절망을 갖게 되고 자신과 엄마에 대한 부정 형상들을 갖게 된다. 부정 감정들과 현상들은 긍정형상들과 감정을 압도하게 되어 유아의 발달을 방해하거나 저해하는 역할을 하게 한다. 발달의 저하나 방해 현상은 유아로 하여금 초보 수준의 분화에 머무르게 한다.

⑥ 자기도취

분열된 자아구조를 가지고 있는 유아는 투사를 통해서 자신의 자아구조를 유지하고자 한다.

유아의 자아 속에 있는 동일시된 잘못된 부모노릇에서 발생된 감정들과 부정 현상들은 유아가 분열된 자아 구조를 가지고 있으므로 자신의 일부분으로 받아들일 수 없게 된다. 유아는 자신이 가지고 있는 부정적인 감정과 형상들을 다른 사람에게 투사하게 된다(투사는 자신의 일부분을 따로 떼어서 이를 다른 대상에게 쏘는 현상을 말한다). 자신의 부정적인 감정들을 다른 사람에게 투사하고 나면 유아는 자신은 좋은 사람이고 다른 사람은 나쁜 사람이라는 분열된 상태로 자신의 자아를 유지하고자 한다. 이때 유아는 자기도취 자신을 갖게 된다.

한편으로 유아는 다른 대상들이 가지고 있는 좋은 점들을 내사를 통해서 자신의 자아 속으로 가져온다. 이러한 좋은 현상들이나 감정들을 마치 자신이 가지고 있는 형상들로 생각한다. 투사를 통해서 부정 형상들과 감정들이 다른 사람에게 전가되고 내사에 의해서 다른 사람들의 좋은 형상들과 감정들이 자신에게 투여되는 과정을 통해서 전능의 환상은 더욱 강해진다.

⑦ 투사 동일시와 내사 동일시

분열된 자아 구조를 가지고 있는 유아는 내사 동일시의 과정을 통해서 다른 사람들이 가지고 있는 좋은 점들을 자신이 가지고 있다고 믿으면서 동시에 그렇게 행동한다. 다른 한편으로 투사 동일시를 통해서 자신이 가지고 있는 부정 측면들을 다른 사람에게 투사하고 그 사람이 그렇게 행동하도록 만든다.

내사 동일시는 다른 사람들이 가지고 있는 특성들을 자신의 특성이라고 믿을 뿐 아니라 자신이 그러한 특성을 가지고 있는 사람처럼 행동하는 과정을 말한다.

투사 동일시는 자신이 가지고 있는 특성들을 다른 사람들이 가지고 있다고 믿고 다른 삶들을 그렇게 행동하도록 만드는 과정이다.

⑧ 가짜 자신

자기도취 자신은 자아 속에 팽창된 자신을 가지고 있다. 자신이 대단한 존재. 모든 것을 할 수 있다. 자신이 몹시 중요한 사람이다. 실제로는 자아 속에 절망과 좌절, 두려움과 불안, 깊은 수치감, 죄책감을 가지고 있다. 이러한 형편없는 형상들을 직면하지 않기 위해 전능 환성으로 도피하게 된다. 자기애성 성격장애를 말한다.

위축된 자신은 자신이 형편없이 초라하다고 생각한다. 자신을 비난, 자신이 하는 일에 확신을 갖지 못한다. 불안과 의심, 좌절과 분노, 두려움이 많다. 현실을 왜곡되게 지각하며 마치 진짜 현실로 믿는다. 다른 사람들이 약점을 지적하거나 말하면 엄청난 분노, 이러한 분노는 엄마와의 전능의 환상이 깨지면서 발생된 감정이다. 상대방을 통제 거부하는 태도를 보임으로써 자신의 환상을 유지하려 한다. 한편으로는 상대방을 지나치게 의존하려는 성향과 태도를 보인다. 경계선 성격장애를 말한다.

9) 역기능의 성격장애

(1) 정신분열 성격장애

① 대상관계

분리 개별화 과정에서 거절에 대한 두려움을 다루는 방법으로 다른 대상들과의 관계를 끊는 행동을 하게 된다. 거절하는 엄마의 태도는 유아에게는 생존과 직접 관련된다. 이러한 엄마의 태도는 유아의 발달하고자 하는 힘을 좌절시키고 유아의 생존에 대한 두려움은 더 이상 대상을 찾거나 탐색할 수 있는 힘을 잃게 만든다. 자신이 생존하기 위해서 할 수 있는 방법은 여러 가지 대상들로부터 자신을 격리시키는 행동이다.

② 에릭슨

엄마의 주의 깊은 돌봄으로 인해서 신생아가 자신의 욕구를 제대로 충족할 수 있다면 신생아의 마음속에 신뢰가 형성된다. 그러나 엄마가 제대로 돌보지 못하면 신생아는 불신을 발달시킨다.

③ 컨버그

유아가 쾌락과 불쾌감을 구분하는 단계에서 더 발달하지 못하면 자폐증상을 보이면서 외부와의 관계를 단절하게 된다. 분리에 대한 두려움과 불안은 유아에게 커다란 불쾌감이다. 이러한 것을 다시는 경험하지 않았으면 하는 환상에 의해서 더 이상 유아가 발달하지 못하면 유아는 대상들과의 관계를 단절하게 된다.

(2) 자기도취 성격장애

공생애 단계에서 분리 독립하는 과정에서 자기도취 성격 장애가 발생된다.

유아는 전능의 환상을 통해서 자신의 부족함을 직면하지 않고 오히려 엄마의 거부하고 통제하는 모습을 내사함으로써 자신이 대단한 존재라고 믿는다. 내사 동일시는 이러한 유아의 믿음을 강화시켜 준다. 유아는 자신이 엄청난 존재라고 믿는 상태로 살게 된다.

또한 엄마의 거부하는 태도는 유아의 자율성을 가지려는 의지를 빼앗게 되고 유아로 하여금 초라하고 보잘 것 없는 존재라는 사실을 확인시킨다. 이때 자신의 초라한 모습을 직면하기 힘든 유아는 자신은 대단한 존재이므로 투사를 통해서 자신의 초라한 모습을 다른 사람이 가지고 있다고 생각한다. 투사 동일시를 통해서 다른 사람들이 얼마나 초라한가 하는 점을 다른 사람들에게 인식시킨다.

(3) 경계선 성격 장애

공생애 단계를 거치고 분리 독립하는 과정에서 유아는 엄청난 양의 두려움과 불안에 직면하게 된다. 이러한 두려움과 고통을 직면할수록 엄마로부터 지지와 공감을 받지 못하면 유아는 고통과 두려움을 피하려고 한다. 이러한 두려움을 피하는 하나의 방법으로 유아는 자신과 다른 대상을 좋은 사람과 나쁜 사람으로 완전히 구분하여 자신의 두려움과 불안을 피하고자 하는 분열을 하게 된다.

이때 부모가 거부하는 태도를 보이거나 지나치게 자신의 욕구를 유아를 통해서 충족하려고 하면 유아는 자율성의 의지를 빼앗기게 된다. 자신이 발견한 것들은 형편없는 것들이라는 피드백을 받게 되면 유아는 수치심을 발달시키게 되며 자신의 자율성을 의심하게 된다. 또한 자신을 신뢰하는 마음을 가지지 못하기 때문에 다른 대상을 지나치게 이상화하려는 경향을 갖는다. 또한 이상화된 대상들에게 지나치게 의존하려고 한다. 의존하려는 성향으로 인해서 이들은 거부감을 경험하게 되고 이 경험들은 더욱 자신을 비참하고 초라한 사람이라고 확신하게 된다.

3. 치료의 목표 및 방법

1) 치료의 목표

가족들이 발달상에서 이루었어야 할 통합을 이루도록 돕는다.

건강한 가족관계는 서로의 약점 또는 싫어하는 부분들을 견딤으로써 치료가 일어나고 발전이 일어나는 상호작용이다. 가족들이 서로 부분적으로 공유하고 방어하는 방식으로 관계를 하기 보다는 서로 한 사람의 전체 인격체로서 상호작용을 할 수 있도록 관계를 만들어 갈 때 건강한 관계를 유지하게 된다. 무의식의 세계 속에 있는 초기의 부모들에 대한 형상들을 투사하는 과정에서 서로 견디어줌으로써 어린 시절의 욕구가 충족된다. 욕구의 충족들을 통해서 가족들은 서로 성장하고 발전해 나간다. 성장과 발달은 결국 발달상에서 이루었어야 할 통합을 이루는 일이다. 좋은 측면들과 나쁜 측면들이 새로운 관계를 통해서 통합됨으로써 발달의 완성이 이루어진다. 남편과 부인이 서로 발달의 완성이 이루어지고 건강한 방식으로 관계가 이루어지면 아이들은 분리와 개별화를 통해서 자신들의 고유한 세계를 형성할 수 있는 좋은 환경을 갖게 된다. 치료는 발달상에서 이루었어야 할 통합을 목표로 하기 때문에 부부 또는 가족들이 서로 자신이 싫어하고 원하지 않은 점들을 어떻게 투사하는 가에 대해서 주의 깊게 살펴보아야 한다. 서로 투사하지 않고 자신들이 스스로 견딜 수 있도록 돕는 치료의 활동이 필요하고 상대방들은 그러한 투사들을 견디어 줄 수 있도록 돕는 활동이 필요하다.

2) 치료의 방법

(1) 듣기(경청)

듣기는 단지 수동 형태로 나타나는 치료자의 활동이 아니라 적극적이고 긍정적인 방향에서 이루어지는 치료 활동이다.

의학자인 Armand Nicholi(1978)는 치료자의 효과적인 경청에 대하여 다음과 같이 진술한다.

① 치료자는 내담자가 자신의 생각과 감정을 자유롭게 표현하는 것을 방해하지 않도록 상담 전에 자신의 갈등들을 충분히 인식하고 해결해야 한다.

② 내담자의 말하는 내용이 치료자의 감정을 상하게 했을지라도 내담자의 이야기 내용을 경멸하거나 비난하는 언어적 혹은 비언어적 표현들은 피한다.

③ 내담자가 용기를 내어서 괴로운 일들을 탐색하거나 혹은 생각을 가다듬거나 냉정을 되찾기 위해 말을 중단하고 침묵하거나 눈물을 흘리는 동안은 참을성 있게 기다린다.

④ 치료자는 내담자가 말하는 것뿐만 아니라 그가 말하고자 의도하는 것, 즉 말의 억양이나 말시, 자세, 또 다른 비언어적 메시지를 찾아낸다.

⑤ 내담자가 말할 때 그에게서 눈길을 돌리지 않으며 내담자를 향한 수용적이고 동정적이며 무비판적인 자세를 방해하는 그런 감정들을 통제한다. 경청과 개입에 대한 적당한 비율을 상술할 방법은 없지만 대부분의 치료자들은 너무 말을 많이 한다. 이런 개입 활동을 하는 데는 이유와 합리화가 있겠지만 치료자들은 분명 중심을 유지해야 하며 주의를 기울여야 한다. 그것들은 그들이 내리는 해석에 힘을 부여하기 때문이다.

⑥ 또한 치료자가 듣는 동안 너무 일찍 위로와 지지를 하게 되면 가족들은 자신의 내면의 세계를 탐색하기보다는 자신들의 행동을 정당화 할 수 있다. 가족들이 자신의 무의식속에 있는 자신의 부모들의 형상을 바라볼 수 있는 충분한 기회와 분위기를 제공한다.

(2) 공감적 이해

치료자는 공감적 이해를 통해서 가족 구성원들의 자아를 이해하고자 한다. 치료자는 가족들의 내면에 대해서 세 가지 수준으로 탐색할 수 있다.

① 문화 가치와 규범들이다. 각각의 민족들이 가지고 있는 문화, 종교들이 가지고 있는 여러 가지 문화와 규범들, 교육을 통해서 형성된 가치관들, 그리고 다양하게 가지고 있는 가치관들이다.

② 중심자아이다. 중심자아는 개인이 가지고 있는 규범들과 원리들을 가지고 있게 된다.

③ 무의식에 들어 있는 여러 가지 힘들이다. 어떤 대상을 선정하고 관계를 맺으려는 공기는 무의식의 세계 속에 들어있다. 비록 의식적으로는 부인하지만 무의식적으로는 관계를 맺으려는 힘을 가지고 있다.

(3) 해석하기

현재 가족들이 가지고 있는 여러 가지 문제들은 어린 시절 부모와의 관계 속에서 발생된 관계와 밀접한 관련이 있다. 해석하기는 연관짓기와 의미를 발견하여 가족들이 스스로 자신들의 발달을 촉진하도록 돕는 역할을 한다.

① 연관 짓기 : 현재 가족들이 경험하고 있는 여러 가지 현상들을 과거의 부모와 자녀 관계 속에서 일어난 상호작용과 관련을 맺는 방법이다. 가족들이 가지고 있는 현재 경험들과 행동들을 부모와의 수직 관계 속에서 관련을 지으려는 치료자의 활동이다.

② 의미 부여하기 : 수평해석이라 할 수 있다. 수평해석은 과거 부모와의 관련을 통해서 이해하고 깨달은 내용들을 현재의 관계를 확장하고 바람직하게 만드는데 어떻게 기여할 수 있는가 하는 점을 이해하고 알도록 하는 치료자의 활동이다.

(4) 중립을 유지하기

치료자는 중립을 유지함으로써 가족들의 투사동일시의 현상을 객관적으로 볼 수 있게 된다. 가족들의 투사동일시를 치료자는 자신이 가지고 있는 억압된 내용에 의해서 해석하는 일이 생기게 된다.

예를 들어 가족 구성원 중 한 사람이 낮은 음성으로 말을 할 경우 치료자가 중립을 유지하지 못하면 치료자는 자신이 가지고 있던 과거의 경험에서 우울한 감정과 기분을 가지고 있기 때문에 가족 구성원 중 낮은 음성을 우울하다고 생각한다. 치료자가 가지고 있는 억압된 감정으로 인해 치료자는 가족들의 상호작용을 객관적으로 바라볼 수 없을 뿐만 아니라 오히려 가족들의 상호작용을 왜곡하고 저해하는 해석을 하게 된다. 이로 인해서 갖고 들은 서로 자신들이 가지고 있는 억압된 감정들과 무의식 속에 들어 있는 형상들을 제대로 표현하지 못하게 된다.

치료자는 중립 태도를 보임으로써 가족들이 비지시적 상황 속에서 자유롭게 자신들을 표현할 수 있는 분위기를 만들어야 한다. 치료자의 중립태도는 가족의 복잡한 상황들을 단순하고 분명하게 만들어서 가족들이 자신들의 무의식을 자유롭게 탐색하고 서로 상호작용이 어떻게 자신들의 무의식과 관련이 되는지 알아가도록 도와주는 역할을 하게 된다.

치료자의 중립태도는 가족들에게 자신의 무의식 마음과 상호작용을 객관화해서 비추어 볼 수 있는 거울의 역할을 한다.

(5) 분석

정신분석학적 치료자는 가족의 역동을 통하여 가족 구성원들의 저항과 전이, 꿈 등을 분석한다. 예를 들면, 전이분석은 내담자가 어릴 때 어떤 중요한 인물, 대상에 대하여 가졌던 사랑이나 증오의 감정을 치료자에게 전이시킬 때 나타나는 현상이다. 이러한 전이현상의 장면에서 치료자는 사랑의 대치대상의 역할을 하게 된다. 전이는 직접 언어적인 의사소통으로 나타날 수 있고, 자유연상이나 꿈의 내용으로 나타나기도 한다.

저항 분석은 초기단계에서 내담자는 억압된 감정이나 생각들을 회상할 수 없거나 혹은 그 표현을 주저하는 경향을 보인다. 이것은 내담자가 보이는 일종의 저항 현상인 것이다. 즉 내담자는 자신의 부정적 감정이나 고통을 해결하고자 하면서도 무의식적으로는 이와 같은 저항 현상을 나타낸다. 즉 저항 현상은 사람들이 자신의 억압된 충동이나 감정들을 각성하게 되면 흔히 갖게 되는 불만을 견디어 내기가 힘들기 때문에 그 불안으로부터 자아를 방어하려는 경향 때문에 나타나는 것이다(송정아, 최규련 「가족 치료 이론과 기법」 - 하우 참고).

(6) 치료 이론과 결과 평가

가족치료를 처음으로 실시한 사람들은 정신분석학적으로 훈련을 임상학자들이었다. 그들이 가족을 치료하기 시작했을 때 대부분 그들은 심층 심리학의 아이디어를 체계이론의 아이디어와 접목시켰다. 그 결과는 종종 진정한 통합이라기보다는 정신분석학적 개념과 체계이론개념의 절충적 혼합이었다. 정신분석학은 개인에게 초점을 둔 이론과 치료이며, 가족치료는 가족에게 초점을 둔 체계이론에 정신분석학적 통찰과 개입을 선택적으로 도입한 것이다.

정신분석학적 치료자들은 경험에 근거한 그들의 업적을 평가하는 것을 반대하였다. 무의식 갈등의 존재여부가 가족 구성원이나 외부 관찰자에게 분명하게 나타나는 것이 아니므로 치료적 분석이 성공적이었는지에 관한 여부는 치료자의 관찰이 이론과 실제 치료를 평가하는 수단으로서 전적으로 타당하다고 여긴다.

치료자의 이론 형성에 대한 최종적인 테스트는 치료 개입에 대한 치료자의 영향력 발휘에 있다고 했다. 그렇다면 무엇이 이런 중재의 타당성과 효율성을 결정하는가? Langs는 환자의 의식적 반응과 무의식적 반응이 궁극적인 치료결과를 나타낸다고 했다. 그러므로 진정한 결과의 타당성은 인지적 상황과 대인 관계적 상황에서 오는 환자의 반응을 의미한다고 하겠다.

그렇다면 치료에 대한 최종적인 검증이 환자의 반응인가? 답은 예도 아니고 아이오도 아니다. 그 이유는 환자의 반응 그것 자체는 다양한 해석의 여지가 있기 때문이다. 특히 타당성이란 직접적으로 나타나는 반응에 의해서뿐만 아니라 무의식적으로 전이된 파생물로도 검토되기 때문이다. 게다가 이런 관점은 치료실 밖에서 생기는 환자 생활상의 변화를 설명할 수 없기 때문이다.

한부모가족의
이해

제1절 한부모가족의 개관

제2절 한부모가족 지원사업

제3절 한부모가족에 대한 이해

제1절 한부모가족의 개관

1. 한부모가족의 개요

오늘날 현대사회에는 다양한 형태의 가족이 존재한다. 이들 다양한 가족형
태를 그 역할 및 구성과 관련하여 분류하면 크게 네 가지로 구분할 수 있
다. 전통적 가족, 맞벌이가족, 계부모가족, 한부모가족 등이 그것이다.

전통적 가족의 부는 직업을 갖고 가정 밖에서 일하고 모는 집안일을 하면서
자녀를 양육하는 부모와 자녀로 구성된 가족을 말하고, 맞벌이가족은 부모
모두가 직업을 갖고 소득을 가지면서 자녀를 양육하는 가족형태를 말한다.
또한 계부모가족은 부모 중 한쪽이 계부나 계모로 구성된 가족을 말하고,
한부모가족이란 부모 중 한쪽으로만 구성된 가족을 말한다. 한부모가족은
일반적으로 부모 중 한쪽 부모의 사망, 이혼, 유기, 별거 그리고 미혼모 또
는 미혼부와 자녀로 이루어진 가족을 의미한다.

부나 모 중의 한 사람이 단독으로 부모의 역할을 수행하는 가족으로 특히
부모 중 한쪽이 부재하기 때문에 그로 인한 복합적인 문제에 처할 가능성이
높아 사회복지의 일차적 관심 대상이 되고 있다.

이와 같은 가족유형 중에서도 특히 한부모가족은 부모 중 한쪽이 부재하기
때문에 그로 인한 복합적 문제에 처할 가능성이 높아 사회복지의 일차적 관
심대상이 되고 있다.

일반적으로 한부모가족은 부나 모 중의 한 사람이 단독으로 부모의 역할을
수행하는 가족으로 인식되고 있다.

그러나 한부모가족에 대한 정의는 이보다 복잡할 뿐만 아니라 학자에 따라
각기 다른 견해를 갖고 있어 하나의 합의된 정의를 이끌어 내기가 어려운
실정이다.

예를 들어, 슐레싱거(Schlesinger)는 "부모 중 한쪽과 18세 이하의 자녀가

함께 사는 부모·자녀집단"으로 보았고, 어개인(Again), 오스너(Orthner), 브라운(Brown), 퍼거슨(Ferguson) 등은 자녀의 구체적 연령을 지적하지 많은 채 "한 가정에서 사는 한쪽 부모와 요보호아동으로 구성된 가족"으로 규정하였다.

한편 한국여성개발원이 한부모가족에 대해 조사한 연구에서는 미국의 사회사업백과사전에서 규정하고 있는 정의의 골격을 받아들여 "부모 중 한쪽의 사망, 이혼, 유기, 별거로 인하여 편부 혹은 편모와 그 자녀로 이루어진 가족"으로 보아 원인의 범위를 한정하여 한부모가족을 정의하고 있다.

이상에서처럼 한부모가족에 대한 정의는 부모의 한쪽과 자녀가 함께 살아야 한다는 점을 공통적으로 언급하고 있다.

즉 한부모와 그 부모의 보호를 요하는 자녀로 구성된 집단을 지칭함으로써, 자녀가 있더라도 그 자녀를 보호하고 있지 않는 부모는 혼자 사는 것으로 보아 가족이나 집단으로 보기 어렵다는 의미가 내포되어 있다.

그 외에도 한부모가족의 어떠한 특성을 정의의 기준으로 설정해야 하는지는 관점과 입장에 따라 다를 수 있음을 지적하고 있다.

예를 들어, 자녀의 연령이나 특성을 기준으로 삼아야 할 것인지, 아니면 한부모가족의 원인을 기준으로 삼아야 할 것인지가 그것이다.

한부모가족을 구체적으로 어떻게 정의해야 하는지가 중요한 의미를 가지는 것은 특히 이들에 대한 국가의 정책을 수립할 경우이다.

자녀의 연령을 기준으로 할 경우, 자녀의 연령이 특정 연령 이상이면 그 가족이 아무리 어려운 상황일지라도 한부모가족으로서의 혜택을 받지 못하게 될 것이다.

그리고 만약 한부모가족이 된 원인에 중점을 두어 사별과 이혼한 가족만을 한부모가족의 범주에 넣는다면, 실질적인 한부모가족 형태인 별거한 가족에 대한 지원은 기대할 수 없다.

또 가족의 형태에 초점을 두어 한쪽 부모와 자녀로만 구성된 가족을 한부모가족으로 하는 경우, 한쪽 배우자의 장애나 만성질환으로 인한 실질적 한부모가족 등은 국가로부터의 지원을 기대하기 어렵게 된다.

따라서 한부모가족을 어떻게 정의하느냐 하는 것은 중요한 의미를 가진다. 산업화 이후 가족의 구조와 기능은 지속적으로 변화하고 있다. 전통적 확대가족뿐 아니라 부모와 미혼자녀로 구성된 전형적 형태의 핵가족 역시 감소하는 추세인 반면 한부모가족, 재혼가족, 노인 부부가족, 무자녀 부부가족, 독신가족, 동거가족 등은 지속적으로 증가하고 있다. 더욱이 최근 이혼율과 재혼율의 증가로 한부모가족과 재혼가족이 급증하고 있다.

2세대로 이루어진 핵가족 중 부모에 해당하는 사람이 1명밖에 없는 가족은 결손가정의 한 형태이다. 원래 '편부모가족'이라고 칭했으나, '편(偏)'자가 부정적인 이미지를 주기에 국립국어원에서 '한부모가족'이라는 단어로 순화했다.

한부모가족은 일반적으로 부모 중 한쪽 부모의 사망, 이혼, 유기, 별거 그리고 미혼모 또는 미혼부와 자녀로 이루어진 가족을 의미한다.

부나 모 중의 한 사람이 단독으로 부모의 역할을 수행하는 가족으로 특히 부모 중 한쪽이 부재하기 때문에 그로 인한 복합적인 문제에 처할 가능성이 높아 사회복지의 일차적 관심 대상이 되고 있다.

그러나 한부모가족에 대한 정의는 이보다 복잡할 뿐만 아니라 학자에 따라 각기 다른 견해를 갖고 있어 하나의 합의된 정의를 이끌어 내기가 어려운 실정이다.

즉, 한부모가족에 대한 정의는 부모의 한쪽과 자녀가 함께 살아야 한다는 점을 언급하고 있다. 즉 한부모와 그 부모의 보호를 요하는 자녀로 구성된 집단을 지칭함으로써, 자녀가 있더라도 그 자녀를 보호하고 있지 않는 부모는 혼자 사는 것으로 보아 가족이나 집단으로 보기 어렵다는 의미가 내포되어 있다.

한부모가족을 구체적으로 어떻게 정의해야 하는가가 중요한 의미를 가지는 것은 특히 이들에 대한 국가의 정책을 수립할 경우이다. 자녀의 연령을 기준으로 할 경우, 자녀의 연령이 특정 연령 이상이면 그 가족이 아무리 어려운 상황일지라도 한부모가족으로서의 혜택을 받지 못하게 될 것이다. 그리고 만약 한부모가족이 된 원인에 중점을 두어 사별과 이혼한 가족만을 한부모가족의 범주에 넣는다면, 실질적인 한부모가족 형태인 별거한 가족에 대한 지원은 기대할 수 없다. 또 가족의 형태에 초점을 두어 한쪽 부모와 자녀로만 구성된 가족을 한부모가족으로 하는 경우, 한쪽 배우자의 장애 만성질환으로 인한 실질적 한부모가족 등은 국가로부터의 지원을 기대하기 어렵게 된다. 따라서 한부모가족을 어떻게 정의하느냐 하는 것은 중요한 의미를 가진다.

현재 한부모가족에 대하여 국가에서는 다음과 같이 정의하고 있다.

① 여성 또는 남성이 18세 미만(다만 취학 후에는 20세 미만)의 자녀를 양육하는 가정
② 배우자와 사별 또는 이혼하거나 배우자로부터 유기된 여성 또는 남성
③ 정신 또는 신체장애로 인하여 장기간 노동이나 가사노동능력을 상실한 배우자를 가진 여성 또는 남성
④ 미혼여성 또는 미혼부(사실혼관계에 있는 자는 제외)

보통 어머니가 자식을 키우는 '싱글맘'이 사회적으로 많은 관심을 받는다. 하지만 오히려 사회적 관심이 싱글맘에게만 집중되어 비슷하게 고생하는 '싱글파더'들은 오히려 혜택도 제대로 못 받는 상황이 발생하기도 한다. 이런 상황을 해결하기 위해 모자가정, 결손가정, 편부모가정으로 불리던 명칭을 한부모가정으로 재명명했다. 하지만 모자가정으로 불리던 때나 한부모가정으로 불리는 지금이나 싱글파더보다는 싱글맘이 압도적으로 많다.
미혼모나 미혼부도 이 개념에 포함되지만, 이들의 경우 자신의 부모와 사는 경우가 종종 있다. 이러한 상황을 막기 위해 참고 살다가 황혼이혼을 하는 경우가 많다.

2. 한부모가족의 분류

한부모가족이 되는 가장 일반적 이유로는 배우자와의 이혼, 별거, 사망, 입양 그리고 사생아 출산(미혼모) 등인데, 이를 좀 더 체계적으로 분류해 보면 다음과 같다.

첫째, 부모집단의 유형에 따라 분류하는 것이다.
즉 부모가 결혼을 한 사람들인지 아니면 결혼을 하지 않고 동거상태로 살다가 한부모가족이 된 사람들인지 하는 것이다.
둘째, 가족해체의 유형에 따라 분류하는 것이다.
예를 들면, 해체의 유형이 부나 모의 사망에 기인한 것인지, 부모의 별거나 이혼에 의한 것인지, 배우자의 장기입원이나 장기구속에 의한 것인지 아니면 미혼의 모에 의한 것인지 등이 그것이다.
셋째, 아동에 대한 보호를 누가 맡느냐, 즉 부모역할을 누가 맡느냐에 따라 모가 자녀에 대한 보호를 맡고 있는 모자가족(fatherless family)과 부가 자녀를 보호하고 있는 부자가족(motherless family)으로 분류될 수 있다.
이처럼 한부모가족을 그 원인에 따라 구체적으로 구분하는 것은 각 범주에 따라 가족의 특성 및 문제가 다를 수 있기 때문에, 한부모가족을 상대로 일하는 사회복지사에게는 이에 대한 이해가 필요하다.

그 외에 한부모가족을 생활유형에 따라 구분해 보는 것 또한 이들을 상대로 일하는 사회복지사에게 유용하다.

3. 한부모가족의 발생원인

1) 발생원인

① 현대 산업화 과정과 급속한 사회변동은 현대가족의 구조 및 역할기능상에 변화를 초래하게 되었다.

② 현대사회의 개인주의가치는 공동체 의식을 약화시켜 가족보다는 개인을 중시하므로 가족해체가 촉진하게 되었다.

2) 발생요인

한부모가족의 발생은 흔히 배우자의 사망, 별거, 이혼, 유기, 미혼부모에 기인하며, 우리나라에서 한부모가족을 발생시키는 가장 빈번한 원인은 배우자의 사망과 이혼이고 이 밖에도 미혼모의 출산이나 입양을 통해 한부모가족 형성되기도 한다. 그런데 배우자의 사망에 의한 경우가 우리나라 한부모 중 70~80%를 차지한다.

배우자 유기에 의한 한부모가족의 경우는 부부가 별거하고 있는 상태에서 부부 중의 한쪽이 자녀를 양육하면서 가족생활을 영위하는 경우를 말한다. 그리고 이혼에 의한 한부모가족의 경우 이혼은 법적으로 결혼한 부부가 더 이상 함께 살 수 없음을 결정하고 종래의 가족을 해체하여 남이 되는 것을 의미한다.

최근에는 배우자의 장기해외근무나 자녀교육을 위한 한쪽 부모와 자녀의 해외거주 사례가 증가함으로 인해 일정기간 동안 국내외에서 일시적으로 한부모가족으로 지내는 가족들도 늘고 있다.

최근 '한부모가족 실태조사'를 보면 미성년 자녀를 배우자 없이 양육하는 한부모가족이 전국에 약 57만 가구가 있다. 이 중에서 양육비를 전혀 받지 못한 비율은 83%다. 최근까지 정기적으로 받고 있다는 답변은 5.6%, 나머지는 어쩌다 가끔 받고 있다는 응답이다. 양육비 청구 소송경험은 4.6%에 불과하고 소송 판결에서 지급하라는 결정은 77.2%, 그런데 지급하라는 판결이 나왔는데도 지급받지 못하고 있다는 응답이 77.4%다.

2014년 제정된 양육비 이행확보 및 지원에 관한 법률에 따라 만들어진 양육비 이행 전담기관이 있다. 이 기관에서는 양육비 상담, 양육비 청구 및 이행확보 등을 위한 법률지원 또는 협의성립 지원, 법원의 양육비 확정 판결에 따른 이행지원 및 이행여부 모니터링 확인, 양육비 채무 불이행자에 대한 제재조치, 한시적 양육비 긴급지원 및 비양육부모의 양육책임에 대한 인식개선, 양육비 이행 지원에 관한 제도 연구, 프로그램 지원 등을 하고 있다.

[표 12-1] 양육비이행관리원 설치 ('15.3.25) 후 달라진 점

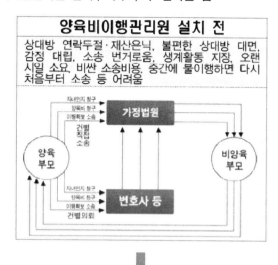

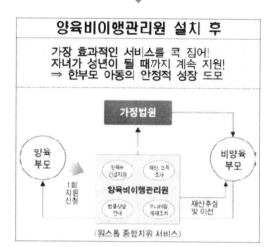

제2절 한부모가족 지원사업

1. 기본 개요

1) 기본내용 및 실태조사

여성가족부장관은 한부모가족 지원을 위한 정책수립에 활용하기 위하여 3년마다 한부모가족에 대한 실태조사를 실시하고 그 결과를 공표하여야 하며, 여성가족부장관은 실태조사를 위하여 관계 공공기관 또는 관련 법인·단체에 대하여 필요한 자료의 제출 등 협조를 요청할 수 있으며, 요청받은 관계 공공기관 또는 관련 법인·단체는 특별한 사유가 없으면 이에 협조하여야 한다.

실태조사의 대상 및 방법, 그 밖에 필요한 사항은 여성가족부령으로 정한다. 한부모가족의 권리와 책임에 있어 한부모가족의 모(母) 또는 부(父)는 임신과 출산 및 양육을 사유로 합리적인 이유 없이 교육·고용 등에서 차별을 받지 아니하며, 한부모가족의 모 또는 부와 아동은 그가 가지고 있는 자산과 노동능력 등을 최대한으로 활용하여 자립과 생활 향상을 위하여 노력하여야 한다.

지원대상자는 여성가족부령으로 정하는 자로 지원대상자 중 아동의 연령을 초과하는 자녀가 있는 한부모가족의 경우 그 자녀를 제외한 나머지 가족구성원을 지원대상자로 한다.

지원대상자의 범위에 대한 특례로서 출산 후 해당 아동을 양육하지 아니하는 미혼모가 미혼모자가족복지시설을 이용할 때에는 이 법에 따른 지원대상자가 된다.

다음 어느 하나에 해당하는 아동과 그 아동을 양육하는 조부 또는 조모로서 여성가족부령으로 정하는 자는 이 법에 따른 지원대상자가 된다.

① 부모가 사망하거나 생사가 분명하지 아니한 아동

② 부모가 정신 또는 신체의 장애·질병으로 장기간 노동능력을 상실한 아동

③ 부모의 장기복역 등으로 부양을 받을 수 없는 아동

④ 부모가 이혼하거나 유기하여 부양을 받을 수 없는 아동

국내에 체류하고 있는 외국인 중 대한민국 국민과 혼인하여 대한민국 국적의 아동을 양육하고 있는 사람으로서 대통령령으로 정하는 사람이 위의 한부모가족에 해당하면 지원대상자가 된다.

여기서 용어를 정리하면 다음과 같다.

① 청소년 한부모란 24세 이하의 모 또는 부를 말한다.

② 한부모가족이란 모자가족 또는 부자가족을 말한다.

③ 모자가족이란 모가 세대주[세대주가 아니더라도 세대원(世代員)을 사실상 부양하는 자를 포함한다]인 가족을 말한다.

④ 부자가족이란 부가 세대주[세대주가 아니더라도 세대원을 사실상 부양하는 자를 포함한다]인 가족을 말한다.

⑤ 아동이란 18세 미만(취학 중인 경우에는 22세 미만을 말하되, 「병역법」에 따른 병역의무를 이행하고 취학 중인 경우에는 병역의무를 이행한 기간을 가산한 연령 미만을 말한다)의 자를 말한다.

⑥ 지원기관이란 이 법에 따른 지원을 행하는 국가나 지방자치단체를 말한다.

⑦ 한부모가족복지단체란 한부모가족의 복지 증진을 목적으로 설립된 기관이나 단체를 말한다.

2) 서비스 현황

우리나라의 가족 형태가 점차 다양해지고 있다. 한부모가족은 점점 늘어나 2013년 전국 가구의 9.4%(171만 4,000명), 2017년에는 10%에 이른다. 2000

년 대비 152% 증가했다. 특히 서울의 경우 한부모가족은 전체의 10.3%로 전국 비율보다도 높은 수치를 보이고 있다. 한부모가족은 양육비를 혼자 감당하는 가족 특성상 경제적인 지원이 절실하지만 아직까지 이를 위한 적극적인 지원은 부족하다.

「전국 한부모가족 실태조사」에 따르면 한부모를 대상으로 "최근 1년간 연속적으로 2주 이상 일상생활에 지장이 있을 정도로 슬프거나 절망감을 느꼈다."는 질문에 대한 응답률이 24.5%로 19세 이상 일반인 우울증상 경험률 17.2%(2017, 국민건강통계)에 비해 두 배 가량 높은 것으로 나타났다. 이어 우울감 해소를 위해 취하는 행동으로는 혼자서 참는다는 응답이 52.5%, 술을 마신다가 19.3%로 나타나 이들의 심리적 복지를 증진하고 한부모가족의 정서적 안정성을 높이기 위한 서비스의 필요성이 나타났다.

서비스 현황은 다음과 같다.

(1) 공적부조

공적부조 측면에서 한부모가족은 국민기초생활보장사업과 원호사업에 의해 지원을 받을 수 있다. 국민기초생활보장사업과 의료보호법에 의해 빈곤한 편모가족은 국민기초생활 수급권자로 지정되어 정부로부터 생계지원과 의료지원을 받을 수 있다. 한편, 1995년부터 모자가족의 지원기준에 의해 일부 부자가족에 대한 지원이 이루어지고 있다. 하지만 보호수준이 낮고 보호기준을 불합리하게 책정하는 등의 문제점을 안고 있어 한부모가족을 위한 지원체계로서는 미흡한 실정이다.

(2) 사회복지서비스

모자보호시설에 입소한 가족에게 주어지는 사회복지 서비스는 주택 제공과 생계보조금 전달에 그칠 뿐, 이들의 사회 복귀를 위한 직업 훈련이나 가족문제에 대한 상담은 거의 이루어지지 못하고 있는 실정이다. 게다가 모자보호시설의 지역적 편재와 낙인감으로 인해 입소를 원하는 세대가 많은데도 불구하고 시설의 정원도 다 채우지 못하고 있는 실정에 있다.

(3) 복지 자금의 대여

국가나 지방자치단체는 한부모가족의 생활안정과 자립을 촉진하기 위하여
다음 어느 하나의 복지자금을 대여할 수 있다.

① 사업에 필요한 자금
② 아동교육비
③ 의료비
④ 주택자금

2. 한부모가족 지원사업

1) 복지 급여의 내용

국가나 지방자치단체는 복지 급여의 신청이 있으면 다음 내용의 복지 급여
를 실시하여야 한다. 다만, 이 법에 따른 지원대상자가 「국민기초생활 보장
법」 등 다른 법령에 따라 지원을 받고 있는 경우에는 그 범위에서 이 법에
따른 급여를 하지 아니한다.

① 생계비
② 아동교육지원비
③ 아동양육비

아동양육비를 지급할 때에 미혼모나 미혼부가 5세 이하의 아동을 양육하거
나 청소년 한부모가 아동을 양육하면 예산의 범위에서 추가적인 복지 급여
를 실시하여야 한다. 이 경우 모 또는 부의 직계존속이 5세 이하의 아동을
양육하는 경우에도 또한 같다.
국가나 지방자치단체는 이 법에 따른 지원대상자의 신청이 있는 경우에는

예산의 범위에서 직업훈련비와 훈련기간 중 생계비를 추가적으로 지급할 수 있다.

앞의 규정에 따른 복지 급여의 기준 및 절차, 그 밖에 필요한 사항은 여성가족부령으로 정한다.

국가나 지방자치단체는 한부모가족에게 다음 내용의 가족지원서비스를 제공하도록 노력하여야 한다.

① 아동의 양육 및 교육 서비스
② 장애인, 노인, 만성질환자 등의 부양 서비스
③ 취사, 청소, 세탁 등 가사 서비스
④ 교육·상담 등 가족 관계 증진 서비스
⑤ 인지청구 및 자녀양육비 청구 등을 위한 법률상담, 소송대리 등 법률구조서비스

여성가족부장관은 자녀양육비 산정을 위한 자녀양육비 가이드라인을 마련하여 법원이 이혼 판결 시 적극 활용할 수 있도록 노력하여야 한다.

청소년 한부모의 자립지원으로 국가나 지방자치단체는 청소년 한부모가 주거마련 등 자립에 필요한 자산을 형성할 수 있도록 재정적인 지원을 할 수 있다.

위의 지원으로 형성된 자산은 청소년 한부모가 이 법에 따른 지원대상자에 해당하는지 여부를 조사·확인할 때 이를 포함하지 아니한다.

자립 지원의 대상과 기준은 대통령령으로 정하고, 자립 지원의 신청, 방법 및 지원금의 반환절차 등에 필요한 사항은 여성가족부령으로 정한다.

국가와 지방자치단체는 아동·청소년 보육·교육을 실시함에 있어서 한부모가족 구성원인 아동·청소년을 차별하여서는 아니 된다.

국가나 지방자치단체는 「주택법」에서 정하는 바에 따라 국민주택을 분양하거나 임대할 때에는 한부모가족에게 일정 비율이 우선 분양될 수 있도록 노력하여야 한다.

3. 한부모가족복지시설

1) 한부모가족복지시설

(1) 모자가족복지시설

모자가족에게 다음 어느 하나 이상의 편의를 제공하는 시설이다.

① 기본생활지원 : 생계가 어려운 모자가족에게 일정 기간 동안 주거와 생계를 지원

② 공동생활지원 : 독립적인 생활이 어려운 모자가족에게 일정 기간 동안 공동생활을 통하여 자립을 준비할 수 있도록 주거 등을 지원

③ 자립생활지원 : 자립욕구가 강한 모자가족에게 일정 기간 동안 주거를 지원

(2) 부자가족복지시설

부자가족에게 다음 어느 하나 이상의 편의를 제공하는 시설이다.

① 기본생활지원 : 생계가 어려운 부자가족에게 일정 기간 동안 주거와 생계를 지원

② 공동생활지원 : 독립적인 생활이 어려운 부자가족에게 일정 기간 동안 공동생활을 통하여 자립을 준비할 수 있도록 주거 등을 지원

③ 자립생활지원 : 자립욕구가 강한 부자가족에게 일정 기간 동안 주거를 지원

(3) 미혼모자가족복지시설

미혼모자가족과 출산 미혼모 등에게 다음 각 목의 어느 하나 이상의 편의를 제공하는 시설이다.

① 기본생활지원 : 미혼 여성의 임신·출산 시 안전 분만 및 심신의 건강 회복과 출산 후의 아동의 양육 지원을 위하여 일정 기간 동안 주거와

생계를 지원

② 공동생활지원 : 출산 후 해당 아동을 양육하지 아니하는 미혼모 또는 미혼모와 그 출산 아동으로 구성된 미혼모자가족에게 일정 기간 동안 공동생활을 통하여 자립을 준비할 수 있도록 주거 등을 지원

(4) 일시지원복지시설

배우자(사실혼 관계에 있는 사람을 포함한다)가 있으나 배우자의 물리적·정신적 학대로 아동의 건전한 양육이나 모의 건강에 지장을 초래할 우려가 있을 경우 일시적 또는 일정 기간 동안 모와 아동 또는 모에게 주거와 생계를 지원하는 시설이다.

(5) 한부모가족복지상담소

한부모가족에 대한 위기·자립 상담 또는 문제해결 지원 등을 목적으로 하는 시설이다.

국가나 지방자치단체는 한부모가족복지시설을 설치할 수 있다.

한부모가족복지시설의 장은 청소년 한부모가 입소를 요청하는 경우에는 우선 입소를 위한 조치를 취하여야 한다.

국가나 지방자치단체 외의 자가 한부모가족복지시설을 설치·운영하려면 특별자치시장·특별자치도지사·시장·군수·구청장에게 신고하여야 한다. 신고한 사항 중 여성가족부령으로 정하는 중요 사항을 변경하려는 경우에도 또한 같다.

2) 한부모가족 지원사업

한부모가정을 위한 사업으로는 '저소득 한부모가족 지원사업'과 '청소년 한부모 자립지원사업'이 있다.

저소득 한부모가족 지원사업은 소득인정액이 기준중위소득 52% 이하이면서, 만 18세 미만의 아동을 양육하는 한부모가족 및 조손가족을 대상으로

아동양육비, 학용품비, 생활보조금 등이 지원된다.

청소년 한부모 자립지원사업은 소득인정액이 기준중위소득 60% 이하이면서, 모 또는 부의 나이가 만 24세 이하인 청소년 한부모 가구를 대상으로 한다(만 25세 이상의 모 또는 부는 청소년 한부모가 아닌 저소득 한부모로 분류되고 있다). 이 또한, 아동양육비가 지원되며 그 밖의 검정고시 학습비, 고교생 교육비, 자립촉진수당 등이 지원되고 있다.

이 밖에도 희망복지지원단 통합사례 관리사업이 진행되고 있으며, 통합사례 관리를 통해 탈빈곤, 자활지원이 가능한 가구를 대상으로 복지, 보건, 고용 등 필요한 서비스를 제공한다.

한부모가정을 위한 지원 제도에는 맞춤형 기초생활보장제도, 취약·위기가족 지원, 보육료·유아학비 지원, 가정양육수당 지원 등이 있다.

먼저 보육료·유아학비 지원의 경우, 어린이집이나 유치원을 이용하는 만 0~5세 아동을 대상으로 아이행복카드를 통해 보육료와 유아학비를 지원한다. 또한 어린이집을 이용하는 아동 중 보육시간을 경과하여 보육이 필요한 경우에는 시간 연장 보육서비스를 이용할 수 있다.

맞춤형 기초생활보장제도의 경우 소득인정액이 급여별 선정기준 이하인 가구를 대상으로 생계비, 주거비, 의료비, 교육비 등을 지급한다. 가구수에 대비한 급여별 선정기준을 참고하여 조건을 확인할 수 있다. 이 외, 갑작스러운 위기사유 발생으로 생계비, 의료비, 주거비 등을 지원하는 긴급복지지원제도가 마련되어 있다

취약·위기가족 지원의 경우 소득인정액이 기준 중위소득 72% 이하인 한부모가족, 조손가족, 미혼모부자가족 등 저소득 취약가족을 대상으로 한다. 전반적인 가족의 생활을 돕고자 생활·가사지원 및 학습·정서지원을 하며, 긴급위기지원이 필요한 경우 긴급돌봄서비스를 제공하고 있다.

가정양육수당의 지원의 경우 어린이집이나 유치원을 이용하지 않고 가정에서 양육하는 만 0~5세 아동을 대상으로 가정양육수당을 현금으로 지급한다. 또한 가정양육수당을 지원받는 6~36개월 아동의 경우 지정된 어린이

집, 육아종합지원센터 등에서 시간제로 보육서비스를 이용할 수 있다.

한부모가족을 위한 요금감면 혜택 또한 다양하다. 보건복지부의 건강보험 비용을 낮춰주고 있으며, 환경부에서는 수도요금을 감면해주고 있다. 또한 미래창조과학부에서는 이동통신요금의 35%를 감면 해주기도 한다.

이 외에도, 보호자의 소득수준에 관계없이 유아학비, 보육료, 방과후 과정비를 지원하는 누리과정 지원제도, 양육공백이 발생하는 만 12세 이하의 자녀를 둔 가정에게 아이돌보미가 가정으로 찾아가는 아이돌봄서비스가 있다. 또한 육아종합 지원 센터, 공동육아 나눔터에서는 자녀돌봄을 위한 프로그램 등을 운영 중에 있으며, 가정방문을 통해 아동의 발달 영역별 맞춤형 통합서비스를 제공하는 드림스타트도 운영 중에 있다.

제3절 한부모가족에 대한 이해

한부모가정은 한부모와 자녀로 구성된 가정으로 이혼, 사별, 미혼모, 별거, 유기 등으로 발생한다. 한부모가정의 부모들은 심리적, 경제적, 자녀양육, 사회적 편견 등의 문제로 어려움을 겪고 있다.

1) 정서적 혼란

한부모가정의 부모는 정서적으로 상실감, 배신감, 분노감, 우울감, 좌절감, 실패감 등을 느끼는데, 이러한 혼란은 3~5년간 지속되어 적응에 어려움을 주기도 한다. 정서적 혼란이 깊어지고 우울증이 심해지면 자살을 생각하거나 자녀와 함께 동반자살을 시도하는 등 심각한 문제를 드러내기도 한다. 위기기간동안 집중적인 통합지원을 해야 한다. 한부모가정의 부모는 이혼, 사별 후 1~3년간은 적응에 어려움을 겪는 시기이다. 이시기는 심리적인 혼란과 자녀양육의 어려움, 경제적인 궁핍, 사회적인 편견 등이 최고조에 이르는 시점으로 적절한 복지적 개입이 필요한 시점이라 하겠다. 이 기간 동안은 경제적인 어려움 없이 자녀를 양육하고 심리적인 안정을 취할 수 있도록 지원하는 것이 중요하다. 따라서 이 기간동안 취업하지 않고 자녀를 돌볼 수 있도록 생계비와 아동양육비, 의료급여를 제공하고, 무료 상담, 부모교육 등을 받을 수 있도록 지원해야 한다.

2) 모자가정과 부자가정의 고충에 따른 정책

모자가정에게는 생계비 등 경제적인 지원이 더욱 시급하며, 부자가정을 위해서는 한부모가정 전문가를 가정으로 파견하여 자녀양육의 정보를 제공하고 부모와 자녀를 상담할 수 있도록 해야 한다.

이에 한부모가정에 대한 이해와 전문지식을 갖춘 한부모가정 전문가를 양성하여 한부모가정을 체계적으로 지원할 수 있도록 하여야 한다.

3) 한부모가정지원센터 설립

우리나라는 한부모가정을 전문적이고 체계적으로 지원할 수 있는 할 전문 센터가 미흡한 실정이다. 현재 설치된 한부모가정지원센터는 한부모가정연구소의 부설로 설립된 한국한부모가정지원센터의 지부가 서울, 광주, 울산, 강원, 부천 등에 있을 뿐이다.

정부는 한부모가정 지원사업을 건강가정지원센터를 통해 추진하려 하지만 이는 바람직하지 않다. 건강가정지원센터는 건강가정기본법의 취지에 따라 한부모가정을 비정상적인 가정으로 인식하고 양부모가정을 중심으로 사업을 펴나가고 있다. 하지만 한부모가정은 양부모가정과는 달리 심리적 혼란과 자녀양육의 어려움을 겪고 있고, 경제적인 궁핍과 사회적인 편견 등으로 어려움을 겪어 건강가정사들이 다루기에는 힘든 대상인 경우가 많다.

4) 자녀양육의 문제

한부모가정의 부모는 정서적으로 안정되지 못한 상태에서 어린 자녀를 돌봐야 하는 부담을 안고 있다. 아직 이혼, 사별의 충격에서 벗어나지 못한 상태에서 자녀를 돌봐야 하기 때문에 한부모가정에서는 신체적, 언어적, 정신적, 성적 학대가 발생할 가능성이 높다.

한부모가정 부모 못지않게 어려움을 겪는 대상은 자녀들이다. 자녀들은 가정, 학교생활에 적응하지 못하고 문제 행동을 보이기도 한다. 이들은 주위가 산만하고 공격적인 행동을 보이거나 반대로 위축된 행동을 보이기도 한다. 한부모가정 아동은 학교생활에도 어려움을 겪는다. 교사들은 한부모가정 아동에 대한 편견으로 한부모가정 아동을 '모자라고 부족함이 있는' 가정의 아동으로 인식하거나, 학교생활 전반에 걸쳐 문제있는 아동으로 인식하는 경향이 있다.

학교의 적절한 지원을 받지 못하는 상황에서 한부모가정의 아동은 학교생활에 더 부적응하게 되고 결국에는 학교폭력의 피해자나 가해자가 되기도 한다.

5) 경제적인 궁핍

한부모가정의 어려움 중 하나는 경제적인 문제이다. 특히 저소득 한부모가정의 경우 그 고충은 더욱 크다. 한부모가정의 평균 소득은 매월 72만 원, 학력은 고졸, 직업은 식당보조일, 주거형태는 보증금 150만 원 내외의 월세 18만 원짜리의 단칸방, 평균 부채도 1천 5백만 원, 자녀 2명에 이른다. 이들의 소득이 적은 것은 한부모라고 하면 취업이 쉽지 않고, 전배우자로부터 양육비를 제대로 받지 못하기 때문이라 할 수 있다.

또한 한부모가정의 부모는 전문직종으로의 이직을 위해 직업훈련을 받으려고 해도 희망하는 직종의 교육이 개설되지 않았거나 직업훈련비를 낼 형편이 되지 않아 교육을 받지 못하는 경우도 있다. 또한 받고 싶은 교육이 있다고 해도 교육기간동안 생계비가 지급되지 않아 무리하게 교육을 받을 필요성을 느끼지 못하기도 한다.

6) 사회적 편견

경제적, 자녀양육의 문제, 주거문제 외에도 한부모가정을 힘들게 하는 것이 바로 사회적인 편견이다. 우리사회는 한부모가정의 부모에게 인생실패자, 인생낙오자, 뭔가 문제있는 사람, 부모자격도 없는 사람 등으로 인식하고 있다. 이러한 인식으로 인해 한부모가정의 부모는 제대로 평가받지 못하고 있다. 한부모가정의 부모라고 하면 취업이 안 되고, 취업이 되었다고 해도 승진이 어려우며, 직장 내 성희롱의 피해자가 되기도 한다. 사회적인 편견은 직장뿐 아니라 원가족과 친구관계에도 영향을 미쳐 가족간의 관계가 멀어지고, 친구와의 관계도 소원해지는 것으로 나타나고, 가족, 이웃, 사회의 지원과 지지를 받지 못하는 한부모가정의 현실은 자립의지를 상실하게 하여 적응에 어려움을 안겨주고 있다.

7) 사회적 인식개선을 위한 정책

경제적, 자녀양육의 문제, 주거문제 외에도 한부모가정을 힘들게 하는 것이 바로 사회적인 편견이다. 우리사회는 한부모가정의 부모에게 인생실패자, 인생낙오자, 뭔가 문제있는 사람, 부모자격도 없는 사람 등으로 인식하고 있다. 이러한 인식으로 인해 한부모가정의 부모는 제대로 평가받지 못하고 있다. 한부모가정의 부모라고 하면 취업이 안 되고, 취업이 되었다고 해도 승진이 어려우며, 직장 내 성희롱의 피해자가 되기도 한다. 사회적인 편견은 직장뿐 아니라 원가족과 친구관계에도 영향을 미쳐 가족간의 관계가 멀어지고, 친구와의 관계도 소원해지는 것으로 나타난다. 가족, 이웃, 사회의 지원과 지지를 받지 못하는 한부모가정의 현실은 자립의지를 상실하게 하여 적응에 어려움을 안겨주고 있다.

8) 시설 및 종사자의 문제

첫째, 한부모가족상담소의 부재이다. 한부모가족지원법에는 한부모가족상담소를 설치할 수 있다고 되어 있으나 설치된 한부모가족상담소는 미흡하다. 한부모가족상담소의 종사자의 자격문제이다. 한부모가족지원법 시행령에는 한부모가족상담소 종사자의 자격을 사회복지사 3급 이상으로 하고 있으나 현실적으로 사회복지사 3급이 한부모가정을 상담하고 교육하는 등 직무를 감당할 수 있을지는 의문이라 하겠다. 따라서 종사자의 자격을 사회복지사 1급 또는 2급 이상자로 상향조정하여야 하겠다.

둘째, 종사자의 전문성 부족의 문제이다. 현재는 사회복지사와 건강가정사들을 경력에 따라 시설의 장과 종사원으로 모집하고 있으나 한부모가정에 대한 전문지식과 이해부족으로 서비스 전달에 한계를 느끼고 있다 하겠다. 따라서 한부모가정에 대한 이해와 전문지식을 갖출 수 있도록 현직교육 또는 재교육을 받도록 해야 하겠다.

셋째, 운영 관리·감독의 문제이다. 한부모가정복지시설과 관련된 운영은 전적으로 기관에 맡겨져 있고 정부는 감독 기능만을 갖고 있다. 시설운영자와 정부관계자는 모든 책임에 대한 공과 허를 공동으로 책임겨야 하는 상황이다보니 문제를 감추거나 축소시킬 가능성이 있다 하겠다. 이에 따라 한부모가족복지시설에 운영위원회를 의무적으로 두게 하여 시설의 운영에 참여할 수 있도록 해야 하겠다.

9) 생활적응을 위한 지원정책

한부모가정을 지원하는 법적 근간은 1989년에 제정된 모자복지법이다. 모자복지법은 2003년 모부자복지법으로 개정되었다가 2007년 한부모가족지원법으로 개정되어 2008년부터 시행중이다. 그러나 모자복지법이 제정된지 20여년이 지난 지금도 한부모가정에 대한 복지정책은 크게 달라지지 않고 있다.

그러나 변화하는 사회 속에서 이혼율이 증가하고, 이혼이 인생의 실패가 아닌 기회로 인식되면서 어린 자녀를 양육하는 한부모가정의 생존권에 대한 욕구도 강해졌다. 이들은 헌법에 명시된 "인간으로서의 존엄과 가치를 가지며 행복하게 살 권리(헌법 제9조)와 인간다운 생활을 할 권리(헌법 33조1항)"를 요구하고, 정부가 안정적인 생활을 보장해 주기를 바란다.

10) 지원내용의 문제

첫째, 복지급여의 현실화 문제를 들 수 있다. 정부는 저소득 한부모가정의 만 8세 미만 아동에게 아동양육비로 월 5만 원을 지급하고, 고등학교 자녀들에게 자녀학비를 지원하고 있다. 아동양육비 5만 원은 어린 자녀를 양육하는데 턱없이 부족한 금액이고, 자녀 학비 또한 자녀를 교육시키기에는 충분하지 않은 금액이다. 저소득 한부모가정의 자녀들이 더욱 건강하고 행복하게 자랄 수 있도록 하기 위해서는 아동양육비 지급연령을 18세 미만으로 확대하고, 그 액수도 이혼 시 양육비 산출방식에 근거하여 상향조정하여야 한다.

둘째, 아동학자금의 지원문제이다. 한부모가정 아동은 정부로부터 입학금과 수업료를 면제받고 있지만 그것만으로는 학업을 보충하는데 한계가 있다. 방과 후에도 가정학습, 문화체험, 보충학습 등 필요에 따른 교육을 받을 수 있도록 학원과의 연계 프로그램을 제공해야 하겠다.

셋째, 모자보호시설의 부족을 들 수 있다. 한부모가정의 부모는 주거문제를 해결하기 위해 모자보호시설에 입주하기를 원한다. 하지만 모자보호시설에 입주하지 못하는 경우가 더 많다. 이는 우리나라의 한부모가정 보호시설이 전국에 약 100여 개에 그치기 때문이다. 이는 우리나라 모·부자가정 가구가 1,390천 가구인 것을 감안하면 턱없이 부족한 실정이다.

넷째, 보호시설의 규모와 열악한 환경의 문제이다. 모자보호시설의 가구당 규모는 방 1칸이 대부분이어서 생활하는 데 불편을 초래하고 있다. 한 방에서 모와 남녀 청소년기 자녀들이 함께 생활해야 하는 불편함이 있고, 또 대학입시를 준비해야 하는 한부모가정 자녀들이 공부방도 없이 생활하기 때문에 학습부진의 요인으로 작용하기도 한다.

이러한 문제를 해결하기 위해서는 모·부자복지시설을 확대 신설하고 가구별 공간 수도 방 2~3개 정도 확보하여 쾌적한 주거공간을 마련해주어야 하겠다. 또한 기존의 시설도 개선하여 방 2개 이상으로 리모델링하여 제공되어야 한다고 본다.

다섯째, 복지자금 대여의 문제를 들 수 있다. 정부는 저소득 한부모가정의 생업기반을 조성하고 조기자립과 생활안정을 도모하기 위해 복지자금을 대출해 주고 있다. 그러나 대출대상자의 선정기준이 까다로워 복지자금을 대출받은 경우는 그리 많지 않다. 대출대상자가 되기 위해서는 근로능력 및 자립자활 의지가 뚜렷하고 현실성 있는 사업계획을 제시해야 하는 데 저소득 모·부자가정 부모는 저학력, 노동직종에 근무하는 경우가 많아 사업계획을 작성해 제출하는 것이 현실적으로 쉽지 않다. 뿐만 아니라 사업계획서를 작성했다고 해도 해당 은행에서 연대보증인을 요구하여 보증인을 확보하지 못해 대출을 포기하기도 한다.

여섯째, 의료비 급여를 제공하여야 한다. 한부모가정은 이혼, 사별, 미혼모 등의 발생으로 심리적인 어려움을 겪고 있어 정신적, 신체적인 질병으로 발전할 가능성이 높다. 실제로 한부모가정 부모들 중 상당수는 정신치료를 받고 있으며, 고혈압, 심장마비, 머리 아픔 등의 질병으로 입원 및 장기치료 등을 받고 있어 의료비 부담이 늘고 있어 모 · 부자가정에게 의료비를 제공해 주어 질병에서 벗어날 수 있도록 해야 하겠다.

찾 아 보 기

【한글】

ㄱ

가계도 ·· 129, 130, 295, 345
가장기법(The Pretend Technique) ·············· 137
가정문제해결 치료사업 ··························· 59
가정법원의 허가 ······························· 157
가정양육수당 지원 ····························· 395
가정양육수당 ·································· 395
가정폭력 ···································· 239
가족 삼각관계 ································· 45
가족 재구조화 ································· 345
가족 조각 기법 ································ 345
가족 항상성 ·································· 44
가족과의 교류기법 ····························· 289
가족관계의 등록 등에 관한 법률 ·················· 327
가족관계증진사업 ····························· 59
가족구성원 간의 경계 ··························· 128
가족구조 ···································· 113
가족규칙 ·································· 45, 128
가족기능 ···································· 117
가족기능보완사업 ····························· 59
가족보호(family caregiving) ···················· 58
가족복지 ···································· 51
가족사정(Family Assessment) ················· 126
가족사회사업 ································· 56
가족생활교육(family life education) ············· 58
가족생활주기의 발달과업 ······················· 121
가족신화 ·································· 45, 129
가족외부와의 경계 ····························· 128
가족의 경계 ·································· 128
가족의 정서적 구조 ···························· 138

가족의식 ···································· 45
가족이데올로기 ······························· 17
가족조각(Family Sculpture) ··············· 130, 134
가족진보론 ·································· 42
가족체계 ···································· 15
가족체계이론 ································· 243
가족치료 역사 ································· 268
가족치료 ······························ 57, 132, 335
가족치료모델 ································· 268
가족친화적 관점 ······························· 86
가족투사 ···································· 279
가족투사과정 ······················· 138, 282, 294
가짜 자신 ·································· 370
갈등론자 ···································· 43
갈등주의적 관점 ······························· 252
감정 모델 ·································· 279
개념적 접근방식 ······························· 85
개발적 기능 ·································· 53
개방입양 ···································· 315
개방형 가족 ·································· 128
개인적 이론 ·································· 242
객관적 자료 ·································· 127
거시체계(macrosystem) ······················ 338
건강가정기본법 ······························· 31
건강가정사 ·································· 398
건강가정지원센터 ····························· 98
건강보험 ···································· 92
게토(ghetto) ································· 194
격리와 밀착 ·································· 45
결손가족 ···································· 150
경계(boundary) ······························· 337
경계선 성격 장애 ······························· 372
경계선(boundaries) ···························· 286

경막하혈종 ·· 27
경제적 기능 ······································ 113
경제적인 궁핍 ···································· 399
경직된 경계 ······································ 128
경직된 경계선(rigid) ························ 287
경험적 가족치료 ······················ 133, 296
경험주의적 가족치료 모델 ················ 271
고용보험 ·· 92
고용정책 ·· 72
고정관념 ·· 156
골든버그와 골든버그(Irene & Herbert Golden-
    berg) ·· 335
공감적 이해 ······································ 374
공개입양 ·· 315
공공부조(public assistance) ············ 200
공동체가족 ··························· 41, 115, 116
공동치료의 중요성 ···························· 298
공생단계(2~6월) ······························ 359
공생적 부모 ······································ 342
공적부조 ···································· 72, 390
공화주의 동화모형 ···························· 196
과정적 현상 ······································ 115
관계본능 ·· 351
관계실험 ·· 141
관찰의 방법 ······································ 130
교류와의 합류 ···································· 290
교류의 재구조화 ································ 290
교육적 기능 ······································ 113
교정정신의학협회 ······························ 267
교환이론 ·· 242
교환주의적 관점 ································ 253
구성주의 ·· 276
구조기능론자 ······························ 42, 119
구조기능주의적 관점 ·························· 86
구조적 가족치료 ······················ 134, 284
구조적 가족치료모델(Salvador Minuchin) ····· 271
구조적 강요 ······································ 155
구조적 시각 ·························· 193, 194, 195
구조적 요인(structural factors) ·········· 194

구조화 ·· 289
국내입양지정기관 ······························ 167
국립사회사업가협회(NASW) ·············· 146
국민건강보호법 ·································· 166
국민기초생활보장법 ·························· 166
국제결혼가족 ···································· 173
그림그리기 ······································ 129
극빈층 ·· 207
기관 입양 ·· 163
기든스(Giddens, 1992) ························ 18
기러기가족 ·· 22
긴급위기지원 ···································· 395
꿈의 내용 ·· 376

ㄴ

내담자 ·· 374
내면화(internalization) ····················· 334
내면화의 과정 ···································· 353
내면화의 종류 ···································· 363
내사 동일시 ······································ 370
내사 ·· 363
노년기 ·· 122
노동친화적 관점 ·································· 86
노력의무 ·· 159
노인 부부가족 ···································· 383
노인가족 ···································· 54, 116
누리과정 지원제도 ···························· 396
니콜스(Michael Nichols) ··················· 336

ㄷ

다른 특성 ·· 268
다문화 아동 ······································ 202
다문화·다인종 사회 ·························· 195
다문화가족 ······························· 115, 173
다문화가족지원법 ······························ 201
다문화가족지원센터 ·························· 177
다문화주의 모형 ································ 196
다문화주의(multiculturalism) ············· 196
다세대 전수과정 ············· 138, 139, 279, 294

다세대가족치료 ·············· 279
대내외적 가족기능 ·············· 112
대상관계 ·············· 371
대상관계이론 ·············· 348
덴마크 ·············· 166
도널드 위니컷(donald winnicott) ·············· 350
도입단계 ·············· 66
독거가족 ·············· 20
독립입양(단독 입양) ·············· 163
독신가족 ·············· 116, 383
독신모(single mother) ·············· 145
돌보는 사람의 자아에 대한 영향 ·············· 352
동거가구 ·············· 116
동거가족 ·············· 383
동거동재집단 ·············· 20
동성(同性)부부 ·············· 198
동성가족 ·············· 116
동성애가족 ·············· 41, 115
동일시 ·············· 363
동화 시각(assimilation perspectives) ·············· 193
동화(同化) 시각 ·············· 193
딩크가족 ·············· 41
딩크족(DINK : Double Income No Kids) ······· 115

ㄹ

라이시테(laïité, 政敎分離原則) ·············· 195
랜드리(Landry, 1987) ·············· 194
레비-스트라우스(Levy-Strauss, 1969) ········· 18
로널드 페어베언(ronald D. fairbairn) ········· 350
로마의 시민법 ·············· 307
루터(H. Rutter) ·············· 27

ㅁ

마가렛 말러(margaret mahler) ·············· 350
마치스모(machismo) ·············· 247
맞벌이가족 ·············· 54
머독(Murdock, 1949) ·············· 18
멜라니 클라인(melanie klein) ·············· 349
명령(Paradoxical Injunction) ·············· 136

명확한 경계 ·············· 128
명확한 경계선(clear) ·············· 286
모계 출계율(matrilineal descent rule) ·············· 16
모방 ·············· 290
모부자복지법 ·············· 166
모성보호법 ·············· 166
모성적 양육박탈 ·············· 25
모의가족(Simulated Family) ·············· 134
모자가족(fatherless family) ·············· 17, 385
모자가족복지시설 ·············· 393
모자공생 ·············· 279
모자보건법 ·············· 166
목표달성(Goal attainment) ·············· 87
무의식 속의 자아 ·············· 352
무의탁모(unsupported mother) ·············· 145
무자녀 부부가족 ·············· 383
무자녀가족 ·············· 22, 114, 116
문화적 공허감 ·············· 205
미국인구조사국(1992) ·············· 21
미누친 ·············· 284
미래창조과학부 ·············· 396
미시체계(microsystem) ·············· 338
미취학아동기 ·············· 122
미혼가족 ·············· 17
미혼모 영아유기 ·············· 155
미혼모 자녀에게 미치는 영향 ·············· 154
미혼모가족 ·············· 54
미혼모센터 ·············· 147
미혼모시설 ·············· 147, 167
미혼모에게 미치는 영향 ·············· 154
미혼모의 부모가 받는 영향 ·············· 155
미혼모의 영아유기 ·············· 159
미혼모자가족복지시설 ·············· 393
미혼모자복지시설 ·············· 147
미혼부가 받는 영향 ·············· 155
민간사회복지기관 ·············· 96
민법 ·············· 166
민법에 의한 양자입양 ·············· 314
민법에 의한 친양자 입양 ·············· 315

민법에서 가족의 정의 ·········· 22
밀착가족 ·················· 128

ㅂ

발달하는 존재로서의 인간 ········ 351
방계가족 ··············· 16, 115
방임형 가족 ············· 116, 128
배우자 하위체계(spouse) ········ 285
버틀란휘(Ludwig von Bertalanffy)의 일반
　체계 이론 ················ 337
베이비박스 ············· 156, 311
베이비-클라페 ·············· 323
베이슨(Gregory Bateson) ······· 135
별거 ···················· 17
병리모델 ·················· 28
병행치료 ················· 142
보건의료정책 ··············· 72
보상(Quid Pro Quo) ········· 136
보수적, 자유주의적 시각 ········· 73
보웬 가족치료 ·············· 291
보웬(Murray Bowen)의 가족치료이론 ·· 138
보육료·유아학비 지원 ·········· 395
보육제도 ·················· 83
보편적 서비스 ·············· 199
부계 출계율(patrilineal descent rule) ····· 16
부모 하위체계(parental) ········ 285
부모화 ··················· 46
부모휴가 및 부모급부급 ········· 83
부부만의 시기 ·············· 121
부양가족지원사업 ············· 59
부자가족(motherless family) ···· 17, 385
부자가족복지시설 ············ 393
부족사회(Nambikwara족) ······· 117
북한이탈주민 ·············· 180
북한이탈주민지원재단 ·········· 180
분화 ··················· 279
분화단계(6~10월) ··········· 360
분회지수의 척도 ············· 280
브라운(Brown) ············· 382

브론휀브레너(Urie Bronfenbrenner)의 생태
　이론(ecological model) ········· 337
비난형 ················ 300, 345
비동거가족 ··············· 116
비밀입양 ················· 315
비친족가구 ··············· 198
빈 조개형 가족 ············· 115
빈곤아동 ················· 209

ㅅ

사망 ··················· 17
사이버네틱 인식론 ············ 269
사이버네틱스 ··············· 62
사정(Assessment) ··········· 126
사티어 치료 ··············· 298
사티어(Satir) ············ 133, 135
사회·문화적 접근 ············ 152
사회구성주의적인 가족치료모델 ····· 271
사회구조적, 사회문화적 요인 ······ 250
사회민주주의 ·············· 100
사회보험 ·················· 72
사회복지법 ··············· 166
사회복지서비스 ··········· 72, 390
사회심리적 이론 ············· 242
사회의 정서적 과정 ··········· 279
사회적 격리 ··············· 240
사회적 관계망 그리드 ·········· 130
사회적 배제(social exclusion) ····· 207
사회적 정서전달과정 ··········· 138
사회적 퇴행(societal regression) ···· 294
사회적 편견 ··············· 399
사회학습이론 ··········· 242, 301
산만형 ················ 300, 345
산업재해보상보험 ············· 92
삼각 측량 ················· 46
삼각관계 ········· 138, 140, 281, 279, 293
상대적 빈곤 ············ 205, 208
상보성(complementality) ······· 346
상습성 ·················· 241

상호적인 결정주의 ·············· 269
상호주의적 관점 ················ 252
상황적 행동 ··················· 268
새싹가족 ····················· 116
새터민가정 ··················· 178
생태도 ······················ 129
생태체계도(Eco-Map) ··········· 131
설가구 ······················ 198
성 형태적 접근 ················ 153
성격장애 ····················· 365
성숙도 ······················ 344
성적 충족기능 ················· 112
성적 학대 ···················· 240
성폭력피해상담소 ·············· 167
성학대 현상 ··················· 255
소년소녀가장 ·················· 211
소득인정액 ··················· 395
소수자 집단 ··················· 193
소수집단의 다문화가족 ·········· 178
송치적 기능 ···················· 53
수정 핵가족 ····················· 17
수정 확대가족 ··················· 17
순환적 원인(circular causality) ··· 336
슈어츠 ························· 52
슐레싱거(Schlesinger) ··········· 381
시련기법(Ordeal Technique) ····· 136
시연(Enactment) ··············· 130
신체적 건강 ··················· 212
신체적 학대 ··················· 240
실연화 ······················ 289
심리사회적 문제 ··············· 212
심리학적 접근 ················· 152
쌍방적 통합 모형 ··············· 196

ㅇ

아동가장가족 ··················· 54
아동복지법 ··················· 166
아동수당제도 ··················· 83
아동수출국 ··················· 311

아이 선보기 ··················· 319
안아주는 환경(holding environment) ·········· 342
액커만(Ackerman) ·············· 137
양부모의 자격 요건 ············· 164
어개인(Again) ················· 382
에릭슨(Erikson) ······· 349, 355, 371
에인스월스(M. Ainsworth) ········· 26
엘렉트라콤플렉스 ·············· 152
엥겔 방식 ···················· 207
여권론적 시각 ·················· 73
여권론적 이론 ················· 247
여성가족부 ··················· 189
여성복지상담소 ················ 167
여성주의적 관점 ················ 85
역설적 지시기법(Paradoxical Tasks) ·········· 136
역전이(counter-transference) ····· 298
연관 짓기 ···················· 375
연극(Drama) ··············· 134, 345
연금 ························· 92
연속 모델 ···················· 278
연속성 ······················ 241
연습단계(10~16월) ············· 360
영아유기 ····················· 321
영아유기장치 ·············· 156, 157
오스너(Orthner) ··············· 382
오토 컨버그(otto kernberg) ······· 351
올샨스키(S. Olshansky) ··········· 29
외국인근로자가족 ·············· 173
외동이가족 ···················· 22
외유형 ······················ 344
외체계(exosystem) ············· 338
요보호노인 ···················· 31
요보호아동 ···················· 31
요보호아동수 ················· 312
요보호여성 ···················· 31
용광로 동화모형 ··············· 195
원가정 양육 ··················· 160
원가족 ··················· 278, 399
월쉬(Walsh, 1998) ·············· 18

웨인 데니스(Wayne Dennis) ·················· 38
위탁가족 ······································· 41
유가가족 ······································· 17
유대감 ··· 96
유리가족 ······································· 128
유형유지(Latent pattern maintenance) ········ 87
육아종합지원센터 ······························· 396
은유법 ··· 345
은폐성 ··· 241
응집력 ··· 96
의료보호법 ····································· 166
의미 부여하기 ··································· 375
의부모 가족 ····································· 116
의사소통 가족치료 ······························· 135
의존박탈증후군 ································· 152
의학모델 ······································· 28
이야기치료모델 ································· 272
이주노동자 ····································· 179
이주노동자가족 ································· 178
이혼 및 재혼가족 ······························· 54
이혼 ··· 17
이혼가족 ······································· 116
익명-모세프로젝트 ······························· 323
익명출산 ······································· 160
익명출산제도 ··································· 159
인간과 환경의 상호작용 ························· 352
인공 두뇌학(cybernetics) ······················ 337
인구보건협회와 유엔인구기금(UNFPA) ············· 39
인적자본이론 ······························· 193, 194
인지능력 ······································· 212
인지발달 ······································· 216
인지청구 ······································· 158
인지행동주의적 가족치료 ······················· 301
인지행동주의적 부모교육 ······················· 303
인지행동주의적 부부치료 ······················· 303
인터뷰 ··· 129
일반체계이론 ··································· 62
일부일처제 ····································· 198
일시지원복지시설 ······························· 394

일인가구 ······································· 116
일인가족 ······································· 20
일치형 ··· 300
임신건강법 ····································· 166
입양 공개 여부에 따른 입양의 종류 ············· 315
입양 숙려제 ····································· 310
입양가족 ··································· 22, 41
입양기관 ······································· 316
입양동기 ······································· 164
입양부모교육 ··································· 319
입양부모의 가정조사 및 가정방문 ··············· 319
입양신고 ······································· 320
입양알선기관 ··································· 167
입양절차 ······································· 317
입양정보통합관리시스템(ACMS) ················· 319
입양특례법 ····················· 156, 166, 308, 321
입양특례법에 의한 입양 ························· 314
입양허가제 도입 ································· 325

ㅈ

자긍심 ··· 344
자기도취 성격장애 ······························· 371
자기분화 ······································· 138
자녀 출산 및 양육기 ··························· 121
자녀양육비청구 ································· 158
자녀양육의 문제 ································· 398
자립촉진수당 ··································· 395
자아분화 ······························· 279, 280, 293
자유연상 ······································· 376
자폐적 시기(0~2월) ··························· 359
장애인 ··· 31
재명명(Relabeling) ····························· 136
재혼가족 ····················· 22, 41, 114, 116, 383
잭슨(Don Jackson) ····························· 135
저소득층 ······································· 31
적응(Adaptation) ··························· 87, 290
전개단계 ······································· 66
전국 청소년종합상담소 ························· 167
전략적 가족치료 ································· 136

전략적 가족치료모델(Jay Haley, Milan) ········ 271
전체성 ·· 57
절대 빈곤층 ······································ 207
절대적 빈곤 ································· 205, 206
절대적 빈곤선 ··································· 225
접촉(공감) ······································· 345
정부(지자체) ····································· 96
정상가족 ·· 150
정상모델 ·· 28
정서적 단절 ···························· 138, 279, 294
정서적 학대 현상 ································· 255
정서적 혼란 ····································· 397
정신분석학적 접근 ······························ 152
정신분열 성격장애 ······························ 371
정신분열을 일으키는 어머니(schizophrezonic
    mother) ···································· 342
정신적 무기력 ··································· 205
정신적 학대 ····································· 240
정체성을 통한 대상관계 ·························· 355
제휴 ··· 287
조세정책 ·· 72
조손가족 ···································· 40, 116
조정적 기능 ····································· 53
종결단계 ·· 66
좌절·공격이론 ··································· 242
주관적 빈곤 ································· 205, 225
주관적 자료 ····································· 127
주택정책 ·· 72
중간체계(mesosystem) ·························· 338
중년기 ·· 122
중립을 유지하기 ································· 375
중앙건강가정센터 ······························· 189
지그문트 프로이트(sigmunt freud) ············· 348
직계가족 ···································· 16, 115
진단 및 평가 ···································· 126
진보적 시각 ····································· 73
진수기(독립기) ·································· 122

ㅊ

출계율(出系律) ·································· 16
출산수당·출산휴가·출산급여프로그램 ············ 83
청소년기 ·· 122
치료기법 ·· 140
치료도구로서의 밧줄(Rope as Therapeutic) ··· 134
청소년기본법 ···································· 166
체류허가 ·· 199
찰스 다윈의 적자생존 ···························· 278
체계로서의 가족 ································· 268
초이성형 ·· 300
추적 ··· 290
출생순위(sibling position) ····················· 294
치료기법 ·· 295
친양자입양관계증명서 ···························· 328
초이성형 ·· 345
치료자 ·· 374
취약·위기가족 지원 ······························ 395

ㅋ

케넬(J. Kennell) ································· 29
클라우스(K. Klaus) ······························ 29
캐머만과 칸(Kamerman & Kahn) ··············· 72
코뮌(Communes) ································ 115
컨버그 ··· 371

ㅌ

통합(Integration) ······························ 87
톨레랑스(toléance, 寬容) ······················ 195
탈락감 ··· 205
탈삼각관계 ····································· 295
통합 ··· 363
투사 동일시 ···································· 370

ㅍ

파슨스(Parsons) ································· 42
팰드먼 ·· 52
퍼거슨(Ferguson) ······························ 382

페미니스트 비판 ···································· 276
페미니즘이론 ······································ 243
편모가족 ·· 116
편부가족 ·· 116
편부모 가족(한부모가족) ························ 17
편집·분열적 자리 ································· 354
폐쇄형 가족 ································ 115, 128
포스트모더니즘 ··································· 276
프랑스의 익명(X)출산제 ······················ 323
프로이트(Sigmund Freud) ············ 335, 355
프로이트와 벌링햄(A. Freud & D. Burlingham) · 25
피학대아동증후군 ································· 28
피학대아증후군 ···································· 27

ㅎ

하위체계(subsystems) ························· 285
하인즈 코헛(heinz kohut) ···················· 349
하인즈 하트만(heinz hartmann) ············· 349
학동기 ·· 122
학업성취 ·· 212
한부모가정복지시설 ···························· 400
한부모가정지원센터 ···························· 398
한부모가족 실태조사 ···························· 386
한부모가족 지원사업 ···························· 394
한부모가족 ···················· 22, 114, 116, 383
한부모가족복지상담소 ························· 394
한부모가족복지시설 ···················· 148, 393
한부모가족상담소 ······························· 400
한부모가족지원법 일부개정법률안 ········· 148
한부모가족지원법 ························· 321, 401
합동치료 ·· 141
항상성(homeostasis) ··························· 337
해결중심 단기 가족치료모델 ················· 272
해결중심적 가족치료 ···························· 137
해리 건트립(harry guntrip) ·················· 350
해리 스택 설리반(harry stack sullivan) ········· 348
해석하기 ·· 375
핵가족 감정체제 ································· 282
핵가족 ···························· 20, 54, 115

핵가족의 정서적 과정 ···························· 279
핵가족의 정서체계(nuclear family emotional
    process) ····································· 293
행동주의적 가족치료 ···························· 138
행동치료 ·· 301
헌법 ·· 166
헤이그국제아동입양협약 ······················ 311
헤일리(Jay Haley) ······························ 135
혈연 유무에 따른 입양의 종류 ················ 315
혈연관계 ··· 15
협동치료 ·· 142
형상으로서의 자아 ······················ 353, 363
형제 하위체계(sibling) ························· 286
형제순위 ··································· 138, 279
혼돈된 경계 ·· 128
혼동된 경계선(diffused) ······················ 287
혼인귀화자 ··· 201
혼합치료 ·· 142
확대가족 ····································· 20, 115
환경 엄마(environment mother) ··········· 342
환상을 통한 대상관계 ···························· 354
환아와 증상의 표출 ···························· 269
회유형 ·· 299
휘태커(Whitaker) ·························· 65, 296

【영문】

A

Ackerman ·· 267
Ackerman ·· 347
Armand Nicholi(1978) ························ 373

B

Bilbert ··· 153

C

complex group therapy ·················· 347
conjoint therapy ························· 347

D

Daniel ·································· 152
De-triangulation ······················· 347
Dysfunction(역기능) ····················· 346

E

Engels ·································· 43

F

family ·································· 15
famulus(하인) ···························· 15
Framo ·································· 347

G

greenacre ······························ 361

H

Hammurabi법전 ·························· 307

I

intergenerational therapy ··············· 347
inter-locking pathology(내적폐쇄 장애) ······· 346

J

Jackson ································· 267
Janmes Framo ··························· 346

L

Langs ·································· 377

M

Marx ··································· 43

Masi ·································· 251
Menninger Clinic ······················· 268
Mental Research Institute(MRI) ·········· 135
Mullender ··························· 251, 254
Murdock ···························· 119, 120
Murray Bowen ························ 267, 277

N

Nathan Ackerman ······················ 346
Newcomer ······························ 153

O

Object-relations(대상 관계 이론) ··········· 346
Olsen & DeFrain(2003) ················· 33
Oster ·································· 206

P

Parsons(1949) ·························· 19

R

Resolution(해결) ······················· 347
Richmond(1971) ························ 58
Rowntree(1901) ························ 207

S

Salvador Minuchin ····················· 268
satir의 성장기법 ························· 299
satir의 성장의사소통기법 ················· 299
Scapegoat(희생양) ····················· 346
Schiller ································· 206
Seibert & Willetts(2000) ················ 22
Straus ·································· 255

T

Terkenson ······························ 119
Topeka ································· 267

U

Udry ································· 153

V

Virginia satir ····················· 344

W

whitaker의 상징적 기법 ·················· 298
Wiltwyk학교 ····························· 268

기타

2세대 ·································· 17

참고문헌

- 강영실, 사회복지정책의 이해, 신정, 2008
- 김강석, 19세기 영국 구빈정책의 실제, 학지사, 2007
- 김근후·박영숙 역, 가족상담의 이론과 실제, 서울, 하나의학사, 2009
- 김기원, 공공부조론, 학지사, 2009
- ＿＿＿, 한국 사회복지 정책론, 나눔의 집, 2009
- 김기태 외, 사회복지실천론, 양서원, 2009
- 김기태 외, 사회복지의 이해, 박영사, 2011
- 김동기 외, 다층모형을 적용한 청소년의 외현적 공격성 변화 추정:변화에 있어서의 개인차에 대한 생태학적 요인 검증, 조사연구, 2007
- 김병수 외, 다문화 사회복지론, 양서원, 2009
- 김승경 외, 이혼가정아동의 탄력성에 대한 위험-보호요인들 간의경로분석, 아동학회지, 2005
- 김승경, 이혼가정아동의 탄력성에 대한 위험-보호요인들 간의 경로분석, 서울여자대학교 대학원 박사학위논문, 2004
- 김안자, 가족 레질리언스가 한부모가족의 가족스트레스에 미치는 영향, 경기대학교 대학원 박사학위 논문, 2005
- 김영모, 현대사회 정책론, 서울, 한국복지정책연구소, 2005
- 김용태, 가족치료 이론, 서울, 학지사, 2010
- 김은경 외, 아버지 양육태도와 아동의 자아존중감, 문제행동 간의 관계, 놀이치료연구, 2002
- 김이선 외, 여성 결혼이민자의 문화적 갈등 경험과 소통증진을 위한 정책과제, 2006
- 김익규 외, 가족복지론, 동문사, 2009
- 김재경·김봉순·박용권·조명희·홍성희·가족복지론, 양서원, 2013
- 김재엽 외, 가족응집력이 청소년의 학교폭력 가해에 미치는 영향:자기통제력의 매개효과를 중심으로, 청소년학연구, 2007
- 김재철 외, 청소년의 외현적 공격성 및 내면화된 문제행동의 개인별 변화에 대한 친한 친구관련 변수의 영향, 한국청소년연구, 2010
- 김재철 외, 초기청소년의 공격성에 대한 부모애착, 교사애착, 친구애착의 영향비교, 아동교육, 2010
- 김정원, 아동의 공격성과 관련변인들의 관계성 연구, 아동교육, 2007

- 김준호 외, 학교가 청소년 비행에 미치는 영향에 관한 연구, 한국형사정책연구원
- 김중열, 2011다문화가족자녀 지원정책, 인터넷, 2011
- 김혜경 외 2인, 가족복지론, 공동체, 2011
- 김혜경·도미향·문혜숙, 가족복지론, 공동체, 2014
- 남찬섭, "한국복지국가의 성격과 전망", 한국사회포럼 2008 자료집, 2008
- 노성호, 한국의 청소년 비행화에 관한 연구, 고려대학교 대학원 박사학위논문, 1993
- 노언경 외, 준모수적 집단 중심 방법을 적용한 청소년기 초기의 공격성 변화에 따른 잠재계층 분류와 관련요인 검증, 조사연구, 2009
- 도광조, 사회복지실천론, 양서원, 2008
- 류종훈, 가족복지론, 학현사, 2011
- 민무숙 외, 다문화 전문인력 양성현황과 정책과제, 한국여성정책연구원, 2009
- 민미희 외, 부모의 이혼여부 및 아동의 연령에 따른 아동의 사회적지지 지각과 내면화문제, 대한가정학회지, 2005
- 민수홍, 가정폭력이 자녀의 비행에 미치는 영향, 한국형사정책연구원, 1998
- 박경자 외, 이혼가족아동, 아동학회지, 2009
- 박귀영, 가족복지론, 양성원, 2017
- 박귀영, 가족복지론, 은혜출판사, 2009
- 박미은·신희정·이혜경·이미림, 가족복지론, 공동체, 2015
- 박민정 외, 청소년의 관계적 공격성에 영향을 미치는 생태학적 변인들, 한국가정관리학회지, 2004
- 박상규, 다문화가정의 조기정착을 위한 사회통합 방안연구, 한서대학교, 2009
- 박현수 외, 비행 청소년집단 특성이 비행에 미치는 영향:비행친구와의 친밀성과 비행의 관계, 한국청소년연구, 2008
- 박현수, 청소년 비행발전의 영향요인 비행친구와 자아통제의 영향을 중심으로, 한국청소년연구, 2009
- 백혜정 외, 초등학생의 문제행동에 영향을 미치는 부모관련변인 및 자아관련 변인에 관한 연구, 한국심리학회지, 2006
- 서미정, 초기 청소년기 내재화 행동문제 변화에 대한 성별 및 학업성취감의 영향력 검증:우울 불안을 중심으로, 한국청소년연구, 2008
- 선병덕 외 2인, 가족복지론, 학지사, 2008
- 성영혜 외 3인, 현대사회와 가족복지, 서울, 숙명여자대학교출판부, 1997

• 성정현 외, 가족복지론, 양서원, 2009

• 손병덕, 이혼 재혼가정 아동의 공격, 위축행동에 영향을 미치는 요인의 경로분석:일가정아동과의 비교연구, 한국가족복지, 2009

• 송성자 · 정문자, 경험적 가족치료 Satir이론과 기법, 서울, 중앙적성출판사, 2004

• 신성희, 회복력 요인중심의 이혼가정 아동 적응모형, 대한간호학회지, 2010

• 양옥경 외, 가족복지의 정책과 실천, 공동체, 2008

• 양옥경 외, 사회복지실천론, 나남출판사, 2002

• 오경자 외, 빈곤가정 청소년의 심리사회적응:위험요인과 보호요인의 탐색, 한국심리학회지, 2005

• 우매자와 노부요시, 강우석 옮김, 포커스 그룹 인터뷰, 서울:엘· E지· E에드, 1987

• 윤명숙 외, 부모애착이 초기 청소년 우울에 미치는 종단적 영향 분석, 사회과학연구, 2010

• 윤은주, 상담자의 소진에 대한 체험분석, 숙명여자대학교 대학원 박사학위논문, 2008

• 윤혜미 외, 청소년의 내재화 및 외현화 문제행동 관련 요인:생태체계적 관점을 중심으로, 사회복지연구, 2005

• 이경남 외 8인, 사회복지실천론, 학지사, 2008

• 이경상 외, 한국 청소년 패널조사(KYPS) I 조사개요 보고서, 한국청소년정책연구원, 2003

• 이광규, 복지국가와 가족정책, 서울, 하우, 1995

• 이무영 외, 국제결혼이주여성의 자아존중감 및 결혼만족도 향상을 위한 요법집단프로그램의 효과, 한국가족복지학, 2007

• 이무영, 다문화가족 한국 남성 배우자의 문화적응 스트레스, 의사소통 능력, 사회적 지지가 결혼만족도에 미치는 영향에 관한 연구, 성균관대학교 대학원 박사학위논문, 2009

• 이소희 외 2명, 가족문제와 가족복지, 양서원, 2007

• 이소희 외 8인 공저, 현대가족복지론, 양서원, 2000

• 이영실 외 2인, 가족복지론, 공동체, 2010

• 이원숙, 가족복지론, 학지사, 2011

• 이윤재 외 4인, 가족복지론, 동문사, 2008

• 이은희, 남녀 청소년들의 우울에 미치는 학교 스트레스, 자아존중감, 부모-자녀 의사소통 및 부모의 내재적 지원의 효과, 한국심리학회지:상담 및 심리치료, 2000

• 이재연 · 최영희, 의사소통과 가족관계, 서울, 형성출판사, 1996

• 이주리, 잠재성장모형을 적용한 초등학생의 내면화 및 외현화문제의 발달궤적, 아동과 권리, 2008

- 이준규, 한국 다문화정책의 개선방안:다문화가족을 중심으로, 한국지방정부학회 학술대회자료집, 2011
- 이창호 외, 청소년 정신건강 관련 요인 연구, 한국청소년상담원, 2005
- 이형득 외 2인, 가족치료입문, 서울, 형설출판사, 1991
- 이훈구, 이혼이 자녀에게 미치는 효과에 관한 개관연구, 한국심리학회지:사회문제, 2004
- 임상사회사업연구회, 현대가족문제, 서울, 학문사, 1998
- 임승희, 박소영, 가족복지론, 학현사, 2009
- 임유미, 이혼 여성 한부모가족의 가족탄력성이 가족 적응에 미치는 영향-모자보호시설 입소자 중심-, 이화여자대학교 대학원 석사학위논문, 2007
- 임종렬, 대상관계이론과 가족치료, 서울, 신한, 1997
- 정동화, 아동의 학교 스트레스와 그에 따른 부적응에 대한 사회적 지지의 완충효과, 고려대학교대학원 박사학위논문, 1995
- 정소희, 가족구조, 부모양육행동 및 청소년비행:모자가정과 부자가정의 비교를 중심으로, 사회복지연구, 30, 185-213, 2006
- 정진영, 한국의 이혼실태와 이혼가정자녀들의 문제에 관한 연구, 서울여자대학교 인문사회과학논문집, 7, 11-33, 1992
- 조정아, 선형모형을 적용한 청소년의 우울변화에 관한 종단연구:변화환경과 개인차에 대한 성별, 부모, 또래, 교사요인검증, 한국청소년연구, 20(3), 167-192, 2009
- 조흥식 외 4인 공저, 가족복지학, 서울, 학지사, 2009
- 주소희, 부모의 이혼 후 아동의 적응에 미치는 변인에 대한 연구, 성균관대학교 대학원 박사학위, 2004
- 주은선 외, 결혼이주여성 대상 다문화 상담 관련 종사자들의 현장 경험에 대한 질적 연구, 한국심리학회지:일반, 29(4), 817-846, 2010
- 중앙건강가정지원센터, 건강가정지원센터 상담시스템 운영 발전방안 연구보고서, 2009
- 진혜전, 다문화 가정 주부의 적응을 돕는 소시오드라마의 유용성, 한국싸이코드라마학회, 12(1), 11-22, 2009
- 최은영, 사회적 문제해결 모형과 보편적 치료 조건을 기초로 한 다문화 상담자의 자기 상담 과정, 한국심리학회 연차학술발표대회 논문집, 2008
- 최인재, 부모-자녀간 의사소통이 청소년기 자녀의 자아분화 및 우울과 불안에 미치는 영향, 한국외국어대학교, 2007
- 최현미·이혜경·신은주·최승희·김연희·송성실, 다문화가족복지론, 양서원, 2010

- 최현숙 외, 아동기에서 청소년기로의 전환과정에서 내재화문제의 변화양상과 예측요인, 학교사회복지, 2010
- 통계청, 2009년 이혼통계 결과 보도자료, 사회통계국 인구동향과, 2010년 월간인구동향통계자료(2010), 사회통계국 인구동향과, 2010
- 통계청, 다문화부부의 이혼율 통계, 2011
- 한상우 외, 부모의 양육태도에 따른 비행청소년의 정신병리연구, 순천향의대 논문, 1997
- 한준아 외, 저소득층 이혼가족 아동의 적응에 있어 보호요인 탐색 아동의 대처전략, 부모양육유형, 부모의 스트레스, 사회적지지, 대한가정학회지, 2008
- 행정안전부 자치행정과, 외국계주민의 자녀 통계, 2011
- 허미화, 이혼가정 아동의 사회적 적응을 돕는 방안들에 관한 고찰, 열린유아교육연구, 2004
- 홍세희, 구조방정식 모형의 적합도 지수 선정기준과 그 근거, 한국심리학회지, 2000
- 홍승혜, 부모의 이혼이 청소년자녀의 심리사회적 적응에 미치는 영향:양육부모의 경제수준 및 양육행동의 매개효과를 중심으로, 한국아동복지학, 2004
- 황창순, 초기 청소년의 부모 및 또래 애착과 애착의 변화, 한국청소년연구, 2006
- 황혜원, 청소년의 내재화 및 외현화 문제행동 관련요인, 한국사회과학연구, 2007

- Ahn, Y. & Choi, B. 2008. International students in Korea: Theoretical review and statistical analysis. *Journal of the Economic Geographical Society of Korea, 11(3)*, 476-491.
- Arbuckle, J. L. 2007. *Amos 16.0* [Computer software]. Chicago, IL: SPSS.
- Armsden, G. C. & Greenberg, M. T. 1987. The inventory of parent and peer attachment: individual difference and their relationships to psychological well-being in adolescent. *Journal of Youth and Adolescence, 16*, 427-454.
- Berkowitz, L. 1993. *Aggression: its causes, consequences, and control.* New York: Academic Press.
- Berry, J. W. 2007. Acculturation strategies and adaptation In J. E. Lansford, K. Deater-Deckard, & M. H. Bornstein (eds.) *Immigrant families in contemporary society* (pp.69-82). New York:Guilford.
- Bhattacharya, G. 2008. Acculturating Indian immigrant men in New York city: Applying the social capital construct to understand their experiences and health. *Journal of Immigrant and Minority Health, 10(2)*, 91-101.
- Bongers, I. L., Koot, H. M., Van der Ende, J. & Verhulst, F. C. 2003. The normative de-

velopment of child and adolescent problem behavior. *Journal of Abnormal Psychology, 112(2)*, 179-192.

- Broidy, L. M., Nagin, D. S., Tremblay, R. E., Bates, J. E., Brame, B., Dodge, K. A., Fergusson, D., Horwood, J. L., Loeber, R., Laird, R., Lynam, D. R., Moffit, T. E., Pettit, G. S. & Vitaro, F. 2003. Developmental trajectories of childhood disruptive behaviors and adolescent delinquency: A six-site, cross-national study. *Developmental Psychology, 39(2)*, 222-245.

- Bryant, A. L., Schulenberg, J. E., O'Malley, P. M., Bachman, J. G. & Johnston, L. D. 2003. How academic achievement, attitudes and behaviors relate to the course of substance use during adolescence: A six-year, multi-wave national longitudinal study. *Journal of Research on Adolescence, 13*, 361-397.

- Bub, K. L., McCartney, K. & Willett, J. B.2007. Behavior problem trajectories and first-grade cognitive ability and achievement skills: A latent growth curve analysis. *Journal of Educational Psychology, 99(3)*, 653-670.

- Buss, A. H. & Perry, M. 1992. The aggression questionnaire. *Journal of Personality and Social Psychology 63*(1), 452-459.

- Campbell, S. B. & Ewing, L. J. 1990. Follow-up hard-to-manage preschoolers: Adjustment at age 9 and predictors of continuing symptoms. *Journal of Child Psychology and Psychiatry and Allied Disciplines, 31(6)*, 871-889.

- Campbell, S. B. 1995. Behavior problems in preschool children: A review of recent research. *Journal of Child Psychology and Psychiatry and Allied Disciplines, 36(1)*, 113-149.

- Cancian, Maria & Daniel R. Meyer, 1998. Who gets custody?. *Demography 35*. 147-157.

- Canty-Mitchell, J. & Zimet, G. D. 2000. Psychometric properties of the Multidimensional Scale of Perceived Social Support in urban adolescents. *American Journal of Community Psychology, 28(3)*, 391-400.

- Cassidy, J. 1988. Child-mother attachment and the self in six-year-olds. *Child Development, 59,*121-134.

- Cernkovich, S. A. & Giordano, P. C. 1992. School bonding, race,. and delinquency. *Criminology, 30,*261-291

- Cherpitel, C. J. & Borges, G. 2002. Substance use among emergency room patients: An exploratory analysis by ethnicity and acculturation. *American Journal of Drug and Alcohol Abuse, 28* (2), 287 – 305.

- Cho, S. A. 2004. *Differences in risk factors and protective factors according to the level of psychological maladjustment of children of divorce.* Unpublished master's thesis, Keimyoung University, Daegu.

- Choi, B. & Han, G. 2009. Psychology of selfhood in China: Where is the collective? *Culture & Psychology, 15(1)*, 73 – 82.

- Chou, K. 2009. Pre-migration planning and depression among new migrants to Hong Kong: The moderating role of social support. *Journal of Affective Disorders, 114(1–3)*, 85 – 93.

- Collins, L. M. & Sayer, A. 2001. *New methods for the analysis of change.* Washington, DC: American Psychological Association.

- Constantine, M. G., Okazaki, S. & Utsey, S. O. 2004. Self-concealment, social self-efficacy, acculturative stress, and depression in African, Asian, and Latin American international college students. *American Journal of Orthopsychiatry, 74(3)*, 230 – 241.

- Corey, M. S. & Corey, G. 2002. *Becoming a helper.* Pacific Grove, CA : Brooks/Cole.

- Cui, J. 2008. A study on the school and social life adjustment of Chinese students in Korea. *Journal of Adolescent Welfare, 10(1)*, 115–138.

- Dahlem, N. W., Zimet, G. D. & Walker, R. R. 1991. The Multidimensional Scale of Perceived Social Support: A confirmation study. *Journal of Clinical Psychology, 47(6)*, 756–761.

- Donnellan, M. B., Trzesniewski, K. H., Robins, R. W., Moffitt, T. E., & Caspi, A. 2005. Low self-esteem is related to aggression, antisocial behavior, and delinquency. *Psychological Science, 16(4)*, 328–335.

- Emery, R. E. 1998. *Marriage, divorce, and children"fs adjustment.* Newbury Park: CA Sage.

- Evans, D. R. 1997, Health promotion, wellness programs, quality of life and the marketing of psychology. *Canadian Psychology, 38,* 1 – 12.

- Finch, B. K., Kolody, B. & Vega, W. A. 2000. Perceived discrimination and depression among Mexican-origin adults in California. *Journal of Health and Social Behavior, 41(3)*, 295–313.

- Flay, B. R. & Ordway, N. 2001, Effects of the positive action program on achievement and discipline: two matched- control comparisons. *Prevention Science, 2,* 71-89.
- Fox, Greer Litton & Robert F. Kelly, 1995. Determinants of child custody arrangements at divorce. *Journal of Marriage and the Family, 57,* 693-708.
- Galambos, N. L., Barker, E. T. & Almeida, D. M. 2003. Parents do matter: trajectories of change inexternalizing and internalizing problems in early adolescence. *Child Development, 74(2),* 578-594.
- Garber, J., Keiley, M. L. & Martin, N. C. 2002. Developmental trajectories of adolescents' depressive symptoms: Predictors of change. *Journal of Consulting and Clinical Psychology, 70(1),* 79-95.
- Gerard, J. M., & Buehler, C. 2004. Cumulative environmental risk and youth problem behavior, *Journal of Marriage and the Family, 66(3).* 702-720.
- Gerard, J. M., Krishnakunnar, A. & Buehler, C. 2006. Marital conflict, parent-child relations, and youth maladjustment. a longitudinal investigation of spillover. *Journal of Family Issues, 27(7),* 951-975.
- Gonzalez, P. & Gonzalez, G. M. 2008. Acculturation, optimism, and relatively fewer depression symptoms among Mexican immigrants and Mexican Americans. *Psychological Reports, 103(2),* 566-576.
- Grimm, K. J.(2007). Multivariate longitudinal methods for studying developmental relationships between depression and academic achievement. *International Journal of Behavioral Development, 31(4),* 328-339.
- Gurman, A. S. 1977. Therapist and patient factors influencing the patient's perception of facilitative therapeutic conditions. *Psychiatry, 40,* 16-24.
- Guy, J. 1987. *The Personal life of the Psychotherapist.* New York: John Wiley & Sons.
- Hetherington, E. M. & Camara, K. A. 1984. Families in transition: The processes of dissolution and reconstitution. In R. D. Parke(Ed.), *Review of child development research.* University of Chicago Press.
- Hetherington, E. M. & Stanley-Hagan, M. 1997. The effects of divorce on fathers and their children. In M. Lamb(Ed.), *The role of the father in child development(3rd ed.)* (191-211). New York: John Wiley & Sons.
- Hetherington, E. M. & Stanley-Hagan, M. 1999. Diversity in stepfamilies. In D. Demo, K.

Allen, & M. Fine(Eds.), *Handbook of family diversity,* New York: John Wiley & Sons.

- Hindelang, M. J. 1973, Causes of delinquency: A partial replication and extension. *Social Problems, 20(4),* 471-487.

- Hovey, J. D. & Magana, C. G. 2002. Exploring the mental health of Mexican migrant farm workers in the Midwest: Psychosocial predictors of psychological distress and suggestions for prevention and treatment. *The Journal of Psychology, 136(5),* 493-513.

- Howes, P. & Markman, H. J. 1989, Marital quality and child functioning: A longitudinal investigation. *Child Development, 60,* 1044-1051.

- Hu, L. & Bentler, P. M. 1999. Cutoff criteria for fit indexes in covariance structure analysis:Conventional criteria versus new alternatives. *Structural Equation Modeling, 6,* 1-55.

- Hwang, W. & Goto, S. 2008. The impact of perceived racial discrimination on the mental health of Asian American and Latino college students. *Cultural Diversity and Ethnic Minority Psychology, 14(4),* 326-335.

- Irving, H. H. & Benjamin, M. 1995. *Family mediation: contemporary issues.* Thousand Oaka, CA.: Sage. 277-301.

- Jasinskaja-Lahti, I. & Liebkind, K. 2007. A structural model of acculturation and well-being among immigrants from the former USSR in Finland. *European Psychologist, 12(2),* 80-92.

- Jessor, R. 1991, Risk behavior in adolescence: a psychosocial framework for understanding and action. *Journal of Adolescent Health 12,* 597-605.

- Joiner, T. E. & Walker, R. L. 2002. Construct validity of a measure of acculturative stress in African Americans. *Psychological Assessment, 14(4),* 462-466.

- Jung, E., Hecht, M. L. & Wadsworth, B. C. 2007. The role of identity in international students psychological well-being in the United States: A model of depression level, identity gaps, discrimination, and acculturation. *International Journal of Intercultural Relations, 31(5),* 605-624.

- Kim, T. 2009. Confucianism, modernities and knowledge: China, South Korea and Japan. In R. Cowen & A. M. Kazamias(eds.), *International Handbook of Comparative Education, 22,* 857-872. Springer.

- Korea Immigration Service, 2009. *Statistics on entry/exit of foreigners (March, 2009).* South Korea: Author. Korea. *Korean Association of Human Ecology, 18(1),* 93-112.

- Kruk, E. 2005, Shared parental responsibility: A harm reduction-based approach to divorce law reform. *Journal of Divorce & Remarriage, 43(3/4),* 119-140.
- Leon, K. 2003, Risk and protective factors in young children's adjustment to parental divorce: a review of the research. *Family Relations, 52(3),* 258-271.
- Lim, J., Yi, J. & Zebrack, B. 2008. Acculturation, social support, and quality of life for Korean immigrant breast and gynecological cancer survivors. *Ethnicity & Health, 13(3),* 243-260.
- Lin, S. & Betz, N. E. 2009. Factors related to the social self-efficacy of Chinese international students. *The Counseling Psychologist, 37(3),* 451-471.
- Lyon-Ruth, K. 1996, Attachment relationship among children with aggressive behavior problems: the role for disorganized early attachment patterns. *Journal of Consulting and Clinical Psychology, 64,* 64-73.
- Mann, M., Hosman, C. M. H., Schaalma, H. P. &, De Vries, N. K 2004. Self-esteem in a broad-spectrum approach for mental health promotion. *Health Education Research. 19(4),* 357-372.
- Maslach, C., Schaufeli, W.B. & Leiter, M.P. 2001. Job burnout. *Annual Reviews of Psychology, 52,* 397-422.
- Masten, A. S., Morison, R., Pellegrini, D. & Tellegen, A.1990. Competence of factors. In J. Rolf, A. S. Master, D. Cicchetti, K. N. Nuechterlein, & S. Weintrabub(Eds.). *Risk and Protective Factors in the Development of Psychopathology, 236-256.* Cambridge University Press.
- Mena, F. J., Padilla, A. M. & Maldonado, M. 1987. Acculturative stress and specific copingstrategies among immigrant and later generation college students. *Hispanic Journal of Behavioral Sciences, 9(2),* 207-225.
- Mesch, G. S., Turjeman, H. & Fishman, G. 2008. Perceived discrimination and the well-being of immigrant adolescents. *Journal of Youth and Adolescence, 37(5),* 592-604.
- Miller, A. M., Sorokin, O., Wang, E., Feetham, S., Choi, M. & Wilbur, J. 2006. Acculturation, social alienation, and depressed mood in midlife women from the former Soviet Union. *Research in Nursing & Health, 29(2),* 134-146.
- Moffitt, T. E.1993. Adolescent-limited and life course-persistent antisocial behavior: A developmental taxonomy. *Psychological Review, 100,* 674-701.

- Moradi, B. & Risco, C. 2006. Perceived discrimination experiences and mental health of Latina/o American Persons. *Journal of Counseling Psychology, 53(4)*, 411 – 421.

- Noh, S., Wu, Z., Speechley, M. & Kaspar, V. 1992. Depression in Korea immigrants in Canada II: Correlates of gender, work, and marriage. *Journal of Nervous and Mental Disease, 180(9)*, 578 – 582.

- Noller, P., Feeney, J. A., Sheehan, G., Darlington, Y. & Rogers, C. 2008. Conflict in divorcing and continuously married families: a study of marital, parent-child and sibling relationships. *Journal of Divorce & Remarriage, 49(1)*, 1-24.

- Oei, T. P. & Notowidjojo, F. 1990, Depression and loneliness in overseas students. *International Journal of Social Psychiatry, 36(2)*, 121-130.

- Oh, Y., Koeske, G. F. & Sales, E. 2002, Acculturation, stress, and depressive symptoms among Korean immigrants in the United States. *The Journal of Social Psychology, 142(4)*, 511 – 526.

- Olaniran, B. A. 1993, International students"f network patterns and cultural stress: What really counts. *Communication Research Reports, 10(1)*, 69-83.

- Pines, A. M. 2004.; Adult attachment styles and their relationship to burnout : A preliminary, cross-cultural investigation. *Work & Stress, 18*, 66-80.

- Poyrazli, S. & Lopez, M. D. 2007, An exploratory study of perceived discrimination and homesickness: A comparison of international students and American students. *The Journal of Psychology, 141(3)*, 263 – 280.

- Poyrazli, S., Kavanaugh, P. R., Baker, A. & Al-Timimi, N. 2004, Social support and demographic correlates of acculturative stress in international students. *Journal of College Counseling, 7(1)*,73-82.

- Pratt, T. C. & Cullen, F. T. 2000, The empirical status of Gottfredson and Hirschi"fs general theory of crime: A. Meta-Analysis. *Criminology, 38(3)*, 931-964.

- Radloff, L. S. 1977, The CES-D Scale: A self-report depression scale for research in the general population. *Applied Psychological Measurement, 1(3)*, 385-401.

- Rahman, O. & Rollock, D. 2004. Acculturation, competence, and mental health among South Asian students in the United States. *Journal of Multicultural Counseling & Development, 32(3)*, 130-142.

- Raja, N. S., McGee, R. & Stanton, W. 1992. Perceived attachment to parents and peers and psychological well-being in adolescence. *Journal of Youth and Adolescence, 21,* 471-485.

- Raquepawet J. M. & Miller, R. S. 1989. Psychotherapist burnout : A componential analysis. *Professional Psychology : Research & Practice, 20,* 2-36.
- Reiz, E., Devic, M., Meijer, A. M. 2006. Relations between parenting and externalizing and internalizing problem behavior in early adolescence: child behavior as a moderator and predictor. *Journal of Adolescence, 29,* 419-436.
- Rogler, L. H. 1994. International migrations: A framework for directing research. *American Psychologist, 49(8),* 701-708.
- Sandhu, D.,& Asrabadi, B. 1994. Development of an acculturative stress scale for international students: Preliminary findings. *Psychological Reports, 75(1, pt2),* 435-448.
- Sandler. I. 2010. Quality and ecology of adversity as common mechanism of risk and resilience. *American Journal of Community Psychology, 29.* 19-61.
- Schaefer, E. S. 1961, Concerning conceptual models for maternal behavior and for child behavior, In C. G. John(Ed.). *Parental attitudes and child behavior.* 137-144. Illinois; Chules.
- Schaefer, E. S. 1961. Concerning conceptual models for maternal behavior and for child behavior, In C. G. John(Ed.). *Parental attitudes and child behavior.* 137-144. Illinois; Chules.
- Seltzer, Judith A. 1991, Legal custody arrangements and children's economic welfare. *American Journal of Sociology, 96,* 895-929.
- Seltzer, Judith A. 1991, Legal custody arrangements and children's economic welfare. *American Journal of Sociology, 96,* 895-929.
- Shears, J., Edwards, R. W. & Stanley, L. R(2006). School bonding and substance use in rural communities. *Social Work Research, 30(1),* 6-18.
- Shen, B. & Takeuchi, D. T. 2001. A structural model of acculturation and mental health status among Chinese Americans. *American Journal of Community Psychology, 29(3),* 387-418.
- Shin, H. S., Han, H., & Kim, M. T. 2007. Predictors of psychological well-being amongst Korean immigrants to the United States: A structured interview survey. *International Journal of Nursing Studies, 44(3),* 415-426.

• Skovholt, T. M. 2001. The Resilient practitioner. MA：Allyn & Bacon.

• Smith, C. A. & Stern, S. B. 1997, Delinquency and antisocial behavior： A review of family processes and intervention research. *The Social Service Review, 71*, 382-420.

• Sobel, M. E. 1982. Asymptotic confidence intervals for indirect effects in structural equation models. In S. Leinhart (Ed.), *Sociological methodology*, Washington, DC: American Sociological Association.

• Spigelman, G., Spigelman, A. & Englesson, I. 1991. Hostility, aggression, and anxiety levels of divorce and non-divorce children as manifested in their responses to projective tests. *Journal of Personality Assessment, 56(3)*, 438-453.

• Sumer, S., Poyrazli, S. & Grahame, K. 2008. Predictors of depression and anxiety among international students. *Journal of Counseling & Development, 86(4)*, 429-437.

• Swagler, M. A. & Ellis, M. V. 2003. Crossing the distance： Adjustment of Taiwanese graduate students in the United States. *Journal of Counseling Psychology, 50(4)*, 420 – 437.

• Swenson, L. P. & Rose, A. J. 2009. Friends"f knowledge of youth internalizing and externalizing adjustment： accuracy, bias, and the influences of gender, Grade, positive friendship quality, and self-disclosure. *Journal of Abnormal Child Psychology, 37(6)*, 887-901.

• Tartakovsky, E. 2007. A longitudinal study of acculturative stress and homesickness： High-school adolescents immigrating from Russia and Ukraine to Israel without parents. *Social Psychiatry and Psychiatric Epidemiology, 42(6)*, 485 – 494.

• Tinghog, P., Hemmingsson, T. & Lundberg, I. 2007. To what extent may the association between immigrant status and mental illness be explained by socioeconomic factors? *Social Psychiatry and Psychiatric Epidemiology, 42(12)*, 990 – 996.

• Trouillet, R. & Gana, K. 2008. Age differences in temperament, character and depressive mood： A cross-sectional study. *Clinical Psychology & Psychotherapy, 15(4)*, 266-275.

• Wallerstein, J. S. & Kelly, J. B. 1980. *Surviving the breakup： How children and parents cope with divorce.* New York"FBasic Books.

• Wei, M., Heppner, P. P., Mallen, M. J., Ku, T., Liao, K. Y. & Wu, T.2007. Acculturative stress, perfectionism, years in the United States, and depression among Chinese international students. *Journal of Counseling Psychology, 54(4)*, 385 – 394.

• Wei, M., Ku, T., Russell, D. W., Mallinckrodt, B. & Liao, K. Y. 2008. Moderating effects of three coping strategies and self-esteem on perceived discrimination and depressive symptoms: A minority stress model for Asian international students. *Journal of Counseling Psychology, 55(4)*, 451–462.

- Wiatroski, M. D., Griswold, D. B. & Roberta, M. K. 1981. Social control theory and delinquency. *American Sociology Review, 46(5)*, 525–541.

- Wright, B., Caspi, A., Moffitt, T. E. & Silva, P. 1999. Low self-control, social bonds, and crime: Social causation, social selection, or both? *Criminology, 37*, 479–514.

- Ye, J. 2006. An examination of acculturative stress, interpersonal social support, and use of online ethnic social groups among Chinese international students. *The Howard Journal of Communications, 17(1)*, 1–20.

- Yeh, C. J., Okubo, Y., Ma, P. W., Shea, M., Ou, D. & Pituc, S. T. 2008. Chinese immigrant high school students"f cultural interactions, acculturation, family obligations, language use, and social support. *Adolescence, 43(172)*, 175–190.

- Yen, S., Robins, C. J. & Lin, N. 2000. A cross-cultural comparison of depressive symptom manifestation: China and the United States. *Journal of Consulting and Clinical Psychology, 68(6)*, 993–999.

- Yi, J. K., Lin, J. G. & Kishimoto, Y. 2003. Utilization of counseling services by inter- national students. *Journal of Instructional Psychology, 30(4)*, 333–342.

- Ying, Y. W., Lee, P. A. & Tsai, J. L. 2000. Cultural orientation and racial discrimination: Predictors of coherence in Chinese American young adults. *Journal of Community Psychology, 28(4)*, 427 –442.

- Yoon, E., Lee, R. M. & Goh, M. 2008. Acculturation, social connectedness, and subjective well-being. *Cultural Diversity and Ethnic Minority Psychology, 14(3)*, 246–255.

- Zimet, G. D., Dahlem, N. W., Zimet, S. G. & Farley, G. K. 1988. The Multidimensional Scale of Perceived Social Support. *Journal of Personality Assessment, 52(1)*, 30–41.

저자 약력

김경우

주요경력

현) 을지대학교 교수

- 프랑스 엔티앙폴리스 사회복지정책과정 수료
- 국민대 대학원 사회복지정책학 박사
- 한국사회복지지원학회회장
- 공보처 KFL 홍보조사부장(3급)
- 경기도 정책자문위원
- 국가민주평통자문위원
- 교육과학기술정책자문위원
- 서울시 정책모니터 위원, 성남시 정보센터 센터장, 성남시사회복지협의회 회장
- 現) 한국사회복지연구소장 및 정책자문위원
- 現) 한국운동재활협회부회장, 경기도 사회복지자문위원, 경기도사례관리전문요원, 성남시 사회복지정책자문위원, 위기가정사례관리심의위원, 경기도노인학대예방센터 자문위원, 사회단체 보조금지원 심의위원회, 21세기 사회복지학회 부회장

- 現) 을지대학교 중독재활복지학과 교수, 을지대학교 대학원 중독상담학과 학과장

가족복지론

2017년 9월 20일 제1판제1인쇄
2017년 9월 25일 제1판제1발행

저 자 김 경 우
발행인 나 영 찬

발행처 **MJ미디어** ─────────

서울특별시 동대문구 천호대로 4길 16(신설동)
전 화 : 2234-9703/2235-0791/2238-7744
FAX : 2252-4559
등 록 : 1993. 9. 4. 제6-0148호

정가 25,000원